KB169364

비고츠키 선집 7

비고츠키 아동학 강의 Ⅱ

연령과 위기

• 표지 그림

시골 어린이들이 교사를 방문하는 주제로 그린 여러 작품 중 하나이다. 어린이들은 등 축제일에 교사의 집을 방문하는 참이다. 러시아에서 등 축제일은 예수의 현현과, 물을 포도주로 바꾼 가나의 최초 기적을 동시에 기념하는 날이다. 비고츠키는 초기 작품 중 하나인 『예술 심리학』에서 상상이 단순히 심상을 조합하거나 재생산하는 것이 아님을 기술하면서 '물이 포도주로 변하는' 비유를 이용한다. 상상은 일상적 경험의 사회화로 설명될 수 없다. 고차적 심미 개념은 물론 과학적 개념의 창조도 포함하는 상상은 오히려 그 반대의 과정 즉 초개체超個體적 경험의 개인화로 설명된다. 과학적 개념과 고차적 심미 개념의 창조는 오병이어의 기적과 같은 단순한 양적 팽창이 아니라 일상적 삶이라는 물이 포도주로 변하는 화학적 전환이다.

각 어린이들의 표정은 호기심과 기대감 그리고 약간의 의구심으로 제각기 다르게 묘사되어 있다. 이러한 다양한 심리 상태는 어린이들의 감정과 연결되어 있지만 어린이들의 감정이 다양한 표현 양상을 모두 설명할 수는 없다(어린이의 연령이 높아질수록 감정과 표현 사이의 관계는 더욱 간접적이 된다). 이와 마찬가지로 축제에 대한 어린이의 태도는 어린이들의 연대기적 연령 혹은 여권상 연령과 연결되어 있지만 또한 연대기적 연령으로 완전히 설명될 수 없다. 가장 막내라도 기대감이나 의구심을 가질 수 있으며 맏이라고 해도 관련 경험이 부족할 경우 호기심 어린 기대감을 가질 수 있다. 비고츠키는 발달이란 문화적 환경을 어린이들이 개인적으로 체득하는 과정이라고 간주한다. 이 책에서 비고츠키는 이 과정이 수없이 구부러지고 꺾이며, 위기에는 왔던 길을 역행하는 매우 긴 여정임을 보여 준다.

비고츠키 선집 7
비고츠키 아동학 강의 II
연령과 위기

초판 1쇄 인쇄 2016년 2월 19일
초판 1쇄 발행 2016년 2월 26일

지은이 L. S. 비고츠키
옮긴이 비고츠키 연구회
펴낸이 김승희
펴낸곳 도서출판 살림터

기획 정광일
편집 조현주
북디자인 꼬리별

인쇄·제본 (주)현문
종이 월드페이퍼(주)

주소 서울시 영등포구 양평로21가길 19 선유도 우림라이온스밸리 1차 B동 512호
전화 02-3141-6553
팩스 02-3141-6555
출판등록 2008년 3월 18일 제313-1990-12호
이메일 gwang80@hanmail.net
블로그 http://blog.naver.com/dkffk1020

ISBN 979-11-5930-009-7 93370

비고츠키 선집 7

비고츠키 아동학 강의 Ⅱ

연령과 위기

살림터

연령의 문제에 관하여

'근접발달영역'이라는 표현은 비고츠키의 연구에서 가장 잘 알려진 개념 중 하나이다. 이 책은 이 개념에 대한 가장 중요한 논의 중 하나를 '연령의 문제' 장에서 다루고 있다. 이 개념에 대해 말할 수 있는 기회를 얻게 되어 감사드린다. 비고츠키가 이 개념을 통해 전달하고자 했던 생각에 대한 오해가 전 세계적으로 널리 퍼져 있을 뿐 아니라 이 개념이 세계적인 주목을 얻기 시작한 1980년대 중반 이래 저명한 연구자들의 저서에도 그러한 오해가 만연하기 때문이다. 이는 불행한 일이다. 비고츠키가 근접발달영역이라는 개념을 통해 시사하고자 했던 바는 이 이론에 대한 흔한 오해보다 더욱 흥미진진하고 생산적이며 도전적이기 때문이다. 이 짧은 글에서 나는 근접발달영역 개념의 의미와 중요성을 이해하는 데 도움이 될 만한 몇 가지 사실을 강조하고 교수학습과 관련하여 이 개념을 적용하려 한 시도들을 소개하고자 한다.

일반적으로 말해서 과학적 개념은 언제나 개념 체계의 일부로서 이해된다는 사실을 주지하는 것이 중요하다. 즉 '근접발달영역'의 의미를 이해하려면 '연령기', '발달의 사회적 상황', '신형성', '심리적 기능' 등과 같은 개념들을 이해해야 한다. 다시 말하면 이 용어들 각각의 의미는 이론적 체계 속에서 그들 사이의 상호 관계로부터 나타난다. '영역'이나 '사회적' 혹은 '상황'과 같은 낱말이 지닌 일상적 의미를 안다고 해서

'근접발달영역'이나 '발달의 사회적 상황'의 의미를 이해하는 것은 불가능하다. 그보다는 이 용어들이 이론적 체계 내에서 어떻게 서로 연결되는지 검토하는 것이 필요하다. 비고츠키의 체계에 대해서는 이전에 설명한 적이 있으므로(Chaiklin, 2003 참조) 여기서 자세한 설명은 피하고자 한다. 대신 독자 스스로가 비고츠키의 텍스트를 살피고 해석하는 데 도움이 되기를 바라며 이 개념 체계 내에 포함되어 있는 것에 대한 일반적 개념이나 이미지를 제시하고자 한다.

먼저 비고츠키는 전체적 인간을 지향하는 심리학 이론을 발달시키고자 노력했음에 주의하는(혹은 기억하는) 것이 중요하다. '전체적 인간' 혹은 '전체론적'과 같은 표현은 (지각, 정서, 생각과 같은) 심리적 기능의 개별 요소로 분해될 수 없는 심리학 이론을 나타낼 때 흔히 쓰인다. 유의미한 상황에서 행동하는 통합적(전체적) 인간을 심리적 능력상 문화적 발달의 원천으로 고찰하는 것이 필요하다. 이 책에서 논의되는 '발달의 사회적 상황'이라는 개념은 심리적 기능이 아니라, 유의미한 상황에서 행동하는 인간의 의미에 초점을 맞추도록 해 준다.

비고츠키의 이론에서 이러한 전체론적 지향을 인식하는 것은 쉽지 않다. 전체론적 지향은 흔히 그의 텍스트의 배경을 이루는 전제로서 자리 잡고 있기 때문이다. 이러한 그의 전체론적 초점을 드러내는 것 중 하나는 '인격'이라는 개념이다. 비고츠키의 이론적 개념에서 인격, 즉 전체적 인간이 차지하는 중심성은 『어린이 고등정신기능의 역사와 발달』(2012; 2013, *The History of the Formation of the Higher [Psychological] Functions*)의 시작과 끝에서 모두 선명히 드러난다. 이 책의 두 번째 문장에서 비고츠키는 "고등(정신)기능 발달 과정을 연구하는 것이 아동 인격을 올바르게 이해하고 논리적으로 밝히는 데 있어 매우 중요하다"(1931/1997, p. 1)고 지적하고 "어린이의 문화적 발달의 역사는 인격 발달의 역사로 우리를 인도한다"(p. 26)라고 말한다. 결론 장은 '어린이의 전체 문화적 발달의 청사진 혹은 그림을 제시하려는 시도'(p. 241)로, 이 종합은 '문화적 발달 과정을 어린이의 인격과 세계관의 발달'로 특징짓는 것으로 시작된다(p. 242). 다시 말해 개개의 과학적 탐구들이 특정한 심리적 기능에 초점을 두고 있을지라도 주요 과학적 목적은 전체 인간의 발달을 이해하는 것이다. 물론 비고츠키는 인격과 그 발달에 대한 완전한 이론적 설명을 발전시키지 못했다. 그러나 그의 이론적 분석의 의미와 중요성을 해석할 때에는 이러한 전체론적 관점을 인식하는 것이 여전히 유용하다.

둘째, 전체적 인간에 맞추어진 이러한 초점은 근접발달영역이라는 개념이 나타나는 비고츠키의 아동 발달 이론에 반영되어 있다. 이 이론에서 비고츠키는 아동 발달이 연령기로 이해될 수 있으며, 각 연령기는 특정한 심리적 기능의 존재나 결핍으로 규정되고 이러한 능력은 어린이의 행동 가능성에 심오한 질적 영향을 미친다고 가정한다. 이 이론의 주요 목적은 물질적 필요와 심리적 능력 사이의 상호작용으로 일어나는 모순을 둘러싼 사회적 상호작용을 통해 발달하는 (전체적 인간으로서의) 어린이에게서 어떻게 한 연령기에서 다른 연령기로의 이동을 반영하는 구조적 변화가 일어나는지를 설명하는 데 있다.

한 연령기에서 다른 연령기로의 발달은 이러한 상호작용의 결과로 일어나는 대규모 변화로서, 어린이와 타인의 관계, 즉 발달의 사회적 상황을 질적으로 변화시킨다. 예컨대 유아기에, 아기는 모든 면에서 완벽히 의존적이지만 자신의 필요를 표현할 수 있는 적절한 수단을 갖고 있지 않다는 심각한 모순이 존재한다. 이러한 모순은 유아기 발달의 사회적 상황을 특징짓는다. 비고츠키가 (특정한 심리적 기능의 발달에만 온전히 초점을 맞추는 대신) 전체적 어린이가 실제적 상황과 맺는 상호작용의 결과로서 발달을 분석하고 있다는 사실에 주목하자.

이러한 초점은 비고츠키가 가진 전체론적 관점의 영향을 반영한다.

또 다른 연령기에는 다른 심리적 발달 상태를 기반으로 하여 나타나는 또 다른 기본적 모순이 그 연령기 발달의 사회적 상황을 식별하는 데 중요해질 것이다. 독자들이 유아기에 대하여 전문가적인 관심을 갖고 있지 않다 하더라도 유아기에 대한 장은 큰 도움이 될 것이다. 비고츠키가 발달의 사회적 상황이라는 개념을 통해 이론적으로 의미한 것이 무엇인지를 이해하도록 해 주기 때문이다. 근접발달영역이 그러했듯이 발달의 사회적 상황이라는 개념도 이제 오해되고 잘못 해석되는 길에 접어든 듯하다. 사람들이 '사회적', '상황', '발달' 등의 낱말 의미를 비고츠키의 이론적 개념 체계 속에서 갖는 개념적 역할로 이해하는 대신 일상적 의미로 해석하려 하고 있기 때문이다.

근접발달영역의 개념은 어린이 발달에 대한 비고츠키의 이론적 설명이 갖는 구조의 결과로서 생겨난다. 근접발달영역은 어린이 발달에 대한 이해를 핵심 주제로 하는 이론적 개념 체계의 일부로서 이해되어야만 한다. 비고츠키가 이 표현에서 '발달'이라는 낱말을 사용한 점에 주목하자. 왜 근접'학습'영역이 아닌 근접'발달'영역인가? 그리고 왜 그 영역이 '다음 발달'을 의미하는가? 비고츠키가 지칭하는 '다음'이란 무엇을 뜻하는가? 이러한 질문은 학습이 아닌 심리적 발달을 설명하는 데 비고츠키의 이론적 초점이 놓여 있다는 사실과, 근접발달영역 개념의 기능은 이 심리적 발달에서 한 연령기로부터 다른 연령기로의 이동에 초점을 맞춘 이론적 분석의 일부였다는 사실을 부각시킨다.

근접발달영역이라는 표현에서 나타나는 '다음 발달'은 어린이가 향하고 있는 다음 연령기를 의미하며 '영역'은 이러한 변화된 관계를 가능하게 하는, 발달 중인 심리적 능력을 지칭한다. 학습(학교에서의 교수-학습을 포함)은 소위 '학령기'라고 불리는 연령기를 둘러싼 이행기에 특히 발달적 결과를 낳을 수 있다. 그러나 학습과 근접발달영역 사이의 관계에 대한 이러한 개념은 근접발달영역이 특정한 사실, 기능 혹은 개념이 획득되는 학습 과정을 지칭한다는 전형적인 (잘못된) 이해와는 전혀 다르다.

마지막으로 지적하고 싶은 것은 근접발달영역이라는 개념은 발달적 교수라고 불리는 교수학습 전통의 발달에 영감을 준 중요한 근원이었다는 점이다. 이 전통은 형식 교육(학습)과 발달 사이의 관계에 대한 비고츠키의 분석에서 영감을 얻었다. 비고츠키가 지적했듯이(1934/1987) 교수/학습과 발달은 "복잡한 상호 관계를 가지고 있는 상이한 두 과정이다. **교수/학습은 발달에 앞서 움직일 때만 유용하다**(p. 212. **강조**는 번역에서 첨가됨)." 이 관점이 주는 분명한 시사는 학교의 교수학습이 발달적이어야 한다는 것이다(그리고 이는 발달 이론을 필요로 한다).

이 일반적 개념을 조작화, 구체화하는 방법은 여러 가지가 있다. 소비에트와 러시아 심리학의 역사에서도 1934년 비고츠키 사망 이래로 이 이론적 생각을 실제적으로 해석하려는 여러 가지 시도(Elkonin & Davydov, 1966; Zankov, 1975/1977; Zuckerman, 2014)가 있었다. 이러한 시도는 학교에서의 교수학습과 연관된 아이디어를 모색하는 실제적인 관심을 가지고 비고츠키의 저서를 살피는 이들에게 훨씬 밀접하게 관련되어 있다. 개인적으로 나는 다비도프와 동료들의 포괄적 연구(Davydov, 1986/2008)에 가장 큰 영감을 받았다. 1950년대 후반에 D. 엘코닌은 V. 다비도프와 함께 읽기, 조기 수학 학습을 위한 교수학습 방법을 개발하기 시작했다. 이 방법들은 (학교)학습은 다음 발달을 지지하는 심리적 능력을 기르는 방향으로 나아가야 한다는 생각에 초점을 두고자 했다. 엘코닌은 비고츠키가 교수학습과 발달의 관계에 대한 생각을 발전시키고 있던 1932~1934년 사이에 비고츠키의 연구 조교로 일했다. 학령기와 관련하여 개념적으로 생각하는 것을 배우는 것은 다음 연령기로의 발달을 지지하는 중요한 능력이다. 이와 관련하여 예시를 통한 구체적 일반화substantive generalisation에 대한 다비도프의 연구는 개념적 생각을 조작적으로 이해하도록 하기 위해 이론적 생각을 도입했다는 점에서 중요하다. 이 핵심 생각은 발달을 지지하는 학교 교수 내용과 학교 학습 목적을 개념화하고 공식화하는 데 질적인 도약을 제공한다.

다비도프와 동료들은 모국어(Aidarova, 1982), 제2외국어(Markova, 1979), 수학, 미술, 과학 교수학습을 포함하여 (다비도프가 발전시킨 특별한 의미에서의) 이론적 생각을 발달시키는 것에 초점을 두고 초등학교 5학년까지의 교수학습 자료를 개발하였다. 이러한 아이디어는 주로 러시아에서 널리 발달되었지만 북유럽 다른 나라들의 연구에도 영감의 근원이 되었으며(Engeström, Hakkarainen, & Seppo, 1982; Hedegaard, Chaiklin, and Hansen, 1991; Lompscher, 1985) 최근 미국에서는 다비도프의 수학 교육과정에 대한 관심이 커지고 있다(Dougherty & Simon, 2014). 헤데가드와 채클린(2005) 역시 교수학습 내용이 어린이의 실생활 세계와 관련하여 가지는 역할을 더욱 명시적으로 접근하기 위해 이 아이디어를 확장한 바 있다. 이 짧은 소개는 단지 이러한 아이디어와 자료들이 존재한다는 것을 보여 줄 뿐 이로부터 새로운 가능성을 탐색하는 것은 독자의 몫이다. 이 아이디어는 비고츠키 학파의 전통으로부터 직접 영감을 받은 것이며, 학교 기반 교수학습의 실제를 구성하고 수행해 왔다. 이는 비고츠키가 발달시킨, 그러나 온전히 완성할 수 없었던 이론적 개념을 구체화하는 핵심적 교수학습 방법을 창조하는 데 유용한 지침을 제공해 준다.

세스 채클린Seth Chaiklin

덴마크 코펜하겐 UCC 대학 연구소

| 참고 문헌|

Davydov, V. V.(1990), *Types of generalization in instruction: Logical and psychological problems in the structuring of school curricula*(J. Teller, Trans.; J. Kilpatrick, Ed.), Reston, VA: National Council of Teachers of Mathematics.

Davydov, V. V.(2008), *Problems of developmental instruction: A theoretical and experimental psychological study*(P. Moxhay, Trans.), Hauppauge, NY: Nova Science(original work published 1986).

Dougherty, B., & Simon, M.(2014), Elkonin and Davydov curriculum in mathematics education. In S. Lerman(Ed.), *Encyclopedia of mathematics education*(pp. 204-207), Dordrecht: Springer.

El'konin, D. B.(1961), A psychological study in an experimental class, *Soviet Education, 3(7)*, 3-10.

El'konin, D. B., & Davydov, V. V.(Eds.)(1966), Vozrastnye vozmozhnosti usvoeniya znanii, Moscow: Prosveschenie.

Engeström, Y., Hakkarainen, P., & Seppo, S.(1982), The necessity of a new approach in the study of instruction. In E. Komulainen(Ed.), *Research on teaching and the theory and practice in teacher training*(Research Report 4), Helsinki: Department of Teacher Education, University of Helsinki.

Hedegaard, M., Chaiklin, S., & Hansen, V. R.(1991), The influence of the cultural-historical tradition on Danish educational research: A survey, *Multidisciplinary Newsletter for Activity Theory, 9/10*, 55-56.

Hedegaard, M., & Chaiklin, S.(2005), *Radical-local teaching and learning: A cultural-historical approach*, Aarhus, Denmark: Aarhus University Press.

Lompscher, J.(1985), *Persönlichkeitsentwicklung in der Lerntätigkeit*, Berlin: Volk und Wissen.

Markova, A. K.(1979), *The teaching and mastery of language*, White Plains, NY: M.E. Sharpe.

Vygotsky, L. S.(1987), Thinking and speech(N. Minick, trans.), In R. W. Reiber and A. S. Carton(Eds.), *The collected works of L. S. Vygotsky: Vol. 1. Problems of general psychology*(pp. 39-285), New York: Plenum Press(original work published 1934).

Vygotsky, L. S.(1997), *The collected works of L. S. Vygotsky: Vol. 4: The history of the development of higher mental functions*(M. Hall, trans.; R. W. Reiber, ed.), New York: Plenum Press(original work published 1931).

Zankov, L. V. and others(1977), *Teaching and development: A Soviet investigation*(B. B. Szekely, Ed.; A. Schultz, Trans.), White Plains, NY: M. E. Sharpe(original work published 1975).

Zuckerman, G.(2014), Developmental education. In A. Yasnitsky, R. Van der Veer, & M. Ferrari(Eds.), *The Cambridge handbook of cultural-historical psychology*(pp. 177-202), Cambridge: Cambridge University Press.

새로운 것은 어떻게 세상에 오는가?
어떻게 태어나는가?
어떠한 융합, 번역, 결합으로 이루어지는가?

유아가 자율적 말을 시작할 때 부모는 무엇을 해야 할까? 부모는 아기에게 어른의 말을 가르쳐야 할까? 아기가 발명한 낱말을 별말 없이 어른의 말로 번역해 주어야 할까? 아니면 아기의 자율적 말을 배워서 사용하려고 노력해야 할까? 이 질문들은 서로 밀접하게 연결되어 있는 것으로 보인다. 그러나 이들은 좀 더 큰 어린이가 고집을 피우거나 떼를 쓸 때 부모가 어떻게 해야 하는지에 대한 질문과는 관련이 없는 것으로 보인다. 꼭 해야 하는 일을 아무 이유도 없이 '싫어'라고 거부할 때, 심지어 자기가 원하는 일조차 거부할 때 부모는 어떻게 해야 할까? 이러한 질문은 또한 더 큰 어린이가 상상의 친구를 만들고 비밀을 털어놓는다거나, 특정한 역할 모델을 염두에 두지 않고도 가상의 역할에 빠져 다른 사람이 보고 있지 않을 때에도 그러한 역할을 연기하는 현상을 설명하는 것과도 별 관련이 없다.

이 모든 질문들은 교사가 가지고 있는 질문과도 관련이 없어 보인다. 학생이 놀이적 요소가 강한 활동에만 적극적으로 참여하고 활동의 교육적 내용을 외면할 때 교사는 어떻게 해야 하는가? 대수나 외국어 교육, 성교육, 윤리 교육이 시작될 수 있는 학년은 언제인가? 음악가나 미술가가 되지 않을 학생들에게 음악이나 미술을 얼마나 가르쳐야 할까? 과학자가 되지 않을 학생들에게 과학적 개념은 얼마나 가르쳐야 할까?

물론 추상적으로 본다면 이 모든 질문들은 '발달'이라는 낱말과 관련되어 있다. 그러나 이 낱말의 의미를 분화시키지 못한다면 '발달'이라는 말은 우리가 구체적 발달을 예측하고 부모나 교사로서 그에 참여할 수 있도록 돕기에는 너무도 추상적이다. 결국 이 모든 질문들이 서로 그토록 멀리 떨어져 있는 것으로 보이는 까닭은 각 경우에 발달하는 것이 새롭고 전례가 없는 것들이기 때문이다. 이는 마치 발달이 발달 자신으로 돌아오는 것과 같으며, 발달의 수단 자체가 발달되는 것과 같다. 따라서 어린이의 새로운 의식이나 말이 출현하는 것을 발달이라고 단순히 기술하는 것은 다음에 올 형태를 예측하는 데 도움이 되지 않는다. 이는 교사나 부모가 발달에 개입하는 것을 '협력'이라고 기술하는 것이 그 발달에 실제로 영향을 미치는 데 도움이 되지 않는 것과 마찬가지이다. 미분화된 발달의 개념은 단순히 말에 그칠 뿐이다. 이론적으로는 시시하며 실제적으로는 진부하다.

　그럼에도 비고츠키 선집 6권과 이어서 나올 7권에서 비고츠키는 이 모든 질문들과 그에 대한 답을 함께 다룬다. 물론 그는 하나의 답을 제공하려 하지는 않는다. 대신 그는 이론적으로 더욱 의미 있는 동시에 실제적으로 더욱 유용한 것을 한다. 그는 우리가 유년기의 특정하고 상이한 각각의 계기에 대해 특정하고 상이한 해답을 모색할 수 있는 수단을 제공한다. 이는 비고츠키가 염두에 두었던 것이 단순한 것이 아님을 의미한다. 이는 '비계'와 같이 모든 상황에 적용될 수 있는 단일한 비유나 어린이가 협력을 하면 혼자 과업을 수행할 때보다 더 잘할 수 있다는 진부한 사실로, 혹은 '어린이는 하면 할수록 더 많이 할 수 있게 되며, 어린이의 능력 범위가 확장될수록 교사 및 부모의 역할은 축소되어야 한다'는 단순한 슬로건으로 환원될 수 없다. 이들은 모두 발달이 단순히 사회적 환경이 어린이에게 작용하는 것이거나 혹은 아마도 어린이 사회적 환경에 작용하는 것 혹은 그 둘이 서로 작용하는 것이라는 생각을 내포하고 있다. 이들은 어린이나 환경에 있어 전례 없는, 전혀 새로운 의식 형태와 완전히 새로운 행동 형태가 어떻게 나타나는지 설명할 수 없다.

이는 비고츠키가 이 질문들에 접근하기 위해 염두에 두고 있던 것이 교수-학습 방법이나 장치가 결코 아니었음을 의미한다. 그것은 환경에 이미 주어진 형태로 존재하여 모방할 수 있는 학습 행동이 아니라 완전히 새로운 형성과 자유 의지의 발달과 관련이 있기 때문이다. 그가 염두에 두고 있었던 것은 평가 도구도 아니었다. 그것은 단순히 이미 숙달된 기능이나 이미 습득된 지식을 확인하는 차원을 넘어 미래의 발달을 예견하는 것과 관련이 있기 때문이다. 비고츠키는 이것을 진단적 장치라고 부른다. 이는 유년기를 시기 구분하는 도식과, 발달의 매 지점에서 나타나는 어린이-환경 간의 핵심적 모순을 특징짓는 수단, 어린이가 이 모순에 대응하여 능동적으로 해답을 만들어 내는 일련의 (주변적, 중심적) 발달 과정들 그리고 이 모순을 해결하기 위해 나타나 또한 새로운 모순을 도입하는 새로운 의식의 구조로 이루어진다. 어린이가 혼자서 수행하는 것과 협력을 통해 수행하는 것을 그 연령기 어린이의 평균적 독립 능력, 협력 능력과 비교함으로써 비고츠키는 어린이의 다음발달영역을 측정하고자 한다.

발달을 가능하게 하는 제약: 발달의 사회적 상황

비고츠키의 다음 과업은 어린이와 환경 간의 관계가 달라지는 구조들을 기술하는 방식을 발견하는 것이다. 이러한 구조들은 연령기와 위기 모두에 해당하며, 동시에 유년기의 모든 계기에 적용되어야 한다. 비고츠키는 연령기 구분에 관한 문제에서와 마찬가지로 구조를 기능으로 설명하고 기능을 문화적 역사로 설명한다. 말리노프스키의 개념(1923)을 빌리자면, 어린이 말의 텍스트와 심지어 어린이의 원시적 말조차 상황 맥락에 의해 설명될 수 있지만, 상황 맥락은 결국 오로지 문화의 폭넓은 맥락의 한 계기인 것이다. 문화 맥락에 대한 상황 맥락의 관계는 기후에 대한 그날의 날씨의 관계와 같다. 더 적절하게 표현하면, 전체로서의 언어 체계에 대한 어떤 구체적 발화와의 관계와 같다. 어린이는 상황 맥락에서 발달의 사회적 상황을 마주한다.

어린이 발달의 시기 구분의 방법론적 문제와는 달리, 비고츠키가 이 과업에서 주목한 것은 개체발생과 다른 발달 형태 간의 유사성이 아니다. 대신 그는 어린이 발달을 다르게 만드는 것이 무엇인지, 어린이 발달의 각 계기를 고유하게 만드는 것이 무엇인지에 초점을 맞춘다. 첫째, 환경의 측면에서 볼 때, 어린이는 계통발생적 진화에서 또는 심지어 사회발생적 진보에서 결코 일어날 수 없는 협력과 도움을 받는다. 왜냐하면 어린이는 이미 개별화의 과정을 숙달한 타인들로 둘러싸여 있으며, 이 타인들은 어린이가 이를 숙달하도록 기꺼이 돕고자 하기 때문이다. 둘째, 앞서 보았듯, 어린이는 언제나 환경에 수동적으로 적응하지 않는다. 원시적 말의 발명으로 어린이는 사회적 환경을 자신에게 맞추고자 시도하며, 심지어 1세 위기 전에도 유아는 공동 활동을 통한 공동 의식 형태를 만들어 낸다. 이는 단순히 적응이 아니라 사회적 현실의 재구성이자 재창조이다.

하지만 이 중 어느 것도 어린이와 환경 간의 관계가 모순이 없는 관계라고 말하는 것은 아니다. 그와는 반대로 어린이가 사회적 환경에서 타인의 도움을 필요로 하는 이유와 사회적 환경을 역전시켜 환경을 자신의 필요에 따라 개조하려고 시도하는 이유는 동일하다. 어린이와 환경 간의 관계는 결코 순조롭게 나아가는 것이 아니라, 언제나 몇몇 근본적 모순을 포함한다. 이는 어린이 자신이 가진 자원이나 환경이 가진 자원으로, 심지어 이 둘이 가진 자원을 합친 것으로도 해결될 수 없다. 그리고 어린이나 환경, 심지어 이 둘을 합친 것도 근본적 모순을 극복할 수 없는 까닭은 어린이의 체험 범위가 넓어지고 어린이가 이를 위기적으로 체험하는 능력이 깊어짐에 따라, 이 근본적 모순이 끊임없이 변화하기 때문이다.

발달의 사회적 상황의 모순을 해결하기 위해서 '실제' 또는 '달성된' 발달 수준은 결코 충분하지 않다. 오직 다음발달영역만이 이 모순을 해소할 수 있다. 예를 들어, 출생 시 발달의 사회적 상황은 어머니로부터의 신체적 분리와 동시에 완전한 생물학적 의존 상태가 되는 것 사이의 모순으로 지배된다. 어린이에 의한 (주로 본능적이긴 하지만) 독립적 정신생활의 발달만이 이 모순을 해결한다. 1세 발달의 사회적 상황은 유아가 사회적으로 의존적인 존재(유아는 이제 막 타인을 이용하여 음식, 온기, 이동성에 접근하는 것을 배웠으므로)라는 것과 사회적 의사소통의 가장 기본적인 수단을 결여하고 있다는 것 사이의 모순으로 지배된다. 어린이에 의한 원시적 말 발달은 야심적이지만 과도기적인 해결책으로 볼 수 있다. 모순은 단지 어린이의 노력이나 사회적 환경의 노력, 그 어느 한쪽을 통해서는 해결될 수 없다. 할러데이가 더 나이 든 어린이들의 언어 교수에 관해 말하듯, 이 두 위기에서 모순은 환경과 어린이 모두에게 새로운 무언가의 출현을 가능하게 하고 심지어 강제하는 제약으로 변환되어야만 한다.

'꼬이고 짜이는' 중심적 발달 노선과 주변적 발달 노선

우리는 미분화된 낱말인 '발달'을 똑같이 미분화된 낱말인 '새로운 것의 출현'으로 단순히 대체할 수 없다. 분명 상이한 문제들은 다양한 문제-해결 수단을 출현시킬 것이다. 어린이가 생리학적으로 독립적이지만 생물학적으로 의존적인 모순을 해결하는 방식은 사회적으로 의존적이지만 말이 결핍된 모순을 해결하는 방식과는 매우 다를 것이다. 따라서 비고츠키의 다음 과업은 연령기마다 이 '새로운 것'을 출현시키는 구체적 과정을 추적하는 것이다. 그는 이를 발달 노선이라 부른다. 그는 특정한 연령기에 출현하는 '새로운 것'과 직접적으로 연결된 발달 노선을 중심적 발달 노선이라 부르며, 그 외의 것은 주변적 발달 노선이라 부른다.

비고츠키는 보통 다른 이들이 보지 못하는 차이를 발견한다. 예를 들면 뜻과 의미, 가리키기와 명명하기, 사물에 이름을 붙일 수 있다는 것과 세상은 원칙적으로 명명 가능한 대상으로 이루어져 있다는 것을 이해하는 것 사이의 차이이다. 그러나 비고츠키는 절대 이원론자가 아니다. 이러한 구분에는 신체와 정신이 분리된 영역에 속해 있다는 의미가 결코 포함되어 있지 않다. 이러한 이유로 다른 사람들이 막다른 벽을 보는 동안 비고츠키는 교량을 본다. 그는 『도구와 기호』에서 말, 그리기, 산술이 자발적 기억, 언어적 지각, 논리적 기억을 포함하는 고등 정신기능의 외적 발달 노선임을 주장한다. 마찬가지로 다른 사람들이 불연속성을 보는 동안 비고츠키는 연속성을 본다. 그는 『역사와 발달 Ⅱ』에서 놀이, 그리기, 쓰기가 모두 동일한 일반적 발달 노선의 일부임을 주장한다. 동시에 생애 첫 일 년을 다른 세 시기로 나누는 비고츠키의 연령기 구분에서 볼 수 있듯이, 그는 다른 사람들이 연속적 성장을 보는 곳에서 불연속적 발달을 본다.

발달 노선들은 활동 이론의 주장처럼 단순한 외적 활동 노선들이 아니라, 비고츠키가 기능 체계라고 부른 정신적 잠재이다. 사회적 상호작용 기능은 외적 활동 노선들이 내적 정신 과정들로 통합되는 가장 명백한 방식들 중 하나이다. 모든 의사소통 행위는 환경에 관해 생각하는

(언어의 경험 표현적 기능, 내용 표현적 기능) 동시에 그것에 작용하는(대인적 기능) 방식이다. 비고츠키는 이 사회적 상호작용의 변화하는 본성을 완벽하게 포착하여, 어린이는 출생 후 사회라는 직물로 '꼬이고 짜인다'고 아름답게 표현하였다. '꼬인다'는 것은 즉각적, 면대면, 대인적 의미로 어린이의 욕구를 만족시키는 활동들이 다른 이들의 활동과 함께 꼬여 실이 된다는 것이다. '짜인다'는 것은 이 실들이 결과적으로 풍성한 문화적 융단의 부분을 구성하게 된다는 의미이다. 어린이는 상황 맥락에서 꼬이고 그것을 통해 문화 맥락으로 짜인다.

사회적 상호작용이 발달을 일으키는 환경과 어린이 사이의 거대한 모순 속에서 항상 중심적 위치를 차지한다는 것을 고려하면, 이 책 어디에서건 말이 발달의 중심 노선이 아니라고 하는 것이 매우 이상할지도 모른다. 말은 초기 유년기에서만 중심적 발달 노선이 될 것이다. 신생아에게는 말이 불가능하며, 환경 속에서 인간과 비인간적 요소들을 분명하게 구분하지 못하므로 의식적인 사회적 상호작용이 아직 가능하지 않다. 그의 중심적 발달 노선은 본능적이며, 영양 섭취와 자세 잡기와 연관되어 있다. 반면 유아에게 있어 사회적 상호작용은 어디에나 나타나지만, 자신의 의식과 타인의 의식을 분명하게 구분할 수 없기 때문에 말은 아직 필수적이지 않다. 이 시기의 중심적 발달 노선은 타인에 대한 수용성, 공동 활동, 무엇보다 모방과 연관되어 있다. 심지어 한 살에도 중심적 발달 노선은 상징적 말이 아니라 지시적인, 따라서 과도기적인 원시적 말이다. 비고츠키는 이 말의 명칭을 엘리아스버그로부터 마지못해 받아들여 자율적 말이라고 부른다.

의식과 말의 새로운 구조: 위기적 신형성과 안정적 신형성

　어린이 발달에 대한 진단장치를 마련하는 데 있어서 비고츠키의 마지막 과업은 각 연령기마다 출현하는 '무언가 새로운 것'을 특정하는 것이다. 비고츠키를 주의 깊게 읽은 독자라면 그가 개념을 정의하면서 시작하는 경우가 거의 없다는 것을 알 것이다. 왜냐하면 비고츠키에게 있어 낱말 의미는 그 낱말의 기능적 사용 속에서 드러나며, 그는 어린아이처럼 다른 사람이 쓰던 낱말을 그냥 가져다가 자신의 목적에 맞게 쓰는 경향이 있기 때문이다(예를 들어, 엘리아스버그의 '자율적 말' 또는 피아제의 '자기중심적 말'). 비고츠키에게 있어 형식적 정의는 그것이 더 이상 필요하지 않게 되었을 때에야 비로소 출현한다. 비고츠키가 말했듯이 개념이 존재하면 낱말은 거의 언제나 준비되어 있다. 따라서 비고츠키는 이 '무언가 새로운 것'을 단순히 신형성이라 부른다.

　4장 유아기를 끝으로 우리는 비고츠키가 생애 마지막 몇 개월 동안 밤마다 어린이 발달에 관한 책을 준비하면서 썼던 원고의 끝에 도달한다. 따라서 우리는 5장부터는 비고츠키가 낮에 진행한 강의에 의존한다. 따라서 비고츠키에게도 이 책은 새롭고 예기치 않은 것이다. 예를 들어 5장의 끝 부분에서 비고츠키는 '자율적 말'이 단순한 중심 발달 노선이 아니라고 말한다. 그것은 사실상 1세의 위기에 출현했다 사라지는 '무언가 새로운 것'이다. 그리고 나서 그는 한 발 물러나 이에 대한 자신의 관점이 아직 완성되지 않았다고 말한다.

　이 관점이 발달 과정과 그 산물 간의 경계를 무너뜨리는 것처럼 보일지라도, 우리는 적어도 두 가지 이유로 '자율적 말' 자체를 그 연령기의 특징이자 그 연령기를 특징짓는 신형성으로 규정할 수 있다. 먼저 그것은 다른 발달 노선들과 단단히 연결되어 있다. 비고츠키는 지나가는 말로 원시적 걷기에 대해 다룬다. 그것은 협력적 몸짓을 필요로 하며, 성공한다면 어린이가 자신의 손을 사용할 수 있는 능력과 대상과 접촉할 수 있는 능력을 크게 증가시키는 활동이다. 그리고 비고츠키는 또한 '원시적 의지'인 분노 폭발을 다룬다. 비고츠키는 그것이 활동은 공유되어 있지만 기저의 의식이 공유되어 있지 않다는 깨달음에 대한 어린이의 심리적 반응이라고 믿는다.

'자율적 말' 자체가 신형성이라는 비고츠키의 추론에 대한 두 번째 이유는, 그 발달 과정이 대개 일시적이라는 것이다. 물론 비고츠키는 자율적 말이 병리적으로 연장되거나, 꼼꼼한 일지 기록의 도움으로 그 과정을 자세히 살필 수 있는 사례를 통해 그것을 연구하고자 한다. 그 위기는 10개월 무렵 시작된다. 그 시기가 되면 어린이가 유아기에 가지고 있던 공유된 이해라는 가정이 서서히 무너진다. 왜냐하면 겉으로는 성인과 어린이가 서로의 욕구를 이해하고 있는 것처럼 보일지라도, 성인들이 어린이의 욕구를 정확히 이해하지 못한다는 사실이 점차 분명해지기 때문이다. 억양과 강세만으로는 불충분하며, 조음 체계는 물론 어휘 문법까지 숙달해야 한다는 것이 갑자기 드러난다. 그러나 어린이는 상황을 역전시켜 자신만의 말 형태를 만드는데, 그것이 비고츠키가 하나의 발달 노선이자 중심적 신형성 자체로 간주하는 이 '원시적 말'이다.

그러나 비고츠키는 그런 후 한 발 물러서서, 이에 대한 자신의 관점이 아직 충분히 발달되지 않았다고 말하며, 우리는 모든 것을 말로 환원시켜서는 안 되며 이차적 발달 노선도 고려해야 한다고 말한다. 그럼에도 그는 대담하게 논의를 비약시킨다. 우리가 중심적 신형성을 찾아야 할 일반적 방향은 언제나 어린이와 '환경과의 관계'이며, 구체적으로 그것은 의식과 말을 의미한다고 비고츠키는 말한다. 이 말을 염두에 두고, 어린이 삶의 첫해의 말에 대한 할러데이의 뛰어난 연구를 가지고 우리는 이 연구를 다음과 같은 표로 요약하고자 한다.

	비고츠키(1984, 2001)			할러데이(2004)
연령기	발달의 사회적 상황	발달 노선	신형성	언어 특징
출생 (0~2개월)	생리학적으로 구분되지만 생물학적으로 의존적	영양 섭취 자세 잡기 사지 사용	개인적 정서적 삶 (대개 본능적 이지만 피질하 영역에 속함)	• 상징적이지 않음(일차적 간주관성) • 원시적 대화(울음, 타인에 반응하여 울음을 멈춤) • 자신과 타인의 구별
유아기 (2~12개월)	생물학적으로 의존적이지만 말을 하지 못함	수동적 관심 지각 공유된 활동 모방 대상의 도구적 사용	원시적 우리 (큰 우리) 공동 의식 나=우리	• 상징적이지 않음(일차적 간주관성) • 원시적 대화(울음, 타인에 반응하여 울음을 멈춤) • 자신과 타인의 구별
1세의 위기 (10~18개월)	말의 자각 '원시적 우리'의 붕괴 더 이상 공유되지 않는 의지와 정서	자율적 걷기 '자율적 말' 하기 의지 결핍 (조절되지 않는 감정)	자율적 말 조음을 포함하지 않는 억양, 낱말을 포함하지 않는 조음	• 기능적 원시 언어, 즉 의미적이고 음성적이지만 어휘 문법 없음 • 결정적 특성: '예고편'(곧 폐기될 언어적으로 시기상조적 행동) • '마법의 문'(갑작스러운 일반화, 즉 억양의 체계적 사용) • '여과'(지나치게 앞선 구조는 무시함)

각 연령기에는 특유의 발달의 사회적 상황이 존재하며, 이 특유한 모순이 바로 S. 채클린이 말한 '객관적' 근접발달영역을 만들어 낸다. 객관적 근접발달영역은 큰 집단의 어린이들이 공유하는 것으로서, 어린이가 정상적으로 발달하고 있는지 판단하는 중요한 근거가 되며, 교사가 연령에 적합한 교육과정을 확립하거나 자료를 제작할 때에도 꼭 참조해야 하는 것이다(김용호, 2012). 그러나 어린이가 발달의 사회적 상황을 다루는 방식은 연령에 특유할 뿐 아니라 어린이에 따라서도 점점 개별화되며, 채클린은 이것을 '주관적' 근접발달영역이라고 부른다. 주관적

근접발달영역은 어린이의 학습을 객관적 근접발달영역 내에 위치시키는데 그렇다고 해서 모든 학습이 발달을 일으킨다는 뜻은 아니다. 왜냐하면 오직 발달의 중심 노선만이 각각의 연령기에서 어린이로 하여금 중심적 신형성을 창조하도록 이끌 것이기 때문이다. 그러나 연령기와 연령기 사이에는 이전에 주변적 발달 노선이었던 것이 전면에 나와 중심적 역할을 떠맡는다. 어린이의 능동적 감각운동 활동이 전면에 나와 유아기의 중심적 역할을 하거나 음성 활동이 전면에 나와 1세의 중심적 역할을 하는 것과 마찬가지로, 자율적 말의 바다에서 발견된 아주 작은 섬에 불과한 어른의 말은 말 발달 시기인 초기 유년기 동안 점차 전면에 부각될 것이다.

소설 『악마의 시』의 저자이자 이 책으로 사형선고를 받았던 S. 루시디는 물었다.

새로운 것은 어떻게 세상에 오는가? 어떻게 태어나는가?
어떠한 융합, 번역, 결합으로 이루어지는가?
어떻게 살아남는가? 그토록 극단적이고도 위험스러운 것이
출생은 언제나 추락인가?
천사들에겐 날개가 있나? 인간은 날 수 있는가?

(S. 루시디, 1988: 8)

이 책은 루시디의 질문에 대한 비고츠키의 대답이다. 새로운 것은 어린이의 기여와 환경의 기여로 이 세상에 온다. 이 둘의 필연적 모순은 반드시 발달 노선들로 번역되어야만 한다. 즉 물질, 정신, 그리고 무엇보다 언어활동 형태의 발달 노선으로 번역되어야 하며, 이들은 어린이를 변화시키고 또 어린이로 하여금 환경을 변화시킬 수 있도록 해 준다. 어린이의 의식과 환경과의 의사소통의 결합으로부터 생겨난 이 신형성은

위기적 시기에 살아남지 못한다. 자율적 어린이 말과 같은 극단적이고 위험스러운 결합은 보다 안정된 신형성의 종속적 부분으로 존재할 뿐이다. 이들은 원시적 말이 존속하는 식으로만 존속한다. 즉 원시적 말이 음성적으로는 운율과 의성어 속에서 존속하고, 의미적으로는 '이', '저', '그', '그런 다음'과 같이 상황 맥락의 변화에 따라 그 의미가 변하는 지시어 속에서 존속하거나, 상황 맥락에 의해 생략된 구문이 사용되는 의존적이고 짧은 의사소통으로 존속하는 식으로 존속한다는 것이다.

새들은 날개를 가지고 태어나지만 사람은 오직 발달되지 않은 뇌만을 가지고, 그러나 고도로 발달된 사회적 상황 속으로 태어난다. 인간은 오직 고도로 발달된 사회적 상황 속에서만 날 수 있으며, 어린이는 극단적이고 위험스러운 심리적 확장과 주기적 추락 속에서만 배울 수 있다.

2016년 2월

비고츠키 연구회 일동

| 참고 문헌|

Chaiklin, S.(2003), The ZPD in Vygotsky's Analysis of Learning and Instruction. In A. Kozulin, B. Gindis, V. S. Ageyev, and S.M. Miller(eds.): *Vygotsky's Educational Theory in Cultural Context* 39-64, Cambridge: Cambridge University Press.

Halliday, M. A .K.(2002), *On Grammar*, London and New York: Continuum.

Halliday, M. A. K.(2004), *The Language of Early Childhood*, London: Continuum.

Kim, Y.-H.(2012), "An Investigation into the Process of Learning English Through Child Development Sensitive Activities", Ph. D. Thesis, Korea National University of Education.

Malinowski, B.(1923), The Problem of Meaning in Primitive Languages. In C. K. Ogden and I. A. Richards, *The Meaning of Meaning: A Study of Influence of Language Upon Thought and of the Science of Symbolism*, New York: Harcourt, Brace and World, 296-336.

Rushdie, S.(1988), *The Satanic Verses*, New York: Viking.

비고츠키, L. S.(2011), 『생각과 말』, 서울: 살림터.

비고츠키, L. S.(2012), 『도구와 기호』, 서울: 살림터.

비고츠키, L. S.(2014), 『역사와 발달 II』, 서울: 살림터.

비고츠키, L. S.(2015), 『성장과 분화』. 서울: 살림터.

옮긴이 주―――――

1. 본문의 문단 번호는 원문에 없으며 옮긴이들이 편의상 붙인 것이다.
1. 글상자 속 내용은 옮긴이들이 첨부한 것이다.
3. 본문 중 (-K)로 표시된 부분은 한국어 번역자의 첨가라는 의미이다. 그 외의 본문의 괄호와 볼
   드체 강조는 모두 원문의 것이다.
4. 각 장의 끝에는 옮긴이들이 첨부한 요약 미주가 자리 잡고 있다. 미주가 제시하는 본문 구성과
   재조직은 독자들의 이해를 돕기 위해 옮긴이들이 임의로 채택한 방식에 따랐다.

차례

제1장

아동학의 연령 개념

인간의 아홉 시기, 코르넬리스 사프트레벤(Cornelis Saftleven, 1607~1681).
이 장에서 비고츠키가 논의하는 다양한 연령기 구분 이론을 포함하고 있다. 먼저 연대기적
연령기는 10, 20, 30, 40, 50, 60, 70, 80, 90세로 나뉜다. 둘째, 발달과 발달의 부분적 과정
사이의 상관관계에 따른 연령기 구분이다. 이 그림에서 발달의 부분적 과정은 단상 위 인물
들이 입고 있는 의복으로 대표되는 활동으로 나타난다. 셋째, 단상의 상승과 하강에서 발달
과정에 내재적인 파동형의 삶의 주기를 엿볼 수 있다. 인생의 정점이 50세로 묘사된 것은 주
목할 만하다(사프트레벤 자신은 74세에 생을 마감했다).

1

1-1] 어린이 발달은 시간에 따라 일어나는 역사적 과정이다. 어린이의 발달 수준과 그의 연령, 즉 출생 이후 거쳐 온 햇수 사이의 관계는 발달 과정과 어린이 연령의 변화 사이의 관계와 마찬가지로 매우 두드러지기 때문에 어떤 의미에서 아동 발달은 시간의 함수로 간주될 수 있다. 아동 발달의 경로를 구성하는 사건들은 시간에 따라 견고한 한정성과 규칙성을 가지고 출현하고 다른 것으로 변화한다. 어린이는 특정 연령에서 걷기와 말이 발달하며, 다른 연령에서는 학교에서의 학습 능력을 획득한다. 발달이 단지 시간에 따라 성취되는 것이 아니라 시간의 함수라고 말하거나(게젤) 어린이의 특징은 연령의 함수라고 말할 때(블론스키), 이는 어린이 연령의 변화와 인격과 발달 과정의 변화 간 관계를 염두에 두고 있는 것이다.

> 비고츠키는 여기서 게젤과 블론스키의 발달 관점을 제시한다. 즉 발달이 시간의 함수라는 것이다. 만일 y가 어린이 인격과 발달 과정 자체에서의 변화이고 x가 시간이라면, y=f(x)라고 말할 수 있다. 물론 일반적 의미에서 "발달=f(시간)"인 것은 분명한 사실이다. 그러나 개체발생뿐만 아니라 사회발생이나 계통발생도 시간에 의존한다. 비고츠키가 지적하듯이 어린이 발달은 걷기나 말하기와 같은 매우 다양한 변화들로 이루어져 있다. 비고츠키가 이러한 사건들이 "다른 것으로 변

화한다"라고 말할 때, 뜻하는 바는 이러한 사건들이 지배와 의존의 역할을 교환한다는 것이다. 걷기가 지배적일 때, 말하기는 다소 의존적인 역할을 갖는다. 그러나 시간이 흘러 이들의 역할은 교환된다.

비고츠키가 나중에 지적하듯이, 게젤의 이론은 본질적으로 진화론적이다. 게젤에게 있어서 인간 고유의 기능들은 특정한 환경 조건하에서 적응을 통해 유전적 잠재력이 성숙하면서 생겨난다. 이는 오늘날에도 여전히 발달에 대한 주류 이론이며, 비고츠키가 생물발생적이라고 부르는 이론들과 매우 비슷하다. 따라서 '야생의 어린이'는 게젤 이론의 결정적 실험이 된다. 야생의 어린이를 이용해 게젤은 인간이 야생동물의 유전적 잠재력을 가지고 있음을 보여 줄 수 있었다. 야생의 어린이가 인간 사회로 돌아갔을 때, 오로지 그때에서야 비로소 이 잠재력은 완전히 사회화된 인간으로 발달한다. 이 이야기는 키플링의 소설과 피아제 이론에도 나타난다. 따라서 게젤은 인도의 한 고아원 원장이 실제 '늑대 어린이' 카말라를 발견했다고 주장했을 때 매우 흥분했다. 그러나 카말라 이야기는 거짓이었다. 사진에서 볼 수 있듯이, 그 어린이는 늑대와는 달리 손과 발이 아니라 손과 무릎을 땅에 대고 있다. 카말라 이야기는 분명히 게젤 같은 과학자에게서 돈을 뜯어낼 목적으로 고아원 원장이 꾸며 낸 것이었다. 이 일과 연관된 과학자들이 일자리를 잃었지만, 게젤은 너무나 유명했기 때문에 자리를 유지할 수 있었다. 하지만 그 후 성숙 이론은 신용을 잃었으며, 게젤이 죽은 후 미국의 심리학은 거의 완전히 환경론적(즉 행동주의) 이론이 되었다.

인도의 고아원에서 네발로 걷고 날고기를 먹는 카말라의 모습을 보여 주는 사진. 이 사진은 나중에 가짜임이 밝혀졌다.

*A. 게젤(Arnold Gesell, 1880~1961)은 의사이자, 예일대 교수로서 많은 저술을 남겼으며, 일부는 아동 양육에 관한 영상으로 만들어졌다(『전 학령기 어린이의 정신적 성장The Mental Growth of the Preschool Child』, 1925). 그가 저술한 『유아 행동 지도Atlas of Infant Behavior』(특정 연령의 전형적 행동을 연대기적으로 기록한 것)는 비고츠키가 사망한 해에 출판되었다. 그는 처음으로 한쪽에서만 보이는 거울을 사용하여 어린이를 연구하였다. 그는 발달을 연대기적으로 기술하는 데 집착했으며, 그의 연구는 나중에 아동정신발달지체 검사 도구의 개발을 이끌었다.

*П. П. 블론스키(Блонский, Павел Петрович, 1884~1941)는 소비에트 심리학자로 플라톤과 철학적 관념론의 전공자로 출발하였지만 러시아 혁명 후에 '객관적 마르크스주의' 심리학(즉 행동주의)의 창시자가 되었다. 그는 나중에 아동학과 관련을 맺고 심리 검사를 옹호했다는 이유로 혹독하게 비판받았다.

1-2] 그러나 발달은 단순한 시간의 함수도 아니고 어린이가 살아온 햇수에 비례한 변화도 아니다. 발달 과정에서의 변화는 연대기적 시간과 직접적으로 일치하지 않는다. 발달은 지극히 고유하고 매우 불안정하며 복잡한 의존성들과 관련된 복합적인 시간의 함수이다. 어린이 발달 과정은 시간의 경과를 측정하는 시계판 시침의 일률적이고 점진적인 움직임과는 전혀 다르다. 발달 과정은 그 흐름의 **리드미컬하고 주기적인** 성질로 특징지어진다. 발달 과정은 단일한 직선이라기보다는 상승과 하강이 있는 파동 형태와 같이 나타나며, 이 형태는 발달 과정 고유의 리드미컬한 특징의 상징으로 간주될 수 있다. 발달 과정은 결코 똑같은 템포로 흐르는 것이 아니라, 오히려 빨라지고 느려지거나, 강화되고 느슨해지며, 진보하고 퇴보하는 움직임의 시기들의 교체를 끊임없이 드러낸다.

1-3] 이 때문에 어린이 발달의 시간적 조직은 매우 복잡하다. 발달

에서의 어느 일 년은 다른 일 년과 결코 그 의미가 동일할 수 없다. 각
각의 일 년의 의미는 앞에서 언급된 파형에서 차지하는 위치로 결정된
다. 마이놋은 출생부터 18세까지 어린이 몸무게와 키의 증가를 연구하
였다. 그는 도표에 몸무게가 10퍼센트씩 증가하는 데 소요된 시간을 나
타내는 30개의 수직선을 표시했다. 마이놋은 "초기에는 선들이 매우 가
까이 있다. 각각의 10퍼센트 증가가 짧은 시간 안에 잇따라 일어나지만,
수직선들 간의 거리가 보여 주듯이, 그 간격은 점차 벌어진다. 우리의
도표는 나이가 들수록 정해진 비례량의 성장에 소요되는 시간이 늘어
난다는 사실을 도식적으로 표현한 것이다"라고 말한다.

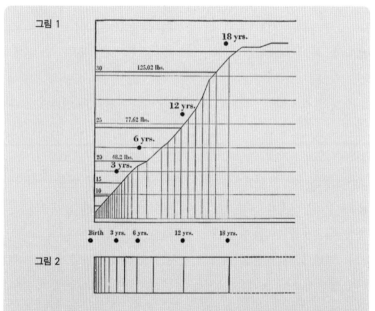

위 그래프는 게젤의 1925년 책 『전 학령기 어린이의 정신적 성장*The*
Mental Growth of the Preschool Child』(New York: Macmillan)의 18쪽에 나오는
것이다. 신체적 성장을 나타내는 그림 1은 마이놋의 그래프이며, 정신
적 성장을 나타내는 그림 2는 다양한 정신 검사를 기반으로 한 것으
로 보이는 게젤의 그래프이다. 두 그래프는 이상하리만치 유사하다.

*C. S. 마이놋(Charles Sedgwick Minot, 1852~1914)은 미국의 해부학자이자 태생학자로서, 후에 미국 심령 연구 학회를 창시했다. 그는 1914년에 「연령, 성장 그리고 죽음의 문제 The Problem of Age, Growth and Death」라는 논문을 썼다(본문에 나오는 비고츠키의 인용은 이 논문을 게젤이 인용한 것을 재인용한 것이다).

1-4] 게젤은 어린이의 정신 발달에 대해서 같은 연구를 수행하였고 이 발달 영역에도 비슷한 양상이 존재함을 발견하였다. 그는 정신 발달에서 생애 첫해 동안의 월별 증가와 그 후 13세까지의 연간 증가를 비교함으로써, 도표에서 보이듯, 한 무리의 성장(월별-K)이 또 다른 성장(연간-K)을 따라감을 발견하였다. 이는 삶의 첫 12년 동안, 두 번째 해부터 시작하는 모든 해들이 발달에서 차지하는 중요성이라는 점에서 삶의 첫해의 상응하는 달들과 동일한 가치를 가진다는 결론으로 우리를 이끈다. 그는 말한다. "연대기적 의미에서 1개월은 언제나 1개월과 동일하다. 그러나 지적 연령에서의 1개월은 유기체적 주기로부터 도출되고, 발달 주기에서 그것이 차지하는 위치에 따라 크게 변할 것이다. 더욱이 그 주기는 원이나 타원보다는 좀 더 나선에 가깝다. 초기 유년기에서 1개월은 개인의 후속 발달에 결정적인 문제일 것이다."

1-5] **연령에 따라 발달 속도가 변하고 연령이 증가함에 따라 발달 속도가 상대적으로 느려진다**는 사실은 오랫동안 알려져 왔다. 리히터는 유아와 말할 수 있는 어린이의 차이는 학령기 어린이와 뉴턴의 차이보다 더 크다고 말했다. 프뢰벨도 같은 생각을 표현했다. 세계적으로 유명한 작가인 톨스토이도 노년이 되어 자기 삶의 초기 몇 해에 관해 다음과 같이 말했다. "참으로 지금 나를 살 수 있게 해 준 모든 것을, 그때 너무도 많이, 너무도 빨리 얻어서 나머지 모든 삶에서 나는 그때의

백분의 일도 얻지 못하였다. 다섯 살 난 아이로부터 나에게까지가 단지 한 걸음이라면, 신생아로부터 다섯 살 난 아이까지는 엄청난 거리가 존재한다. 배아로부터 신생아까지는 심연이 존재하며, 그리고 무無로부터 배아까지는 심연도 아닌 불가사의만이 남는다."

이 문단에서 언급된 리히터는 미술사학자 J. P. 리히터(Jean-Paul Richter, 1847~1937)를 말하는 것으로 보인다. 프뢰벨은 유아 교육의 창시자인 F. 프뢰벨(Friedrich Froebel, 1782~1852)을 가리키는 것이 확실하다. 프뢰벨은 구체물을 이용한 놀이를 강조하였으며, 이 원리에 토대한 유치원들은 오늘날에도 운영되고 있다. 이 문단은 1932년에 출간된 E. K. 그라체바의 책 『중증 지체아의 교육과 학습 The Education and Instruction of Severely Retarded Children』에 실린 비고츠키의 서문과 매우 유사하다('까쩨야 아줌마'라고도 알려진 E. K. 그라체바는 저명한 작가였으며, 중증 지체아 교육을 지지하였다).

"어린이가 생후 1, 2년에 습득하는 것과 비교하면 이후의 모든 습득은 사소하다. J. P. 리히터의 생각은 L. N. 톨스토이와 같다. 즉 말을 습득한 어린이와 신생아 사이에는 뉴턴과 초등학교 어린이 사이의 간극보다 더 큰 간극이 존재한다." 비고츠키 영어판 선집 2권, p. 215 참조.

1-6] 따라서 정신 발달의 경제학에서 한 달의 가치는 삶의 주기에서의 위치에 의해 결정된다(게젤). 동일한 법칙이 어린이 발달의 모든 측면과 전체로서의 어린이 인격 발달에 똑같이 관련된다. 그러므로 어린이 발달 과정의 내적 구분은 살아온 햇수에 따른 단순한 어린이의 연대기적 연령 구분과 일치하지 않는다. 어떤 발달의 한 해가 다른 연령에서의 발달의 한 해와 동등하다고 가정하는 것은 옳지 않다.

1-7] 이와 같이 연대기적 원칙만을 가지고 아동 발달 연령기를 구분할 수는 없다. 발달 과정의 흐름과 시간의 흐름이 일치하지 않는 이유는 무엇인가?

1-8] 어린이 발달 문제를 분석하면서 이미 말했듯이 어린이 발달은 어떤 외적 힘이나 요인에 의해 유도되거나 결정되는 과정으로 간주될 수 없다. 어린이 발달 과정은 그 자체의 내적 법칙에 종속된다. 그것은 변증법적인 자율적 운동 과정으로 전개된다. 이러한 내적 법칙에 의해 어린이 발달이 템포와 리듬, 고유한 운동 순서에 있어 천문학적 시간 흐름과 일치하지 않은 상황이 규정된다.

1-9] 우리는 어린이 발달 과정이, 진행에 따라 그 흐름의 강도와 리듬이 변화하고, (발달-K) 과정을 구성하는 다양한 부분들에 대해 불균등한 방식으로 일어나는 매우 복잡한 과정임을 이미 언급하였다. 어린이 인격의 각 측면들은 불균등하고 불균형하게 발달된다. 발달에서는 지금까지 전체적으로 아직 매우 협소하고 거의 눈에 띄지 않는 역할을 수행하던 어떤 개별 기능이 그 전성기를 맞아 전면으로 나온다는 뜻에서, 균등한 전진에 대한 위반이 끊임없이 일어난다. 그런 다음 그 기능은 특정한 시간 동안 어린이 활동의 중심이 되어, 그 시간 동안 놀랄 만큼 빠른 **발달**이 일어난다. 이러한 격동의 시간이 지나가면, 새로운 기능과 흥미의 영역이 같은 방식으로 일어날 것이다. 이전에 발견된 영역 또한 물론 계속 발달하지만, 그렇게 떠들썩하지 않고 전반적인 인격의 틀 안에서 천천히 발달한다. 즉 이런 방식으로 어린이는 각각의 발달의 국면마다 질적으로 새로운 그림을 보여 준다(스턴). 어린이 발달의 기본 법칙 중 하나는 기초적 기관과 기능이 먼저 성숙한 후에야 어린이의 고등 활동 유형의 발달이 가능함을 확립시킨다. "따라서 어린이는 시간보다 훨씬 먼저 공간을 다루는 법을 익힌다. 공간적 형태에 관한 지식은 색깔에 대한 지식보다 먼저 획득된다. 선형적 거리를 파악하는 눈은 대상과 우리와의 거리(깊이-K)를 측정하는 능력보다 먼저 획득된다. 필수적 특성은 미묘한 차이보다 먼저 숙달된다. 말에 대한 이해가 자발적인 말보다 먼저 발달한다. 이 모든 것이 동일한 법칙

에 종속된다"(스턴).

이 문단에서 비고츠키는 스턴의 주장을 단순히 요약하고 있다. 스턴은 '기초적' 기관들이 고등한 기관들에 앞서서 성숙해야만 한다고 말한다. 예를 들면, 뇌간은 대뇌피질보다 먼저 성숙한다. 심리적 기능에서도 이는 마찬가지다. 지각과 같은 저차적 기능들이 먼저 성숙해야만 생각과 같은 고등 기능들이 발달할 수 있게 된다. 스턴은 또한 공간 판단 능력은 시간 판단 능력보다 앞선다고 믿는다. 예를 들면 어린이는 아침을 먹은 후부터 얼마의 시간이 흘렀는지 판단할 수 있기에 앞서 사물에 부딪치지 않고 움직이는 법을 알며, 사물이 가까이 있는지 멀리 있는지 그 거리(깊이)를 판단할 수 있게 되기 이전에 자신의 두 손 간의 선형적 거리를 판단할 수 있게 된다. 반응적, 수동적 이해는 의지적 말하기 능력보다 먼저 온다. 스턴이 이렇게 믿는 이유를 쉽게 알 수 있다. 시간에 관해 말할 때, 우리는 마치 공간을 말하는 것처럼 오전(정오의 앞)과 오후(정오의 뒤)라는 표현을 쓴다. 깊이란 우리와 물체 간의 거리를 말한다. 우리는 깊이를 우리와 물체 간의 일종의 선형적 거리로 파악한다. 깊이는 직접 볼 수 없기 때문에 물체의 상대적 크기를 이용하여 간접적으로 판단되어야 한다. 물론 수동적 어휘는 능동적 어휘보다 범위가 훨씬 더 크다. 그럼에도 불구하고 이것은 성급한 일반화이다. 아주 어린 어린이들도 리듬 변화를 잘 판별할 수 있다. 자신과 사물의 거리를 판단하는 능력은 미세한 선형적 거리를 판단하는 능력보다 더 쉽게 습득될 것이다. 수동적 어휘는 능동적 어휘보다 더 클 수도 있지만, 어린이들의 문법적 언어 사용은 종종 그에 대한 분석적 이해보다 훨씬 더 잘 발달되어 있다.

1-10] 모든 발달 과정과 같이 어린이 발달은 한 단계에서 또 다른 단계로의 연속적인 전환으로 이루어져 있고, 개별적이고 비교적 폐쇄적이지만 상호 관련된 여러 발달 주기들, 시기들, 단계들로 자연스럽게 나뉜다. '단계'라는 용어는 해당하는 규칙적 주기에서의 특정한 구간을

나타낸다(게젤). 우리는 이런 식으로 **아동학적 연령 개념**에 다다르게 된다. 우리가 살펴보았듯, 이는 **연대기적** 즉 **여권적 의미에서의 연령**과는 엄격하게 구분되어야만 한다. 우리는 **아동학적 연령을 규정된 발달 시기, 발달 주기 또는 발달 단계**로 미리 정의할 수 있다. 1)아동학적 연령은 **선행하고 후속하는 발달 시기**와 연관되고, 2)아동학적 연령의 가치는 전체적 발달 주기에서 차지하는 위치에 따라 결정되며, 3)아동학적 연령에서 **일반적 발달 법칙**은 언제나 **질적으로 고유하게 나타난다.**

1-11] 이런 의미에서 발달의 연령 단계는 인간 발달의 역사적 단계나 시대, 유기체적 생명의 발달에서 진화론적 시대, 또는 지구 발달의 역사 속에서 지질학적 시대와 비교될 수 있을 것이다. 하나의 연령 단계에서 다른 연령 단계로의 이행은 발달 과정 자체를 수정하고 재구조화하면서 이전 단계에 존재하지 않았던 새로운 형성을 일으킨다. 이와 같이 어린이 발달은 하나의 연령 단계에서 다른 연령 단계로의 연속적인, 어린이 인격 변화와 구성에 관련된 이행이다. 이런 의미에서 발달은 연령에 종속되며, 발달의 모든 유형, 심지어 가장 독특한 유형에서조차도 관찰된 현상의 변화가 연령 법칙에 종속된다고 일컬어진다(게젤). 그러므로 어린이 발달을 연구한다는 것은 어린이의 한 연령 단계에서 다른 연령 단계로의 이행과 특정 사회-역사적 조건하에 일어나는 각 연령기에서의 어린이 인격 변화를 연구한다는 의미이다. 이것이 아동학적 연령이 당면한 과제이다.

1-12] 우리가 보았듯이, 전체적인 어린이 발달 과정을 내적 발달 법칙에 따라 개별적 연령 단계로 분할하는 것은 연대기적으로 규정된 어린이 삶의 시기에 따라 여권적 연령으로 분할하는 것과 결코 일치할 수 없다. 만일 어린이의 삶에서 처음 십 년을 포함한 어린이 발달의 전 시기를 1년, 2년, 3년 등의 다양한 기간으로 나눈다고 하더라도, 결코 실제 어린이 발달 주기를 얻을 수는 없을 것이다. 그러나 내적 법칙에 의

해 결정되는, 발달의 연령 수준과 어린이의 연대기적 연령을 연결하는 규칙성이 존재한다. 이는 각각의 아동학적 연령이 연대기적으로 규정된 경계 내에서 진행됨을, 즉 어린이 삶에서 어떤 특정한 연대를 포괄함을 의미한다. 이러한 각 연령의 연대기적 경계는 역사적 시기, 발달의 사회적 조건, 어린이의 개별적 특성에 따라 변한다. 이런 식으로 그 경계의 역사 자체가 인류의 역사적 발달 과정에서 변하는 제약적 가치를 나타낸다.

1-13] 우리는 어린이의 여권적 연령이나 연대기적 연령이 아동학적 연령과 일치하지 않을 수 있음을 이미 언급하였다. 여권적 연령이 동일한 어린이들, 즉 동일한 햇수를 살아온 어린이들이 발달 연령에 있어서는 다양한 단계에 있다. 크레미톤은 약 4,000명의 남자 어린이들을 생리학적 관점에서 조사하여, 그들 중 3분의 1 정도만 14세에 성적 성숙을 겪었으며 다른 3분의 1은 성적 성숙기를 거치고 있었고 나머지는 아직 이 시기에 이르지 못했음을 발견했다. 이 연구자들은 치아 교체와 관련해서도 수천 명의 어린이들에게서 동일한 사실을 발견했다. 버트는 3~15세의 어린이 3만 2,000명을 대상으로 유사한 심리 발달 연구를 수행했다. 그의 연구는 연대기적 연령상 11세인 어린이 중 30.6%만이 아동학적 연령상 11세임을 보여 주었다. 29%는 10세였고 10.9%는 9세였으며 17.7%는 12세, 6.2%는 13세였다. 이 여권적 연령과 실제 연령 간 격차는 각각의 경우 아동 발달의 개별적 차이에 기인한다. 한날한시에 태어난 어린이들이 똑같이 시간을 맞추어 놓은 시계들처럼 서로 완전히 일치하여 발달하지는 않는다. 이는 고도로 복잡한 유기적 발달 과정이 총체적 발달 조건에 따라 개별 경우의 이러저러한 편차를 결정하기 때문이다. 따라서 일부는 발달상 다른 이들에 비해 앞서고 일부는 뒤에 처지게 될 것이다. 따라서 실천적 아동학의 첫 번째 기본적 과업은 어린이의 **실제 아동학적 연령**, 즉 그가 발달 경로상 실제로 도달한 단

계를 규정하고, 실제 (아동학적-K) 연령과 생후 지나온 햇수로 결정되는 여권적 연령 간 차이의 정도를 규정하는 것이 되어야 한다. 어린이의 실제 아동학적 발달을 아는 것은 교육자들이 학생들에게 **개별적**으로 접근하는 데 도움이 될 것이다.

본문의 크레미톤은 우크라이나의 생리학자인 I. U. 크레미톤을 언급하는 것으로 보인다. C. 버트 경은 지능 검사를 전문적으로 연구했던 영국의 심리학자로 지능이 유전된다고 믿었다. 그러나 후에 그의 연구 데이터는 대부분 조작된 것으로 밝혀졌다.

● 아동학의 연령 개념

출판된 강의록 『성장과 분화』에서 비고츠키는 아동기를 연령기로 나누는 문제에 대하여 길을 터 줄 이 강의를 약속한 바 있다. 이 강의에서 비고츠키는 각 시기의 시작에 존재하는 어린이 발달의 사회적 상황을 규정하고, 그 시기 동안의 발달의 주요 노선과 주변 노선을 추적하여, 유년기의 각 시기에 '중심적 신형성(어린이의 인격을 실현하고, 어린이의 인격에 의해 실현되는 새로운 구조적 성취)'을 밝히겠다고 약속한다. 이 약속은 1934년 6월 11일 비고츠키의 죽음으로 인해 최소한 80여 년간 지켜지지 못했다.

비고츠키가 남긴 자료는 많은 빈틈과 구멍이 있다. 언제나처럼 우리는 비고츠키의 생각이 빠르게 나아갈 때 글상자를 제시함으로써 그 구멍과 빈틈을 보완하려고 하였다. 출생의 위기와 유아기와 같은 몇몇 시기는 하나의 장으로 합쳐졌다. 또한 2장 연령기의 문제에서는 합쳐진 두 연령기를 비고츠키가 약속한 시기 구분의 도식에 따라 구분하였다. 마지막으로 원고를 완성하면서 이 책을 공부하는 사람들의 편의성을 높이고자 미주를 각 장에 덧붙였다. 각 미주는 비고츠키가 나눈 것은 아니지만 이해에 도움이 되도록 네 부분으로 나누었다.

비고츠키는 보통 개념에 대한 진술로 시작하지 않는다. 개념은 연구로부터 나타나는 것이며 비고츠키는 보통 자신의 연구를 연구의 문제에 대한 논의로 시작한다. 이 문제로부터 적절한 연구 방법이 나오게 된다. 그러나 이 책의 경우 비고츠키는 문제와 접근법에 대한 논의를 뒤로 미루고 아동학적 연령기의 전체 개념에 관한 짧은 진술로 서두를 연다. 아동학적 연령은 연대기적 연령 혹은 '여권적' 연령으로 규정될 수 없으며 표준 통계치에 개개인을 비교함으로써 측정될 수 있다. 아동학적 연령은 단순히 어린이의 연대기적 연령으로부터 판독될 수 없다. 이는 아동학적 연령이 진화 혹은 심지어 문화적 역사와 직접 비교될 수 없는 것과 마찬가지이다. 그럼에도 불구하고 개체발생은 사회발생의 중심적 특성인 문해, 셈하기, 개념적 생각을 공유한다.

I. 발달의 주기적 본성. 비고츠키는 발달이 역사적 과정이라고 말하는데, 이는 발달이 시간에 따라 펼쳐짐을 의미한다. 그러나 인간의 발달은 물리학처럼 시간 과정으로 환원될 수 없다. 예컨대 체중의 10%가 증가하는 데 필요한 기간은 일정하지 않다. 중심에서 퍼져 나감에 따라 그 주기가 달라지는 파동처럼, 아기가 태어났을 때는 매우 짧지만 나중에는 점점 더 길어지는 것이다. 어린이 발달은 사회 발달과 마찬가지로 시기, 즉 리듬이나 주기, 혹은 나선으로 특징지어질 수 있다(1-1~1-3).

II. 정신 발달 속도 또한 나이에 따라 줄어드는가? 게젤은 정신 발달이 본질적으로 신체 발달의 확장이라고 믿는다. 그리고 이것은 리히터, 프뢰벨, 그리고 삶의 가장 중요한 배움이 유치원 이전에 일어난다고 믿었던 톨스토이에 의해 뒷받침된다. 비고츠키는 발달이 언제 어디서나 불균등하다는 것, 즉 한 해의 발달은 그 어떤 해의 발달과도 똑같지 않다는 것에 동의한다. 정신 발달도 이와 비슷하다고 생각해 볼 수 있다. 어린이의 어휘가 두 배로 증가하는 기간이 점점 길어진다는 것을 부모들은 잘 알 것이다(1-4~1-6).

III. 발달 역시 질적으로 불균등하다. 비고츠키는 발달이 매우 복잡한 과정이고 양적으로뿐만 아니라 질적으로 변한다고 말한다. 발달 자체가 발달한다. 즉 중심 발달 노선이 아니었던 기능들이 중심이 되고, 중심 발달 노선이었던 기능들은 쇠퇴하는 것이다. 또한 기초 기관과 기능은 일찍 빠르게 성숙하는 한편, 이러한 토대를 필요조건으로 하는 고등 기관과 기능은 당연히 나중에 서서히 발달한다. 그 예로 어린이가 시간에 앞서 공간을, 원근에 앞서 길이를 터득하고, 말을 하기에 앞서 듣기를 배운다는 스턴의 주장을 들 수 있다. 이로부터 비고츠키는 아동학적 연령기를 그 내적 기준에 따라 규정할 가능성을 이끌어 낸다. 그 기준은 다음과 같다.

A. 아동학적 연령기는 연대기적 시간이 아니라 선행하거나 후속하는 시기에 의해 규정된다.

B. 아동학적 연령기는 발달 과정에서 그것이 차지하는 위치에 따라 그 가치가 결정된다.

C. 아동학적 연령기는 발달의 일반 법칙에 의해 규정되지만 이 일반적 규칙은 어린이 발달에서 완전히 고유하게 나타난다(1-7~1-10).

IV. 정신적 신형성은 문화-역사적 발달을 실현한다. 어떤 점에서 어린이 발달은 문화-역사적 발달, 심지어 생물학적 발달이나 지질학적 발달과 비슷하다고 할 수 있다. 각 단계는 그 단계에 발생하는 신형성으로 특징지어질 수 있다. 예컨대 자본주의는 재화라는 신형성으로 특징지어지고, 파충류 시대는 공룡이라는 신형성으로, 캄브리아기는 동물군이라는 신형성에 의해 특징지어진다. 이렇게 보면 각각의 연령기는 특정 신형성이 발흥하는 역사이다. 비록 어린이 발달의 연령기가 어린이가 살아온 햇수(여권적 연령)와 일치하지 않을지라도, 어린이 발달에는 어떤 규칙성이 존재한다. 역사적으로 동일한 연도일지라도 각 나라의 문화적 역사의 발달 정도나 국가의 형성 여부는 서로 다르지만 또한 그럼에도 불구하고, 거기에는 어떤 공통된 문화적 발달 과정이 존재한다.

크게 보면, 어린이 발달의 연령기들은 여권적 연령과 상관관계가 있다. 단 이 상관관계는 단순 종속 관계가 아닌 통계적 확률로 이해되어야 한다. 그렇게 할 때 문화마다 연령기가 다르다는 것을 알 수 있는데, 이는 적어도 몇몇 정신 신형성은 단지 생물적 발달(대뇌피질의 수초화, 치아 발달, 성적 성숙)이 아닌 문화-역사적 발달(말, 문해, 개념 형성)을 실현한다는 것을 내포한다. 이것은 한편으로 발달의 산물에 모종의 객관적 유사성이 있음을 뜻한다. 예컨대 문화에 속한 어린이는 거의 모두 말을 배울 것이며, 문해 문화에 속한 어린이는 거의 모두 읽고 쓰게 될 것이다. 다른 한편으로 이것은 그 과정들이 불균등함을 뜻한다. 왜냐하면 생물적 발달과 문화-역사적 발달의 복합체는 결코 같은 보폭으로 행진할 수 없기 때문이다. 따라서 각 어린이의 실제 아동학적 연령과 발달의 다음 영역을 결정하는 것은 교사에게 있어 집단적(객관적)인 동시에 개별적(주관적)인 과업이다(1-11~1-13).

제2장
연령의 문제

신생아, 조르주 드 라 투르(Georges de la Tour, 1593~1652).
두 여인의 눈빛에서 신생아가 얼마나 강력하게 사회적 존재로 다루어지는지 볼 수 있다. 그러나 아기 스스로는 자신이 태어났다는 것은 물론 가족, 공동체, 사회 속에서 태어났다는 사실을 전혀 알지 못한다. 이와 같이 어린이는 사회적 존재로 태어나지만 그에 대한 의식이 없음을 비고츠키는 지적한다. 유아기 말에 자신과 타인을 구분하게 되면서 비로소 어린이는 자신이 사회적 존재임을 의식하기 시작한다. 피아제와 같은 심리학자들은 이러한 무의식적인 사회성을 자폐성 혹은 자기중심성으로 잘못 해석했다.

2-1 어린이 발달에서 연령기 구분의 문제

2-1-1] 우리는 역사적 과정으로서의 어린이 발달이 우리가 연령이라 부르는 뚜렷한 시기나 단계로 나뉜다는 것을 보았다. 어린이 발달 연구의 일차적 기본 과업은 어린이 발달의 시기 구분, 즉 전체로서 과정을 구성하는 기본적인 시기나 단계의 확립임이 분명하다. 우리는 또한 전체 아동기를 연대기적 시간 순서에 따라 단순하게 한 달, 1년, 3년 기간 등의 일정한 시간 간격으로 나누는 것이 어린이 발달의 시기 구분을 위한 토대가 될 수 없음을 보았다. 어린이 발달의 시기 구분은 반드시 그 자체의 법칙에 따른 발달 과정의 내적 구분을 토대로 수립되어야 한다. 마치 어떤 역사적 시대가 백 년이나 천 년 같은 임의로 선택된 연대기적 시기가 아니라 그 자신의 내적인 역사적 발달 법칙들에 토대하여 구별되는 것과 같이 어린이 발달 또한 같은 종류의 시기 구분을 요구하는 것은 자명하다.

2-1-2] 비록 이 모든 것이 확고하게 세워진 틀림없이 명백한 진실이지만, 아동학에는 발달에 관한 전前 과학적 단계의 흔적이 순전히 **연대기적 용어**로 어린이 발달 시기를 구분하려는 시도의 형태로 남아 있다. 예를 들어 우리는 어린이의 성장과 유기체적 발달을 연령에 상관없이 동일한 연대기적 시간 간격(연도)으로 연구하려는 시도를 여전히 찾을 수 있다. 어린이 정신 발달을 연구하고 측정하는 가장 오래되었지만 여

전히 보편적인 방법 중 하나로 비네의 방법이 있다. 비네는 발달에서 각각의 해가 가지는 의미가 생애 주기의 위치에 따라 결정된다는 사실을 잊은 채, 발달의 한 해가 항상 다른 해와 같다고 가정하며 지적 연령을 연대기적 시간 단위로 규정한다.

*A. 비네(Alfred Binet, 1857~1911)는 오늘날에도 여전히 우리가 사용하는 지능 검사(『역사와 발달』 14장에서 이에 대한 비고츠키의 비판을 볼 수 있다)를 고안한 심리학자이다. 그는 법률을 전공하였으나 심리학을 독학하여 파리의 살페트리에르 신경학 클리닉에서 연구자로 일하였다(샤르코와 프로이트도 여기서 일했다). 그는 샤르코 아래에서 최면학에 관심을 가지게 된다. 비네는 프로 체스 선수들이 눈을 가린 채 기억에 의지하여 체스를 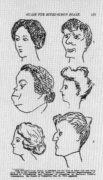 두도록 함으로써 지능을 연구하였고, 지능 검사에 대한 그의 접근 또한 이와 흡사하게 연령별로 전형적으로 나타나는 능력을 판별하는 데 집중되었다. 예컨대 다음 그림은 지능 검사의 한 항목으로, 어린이는 각각의 쌍 중 더 아름다운 얼굴을 골라야 한다. 이는 비고츠키가 이 장에서 비판한 순수한 기술적, 경험적 접근의 좋은 사례이다.

2-1-3] 그러나 아동학은 이런 종류의 시도를 오래전부터 거부해 왔으며, 발달 경로 자체에 대한 연구에 기초해서 어린이 발달의 시기 구분 문제를 전면에 내세웠다. 어린이 발달 경로를 다양한 특성에 토대하여 각각의 시기들로 나누고자 하는 많은 시도가 있다. 어린이 발달의 시기 구분에 관해 제시된 모든 과학적 도식은 이론적 기반으로 살펴보면 다음의 세 무리로 나눌 수 있다.

이후 문단에서 다루어질 세 무리의 이론들을 도표로 정리하면 다음과 같다.

연령기 구분 이론	예	비고츠키의 비판
연대기적 이론: 아동기를 여권적 연령에 따라 나눔.	비네의 '정신 연령' 개념. 이 개념은 특정한 연령에서 대부분의 어린이들이 수행할 수 있는 과업과 상응함(2-1-2).	연대기적 이론은 아동이 거쳐 가는 각 해들이 각기 같은 가치를 갖는 것으로 간주한다. 그러나 발달에서 한 해의 가치는 발달의 주기에서 그것이 차지하는 위치에 따라 크게 좌우된다. 예컨대, 특정 시기가 위기의 시기인지 안정된 시기인지에 따라, 특정 행동이 처음 나타나는 시기인지 그 행동이 성숙하고 숙달되는 시기인지에 따라 그 가치가 달라진다(비네의 이론에 대한 상세한 비판은 『어린이 자기행동숙달의 역사와 발달』 II권 14장 참조).
첫 번째 무리(비유적 이론): 비유적 이론은 어린이 발달과 무관한 기준(생물적 진화와 문화화)을 어린이 발달에 대한 일종의 비유로 이용함.	허치슨, 스턴, 홀의 생물발생적 원리(즉 개체발생은 계통발생을 반복한다). 또는 어린이 발달은 교육 체계상 시기(초, 중, 고등 교육)를 따른다는 생각(2-1-5 참조).	생물발생적 원칙에 근거한 비유적 이론은 이론적으로 지지될 수 없다. 생물적 진화는 어린이 발달과는 달리 최종 형태 없이 이루어진다. 교육 체계에 근거한 비유적 이론은 실제적으로 별로 쓸모가 없다. 어린이들이 거쳐 가는 교육 단계는 나라별로 다르며 심지어 같은 나라 내에서도 차이가 있다. 따라서 이 이론을 이용해 읽고 쓰거나 숫자 교육이 언제 시작되어야 하는가 하는 질문에 명확한 답을 제시할 수 없다(2-1-7 참조).
두 번째 무리(대유적 이론): 대유적 이론은 어린이 발달의 일부인 어떤 기준(치아 발달, 성적 성숙, 심리적 성장 등)을 전체 어린이 발달에 대한 기준으로 대신함.	블론스키, 랑스타인(치아 발달), 스트라츠(성적 성숙), 스턴(심리적 성장), 잘킨트(신경 발달)(2-1-9 참조).	대유적 이론은 여러 가지 외적 조짐들(치아 교체, 사춘기, 판단 능력)을 핵심적인 기준으로 선택한다. 이러한 선택은 자의적이고 주관적이며 종종 관찰 가능성 같은 연구자의 편의에 따라 이루어지기도 한다. 대유적 이론은 종종 유동적인 가치를 가지는 단일한 징후를 선택한다. 예컨대 치아 상태는 발달 초기에는 매우 중요하지만 후기에는 그렇지 않으며, 성적 성숙은 발달 후기에 중요하지만 초기에는 드러나지 않는다. 또한 동일한 변화가 다른 원인에 의해 일어날 수 있다. 예컨대 치아 교체 시 나타나는 내분비 변화와 사춘기에 나타나는 내분비 변화의 원인이 서로 다르다(2-1-14~2-1-16 참조). 대유적 이론은 경험주의적이다. 이는 발달을 그 외적 징후와 동일시한다(2-1-8).
세 번째 무리(절충적 이론): 절충적 이론은 발달을 기술함에 있어 하나 이상의 기준을 이용함(예컨대 신체적 성장과 환경적 적응, 신체적 성장과 학년).	게젤의 성숙과 적응의 '파동' 이론, 크로의 교육 이전과 이후의 이론, 통계를 기반으로 한 뷜러의 이론(2-1-22~2-1-26 참조).	절충적 이론은 점진적 경향을 가지며(게젤, 크로), 발달을 통합하는 단일한 내적 토대를 결여하기도 한다(뷜러). 일반적으로 절충적 이론은 발달을 다변인적 방식으로 기술함으로써 문제를 올바르게 제기하지만 원칙에 토대한 해답을 제공하지 못한다.

2-1-4] 첫 번째 무리는 어린이 발달 과정 자체를 분할하는 것이 아니라 어떤 식으로든 어린이 발달과 밀접하게 연관된 다른 과정들의 단계적 형성을 기반으로 하여 아동기를 구분하려는 시도가 될 것이다.

2-1-5] 그 예로 생물발생적 원칙에 토대하여 어린이 발달 시기를 구분하려는 시도를 들 수 있다. 앞서 어느 한 장에서 이미 말했듯이, 생물

발생적 이론은 인류 발달과 어린이 발달 사이에 뚜렷한 평행 관계가 존재한다고 주장한다. 개체발생은 계통발생을 짧고 간결한 형태로 반복한다는 것이다. 이 이론의 관점에서 보면, 모든 어린이 발달을 어린이 자신의 발달이 아니라 인간 역사의 시기에 토대하여 나누는 것이 당연하다는 것은 자명하다. 이런 식으로 아동기를 시기별로 나누는 토대는 계통발생적 발달에서 비롯된다. 이렇게 아동기를 구분하는 무리에 허치슨, 스턴 등의 연구가 속한다.

*R. 허치슨 경(Sir Robert Hutchison, 1871 ~1960)은 스코틀랜드 소아과 의사로서 식이요법, 아동기 질병, 어린이 발달에 관한 다수의 저술을 남겼다. 의학도였던 비고츠키도 『허치슨의 임상적 연구 방법Hutchison's Clinical Methods』을 공부하였을 것이다.

*W. 스턴(William Louis Stern, 1871~1938)은 독일의 아동심리학자이자 철학자이며, 인격주의 철학의 창시자이다. 그는 지능지수IQ의 개념을 개발하였으며, 오늘날에도 여전히 사용되는 어린이의 나이 표시 체계(예를 들어 '0:6'은 생후 6개월을 의미한다)를 만들었다.

비고츠키는 『생각과 말』3장에서 스턴의 언어 발달 이론을 강력히 비판한다. 그는 아내 클라라와 함께 그들의 자녀들을 종단적으로 연구하였으며, 또한 말 지각에 관한 중요한 연구를 수행하였는데, 그것은 인간의 귀가 높이가 다른 소리를 어떻게 구별하는지에 관한 것이었다. 이 연구를 위해 그는 소리의 높낮이를 연속적으로 바꿀 수 있는 '음 변환기'라고 불리는 기계를 고안하였다.

W. 스턴과 그가 고안한 음 변환기

2-1-6] 그러나 이 무리의 모든 분류가 똑같이 무용지물은 아니다. 이 무리에는 예컨대 아동의 문화화와 교육의 단계에 따라, 특정 국가에서 적용된 공교육 체계의 구분에 따라 아동기를 나누려는 시도가 포함된다. 이러한 도식에서 아동기 구분은 발달 경로 자체의 내적 구분이 아니라 문화화와 교육의 단계에 토대한다. 여기에 그러한 도식의 오류가 있다. 그러나 아동 발달의 과정은 아동의 문화화와 밀접하게 연결되어 있고 문화화를 개별 단계로 구분하는 것은 실천적 경험에 크게 근거하기 때문에, 교육의 단계를 아동의 해당 연령기와 맞추는 것, 아동기를 교육 원칙에 따라 구분하는 것은 종종, 당연하게도, 실제적이고 실천적으로 아동기를 개별 시기로 나누는 것과 매우 유사하게 된다. 오늘날까지 아동학적 시기 구분에는 특정 연령에 어린이들에게 시행되는 공교육 단계에 따라 유치원 연령기, 초등 학령기 등으로 개별 연령기를 부르는 교육학적 명명법이 남아 있다.

2-1-7] 그러나 여전히 그런 모든 시기 구분들은 이론적 토대가 잘못되었을 뿐 아니라, 실제로도 적용하기 어렵다. 나라마다 다른 공교육 단계의 차이와 (자본주의 체제하의) 같은 나라 안에서 계급에 따른 차이를 고려하지 않았기 때문이다. 일반적으로 말하자면, 문화화와 교육의 단계는 아동 연령기에 따라 구성되어야만 할 것이다. 그런데 아동학은 이 단계들에 근거하여 아동기를 각 연령기로 나눔으로써, 교육학에서 요구되는 시급한 많은 교육학적 질문들—언제 교수-학습을 시작해야 하는지, 교수-학습 단계는 어떻게 확립되어야 하는지 등—에 대한 분명한 답을 제시하지 못할 뿐 아니라, 오히려 아동학 자체가 현재의 교육학적 실천들을 기반으로 하는 것이다.

> 비고츠키가 말하는 '시급한' 교육학적 문제들은 무엇일까? 『생각과 말』 6장에서 비고츠키는 발달을 돕는 교수-학습은 오직 발달을 이끄는 것이지 발달의 '뒤를 따라가는' 것이 아니라고 말했다. 이는 어린이

가 읽기, 문법, 산술, 외국어를 배우는 데 요구되는 자발적 주의와 기억을 가지기 이전에 읽기, 문법, 산술, 심지어 외국어까지도 배워야 한다는 의미이다. 이는 어린이가 이러한 것들을 배우는 데 요구되는 자발적 주의와 기억을 오로지 그것들을 행함으로써 그리고 그것들을 수행하는 위기를 경험함으로써 발달시킨다는 의미이다. 그러나 이것은 어린이들이 읽기, 쓰기, 산술, 외국어 능력을 보여 주기 전에, 심지어 그것들에 대한 필요를 느끼기도 전에 교사들은 읽고 쓰는 법, 문법을 적용하고 계산하는 법, 외국어를 배우는 법을 가르쳐야만 한다는 의미이다. 더 나아가 교사들은 그것들을 수행하는 위기에 놓인 어린이들을 도울 준비가 되어 있어야 한다는 의미이다. 어린이들을 도울 수 있는 유일한 방법은 기능들이 언제 거의 성숙에 가까워지는지를 이해하는 것이다. 이것이 근접발달영역의 이면에 놓인 총체적 원리이며, 발달과 무관한 근접학습영역과 다른 이유이다. 교수-학습이 어린이 발달을 이끌 수 있는지 어떻게 알 수 있을까? 모스크바나 레닌그라드의 넉넉한 지역의 어린이들은 우크라이나나 우즈베키스탄의 가난한 마을에 있는 동일한 연령의 어린이들과는 매우 다르게 학습할 것이다. 한국의 부유한 가정에서 자라 재정이 풍족한 학교를 다니는 어린이는 자금 부족을 겪고 있는 가난한 지역의 동일한 연령의 어린이들과는 매우 다르게 학습할 것이다. 이는 어린이들의 유기체적 준비 정도가 다르기 때문이 아니다. 우리의 교수-학습 이론들은 어린이들이 준비되는 시기에 관심을 기울이지 않고 외적 조건들이 준비되는 시기에만 초점을 맞추고 있기 때문이다. 하지만 이는 발달에 대한 어떠한 이론도 단순히 준비, 성숙의 신호를 모색하는 것에 그칠 수 없음을 뜻한다. 신호가 나타난 순간은 이미 너무 늦은 것이다. 또한 어떤 발달 이론도 (전 학령기이므로 유치원 교육을 받고 초등 학령기이므로 초등학교 교육을 받는) 현 교육 체계를 쉽게 설명할 수 없다. 교육 제도에 따라 교육한다면 이는 발달을 이끄는 것이 아니라 그 뒤를 따라가는 것이다. 발달에 대한 올바른 이해를 통해 우리는 단순한 사후 효과가 아닌 발달을 이끄는 요인으로 교수-학습을 조직할 수 있을 것이다. 이것이 바로 비고츠키가 신호라는 말 대신 종종 전조를 이용한 이유이다. 좋은 교사는 언제나 경탄을 통찰로 바꾼다.

2-1-8] 연령기 분류의 가장 많은 시도가 **두 번째** 무리에 속하며, 이는 어린이 발달의 한 부분의 어떤 전조를 선택하여 발달 시기를 구분하는 조건적 기준으로 삼는다. 치아 상태, 즉 이가 나고 영구치로 바뀌는 것을 토대로 아동기를 시기별로 나누려 했던 랑스타인과 블론스키의 시도는 이러한 이론 무리의 전형적 사례이다. 아동기의 한 시기를 다른 시기와 구별하는 토대가 되는 전조는 1) 일반적인 어린이 발달을 판단하기에 매우 뚜렷해야 하고, 2) 관찰하기 쉬워야 하며, 3) 객관적이어야 한다. 치아 상태는 이 모든 요구를 만족한다. 치아 교체 과정은 성장하는 유기체의 본질적인 구성 특징들, 특히 석회화와 내분비샘들의 활동과 밀접한 관련이 있다. 동시에 그것은 쉽게 관찰 가능하며 명백한 용어로 표현될 수 있다. 치아 상태는 연령 변화의 분명한 전조이다. 출생 후 아동기는 치아 상태를 근거로 세 시기. 즉 이가 없는 시기, 젖니 시기, 영구치 시기로 나뉜다. 이가 없는 시기는 젖니가 날 때까지 이어진다(0:0부터 2:0 또는 2:6까지). 젖니 시기는 치아 교체가 시작될 때까지 이어진다(대략 6세 반 정도). 마지막으로 영구치 시기는 세 번째 어금니(사랑니)가 날 때 끝난다. 젖니가 나는 것도 그 순서에 따라 세 시기로 구분할 수 있다. 이가 전혀 없는 시기(첫 6개월), 이가 나는 단계(두 번째 6개월), 첫 어금니와 송곳니(생후 세 번째 해)가 나는 단계이다(블론스키).

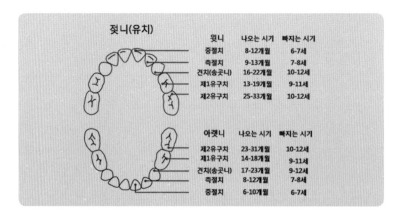

젖니(유치)			
윗니	나오는 시기	빠지는 시기	
중절치	8-12개월	6-7세	
측절치	9-13개월	7-8세	
견치(송곳니)	16-22개월	10-12세	
제1유구치	13-19개월	9-11세	
제2유구치	25-33개월	10-12세	
아랫니	나오는 시기	빠지는 시기	
제2유구치	23-31개월	10-12세	
제1유구치	14-18개월	9-11세	
견치(송곳니)	17-23개월	9-12세	
측절치	8-12개월	7-8세	
중절치	6-10개월	6-7세	

12개월(생후 두 번째 해의 시작)과 24개월(생후 세 번째 해의 시작) 사이의 연령을 가리키는 표현으로 '미운 세 살'이나 'The terrible twos'과 같은 영어 표현을 생각해 볼 수 있다. 이 시기의 어린이들은 많이 우는데, 그것은 새로 이가 나오느라 아파서라는 말이 있다. 비고츠키는 '미운 세 살'이 1세 위기와 3세 위기 사이의 기간이라는 다른 의견을 제시한다.

　*L. 랑스타인(Leopold Langstein, 1876~1933)은 독일의 소아과 의사로서 독일 전역에 비영리 병원과 요양원을 세웠으며 어린이 발달에 관한 광범위한 저술을 남겼다.

　2-1-9] 발달의 이런저런 국면이나 전조를 기반으로 아동기를 연령기로 나누고자 한 비슷한 시도로 스트라츠의 도식이 있다. 여기서는 치아 상태 대신 성적 발달이 기본 기준으로 선택된다. 스트라츠는 다음과 같이 기간들을 구분한다. 유아기(0~1세), 중성적 혹은 무성적 시기(2~7세), 양성적 시기(8~15세), 성적 성숙기(15~20세).

　*C. H. 스트라츠(Carl Heinrich Stratz, 1858~1924)는 러시아 오데사에서 태어났지만 독일 국적을 가졌다. 그는 산부인과 의사가 되어 아프리카, 중국, 인도네시아를 다니며 여성들과 어린이들을 치료하였으며, 다양한 나라와 인종적 배경을 가진 어린이와 여성들의 사진을 광범위하게 수집하였다. 이것은 오늘날까지 미술 학교에서 사용되고 있는 이상적 비율 이론의 토대가 되었다(그가 수집한 상당량의 사진들에는 벌거벗은 어린이들이 많았다. 그것은 스트라츠 시대에는 문제가 되지 않았지만 오늘날에는 아동 포르노그래피로 사용이 금지되었다). 어린이 성에 대해 훨씬 더 유명한 프로이트의 이론이 스트라츠와 상당히 유사하지만 스트라츠의 이론이 더 먼저이고 더 잘 정리되어 있다. 스트라츠가 1903년에 쓴 책 『어린이의 신체와 보건*Der Körper des Kindes und seine Pflege*』의 한 페

이지는 오늘날에도 예술가들이 어린이를 그릴 때 사용하는 비율을 보여 준다.

친구가 완성해 준 C. H. 스트라츠의 소묘화

2-1-10] 동일한 원리로 이루어진 다른 도식들은 어린이 연령기를 구분하는 기준으로 치아 상태나 성적 발달 대신 **심리적 기준**을 선택한다. 스턴의 시기 구분이 그런 것인데, 그는 어린이가 놀이 활동을 보여주는 초기 유년기(6세까지), 2) 놀이와 일의 구분을 기반으로 한 의식적 학습의 시기, 3) 독립적 인격과 삶의 계획이 발달하는 청소년 성숙기(14~18세)를 구분한다.

비고츠키는 앞에서 생물발생적 원리와 같은 단일한 외적 과정을 기반으로 한 도식들의 집합인 첫 번째 무리에 스턴을 포함시켰다가, 이제는 단일한 성장 특질을 기반으로 한 도식들의 집합인 두 번째 무리에 스턴을 포함시키고 있다. 어느 것이 맞는가? 둘 다 옳다. 스턴이 선택한 '단일 특질'은 인격의 성장이지만, 인격의 성장이라는 스턴의 개념은 생물발생적인 것으로 보인다. 우리는 앞에서 스턴이 철학자임을 밝혔다(2-1-5 글상자 참조). 스턴은 관념론자로서, 세상을 인격적 위계(성인, 아동, 동물, 식물, 광물)로 이해했다. 성인 인격의 핵심 특질은 판단, 즉 평가하고 평가받는 능력이다.

2-1-11] 우리는 이 모든 이론들을 비판하는 데 골몰하는 대신, 이

이론들이 세워진 공통 원칙을 찾아내서 그것의 안정성의 한계를 시험해 볼 것이다. 이런 유형의 도식들이 여럿 존재한다는 것, 각각이 서로를 배제하지 않는다는 것, 이들 중 많은 것이 부분적으로는 서로 겹치지만 부분적으로 서로 다르다는 것은 이미 이들 모두에 어떤 오류가 있음을 가리킨다. 즉 이 모든 도식들에서 아동기를 구분하기 위해 선택된 기준이 상당히 관습적, 임의적으로 선택되었다는 것이다. 이것은 본질적으로 앞의 구절에서 블론스키가 공식화한 필요조건을 따른다. 기준은 분명해야 하고, 쉽게 관찰할 수 있어야 하며, 객관적이어야 한다. 그러나 그런 전조들은 수두룩하고, 따라서 그들 중 하나를 선택하는 것이 임의적이고 관습적이 될 수밖에 없음은 명백하다.

비고츠키는 두 번째 이론 무리인 대유적 이론의 발달 기준 선택이 '임의적이고 관습적'이라고 말한다. 한 경우에는 그 선택이 특별한 동기 없이 이루어진다는 것이고, 다른 경우에는 그 선택이 동기를 가지고 이루어진다는 것이다. 무엇이 맞는가? 비고츠키가 말하고자 하는 것은 두 경우 모두, 시기 구분을 위한 기준의 선택이 발달에 내재한 것이 아니라는 것이다. 오히려 그 기준은 발달과 본질적으로 무관한 것이다. 그 기준들은 그것의 중요성, 두드러짐, 객관성 때문에 선택된 것이다. 말하자면 이는 치아 상태나 성적 특질 심지어 인격조차 내재적인 것이 아니라는 것을, 즉 발달 자체에 의해 동기화된 것이 아님을 의미한다. 그것은 화폐 가치를 측정하기 위해 사용되는 1그램의 금이나 연대기적 수치를 측정하기 위해 사용되는 1년이라는 시간과 같이 외적 가치일 뿐이다. 영어를 사용하는 나라에서 초등학교 6년을 보낸 어린이가 한국에 돌아와 중학교에 입학한다고 상상해 보자. 어떤 면에서 그 어린이는 한국에서만 지낸 어린이들보다 뒤처질 것이다(예컨대 국어는 물론이고 수학, 과학 등). 그러나 어떤 면에서는 한국에서만 지낸 어린이가 호주에서 초등학교를 마친 어린이보다 뒤처질 것이다(영어). 이러한 차이는 사실상 외적 환경에 기인한다. 어느 것도 발달 과정 자체에 내재한 것이 아니다.

2-1-12] 이와 같이 이 무리의 도식은 순수하게 주관적인 도식이다. 비록 연령기 구분을 위한 질적 기준으로 객관적 전조를 내세우지만 이들은 연령기를 구분하는 이정표가 삶의 경로의 다양한 지점에 놓일 수 있다고 믿으며, 어떤 과정이 더 많은 주의를 끄는지에 따른 주관적인 근거로 이 전조를 선택한 것이다. 여기에 이 무리의 이론들이 가지는 중대한 오류가 있다.

2-1-13] 실제로 우리의 의식과는 독립적으로 존재하는 모든 객관적 과정처럼 어린이 발달은, 우리가 어디에 관심을 두든, 그 과정의 단계적 시기를 **그 자체의 발달 과정 속에 객관적으로 존재하는** 대로 확립할 수 있을 때에만 과학적으로 이해될 수 있다. 연령기는 **객관적 범주**이며 조건적이거나 임의적으로 선택된 가상의 값이 아니다. 그러므로 연령기를 구분하는 지표는 어린이 삶의 경로의 아무 지점에나 놓일 수 있는 게 아니라, 오직 객관적으로 하나의 연령기가 끝나고 다른 연령기가 시작되는 지점에만 놓일 수 있다.

2-1-14] 이 모든 이론들의 두 번째 문제점은 어떤 특징의 가치, 의미, 지시성, 징후성, 중요성이 발달 과정에서 변한다는 것을 잊은 채 단일 특징으로 이루어진 (단일 증상적) 단일 기준을 모든 연령을 묘사하기 위해 내세운다는 것이다. 특정 시기에 일반적인 어린이 발달 과정을 판단하는 데 매우 지시적이고 본질적이던 어떤 특징이 다음 시기에는 그 지시적 가치를 상실한다. 발달 과정에서 어떤 단계에서는 첫 번째 측면 혹은 중심에 서 있던 측면들이 다음 단계에서는 두 번째 측면으로 강등된다는 기본적 사실 때문이다. 예를 들어 성적 성숙이라는 특징이 사춘기 연령에서는 본질적이고 지시적이지만, 앞 단계인 유아기와 초기 유년기에서는 그 같은 의미를 지니지 못함을 알기는 어렵지 않다. 유아기와 초기 유년기의 경계에서는 치아 교체가 전반적인 어린이 발달의 지시적 전조로 취해지지만, 일반적 발달에 있어서는 7세경 치아 교체나

사랑니가 나는 것의 의미가 이가 처음 나는 것의 의미와 비견될 수 없음은 마찬가지로 명백하다. 이러한 이론들은 진보 과정에서 모든 전조가 지닌 중요성과 의미를 연령별로 지속적으로 변화시키는 과정 자체의 재조직화를 설명하지 않는다. 따라서 어떤 기준이 어린이 발달의 이러저러한 특징이나 이러저러한 부분적 측면을 포함한다면, 이는 모든 연령에 단일한 기준을 적용하여 아동기를 개별 시기로 구분할 가능성을 배제하는 것이다.

2-1-15] 게다가 **치아 상태**와 같은 어떤 특성을 모든 연령기 구분을 위한 유일한 특성으로서 유지하고자 한다면, 우리는 필연적으로 다음과 같은 사실에 직면하게 된다. 동일한 과정들(화학적, 내분비계의)의 관점에서 볼 때 질적으로 더욱 중요하고 더욱 지시적인 특징들이, 후속 연령기에서는 그 의미에 비추어 볼 때 그리고 기본적 척도와 관련하여 볼 때, 필연적으로 이차적이고 종속적이며 하급자의 역할로 나타난다. 연령기를 구분하는 실제적, 객관적 특성 위계가 완전히 위반되는 것이다. 따라서 치아 교체를 연령 **시기**를 구분하는 경계로 삼는다면, 내분비계의 재구조화라는 점에서 의심의 여지 없이 증상적으로 극히 더 중요한 성적 성숙은 어린이에 있어 하나의 영구치 **단계**를 분할할 뿐이다.

치아 교체를 발달의 유일한 '단일 징후적' 표시로 받아들인다고 가정해 보자. 이때 '특성들의 위계'가 만들어진다. 다시 말해, 우리는 어떤 특성(치아)을 다른 특성(땀샘, 체모, 목소리, 생식기관)보다 더욱 중요한 것으로 선택하게 되는 것이다. 동시에 연령들 간의 경계가 만들어진다. 이가 없는 연령은 젖니가 생겨나면서 젖니 연령과 구분되며 젖니 연령은 영구치의 출현으로 인해 막을 내린다. 비고츠키의 관점에서 볼 때 이것은 아동기를 연대기적으로 시기 구분하는 것에서 진일보한 것이며, 또한 어린이 발달에 진화나 심지어 문화화의 범주를 적용하는 것보다도 진일보한 것이다. 치아 교체는 결국 어린이 발달의 한 부분이며, 이는 전체 발달 과정에 내재된 화학적 변화와 내분비계 변화를 시사한다. 석회화와 같은 화학적 변화와 호르몬의 변화는 어린이의 여권 연령(비네)이나 진화적 범주(허치슨, 스턴), 심지어 어린이가 속한 학년보다 어린이 발달에서 훨씬 더 큰 부분을 차지한다. 치아 교체는 한 연령에서는 화학적 변화와 내분비계 변화의 중요한 지표이지만, 사춘기 연령에서는 인간 삶에서 가장 중요한 호르몬 변화들에 대해 아무것도 말해 주는 바가 없음을 알게 된다. 어린이는 사춘기 전에 영구치를 갖게 되며, 사춘기 이후에도 그대로 똑같은 영구치를 지닌다. 따라서 발달은 특성들의 위계를 심각하게 위반할 것이며, 이러한 위계에 의해 세워진 연령들 간의 경계를 허물 것이라고 비고츠키는 말한다.

2-1-16] 예컨대 중추신경계의 발달 정도(잘킨트)나 각 연령 그룹에 해당하는 기본적 활동 유형에 따른 구분(스턴) 등과 같이 어린이의 인격 발달과 더 직접적으로 연관된 폭넓은 특성을 제시하는 이론들은 더 풍부하고 사실에 좀 더 가깝지만, 선택된 특성의 실제적인 적용 가능성의 측면에서 첫 번째 이론들에 미치지 못한다. 그 특성들은 종종 적용하기가 극단적으로 어렵다. 그러나 그 이론들 속에 여전히 내재된 가장 심각한 결점은, 첫 번째 이론에서와 마찬가지로, 그들이 단일한 증상에 의존한다는 데 있다. 그 이론들은 협소한 특성 대신에 다른 폭넓은 특성을 제시한다. 그 이론들은 한 발달 측면 대신에 다른 발달 측면을 제시한다. 그러나 그럼에도 불구하고 그 이론들은 발달의 어떤 하나의 측면만을 대표하는 단일한 발달 특성의 범위를 넘어서지 못한다.

*А.Б. 잘킨트(Залкинд, Арон Борисович, 1888~1936)는 정신과 의사였으며 프로이트에 대한 소비에트의 초기 추종자였다. 그는 적극적인 당원이었으며, (사회주의하의 섹스는 한 잔의 물을 마시는 것과 같아야 한다고 말한 것으로 유명한) 알렉산드라 콜론타이의 '자유연애' 운동을 지지했다. 잘킨트는 또한 비고츠키가 1930년에 이어받은 학회지 「아동학」의

최초 편집자였다. 잘킨트는 아동기 시기 구분
에 대한 문제로 블론스키와 다투었다. 알다시
피 블론스키가 치아 상태를 중요하게 여긴 반
면, 잘킨트는 성교육과 그룹 활동에 흥미를
가졌다. 이 기준들은 모두 분화적 의미의 발
달이 아니라 성장 시기를 구분하기 위해 필
수적인 도식들이다. 성적 특성을 기반으로 한
도식은 적어도 잠재적으로는 사회적 발달에
서 받아들이는 도식이라고 주장될 것이다. 그
러나 비고츠키가 지적하듯이, 잘킨트는 마르

2001년 재발행된 잘킨트의
책 『아동학: 이상과 현실』

크스주의자라기보다는 통속적 유물론자였다. 20대에 그는 프로이트의
성적 발달 이론을 기계적으로 마르크스주의 심리학으로 변형시켰다는
이유로 비판받았으며, 그 비판의 일부는 분명 사실이었다. 예컨대 '12
가지 성 계명'에서, 잘킨트는 적대 계급의 구성원과 사랑에 빠지는 것
은 악어나 오랑우탄을 사랑하는 것과 같은 성도착이라고 말했다. 그는
소비에트 공산당이 아동학을 철폐한 바로 그 모임에서 심장마비로 갑
자기 사망했다.

2-1-17] 끝으로 이들 이론의 세 번째 가장 중요한 결점은 어린이 발
달의 내적 본질이 아닌 원칙적으로 외적 증상을 기반으로 한 연구를
고수했다는 것이다. 모든 과학이 그 발달 초기에는, 연구 중인 과정의
내적 역동성에 대한 분석 없이, 현상에 대해 정적이고 외적으로 기술
하는 접근으로 시작된다. 현상들은 순수한 경험적 분석을 토대로 체계
화되고, 그 연구는 기술적이고 현상적인 특징을 띤다. 현상들 간의 내
적 연결과 인과적 관계에 대한 과학적 연구가 순수한 외적 특징에 토대
한 분류로 대체되는 것이다. 생물학의 경우 이러한 시기는 진화론이 성
립되지 않던 다윈 이전의 식물학과 동물학에서 나타났다. 전체 의학 발
달의 경우 이러한 시기는 소위 증상 의학이 지배하던 시기에 일어났다.

그 시기에 질병들은 오로지 외적 증상에 의해서 구별 및 분류되었기 때문에 기침, 두통, 열 등을 앓는 환자들을 한 무리로 묶었다. 병리적 과정의 내적 본질은 밝혀지지 않은 채, 외적 증상이 병적 과정 그 자체로 잘못 이해되었다. 외적 형태가 대상의 고유한 본질로 혼동된 것이다.

2-1-18] 실제로 사물의 내적 본질과 그 외적 발현 형태는 일치하지 않는다. "사물의 외적 형태와 본질이 직접적으로 일치한다면 모든 과학은 불필요할 것이다"(마르크스). 사실 사물의 실상이 직접적인 경험에서 나타나는 것과 동일하다면 현상에 대한 단순한 기록, 그들 간 관계에 대한 단순한 경험적 확립, 직접적 경험과 상식적 생각은 완전히 충분한 지식이 될 것이다. 바로 이 때문에 과학적 연구는 사물의 발현 형태와 본질이 직접적으로 일치하지 않는다는 현실을 이해하기 위한 필수적 수단이 된다.

> 러시아어판 비고츠키 선집 4권에서는 이 문단이 다음과 같은 문장으로 끝난다. "현재 심리학은 현상에 대한 순전히 기술적, 경험적, 현상학적 연구로부터 그 본질을 드러내는 것으로 이동하고 있다." 그러나 코로타예바의 원고에서 이 문장은 다음 문단의 첫 문장으로 이동되었으며 주어도 '심리학'이 아닌 '아동학'이다(2-1-19 참조). 소비에트 편집자들이 금지되었던 단어인 '아동학' 대신 '심리학'이라는 용어를 사용한 이유는 쉽게 이해할 수 있으나 문장의 위치를 이동시킨 까닭은 명확하지 않다.

2-1-19] 생물학과 의학이 한때 그랬듯이 현재 아동학은 현상들에 대한 순수한 기술적, 경험적, 현상학적 연구 분석으로부터 내적 본질을 밝히는 것으로 동일한 이행을 겪고 있다. 옛 식물학자들이 외적 특성들(잎의 형태, 꽃의 색깔)의 유사성에 따라 식물들을 분류하고 체계화했던 것과 똑같이, 아동학은 얼마 전까지도 증상, 외적 특성에 대한 연

구와 아동 발달의 각각의 시기, 단계, 국면을 구분하는 연구가 주요 목표임을 천명했다. 증상은 특성을 의미한다. 아동학이 어린이 발달의 시기, 국면, 단계를 구별하는 증상적 복합체를 연구하는 것이라고 한다면(블론스키), 말하자면 아동학은 어린이 발달의 특성을 연구하는 것이다. 그러나 만일 외적 특징에 대한 연구가 어린이 발달 자체에 대한 연구와 직접적으로 일치한다면, 과학으로서의 아동학은 불필요할 것이다. 근본적으로 말하자면, 일반적으로 그 과정 자체의 특성을 연구하는 과학은 없다. 어린이 발달을 연구하는 아동학은 개별 특성과 증상 및 증상들의 복합체를 분석함으로써 이득을 볼 수는 있겠지만, 결국 아동학의 과업은, 이러한 특성들의 이면에 놓인 것이 무엇이며, 그 특성들을 야기하는 것이 무엇인지, 즉 내적 법칙에 따라 어린이 발달 과정 자체를 탐구하는 것이다.

2-1-20] 이것은 우리의 흥미를 끄는 어린이 연령 구분의 문제에 대해, 연령기를 징후적으로 분류하려는 모든 시도를 버리고 연구 중인 과정의 내적 본성에 토대하는 분류로 나아가야 한다는 것을 의미한다.

2-1-21] 이로써 우리는 두 번째 무리에 대한 고찰을 마무리하고 세 번째로 나아갈 수 있다. 이 세 번째 무리는 아동심리학의 진정한 과학적 시기 구분을 향한 과도기적 단계와 같은 것이다. 이 무리에 속하는 모든 이론들을 구분 짓는 본질적인 특징은 아동기를 개별적 시기들로 징후적, 기술적으로 나누는 것에서 탈피하려는 시도에 있으며, 어린이 발달의 본질적 특성에 토대하여 아동기를 구분하고자 하는 시도에 있다. 하지만 이러한 모든 시도들은 그 과업을 수행한다기보다는 과업을 올바르게 설정한다. 세 번째 무리는 결정 앞에서 언제나 주저하는 모습을 보이고 결코 그 과업을 끝까지 관철시키지 못하며, 시기 구분의 문제를 완전히 해결하고자 할 때 자신의 불충분함을 드러낸다. 이 과정에서 결정적 장애물은 어린이 발달의 반反변증법적이고 이원론적인 개념

에서부터 생겨나는 방법론적 난관임이 밝혀진다. 이 때문에 세 번째 무리의 이론은 어린이 발달 과정을 통합된 자기 발달 과정으로 간주하지 못한다.

> 비고츠키는 절충적 이론들이 문제를 제기하는 법은 알지만 답하는 법은 알지 못한다고 말한다. 이 절충적 이론들은 생리적 지표(화학적 변화와 내분비계 변화)와 심리적 지표(일반화와 추상화의 사고 능력)를 모두 사용해야만 함을 알고 있으나, 이 둘을 어떻게 결합시킬지 알지 못한다. 절충주의가 이 문제를 해결하지 못하는 이유는 이원론(생리적 지표와 심리적 지표를 엄격히 분리할 수 있다는 생각)과 비변증법 사고(지표들 사이의 변증법적 속성에 대한 몰이해) 때문이다. 예를 들어 어린이의 대화가 어떻게 발달하는지 살펴보자. 어린이의 대화를 소리로만 파악하는 것은 이원론적이고 비변증법적인 생각이다. 이 경우 주요한 발달은 모두 5세 이전에 완료된다. 또한 어린이의 대화를 의미 파악이나 지식으로만 보는 것 역시 이원론적이고 비변증법적인 생각이다. 이 경우 주요 발달은 15세경 개념 발달과 더불어 시작된다. 비이원론적이며 변증법적 설명은 소리와 의미 모두를 고려해야 하며, 이 둘을 단일하고 연속적이지만 꼭 선형적이지만은 않은 과정 속에 통합하는 방식으로 고찰해야만 한다.

2-1-22] 한 예는 내적 리듬과 템포의 변화 즉 '발달의 유동량'의 규정으로부터 어린이 발달 시기를 구분하려는 게젤의 시도이다. 앞에서 설명한 연령에 따른 역동적인 발달 리듬의 변화에 대한 기본적으로 올바른 관찰에서 출발하여, 게젤은 아동기를 개개의 리드미컬하고 역동적인 발달의 **시기나 파장**으로 구분한다. 각각의 시기는 이 기간 내내 지속적으로 유지되는 **일관된 템포**에 의해 내적으로 통합되며, 이 템포에 있어서의 명백한 변화에 의해 다른 시기와 구별된다.

2-1-23] 게젤은 어린이 발달의 전체 역동성을 점점 **느려지는** 성장

과정이라 표현하므로, 이는 그의 말을 빌리자면, 인격과 그 역사를 해석함에 있어 초기 유년기에 최고 권위를 부여하는 근대 아동학 이론의 무리에 합류하게 된다. 게젤에게 있어 가장 중요하고 의미 있는 어린이 발달은 초기 몇 년, 심지어 생후 초기 몇 달에 이루어진다. 전체로 보았을 때 모든 후속 발달은 내용 면에서 더할 나위 없이 풍부한 이 드라마의 첫 장만 한 가치가 없다.

2-1-24] 이와 같이 그릇된 생각은 어디서 오는 것일까? 그것은 게젤이 옹호하는, 어린이 발달에 대한 진화적 관념으로부터 필연적으로 나타남이 명백하다. 만일, 발달에서 새로운 것이 전혀 나타나지 않고 발달에서 질적 변화가 일어나지 않으며, 처음에 주어진 것이 성장하고 증대하기만 하는 것이 사실이라면 그러한 게젤의 관념에 토대하여 도출한 결론 이외의 다른 결론은 있을 수 없을 것이다. 실상, 발달은 '더 많이 또는 더 적게'의 도식에 한정되는 것이 아니라, 나름의 리듬에 종속되며 매번 고유한 척도를 요구하는 질적인 신형성의 출현으로 우선적으로 특징지어진다. 모든 후속하는 어린이 발달을 야기하는 전제 조건이 초기 연령기에 최대한의 템포로 발달하는 것이 관찰되는 것은 사실이다. 우리는 기본적인 기관과 기능이 고등한 것보다 먼저 성숙하는 것을 안다. 그러나 인격의 고등한 측면의 성숙을 위한 전제 조건인 기본적이고 기초적인 기능들의 계속적인 성장에 모든 발달이 제한된다고 가정하는 것은 옳지 않다. 이 인격의 고등한 측면을 살펴본다면 정반대의 결과가 도출된다. 그 발달의 리듬과 템포는 발달의 드라마 첫 장에서 최소이지만 대단원에서 최대가 된다.

2-1-25] 우리는 세 번째 무리로 분류한 시기 구분에 관한 어중간한 시도들의 한 표본으로 게젤의 이론을 제시하였다. 이 세 번째 무리는 모두 징후적 연령 구분으로부터 본질적인 구분으로 이행하는 중간에서 멈춘다. 또한 이 무리에는 어린이 발달과 양육 및 교수-학습이 맺는 관

계의 관점에서 아동 발달의 기본적인 두 시기(3세 전과 후)를 구분하는 크로의 도식이 포함된다. 3세에 어린이는 교육이 가능해지며, 첫 학교에 들어가게 된다. 어린이 발달의 유형과 그 내적 구조는 이에 따라 변화한다. 그러나 크로가 의심할 여지 없이 어린이 발달에 핵심적인 계기에 닿았고, 연령기의 이행에 있어서 아동과 환경 사이의 내적 관계의 유형의 변화를 살피지만, 그는 여전히 전적으로 진화론에 기초하기 때문에 전체로서의 문제 해결에 부적절함이 드러난다. 그는 3세 이후의 모든 어린이 발달 시기에서 그 뒤의 어린이 연령기를 구분하게 해 주는 발달의 유형과 내적 구조에서의 변화와 동등한 가치를 발견하지 못한다.

게젤의 시기 구분은 경험론적이다. 아주 어린 어린이의 측정 가능한 특징에 근거하였으며 따라서 초기 아동기에 초점이 맞춰져 있다. 어떤 점에서 크로의 시기 구분은 정반대이다. 크로의 시기 구분은 어린이의 훈육 가능성에 근거하고 있으며 따라서 후기 아동기에 초점이 맞춰져 있다. 그러나 그의 발달 이론은 진화론적이다. 그는 3세의 핵심적 전환점은 올바르게 발견하였으나 그 이후의 시기는 구분해 낼 수 없었다. 게젤과 크로 모두 반쪽에 불과했으며 어린이 발달의 서로 다른 반쪽에 속할 뿐이다.

*O. 크로(Oswald Kroh, 1887~1955)는 마르부르크 대학에서 수학했으며 E. R. 옌쉬의 제자였다. 이후 브라운슈바이크와 튀빙겐 대학의 교수가 되었고 나치에 협조한 대가로 빠르게 출세했다. 그는 '군대 심리학'의 창시자 중 하나였으며 훈육 시작 연령에 가장 큰 관심을 두었다. 그는 또한 비과학적이고 인종차별적인 저서인 『민족 심리학』을 저술하였다. 비판 심리학의 창시자이자 활동 이론에 중요한 영향을 미친 K. 홀젠캄프는 크로의 제자였다.

2-1-26] 어린이 발달을 통합되고 연결되었으며 국면들로 나뉘는 과정으로 간주하는 뷜러의 이론이 이 무리에 속한다. 이 이론의 가치는 특정한 발달 시기에 발생하는 새로운 것의 관점에서 각각의 국면을 구분하고자 하는 시도에 있으며, 이는 이전 단계의 단순한 변화로 환원될 수 없다. 이런 식으로 이 도식에서 순전히 양적인 게젤의 개념이 지닌 추상적이고 형식주의적인 특징이 극복된다. 그러나 이 이론은 주로 해당 국면에 나타나지 않는 특정한 특징들의 통계적인 평가에 토대하여 경험적으로 어린이 발달의 국면을 나눈다.

*K. 뷜러(Karl Bühler, 1879~1963)는 O. 퀼페의 제자였으며 후에 칼 포퍼의 스승이 된다. 그는 언어학자인 할러데이와 철학자인 하버마스에 영향을 미쳤다. 뷜러는 실험실에서는 저차적 심리과정만을 연구할 수 있다고 주장한 W. 분트의 사상에 반대하여 나타난 뷔르츠부르크 학파의 주요 인물이었다. 뷔르츠부르크 학파는 심리학이라면 생각과 같은 고등 과정을 설명할 수 있어야 한다고 믿었으며, 고등 과정들이 심상으로 환원될 수 없다고 생각했다. 비고츠키는 이러한 생각에 동의했다. 그러나 그들은 비고츠키와는 달리 생각에서 언어가 차지하는 특별한 역할이나 언어적 생각과 다른 종류의 생각 간의 질적인 차이를 인정하지 않았다. 비고츠키는 뷜러의 이론이 발달을 여러 국면으로 나누었지만 이를 단일한 과정으로 간주한다고 말한다. 뷜러는 단순한 양적 성장이 아니라 질적으로 새로운 것의 출현에 따라 국면을 특징지었다. 비고츠키 또한 발달을 (위기적) 국면과 (비위기적) 단계로 나누었고, 질적으로 새로운 것인 '신형성'에 따라 발달을 특징짓는다. 그렇다면 뷜러의 이론이 놓친 것은 무엇일까? 비고츠키는 뷜러의 이론도 경험적이라고 말한다. 즉 발달 자체의 국면과 단계를 직접적으로 비교하기보다는 관찰과 통계적 규칙성에 토대한다는 것이다. 이로 인해 뷜러의 이론은 위기적 발달 시기와 비위기적 발달 시기 간의 차이를 구별하지 못한다.

2-1-27] 나는 아동기 시기 구분의 주요 이론들에 대한 비판적 분석이라는 이 기나긴 여정이 헛되지 않다고 생각한다. 우리의 목표는 문제를 과학적으로 이해하려는 아동학의 역사를 연구하고, 그것이 어떻게 과학적으로 전개되었는지를 보여 주며, 어떻게 올바른 구분이 이루어지는지를 보여 주는 데 있었다. 이제 우리는 언급된 모든 것들을 요약하고, 과학적 연령 구분에 의해 제시되어야만 하는 중요한 필요조건들의 기본적 부분들을 공식화할 수 있다.

2-1-28] 이미 보았듯이 그것은 어린이 발달의 연대기적 구분에 토대할 수 없다. 아무리 어린이 발달과 밀접한 관련이 있다 할지라도 그 이웃 영역에서 빌려서 어린이 발달 도식을 구성하는 것 또한 가능하지 않다. 더구나 과학적 요건을 충족시키려면, 이 분류는 임의적이거나 관습적, 혹은 주관적일 수 없다. 단일 기준을 고수하여 모든 연령 구간을 구분하려는 모든 시도는 폐기되어야만 한다. 일반적으로 그것은 그 어떤 단일 특성에 의존할 수 없다. 더 넓게 말해서 증상 원칙이 전적으로 완전히 폐기되어야 한다. 그러나 객관적인 내적 발달 과정의 법칙 자체에 토대할지라도, 진화론적이고 이원론적인 개념들을 버리지 않고서는 이 문제의 올바른 해법을 찾을 수 없다. 그렇지 않으면, 그것은 우리 분석의 말미에서 살펴보았던 이론들과 똑같은 운명에 처해질 위험을 피할 수 없다.

2-1-29] 이러한 분류를 구성하는 기본적 원리들은 무엇일까?

2-1-30] 우리는 어린이의 연령기를 구분하는 원리의 기초를 어디에서 찾아야 하는지 이미 알고 있다. 오직 발달 경로 자체의 내적 변화와, 그 흐름의 단절과 방향 전환만이 우리가 연령기라고 부르는 어린이 인격을 구성하는 기초적 시기를 결정하기 위한 확고한 근거를 우리에게 제공해 줄 수 있다. 우리는 이 장에서 발달의 문제를 다루며 현재 존재하는 모든 어린이 발달 이론들이 두 가지 기본 개념으로 환원될 수 있

음을 이미 논의하였다. 그중 하나에 따르면—이는 형이상학적 개념이다—발달은 성향의 실현, 수정, 조합 이외의 다른 것이 아니다. 발달에서는 새로운 어떤 것도 나타나지 않는다는 것이다. 발달 내내 일어나는 것은 오직 처음 주어진 계기들의 성장, 분지分枝, 재편성이다.

2-1-31] 두 번째 개념에 따르면 발달은 무엇보다 선행 단계에 없던 새로운 것의 끊임없는 출현과 형성을 통한 인격 형성 과정으로 특징지어지는 지속적인 자기 운동 과정이다. 이러한 관점에 따르면 발달 속에 이 과정을 변증법적으로 이해하는 데 가장 중요한 것이 들어 있다. 이는 관념론적이고 유물론적인 인격 형성 이론 모두를 발달에 각각 허용한다. 첫 번째 경우 이 관점은 인격의 자기 발달, 자기 확립, 자기완성의 의지를 향하는 자율적이고 내적인 생명력에 의해 인도되는 창조적 진화 이론으로 구체화된다. 두 번째 경우 이 관점은 어린이 발달의 신체적 측면과 심리적 측면의 통일, 어린이가 각 발달 단계를 거침에 따른 사회적 것과 개인적 것의 통일로 특징지어지는 변증법적 발달 과정에 대한 유물론적 이해로 인도한다.

2-1-32] 이 마지막 관점에서는, 구체적인 어린이 발달 시기 혹은 연령기를 규정하는 기준으로 **신형성** 이외에 다른 것은 있지도 않고 있을 수도 없음이 명백하다. 이 신형성은 각 연령기의 본질 자체를 어린이 발달상 새로운 시기 혹은 새로운 단계로 특징짓는다. 연령기의 **신형성은 인격과 그 활동을 구성하는 새로운 유형, 그리고 신체적 사회적 변화를 의미한다. 이 변화는 주어진 단계에 처음으로 나타나며, 어린이의 의식과 환경의 관계, 그의 내적, 외적 삶 그리고 주어진 시기의 모든 발달 경로를 가장 크고 기본적으로 규정한다.**

2-1-33] 이 기준을 이용하면서 아동학은 앞에서 과학적 지식 발달 과정에서 역사적으로 준비된 것으로 열거한 모든 요구 조건에 부응하게 된다. 이 경우, 이러저러한 형태로 발달하는 대상을 연구하는 다른 과학

에서와 마찬가지로 아동학이 발달 과정을 개별 시기로 나누는 문제를 방법론적으로 완전히 해결함을 확인하는 것은 어렵지 않다. 각각의 새로운 역사적 시기는 그 시기에 처음으로 나타나며 역사적 발달의 일반 법칙(봉건주의, 자본주의, 사회주의)으로서 질적으로 고유하게 표현되는 새로운 사회적 구조로 규정된다. 생물학 역시 각각의 진화적 발달 시기를 그 시기에 처음으로 나타나는 새로운 유기체 유형의 관점에서 규정한다.

지금까지 비고츠키는 다음과 같은 기준을 가진 발달 도식을 비판해 왔다.

1) 발달 외적인 기준
2) 관찰이 쉽다는 이유만으로 선택된 발달의 표면적 특징들
3) 본질적이기 때문에 선택되었지만 단일 변수적인(단일 증상적인) 특징들
4) 본질적이고 다수이지만, 이원론적이거나 비변증법적 방식으로 임의적으로 결합된 특징들

그 대신 비고츠키는 발달 자체에서의 단절과 도약(예컨대 기어가기와 걷기 간의 단절, 옹알이에서 모국어로의 도약)을 기반으로 한 시기 구분을 위한 조건을 제시한다(2-1-30). 즉 연령기는 발달 과정에서의 단절과 연속적인 발달을 비교함으로써 '내재적으로' 확립되어야 한다. 또한 연령기는 분화의 단절 동안 어떤 주목할 만한 새로운 형태가 출현하고 후속하는 안정기 동안 성장하는지 결정함으로써 '외적으로' 확립되어야 한다. 여기서 비고츠키는 이러한 조건이 시간에 따른 변화와 관련된 다른 과학들(역사와 진화)이 요구하는 조건과 전혀 다르지 않음을 지적한다. 역사적 시기들은 '전환점'(프랑스 혁명과 같은 글자 그대로의 혁명)을 찾음으로써 확립되며, 점진적인 성장의 시기들조차 새로운 사회적 제도(노예 소유, 농노제, 임금-자본 관계)의 탄생과 성장으로 구분된다. 진화적 시기들은 분화의 계기들을 찾음으로써 확립되며, 각 시기들은 새로운 생명체의 출현(원핵생물 시대, 진핵생물 시대, 어류와 파충류 마지막으로 포유류의 시대)으로 구분된다.

2-1-34] 그러나 그것만으로는 어린이 발달의 시기 구분 원칙의 과학적 정의로 충분하지 않았다. 발달의 역동성, 한 연령기에서 다음 연령기로의 이행의 역동성 또한 고려되어야 한다. 아동학은 연령과 관계된 변화들이 매우 급격하고 위기적으로 일어날 수 있으며, 또한 점진적이고 안정적으로 일어날 수 있다는 것을 순전히 경험적인 조사 경로에 따라 밝혀냈다. 우리는 좀 더 급격한 위기(시기)와 덜 급격한 위기(단계)에 의해 구분되는 어린이 일생의 시간을 시기эпохи 또는 단계стадии라는 용어로 지칭할 것이다. 우리는 또한 어린이 일생의 시간에서 안정적인 시기로부터 구분되는 때를 국면이라는 용어로 지칭할 것이다(블론스키).

비고츠키는 보다 급격한 위기에 의해 구분되는 기간들을 가리켜 시기epoch(연령기)라고 부르고, 덜 급격한 위기에 의해 구분되는 기간들을 가리켜 단계stage라고 부른다. 이것을 그림으로 나타내면 다음과 같다.

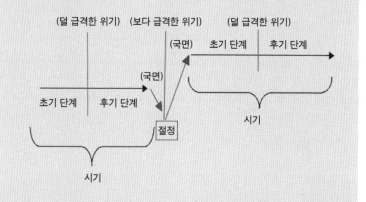

그림에서 보듯이 시기들은 급격한 위기로 구분되며, 각 시기는 초기 단계와 후기 단계로 구분된다. 어린이의 말 발달을 예로 들어 보자. 어린이의 어휘 발달은 점진적, 혹은 다음 문단에서 비고츠키가 말하듯이 '분자적'이다. 즉 한 번에 한 단어씩 배우는 것이다. 그 결과는 오랜 시간이 지나야 알 수 있고, 심지어 어린이가 갑자기 배운 단어를 잊어버린다든지 혹은 동물원에 다녀와 동물에 관한 어휘가 빠르게 느는 것과 같은 소소한 발달적 위기가 나타날 수도 있다. 그럼에도 불구하고 어휘 변화는 점진적(진화적)이다. 반면 문법 발달은 위기적(혁명적)이다. 영어의 복수와 단수, 관사의 사용, 시제를 나타내는 형태소의 사용은 단어별로 따로 학습되는 것이 아니다. 추상적인 문법 규칙을 이해하는 순간, 그 법칙에 의해 그동안 알고 있었던 모든 낱말들이 일제히 재조직되는 것이다.

2-1-35] 실제로 어린이 발달에 대한 사실적 연구와 발달 과정에 대한 관찰은 각 시기의 발달이 서로 다른 성격을 지닌다는 결론을 필연적으로 이끈다. 여러 시기와 연령기에서 발달은 느리고 점진적으로 진화하는 안정적 과정으로 특징지어진다. 이들 연령기들은 어린이 인격에서 주로 순조롭고 점진적이며 흔히 감지되지 않는 내적인 변화들로 이루어지며, 별로 중요하지 않은 '분자적' 운동의 축적으로 일어난다. 여기서는 보통 수년간 지속되는 다소 긴 기간 동안 어린이 전체 인격을 재구조화하는 근본적이거나 파격적인 변화나 개조는 일어나지 않는다. 이 연령기에 어린이 인격에서 다소간 중요한 변화들은 단지 연장된 '분자적' 발달 과정의 합이나 결과로 나타날 뿐이다. 이 변화들은 오직 잠재적 발달 과정의 축적의 결과로 생겨나고 직접 관찰이 가능해진다. "이 과정은 전적으로 비밀리에 일어나기 때문에 발견의 순간은 종종 관찰자에게 매우 놀라운 인상을 주게 된다. 어린이는 지금까지 그의 관심사에 속하지 않았던 어떤 것을 할 수 있게 된다. 그냥 그렇게 된다"(스턴).

2-1-36] 그 발달의 고유한 특성상 상대적으로 꾸준한 또는 안정된 연령기라 불리는 이 연령기에서는 주로 미시적이고 일상적으로 일어나는 어린이 인격 변화로 인해 발달이 일어난다. 이 변화는 어느 지점까지는 축적되다가 한 번의 도약을 통해 특정 연령기의 신형성으로 나타

난다. 순수하게 연대기적으로 판단해 보면 이러한 연령기들이 아동기의 대부분을 차지한다. 바로 이때에 어린이를 성숙으로 인도하는 인격적 측면과 자질이 획득된다는 의미에서 이 연령기는 성숙의 연령기이다. 이러한 분명히 안정된 연령기 내에서 발달이 마치 지하 경로를 통하듯 나아간다면, 이 연령기 초기와 마지막에서 어린이를 비교했을 때 인격 상 상당한 변화, 중요한 성숙 과정이 나타나고 심지어 두드러지는 것은 전혀 놀라울 것이 없다.

2-1-37] 이러한 연령기와 이러한 어린이 발달 유형은 또 다른 아동 발달 과정으로 특징지어지는 연령기보다 더욱 완전히 연구되어 왔다. 후자는 경험적으로 우연히 하나씩 발견되었으며, 대부분의 연구자들은 여전히 이를 체계 속에 도입하지 않고, 일반적인 어린이 발달 시기 구분 속에 포함시키지 않고 있다. 많은 저자들은 그것이 존재해야 하는 내적 필요성조차 의심했다. 다수가 그것을 모든 어린이 발달 시기에 내적으로 필요한 시기로 보기보다는 발달의 '질환', 정상 경로로부터 벗어난 과정으로 받아들이는 경향이 있다. 부르주아 연구자 중 거의 아무도 그 이론적 가치를 깨닫지 못했으며 따라서 그것을 체계화하고 이론적으로 해석하며 어린이 발달의 일반적인 도식 속에 포함하려는 이 책의 시도는 아마도 그러한 유형의 시도 중 최초의 것으로 간주되어야 할 것이다.

앞에서 보았다시피, 비고츠키는 여러 부분에서 대체로 동시대 심리학자들의 주장을 반복했지만 이 문단에서만큼은 그렇지 않다. 사실 부르주아 연구자들만 위기의 내적 필요성을 부정한 것은 아니었다. 다음 인용문을 살펴보자.

"위기의 존재는 오래전부터 알려져 왔으며, 위기가 어린이의 내적 성격의 성숙과 환경 사이에 생겨나는 모순으로 인해 생겨난다는 것이 '고전적' 해석이다. 이러한 모순은 어떤 조건하에서라도 불가피한 것이기 때문에, 이 관점에서 보면 당연히 위기는 불가피한 것이다. 그러나 아동심리 발달 이론에서 이러한 생각보다 더 그릇된 것은 없다."

"사실 위기는 심리 발달에 불가피하게 수반되는 것이 결코 아니다. 불가피한 것은 위기가 아니라 전환점 혹은 단절, 즉 발달상의 질적 변화이다. 반대로 위기는 전환점이나 변화가 제때 이루어지지 않았음을 보여 주는 증거이다. 아동심리 발달이 자연발생적으로 형성되지 않고 합리적으로 통제된 과정, 통제된 양육에서 일어난다면 위기가 일어날 필요는 전혀 없다."(pp. 398~399)

Leontiev, A. N.(1981), *Problems of the Development of the Mind*, Progress: Moscow.

"사소한 일에 대해 자기 결정을 내릴 때 청소년들에게 더욱 많은 자유를 허용함으로써 부모와의 갈등 빈도를 상당히 줄일 수 있다. 심지어는 더욱 중요한 일에 대해서조차 '내가 너의 부모이고 연장자이므로 내가 하라는 대로 해라'라고 말하는 것은 효과적인 전략이 아닌 것으로 보인다(Larson & Richards, 1994, p. 140). 그보다, 양자가 납득할 만한 해결책에 이르러 불필요한 갈등을 피하기 위해서는 부모가 청소년과 논쟁적 사안에 대해 논의해야 한다. 이는 어린이들이 새롭게 가지게 된 형식-논리적 능력 덕분에 가능해진다(Larson & Richards, 1994). 위의 논의를 토대로 청소년과 부모 간의 갈등이 부모-청소년 상호작용의 유형에 크게 결정된다고, 다시 말해 이러한 갈등은 결코 불가피한 것이 아니라고 제안하는 것이 합리적일 것이다."(pp. 226~227)

Karpov, Y. V.(2005), *The Neo-Vygotskyan Approach to Child Development*, Cambridge: Cambridge University Press.

2-1-38] 하지만 어떤 연구자도 어린이 발달에 이러한 특별한 시기가 존재한다는 사실 자체를 부정할 수 없으며, 아무리 비非변증법적 성향의 저자일지라도, 비록 가설로나마 어린이 발달에, 심지어 가장 초기 유년기에조차 위기가 존재한다는 것을 허용할 필요성을 인정한다(스턴).

2-1-39] 이러한 연령기들은 문제의 순전히 사실적 측면에 의해 우리가 앞에서 점진적이거나 안정적 연령기로 묘사한 관계와 반대되는 것으로 특징지어진다. 여기 이 시기들에서 몇 달, 몇 년 혹은 길어야 2년 정도의 상대적으로 짧은 시간 동안 어린이의 인격에서 날카롭게 집중된 주요한 변동과 변경, 변화와 단절이 존재한다. 어린이는 전체로서 변화한다. 어린이 인격의 주요 특징들은 바로 우리의 눈앞에서 매우 짧은 시간 동안 변화한다. 발달은 그 특성상 급격하고 빠르며 때때로 파국적인 변화 과정을 거친다. 매우 짧은 시간 동안에 어린이 인격의 전체 내적 측면 그리고 어린이가 주변 환경과 맺는 전체 의존성 체계의 급진적이고 근본적인 재구조화가 일어난다. 이 시기의 발달은 변화가 일어나는 템포와 일어난 사건들의 의미 모두에 있어 진화적 경로보다는 혁명적 경로를 닮아 있다. 이것은 단절과 전환의 연령기이며 어린이 발달 역사에서 반복되는 지점에서 발생한다. 발달 경로에서 이것들은 급격한 위기의 형태를 띤다.

2-1-40] 일반적으로 그 발달의 내적 특성 때문에 **안정적인** 연령기와 대조적으로 위기적 연령기라 일컬어지는 이 연령기들은 올바른 이론적 이해를 극히 어렵게 만드는 일련의 특징들을 갖는다.

2-1-41] 첫째 특징은 다음과 같다. 인접한 연령기로부터 위기의 시작과 끝을 나누는 경계가 굉장히 모호하다. 위기는 모르는 사이에 성장하며 그것이 시작하고 끝나는 정확한 계기를 규정하기 어렵다. 그것은 전에도 그러했듯이 모르는 사이에 흘러나와 후속 연령으로 스며들어간다. 다른 한편 위기는 대체로 이 연령기의 한가운데에서 일어나는 뚜렷한 위기의 격화로 특징지어진다. 위기적 발달 과정이 절정에 달하는 이러한 정점은 예외 없이 모든 위기적 연령기의 특징이며, 어린이 발달의 안정기와 위기적 연령기를 뚜렷하게 구별한다.

2-1-42] 다음으로 이 연령기의 두 번째 특징은 그 연령기의 경험적

연구가 어디에서 시작되는지에 놓여 있다. 위기적 발달 시기를 겪고 있는 대부분의 어린이는 양육하기 어려워 보인다. 어린이들은 지금까지 정규적인 문화화와 교수-학습 과정을 제공했던 교육적 통제 체계에서 낙오되기 쉽다. 학령기의 위기적 시기에는 학교 과업에의 흥미 감소, 일반적인 학업 능력의 감소와 함께, 학업 성적의 악화가 명백하다. 모든 위기적 연령기에서 발달은 종종 환경과의 다소 첨예한 대립을 수반한다. 모든 위기적 연령기에 어린이 내적 삶은 종종 병적이고 고통스러운 경험, 내적 갈등, 이전에 직면하지 못했던 문제들을 극복하는 것과 연관되어 있다. 이가 날 때처럼 어린이 발달의 위기는 종종 고통과 어린이 생활 활동에서의 적지 않은 일반적 장애를 수반한다.

2-1-43] 사실 이것이 항상 일어나는 일은 아니다. 어린이들마다 위기적 연령기는 다른 방식으로 펼쳐진다. 심지어 발달 유형 및 발달의 사회적 상황이 가장 비슷한 어린이들조차 안정적인 시기보다 위기의 전개에서 훨씬 큰 편차가 존재한다. 많은 어린이들은 이 연령기에 뚜렷한 양육상의 어려움이나 성적 저하를 전혀 나타내지 않는다. 이 연령기의 상이한 어린이들에게서 일어나는 변이의 범위가 매우 크고, 내적 외적 조건이 위기 자체의 전개에 큰 영향을 미친다는 사실이 너무도 의미 있고 중요했으므로 많은 저자들은 다음과 같은 문제를 제기하게 되었다. 어린이 발달의 일반적 위기는 순전히 불리한 외적 영향이 어린이의 조건에 미친 결과인가 아닌가, 따라서 이는 어린이 발달 역사에 있어 규칙이라기보다는 예외로 간주되어야 하는 것은 아닌가(부제만 등).

*A. 부제만(Adolf Busemann, 1887~1967)은 슈프랑거와 가까웠던 독일의 관념주의 심리학자이다. 청소년기의 도덕적, 윤리적 생각에 대해 다수의 저술을 남겼다(그의 논의에 대해서는 영문판 비고츠키 선집 5권 pp. 173~176에서 언급되고 있다). 슈프랑거와 같이, 1933년에 나치에 입당하였다.

2-1-44] 외적 조건들이 위기의 시기의 출현과 전개의 구체적 성격을 어린이마다 달리 결정하는 것은 당연하다. 외적 조건들은 우리가 앞에서 논의했던, 위기의 연령에서 온갖 다양한 모습의 선택 사항의 원인이 된다. 그러나 어린이 발달에 결정적인 위기의 시기가 필연적인 것은 어떤 고유한 외적 조건의 존재나 부재 때문이 아니라, 오히려 발달 과정 자체의 내적 논리 때문이다. 우리는 비교 지표들에 대한 연구를 통해 이것을 확인하게 된다.

2-1-45] 따라서 양육 곤란도의 **절대적** 기준에서 벗어나, 위기 전후 안정기 어린이의 양육 난이도와 위기 시기의 양육 곤란도의 비교에 토대한 상대적 기준으로 이동한다면, 이 연령기에 있는 모든 어린이들이 **인접한 안정적 연령에 있는 자신과 비교했을 때 상대적으로 어렵다**는 것을 볼 수밖에 없다. 같은 방식으로 학업 성취에 대한 **절대적 평가**를, 동일한 어린이의 교수-학습 과정 진행 속도를 상이한 연령기와의 비교에 토대한 상대적 평가로 이동한다면, 위기 시기에 있는 각 어린이들이 **상대적으로** 열등생이 됨을 볼 수밖에 없다. 즉 안정적 시기 동안의 진행 속도와 비교했을 때 학교에서의 학습 진행 속도가 감소한다. 이 상대적 지표들의 신뢰성은 거의 의심의 여지가 없다. 결국 특정 연령의 어린이를 다른 발달 부분에 있는 자기 자신과 비교했을 때에만 이런저런 연령기에 수반되는 변화를 제대로 평가할 수 있을 것이다.

2-1-46] 아마도 이론상 가장 중요하고 가장 모호하고 가장 불명확하며, 따라서 어린이 발달의 본성을 올바로 이해하기 어려운 시기인 위기적 연령기의 세 번째 특성은 다른 연령기와 구별되는 발달의 부정적 성격에 있다. 어린이 발달의 이러한 특유한 시기에 대해 다룬 저술가라면 모두 무엇보다도 그 시기의 가장 놀랍고도 눈길을 끄는 특징으로서, 이 시기의 발달이 안정적 연령기와는 대조적으로 건설적이기보다는 파괴적으로 이루어진다는 상황에 주목했다. 어린이의 인격 형성을 추동

하고 어린이를 발달의 사다리 위로 밀어 올리며, 모든 안정적 연령기에 매우 두드러지게 나타나 어린이 발달의 기본적 내용이 되는 새로운 것을 계속적으로 끊임없이 구성하는 발달의 전진적 방향은, 이제 위기의 시기에서는 점점 희미해지고 벗어나, 일시적으로 퇴장하여 무대를 떠나 관객의 시야에서 사라지는 것처럼 보인다. 이러한 건설적인 발달 과정 대신 이전 단계에서 형성되어 소멸하고 시들어 쇠퇴하는 과정이 전면에 나타나고 그것이 이 연령기의 어린이를 구별해 준다. 이 시기의 어린이는 이전에 획득한 것을 잃는 것만큼 새로 얻지 못한다. 이러한 연령기는 어린이에게서 출현하는 새로운 관심, 새로운 열망, 새로운 활동 유형, 새로운 내적 생활 형태의 도래에 의해 구분되지 않는다. 이러한 시기로 접어드는 어린이는 정반대의 면모로 특징지어진다. 그는 어제까지만 해도 줄곧 자신의 모든 활동에 주된 영향력을 행사하던 관심사에 흥미를 잃는다. 얼마 전까지 여전히 어린이의 시간과 주의의 상당 부분을 차지하던 활동 자체가 꽁꽁 얼어붙은 듯 보인다. 이전에 구성된 외적 관계와 내적 생활의 형태는 버려진 듯 보인다. 톨스토이는 어린이 발달의 이러한 위기적 시기들 중의 하나를 여실히 '청소년기의 동토'라 부른다.

2-1-47] 이 모든 것이 위기적 연령기의 부정적 특징에 대해 말할 때 무엇보다 염두에 두는 것이다.

2-1-48] 이것이 전달하고자 하는 바는, 이 시기의 발달은 그것의 견고하고 긍정적이며 건설적인 의미를 변화시켜 관찰자들로 하여금 이 시기를 주로 적대적, 부정적으로 특징짓게 만든다는 생각이다. 많은 저자들은 심지어 부정적인 내용으로 위기적 기간의 발달의 의미가 완전히 설명된다고 주장한다. 이러한 확신은 바로 이 위기 연령에 붙여진 이름들에 나타나 있다. 어떤 이는 위기적 연령을 부정적 국면으로, 다른 이는 완고함의 국면 등으로 부른다.

2-1-49] 앞에서 이미 언급한 대로, 각각의 위기적 연령기라는 개념은 임의적이거나 사실상 무질서하게, 일반적인 발달과 유리되어 이런저런 형태로 종종 경험적인 방식을 통해 과학에 도입되었다. 무엇보다 먼저 **7~8세의 위기**가 발견되고 기술되었다. 삶의 일곱 번째 해에 전 학령기에서 학령기로의 이행이 이루어진다는 것이 실천적 연구과 과학적 관찰에서 주목되었다. 7~8세의 어린이는 이미 더 이상 전 학령기 어린이가 아니지만 아직 소년도 아니다. 7세는 완전히 독특한 존재이며 전 학령기 어린이, 학령기 어린이와 구별된다. 이 때문에 7세는 양육하기 어렵다. 이 연령의 부정적 내용은 무엇보다 심리적 균형 상태의 붕괴, 의지의 변덕, 참을성의 감소, 기분의 불안정성이라는 점에서 드러난다 (바실리예스키).

위기 자체는 연령기 안에 포함되어야 하는가? 만일 포함되어야 한다면 위기는 이전 연령기에 포함되는가, 아니면 후속 연령기에 포함되는가? 즉 7세의 위기는 전 학령기의 일부인가, 아니면 학령기의 일부인가? 이 질문은 각각의 시기가 달력의 월, 일처럼 분명히 구분되는 것으로 생각할 때에만 의미가 있을 것이다. 비고츠키가 염두에 두고 있는 시기 구분은 시기들이 겹쳐지기 마련인 역사적 시기 구분이나 진화적 시기 구분에 더욱 가까울 것이다. 예를 들어 프랑스 군주제는 프랑스 혁명이 일어난 1792년 9월 21일에 정확히 종식되지 않았으며, 포유류가 파충류를 하루아침에 대체한 것은 아니다.

*C. M. 바실리예스키(Серафим Михайлович Ва-силейский, 1888~1961)는 W. 분트와 J. 폴켈트(H. 폴켈트의 아버지)의 제자였다. 전쟁과 혁명 동안 러시아로 돌아와서 사마라와 비텝스크의 대학에서 교수 생활을 하였다. 1920년대에는 영재아를 발굴하는 '정신기술적 선택' 분야에서 연구하였고 이에 따라 아동학에 관여하게 되었으며, 니주니 노브고로드 교육대학

교육학부의 학장이 되었다. 1939년에는 아동심리학 강좌에 금지되어 있던 '아동학'을 도입했다는 이유로 해임되었다. 그는 대신 레닌그라드 키로프 교육대학의 언어학부 교수가 되었고, 1941년 전쟁 동안 언어학부 학장이 되었다. 이후 그는 결코 박사 학위를 받지 못했는데, 이는 아마도 그가 아동학을 옹호했기 때문이었을 것이다. 종전 후에는 계속하여 평가에 대한 연구를 했고 과학적 발명 심리학에 관한 논문을 출판하려 했지만 거부당했다.

2-1-50] 그다음에 **세 살**의 위기가 발견되고 기술되었으며, 많은 저자들이 이를 완고함과 고집의 국면이라 불렀다. 이 시기에 어린이의 인격은 제한된 시간 동안 갑작스럽고 급격한 변화를 겪는다. 어린이는 양육하기 어려워진다. 어린이는 완강하고 고집 세며 변덕이 심하고 제멋대로 행동한다. 이 시기 내내 종종 내적 갈등과 외적 갈등이 수반된다. '나' 자신에 대한 강한 강조는 대체로 어린이의 비사회적 성격을 이끌며, 어린이는 의식적으로 자신을 타인과 구별하고 타인에게 적대적이 된다(스턴).

2-1-51] 더 나중에서야 성적 성숙기의 부정적 국면으로 기술되었던 13세의 위기가 발견되고 연구되었다. 바로 그 이름이 지칭하는 바와 같이 이 위기의 부정적 내용들은 이 시기의 전면에 나타나며, 피상적 관찰은 이 시기의 발달의 의미를 부정적 내용으로 모두 설명하는 것처럼 보인다. 성취도 감소, 학습 능력 저하, 인격의 내적 구조의 부조화, 이미 확립된 관심 체계의 붕괴와 소멸, 전체 행동의 부정적이고 저항적인 특징, 모든 것들은 크로에 의해 내적, 외적 관계들에서 온전한 방향 상실의 시기로 특징지어졌으며, 다음과 같은 사실로 이끈다. 발달의 전체 과정에서 이 시기에 인간 '나'와 세계가 그 어느 시기보다 뚜렷이 분리된다. 이 때문에 톨스토이는 이 시기를 '청소년기의 동토'라고 부른다.

2-1-52] 마지막으로, 다음과 같은 입장이 비교적 최근에야 이론적으로 인정되었다. 오래전부터 유아기로부터 초기 유년기로의 이행에 대한 사실적 측면은 잘 연구되어 왔다. 이 이행은 삶의 첫해 부근에 일어나며, 이 역시 본질적으로 그 독특한 발달 형태에 대한 일반적 기술로 우리에게 잘 알려진 모든 차별적 면모로 특징지어지는 발달의 위기적 시기이다.

2-1-53] 우리는 위기적 연령기의 온전히 완성된 고리를 얻기 위해 모든 어린이 발달 시기 중 아마도 가장 특유한 시기인 **신생아기**를 최초의 고리로 포함할 것을 제안한다. 오래전부터 잘 알려졌고 널리 연구된 이 시기는 체계 내 다른 연령기들과 동떨어져 있으며, 그 자체의 본성상 어린이 발달에 있어 아마도 가장 강렬하고 확실한 위기일 것이다. 신생아가 완전히 새로운 환경으로 빠르고 위태롭게 진입하는 출생의 순간(블론스키)에 일어나는 모든 발달 경로의 파국적이고 비약적인 변화는 태외* 발달의 시작 시기를 가장 급격하고 확실한 위기적 연령기의 하나로 경계 짓는다.

> *코로타예바 필사본에서는 '태내внутриутробного'라는 용어를 사용하고 있다.

2-1-54] 앞서 나열한 모든 위기적 연령기는 발달에서 매우 특별한 위치를 차지하며, 발달의 두 안정기 사이에 엄격하게 규칙적으로 놓여 한 기간과 다른 기간 사이의 전환기 같은 것이 된다. 신생아의 위기는 어린이 발달의 배아기와 유아기를 나눈다. 1세의 위기는 유아기와 초기 유년기를 나눈다. 3세의 위기는 초기 유년기에서 전 학령기로의 전환이다. 7세의 위기는 전 학령기와 학령기 사이의 연결 고리를 구성한다. 끝으로 13세의 위기는 학령기와 사춘기 사이의 전환에서 나타나는 발달

의 간극과 일치한다.

비고츠키는 이 위기를 낙동강, 금강, 섬진강 수역을 가르는 영취산과 같은 '분수령'으로 묘사한다. 이 분수령의 비유에 따르면 위기는 깊은 계곡(2-1-34 그림 참조)이 아니라 오히려 높은 봉우리와 같다. 위기는 어린이의 학업 수행도의 측면에서 보면 계곡이지만, 양육 곤란도의 측면에서 보면 봉우리인 것이다. 이런 봉우리/계곡은 여러 지점에서, 심지어 발달 안정기에서도 명백히 나타난다. 그 예로『상상과 창조』에서 비고츠키는 어린이가 그리기를 포기하고 완전히 다른 어떤 것으로 주의를 돌리는 순간에 대해 언급한다. 또한 많은 교사들이 3, 4학년이 5, 6학년보다 훨씬 가르치기 쉽다고 말한다. 어린이 수행 능력과 양육 곤란도의 측면에서 진정으로 위기적인 봉우리/계곡의 명백한 한 예는 1세의 위기일 것이다. 유아기 어린이의 주의는 대체로 뻗기, 가리키기, 기기, 걷기와 같은 행동 쪽으로 흐른다. 그러나 1세 이후에는 똑같은 주의가 말 쪽으로 흐른다.

2-1-55] 이와 같이 완전히 규칙적이고 매우 심오한 의미를 지닌 분명한 그림이 우리 앞에 드러난다. 위기적 연령기들이 안정된 연령기들 사이에 놓여 있다. 위기적 연령기는 어린이 발달이 한 단계에서 다른 단계로의 이행이 진화적이 아닌 혁명적인 방식으로 이루어지는 변증법적 과정임을 다시 한 번 확증하는 분수령이자 전환점이다. 위기적 연령기가 순전히 경험적인 방식으로는 발견되지 않을지라도, 그 개념은 이론적 분석에 토대하여 발달의 도식에 도입되어야 한다. 하지만 지금은 이미 경험적 연구를 통해 확립된 것들을 인식하고 해석하는 것만이 이론에 남아 있을 뿐이다.

2-1-56] 위기적 연령기에는 명백히 잘 정의된 경계가 없다. 위기적 연령기는 이전 연령기로부터 모르는 사이에 퍼져 나와 또다시 다음 연령기로 모르는 사이에 흘러 들어가며, 오직 위기의 최고점이나 절정에

서만 매우 생생하게 나타난다. 이는 이러한 연령기의 본성 자체 때문이 기도 하며 다음과 같은 상황 때문이기도 하다. 즉 이러한 결정적 발달 계기에서 어린이에게 적용된 교육 체계의 변화가 어린이 인격의 빠른 변화를 따라가지 못하여 어린이 양육이 상대적으로 어려워지며, 위기 적 연령기의 교육학이 문화화에 관한 모든 주요한 과학에 비해 이론적 으로 실천적으로 가장 덜 발달되었다는 것이다.

2-1-57] 이들 위기적 연령기들의 부정적인 내용들은 이 시기에 매우 분명하게 드러난다. 그러나 우리는 모든 발달에는 일반적 법칙이 존재 하며, 이에 따라 모든 발달은 역발달 과정과 긴밀히 얽혀 있다는 것을 알고 있다. 볼(드윈)의 표현에 따르면 모든 진화는 곧 퇴화이며, 모든 삶 은 곧 죽음이듯(엥겔스) 매우 복잡한 생명 형태의 하나로서 발달은 바 로 그 안에 필연적으로 부패와 죽음의 과정을 포함한다. 발달에서 새로 운 것의 출현은 필연적으로 낡은 것의 소멸을 의미한다. 새로운 연령기 로의 이행은 항상 이전 연령기가 저무는 것으로 표시된다. 이러한 퇴화 와 역발달 과정, 낡은 것의 소멸은 바로 이 위기적 연령기에 집중된다.

이 장과 이 원고는 『성장과 분화』와는 달리 강의 필사본이 아니라, 비고츠키가 완성하지 못했던 책의 초고이다. 따라서 여기저기서 축약 적인 표현이 나타나는데, 예컨대 볼드윈의 이름은 '볼Бол'이라고만 표 시되었고 코로타예바에 의해 '볼드윈'으로 완전하게 표기되었다. 비고 츠키는 J. M. 볼드윈의 1906년 저작 『어린이와 인종에서의 정신 발달 Mental Development in the Child and the Race』을 언급하는데, 이 책에서 볼드 윈은 훗날 비고츠키가 '단위로의 분석'을 발전시키는 데 영감을 준 개 념을 논한다.

"우리는 고정된 물질 대신 성장하고 발달하는 활동 개념을 갖고 있 다. 기능 심리학은 능력 심리학을 계승한다. 이 성장과 발달을 최대한 자세하게 설명함으로써 시작하는 대신, 우리는 어떤 활동을 가장 단 순하면서도 동일하게 보여 주는 활동에서 최대의 시사점을 발견할 것이다. 발달은 진화뿐 아니라 퇴화의 과정이며, 요소들은 자신들로 구성된 복잡한 형태의 이면에 숨겨진다."

이 인용문에서 우리는 상보적 과정으로서 진화와 퇴화의 개념뿐 아니라 기기나 걷기, 또는 말하기와 같은 활동이 가장 단순한 '단위'로 환원될 수 있다는 개념 또한 발견한다. 이 '단위'는 어떤 활동들이 양적으로뿐 아니라 질적으로도 다른 활동들과 어떻게 다른지 보여 줄 것이다. 심지어 가장 단순한 걷기조차 가장 복잡한 기기의 형태 안에는 존재하지 않는 균형 잡기라는 새로운 행위를 필요로 한다. 아무리 가장 단순한 형태의 말이라도 옹알이보다 훨씬 더 복잡하다. 걷기가 기기를, 말이 옹알이를 대체하려면 전자의 진화뿐 아니라 후자의 퇴화를 필요로 한다. 비고츠키는 또한 엥겔스의 미완성 저작인 자연변증법에서 자신이 좋아하는 인용구를 언급한다.

"삶과 죽음. 죽음은 삶의 본질적 계기로 파악(주. 헤겔, 『엔치클로패디』, I, 152~153쪽)하고, 삶의 **부정**을 삶 자체 안에 본질적으로 포함된 것으로 파악하여, 삶은 삶 속에 맹아적으로 항상 들어 있는 삶의 필연적인 결과, 즉 죽음과 관련하여 항상 사고된다고 보지 않는 생리학은 이제는 더 이상 과학적인 것으로 간주되지 않는다. (……) 산다는 것은 죽는다는 것이다."

(『자연변증법』, 프리드리히 엥겔스 지음, 윤형식·한승완·이재영 공역, 도서출판 중원문화, pp. 307~308.)

이 인용은 비고츠키에게 특별한 의미를 가졌다. 루리야와 함께 비고츠키가 처음으로 출간한 것 중 하나는 소위 '죽음 본능'에 관한 프로이트의 연구에 대한 서문이었다. 프로이트는 리비도 즉 '삶의 본능'이 모든 유기체 안에서 발견되는 죽음 충동에 의해 억제된다고 생각하였다. 비고츠키는 이러한 견해를 지지하지 않았지만 그것이 숙고할 가치는 있다고 여겼다. 그가 결국 지지한 것은 엥겔스의 견해였다. 엥겔스는 다윈주의자로서 죽음이 종으로 하여금 오래된 것을 새로운 것으로 대체할 수 있게 해 주는 필수적 수단이라고 믿었다.

2-1-58] 그러나 이것이 위기적 연령기의 의미를 완전히 설명한다고 가정하는 것은 엄청난 착각일 것이다. 발달은 결코 끊임없는 창조의 작업을 멈추지 않으며, 이를 단지 파괴와 황폐함만으로 대체하는 것도 아니다. 위기적 시기 동안 우리는 건설적인 발달 작업뿐만 아니라 그 이상으로, 이 연령기에 매우 뚜렷이 표출되는 퇴화 과정을 목격한다. 이 과정 자체는 마치 긍정적인 인격 확립 과정에 종속되며, 그와 직접적인 의존성을 맺고 분해 불가한 전체를 형성하는 것과 같다. 이 시기에 발달의 파괴적인 작업은 오직 인격의 새로운 특성과 부분의 발달을 위한 필요에 응답하는 정도로만 일어난다.

2-1-59] 사실적 연구는 이 연령기 발달의 부정적 내용이 **각 위기적 연령기의 주요하고 기본적인 의미를 이루는 인격의 긍정적 변화**의 반대 측면 혹은 그늘진 측면일 뿐임을 보여 준다. 따라서 모든 연구자들은 이미 7세의 위기와 관련하여 이 연령기에 부정적인 증상과 더불어 일련의 커다란 성취가 나타남을 주목하였다. 이 연령기에서 건설적인 내적 활동이 관찰된다. 어린이는 거짓말을 꾸며 내고 공상을 하며 흉내를 내고 존재와 삶의 근원에 대한 질문에 답한다. 이 시기에 어린이 인격의 내적 측면에 변화가 일어난다. 어린이는 자기로부터 비롯된, 자신이 원인이 되는 일에 주로 사로잡힌다. 어린이의 자주성이 증대하며 다른 어린이들과 맺는 관계가 변한다. 어린이에게 직접적이고 즉각적인 영향을 주는 본능적 갈등이 증가하며, 자연 현상에 대해 새로운 형태의 관계를 그려 내며, 작업 중에 자주적으로 진리를 밝히려는 독립성이 두드러지기 시작한다(슐레게르). 이 성글고 짧은 나열에서조차 7세의 위기에 어린이 인격과 어린이가 외적 실재 및 사회적 환경과 맺는 관계에서 긍정적 의미의 완전한 재구조화가 존재한다는 것을 아는 것은 어렵지 않다.

비고츠키는 7세 어린이가 많은 시간을 가족과 떨어져 보낸다고 말한다. 이는 자주성이냐 새로운 친구냐, 부모 형제에 대한 애정이냐 또래와의 우정이냐 같은 본능들 간의 갈등을 야기한다. 또래가 자신의 형제를 괴롭히는 경우, 이러한 갈등은 첨예해질 수 있다. 게다가 어린이는 야외에서 많은 시간을 보내며, 부모나 교사의 중재 없이도 자연 (식물과 동물)과 관계를 맺게 된다. 이런 이유로 러시아에서는 7세 어린이를 대상으로 하는 '발견 학습' 시리즈의 책들이 보급되었다.

*Л.К. 슐레게르(Луиза Карловна Шлегер, 1863~1942)는 혁명 전 러시아에서 초기 유년기와 초등 교육의 개척자였다. 그녀는 발견 학습(특히 과학적 발견) 전문가였던 포르투나토바와 함께 모스크바에 대중적 유치원과 실험적인 초등학교를 설립했다. 슐레게르와 포르투나토바의 책 『언제 일어날까? Когда это бывает』에서 어린이들은 연못에서 개구리 알을 모아서 올챙이로 부화시키고, 헤엄치기 시작하는 시기를 관찰하고, 뒷다리는 언제 나오는지, 앞다리는 언제 나오는지 등을 관찰해야 한다.

위 그림은 슐레게르가 포르투나토바와 함께 쓴 어린이의 과학적 발견에 관한 1932년 책 『언제 일어날까?』의 한 쪽이다. 단원 제목은 '개구리의 부화'이다. "습지에 있는 연못이나 도랑에서 개구리와 알을 수집하고 수생 식물을 채집한다……."

2-1-60] 동일한 것을 3세의 위기에서도 볼 수 있다. 인격 발달과 관련하여 이 연령기가 가지는 긍정적 의미는 결과적으로 그 위기 과정 동안 그전에 볼 수 없었던 인격의 새로운 특징적 요소가 생겨난다는 것

이다. "어린이는 이제 사물의 세계 속에서 자기 자신을 하나의 인격으로 느끼고 자각한다"(퀼러). 어떠한 이유에서든 3세의 위기가 약하거나 표현되지 않았을 때 이것은 후속 연령에서 어린이 인격의 정서적, 의지적 측면의 발달에 심각한 지체를 초래한다는 사실이 목격되어 왔고 실제로 확립되어 왔다. 이는 이 위기가 지닌 긍정적 가치의 또 다른 증거이다.

2-1-61] 13세 위기에 대해서도 같은 말을 할 수 있을 것이다. 슈테르징어와 크로에 따르면 이 시기에 시각적 도식으로부터 이해와 추론으로의 태도적 변화가 일어나므로 대개 학생들의 정신 능력과 생산성은 가장 크게 감소하게 된다. 새롭고 고등한 지적 활동 형태로의 이행은 수행 능력의 일시적 감소를 동반한다. 이와 관련하여 크로는 이러한 성취 감소가 이 위기의 다른 모든 부정적 징후로 확인된다고 지적한다. 모든 부정적 징후 뒤에는 대개 새롭고 고등한 형태로의 이행을 이루는 어떤 긍정적 내용이 숨겨져 있다.

> *O. H. 슈테르징어(Othmar Hugo Sterzinger, 1879~1944)는 인스부르크에서 태어난 오스트리아 심리학자. 그는 절단으로 인해 오른손 혹은 왼손잡이가 된 사람들, 인간의 음정 반응, 시적 심상을 창작하는 능력, 14~15세를 가르치는 교사들이 겪는 문제들과 같은, 매우 광범위하게 다양한 주제에 대해 저술하였다. 비고츠키는 『청소년의 아동학』에서도 위기적 연령기에서의 생산성 감소와 관련하여 슈테르징어의 연구를 언급한다.

2-1-62] 마지막으로 한 살의 위기에 긍정적인 발달 내용이 존재한다는 것은 의심의 여지가 없다. 여기서 부정적인 징후들은, 두 발로 서기와 말 숙달과 같은 그 위기 동안 어린이가 이루어 낼 긍정적 성취들과 너무도 명백히 직접적으로 연결되어 있기 때문에, 이 모든 위기가 파괴

적인 발달로 환원된다고 말하는 것은 이미 열려 있는 문을 때려 부수는 일이 될 것이다. 그만큼 있는 그대로 이 위기의 긍정적 기능들이 분명히 드러난다. 신생아의 위기도 전적으로 동일할 것이다. 이 최초의 시기에는 어린이의 신체적 발달에서조차 쇠퇴가 일어난다. 출생 후 며칠 내에 신생아의 평균 체중의 생리적 감소가 관찰된다. 출생의 충격과 새로운 생활 형태에 대한 적응의 어려움이 어린이에게 그만큼 큰 생존 능력을 요구하고 어린이의 생명 활동 전체를 완전히 변화시키기 때문에, "탄생의 순간에 인간은 죽음과 가장 가까이 있으며"(블론스키) 신생아기에도 마찬가지이다. 그럼에도 불구하고 이 시기는 후속하는 그 어떤 위기의 시기들보다 발달이 새로운 것의 형성과 출현 과정이라는 사실을 드러낸다. 인간 발달상 이러한 시기에서 우리가 보게 되는 것은 끊임없는 신형성 중의 하나라고 말해도 전혀 과언이 아니다.

2-1-63] 이 시기에 부정적 내용을 특징짓는 부정적 특성의 징후 자체는 새롭고 몹시 복잡한 삶의 형태들의 최초의 출현으로부터 일어나는 어려움들에 기인한다.

2-1-64] 위기의 연령기에서 가장 본질적인 내용은 신형성의 출현이다. 그러나 위기적 연령기의 신형성은 각각의 유사한 시기에 대한 구체적 연구가 보여 주듯이, 고도로 고유하고 특수한 형성을 보여 준다. 안정기의 신형성과 구별되는 가장 주요하고 본질적인 차이는 그 **이행적** 특성에 있다. 이는 그것이 위기적 시기에 나타난 형태 그대로 후속 연령기에 보존되지 않으며, 미래 인격의 통합적 구조 속에 필수적인 부가물로 포함되지 않는다는 것을 의미한다. 그것은 다음 연령기에 그대로 보존되지 않으며 후속 발달과 그 어떤 직접적인 연결도 없고 그것을 토대로 추후 경로가 결정되지도 않는다. 그것 자체는 마치 후속하는 안정적 연령기의 신형성에 흡수되어 그 안에서 종속된 계기로 포함된 것처럼 독립적으로 존재하지 못하고 그 속에서 용해되고 바뀌고 변화하여

사멸한다. 따라서 특별하고 심도 있는 분석 없이 후속하는 안정적 연령기의 성취에서 이 위기적 연령기의 변형된 형성을 감지하는 것은 불가능하다는 것이 종종 판명된다. 이 위기적 신형성 자체는 후속 연령기의 시작과 함께 사라지지만 그 속에 잠재적 형태로 계속 존재하며, 독립적인 생활을 하기보다는 우리가 보았다시피, 안정적 연령기에 갑작스러운 신형성의 출현을 이끄는 발달의 지하 경로에 참여할 뿐이다.

2-1-65] 안정적 연령기와 위기적 연령기의 신형성의 일반적 법칙을 이루는 구체적인 내용들은 이 장의 과업에 포함되어 있지 않다. 왜냐하면 그것은 각각의 연령기들을 다루는 이 책의 후속 장들의 내용이 되어야 하기 때문이다. 이 장의 과업은 단지 어린이 발달 연령기의 예비적이고 전반적 도식을 확립하고, 어린이 발달의 확실하고 구체적인 시기로서 연령기의 구성 및 전개의 기본적이고 가장 일반적인 법칙에 대해 친숙해지는 것이다. 앞서 언급된 모든 것들은 우리로 하여금 이 도식을 곧바로 진술할 수 있게 해 준다.

2-1-66] 이러한 도식의 일반적 특징은 우리의 설명 과정에서 이미 눈앞에 매우 분명히 그려졌다. 어린이 발달 시기의 기본적 도식 자체를 공식화하기 위해서는 그 일반적 특징들을 모두 취합하는 것만이 필요하다. 어린이 발달을 개별 연령기로 나눔에 있어 신형성이 우리의 도식에서 기본적 척도로 이용되어야 함을 우리는 이미 알고 있다. 나아가 우리는 연령기의 순서가 이 도식에서 안정적 연령기와 위기적 연령기의 교대로 규정됨을 알고 있다. 여전히 우리는 각각의 시기를 규정하는 특징들을 보여 주어야 한다. 안정적 연령기는 그 시작과 끝의 계기를 규정하는 다소 명확한 경계가 있어 아동학의 관습과 같이 바로 이 경계로서 특정 연령기의 시작과 끝을 확립하는 것이 가장 옳은 반면, 위기적 연령기에서는 그 과정이 지닌 상이한 특징 때문에, 원칙적으로 정점 혹은 위기의 꼭대기를 표시하고 그로부터 6개월 전을 시작, 6개월 후를

끝으로 삼는 것이 옳다.

2-1-67] 다음으로 안정적 연령기와 위기적 연령기 내의 구분에 대한 세부적 특징을 지적해야 한다. 경험적 연구에 의해 확립되었듯이, 안정적 연령기가 명백하게 첫 번째와 두 번째의 (즉 해당 연령기의 초기 단계와 후기 단계) 이중 구조로 표현되는 반면, 위기적 연령기는 그 전개의 특수성 때문에 논리적으로 서로 연결된 세 개의 이행 국면 즉 위기 전 국면, 위기 국면, 위기 후 국면으로 구성된 뚜렷한 삼중 구조를 갖는다.

2-1-68] 마지막으로, 뒤에 제시될 어린이 발달의 연령기 도식이 어린이 발달의 기본 시기를 결정짓는 비슷한 다른 도식들과 구별되는 본질적 차이가 지적되어야만 한다. 어린이 발달의 기본 개념으로부터 생겨난 신형성의 원리를 연령기를 나누는 기준으로 도입한 것 외에도 이 도식에서 새로운 것은 다음과 같은 계기들이다. 1) 시기 구분 도식에 위기적 연령기 도입, 2) 도식에서 어린이의 배아적 발달 시기의 배제, 3) 17~18세부터 최종 성숙에 이르는 연령을 포함하는 보통 청년기라 불리는 발달 시기의 배제, 4) 성적 성숙 연령기를 위기적인 연령기가 아닌 안정적이고 지속적인 연령기 속에 포함.

2-1-69] 우리가 배아적 발달을 어린이 발달의 연령기 도식으로부터 배제시키는 것은 다음과 같은 단순한 이유 때문이다. 첫째, 배아적 발달은 사회적 존재로서의 어린이의 태외 발달과 같은 수준으로 간주될 수 없으며, 또한 다른 시기와 똑같이 어린이 인격 발달의 역사 속의 연령기 중 하나로 간주될 수 없다. 왜냐하면 배아적 발달은 출생과 어린이 인격 발달의 계기로 시작하는 발달과는 완전히 다른 법칙에 종속되는, 그 자체로 완전히 다른 유형의 발달을 나타내기 때문이다. 둘째, 배아적 발달은 아동학의 한 장으로 결코 간주될 수 없는, 독립적이고 매우 발달된 과학인 태생학에서 연구되기 때문이다. 아동학은 이 시기의 흐름이 출생 후 발달에 어떤 영향을 미치는지 보여 주는 어린이의 배아

적 발달의 법칙과 자료를 고려해야 하지만, 유전학 즉 유전 과학의 법칙과 자료를 연구하기 위해 필요시되는 것과 동일한 배아적 관점을 그 안에 포함시키지는 않는다. 아동학에서 유전학은 아동학의 한 장으로 전환되지 않는다. 아동학은 유전이나 배아적 발달 자체를 연구하지 않으며(이는 특별한 과학의 주제이다), 어린이의 사회적 발달 과정에서 유전과 배아적 발달의 역할과 영향을 연구한다. 따라서 유전학과 태생학의 요소에 대한 지식은 일반 생물학, 해부학, 생리학, 심리학의 요소에 대한 지식과 더불어 아동학 연구를 위한 필수 조건이다.

2-1-70] 또한 우리는 청년기를 어린이 발달 연령기의 도식에서 제외한다. 이론적 연구 역시 어린이 발달 시기를 지나치게 확장하여 그 안에 인생의 초기 25년을 포함하는 것(블론스키)을 꺼리게 만들기 때문이다. 청년기는 어린이 발달의 후기라기보다는 성숙 연령기의 초기로 간주되어야 한다. 18세에서 25세 사이의 이 연령기는 그 자체의 의미에서나 기본적 법칙에서나 어린이 발달기 사슬의 마지막 고리가 아닌 성숙 연령기 사슬의 첫 번째 고리이다. 이미 법적 성인에 도달한 인간 발달이 어린이 발달의 법칙에 종속될 수 있다고 상상하기는 어렵다.

이 장에서 비고츠키는 그의 친구이자 동료인 블론스키의 연구에 대해 상당히 비판적이다. 비고츠키가 앞서 지적했듯이(2-1-16, 2-1-19 참조) 그가 이 장을 저술하던 시기에 블론스키는 아동학을 떠나 아동기에 대한 훨씬 더 생물학적인 접근을 주장하고 있었다. 동시에 레닌의 아내 크룹스카야와 밀접한 연대를 맺고 있었던 블론스키는 노동 학교 개념과 그에 따른 아동기와 노동 생활의 연속성을 옹호했다. 비고츠키 또한 다른 방향으로 변하고 있었다. 비고츠키에게 있어 청소년기의 위대한 드라마는 성과 노동이 아닌 말과 생각이다. 이런 이유로 비고츠키의 시기 구분 도식은 그 당시 소비에트에 존재했던 학교 교육 시기와 훨씬 가깝다. 그 당시 초등학교는 8세경 시작하고 고등학교는 17세에 끝났다. 비고츠키의 시기 구분은 그가 속한 시기와 문화에 매우 특정한 것이다. 예를 들어 오늘날은 20대 이후에 부모와 함께 사는 것이 흔하고, 20대 후반까지도 고등 교육이 계속된다. 특히 비고츠키는 블론스키와 같은 순수한 생물학적 설명에 흥미가 없었기 때문에, 우리는 개념 형성이 인류 보편적으로 정확히 정해진 시기에 일어난다고 말할 수 없다.

2-1-71] 끝으로, 안정적 연령기 속에 사춘기를 포함시키는 것은, 이 연령기에 대해 우리가 알고 있는 모든 것으로 볼 때, 또한 이 시기를 고등 종합이 거대하게 증가하는 청소년 발달 시기로 특징짓게 하는 모든 것으로 볼 때, 필연적인 논리적 귀결이다. 이는 성적 성숙의 시기를 '표준적 병리'(홈부르거)와 심각한 내적 위기로 환원시키는 이론들을 비판한 소비에트 아동학으로부터 따라 나오는 필연적인 논리적 귀결이다.

비고츠키는 사춘기가 위기가 아닌 안정기라고 말한다. 이렇게 말한 데에는 여러 가지 이유가 있다. 첫째, 위기가 절정을 전후로 약 6개월간 지속되는 것과 달리 사춘기는 4년(14~18세)이나 지속된다. 둘째, 사춘기는 매우 건설적인 시기이다. 이 시기에 진개념(이 문단에서는 '고등 종합')을 형성한다. 비고츠키가 이 문단에서 강조하는 셋째 이유는 좀 더 이론적이다. 러시아 혁명 초기, 프로이트의 이론은 예술가와 지식인들, 심지어 진보적 예술가들(샤갈도 프로이트의 꿈 이론에 매혹되었다)이나 볼셰비키 당 내에서도(트로츠키는 프로이트주의에 동감했으며 그것이 유물론적 심리학의 기반을 제공한다고 믿었다) 매우 인기가 있었다. 루리야와 슈펠라인을 비롯한 많은 심리학자들이 프로이트주의자가 되었다.

그러나 아동학자들은 그렇지 않았다. 아동학자들은 프로이트의 어린이 성 이론이 남성 중심이고 성인 중심이라는 것, 즉 성인 남성의 욕구를 유년기에 거꾸로 투사한다는 것을 발

샤갈, 「꿈의 그림자」

견했다. 따라서 모든 남자아이들이 오이디푸스 콤플렉스나 거세 콤플렉스, 혹은 또 다른 형태의 '정상적 병리'를 겪는다는 생각은 목적론적이고 범성애적이며 남성 중심이라는 이론적 비판을 받았다. 이러한 비판이 정당함은 오늘날 널리 인식되었지만, 그것이 비고츠키와 블론스키, 그리고 소비에트 아동학에서 시작되었음을 아는 이는 드물다.

*A. 홈부르거(August Homburger, 1873~1930)는 독일의 아동 정신과 의사이며, 프랑크푸르트에서 태어났다. 바빈스키 반사를 연구했고 1차 세계 대전 동안 '전투 쇼크'에 흥미를 가지게 되었으며, 전후에 아동정신병리를 연구하기 시작했다. 그는 『어린이와 청소년의 정신병리 Psychopathologie des Kindes und Jugendalter』를 비롯한 몇몇 저술을 남겼으며 놀이 이론가였다. 비고츠키는 그의 '진지한 놀이'라는 생각을 인정했다.

2-1-72] 따라서 우리는 어린이 발달에서의 연령기 구분을 다음의 형태로 생각해 볼 수 있다.

어린이 발달의 연령기 도식

1. 신생아의 위기
a) 전위기적 국면
b) 위기적 국면
c) 후위기적 국면

2. 유아기(2개월~1세)
a) 첫 번째 단계: 초기 유아기
b) 두 번째 단계: 후기 유아기

3. 1세의 위기

a) 전위기적 국면

b) 위기적 국면

c) 후위기적 국면

4. 초기 유년기(1세~3세)

a) 첫 번째 단계

b) 두 번째 단계

5. 3세의 위기

a) 전위기적 국면

b) 위기적 국면

c) 후위기적 국면

6. 전 학령기(3세~7세)

a) 첫 번째 단계: 초기 전 학령기

b) 두 번째 단계: 후기 전 학령기

7. 7세의 위기

a) 전위기적 국면

b) 위기적 국면

c) 후위기적 국면

8. 학령기(8세~12세)

a) 첫 번째 단계: 초기 학령기

b) 두 번째 단계: 후기 학령기

9. 13세의 위기

a) 전위기적 국면

b) 위기적 국면

c) 후위기적 국면

10. 사춘기(14세~18세)

a) 첫 번째 단계: 초기 사춘기

b) 두 번째 단계: 후기 사춘기

11. 17세의 위기

a) 전위기적 국면

b) 위기적 국면

c) 후위기적 국면

2-2 연령기의 구조와 역동

2-2-1] 이번 장의 과업은 발달 과정의 내적 구조를 특징짓는 가장 일반적인 명제를 확립하는 데 있으며, 우리는 그 구조를 **각각의 고유한 아동기 내 연령기의 구조**라고 부를 것이다.

2-2-2] 우리가 맨 먼저 지적하고자 하는 가장 일반적인 입장은, 분석의 도움으로 드러난 구성 과정의 모든 다양성에서 볼 때, 각 연령기의 발달 과정이 그 조직과 구성의 복잡성에 상관없이 통합된 전체로 나타나고 엄밀히 규정된 어떤 구조를 가지며 연령기의 전체 구조나 구조적 법칙들이 전체의 일부를 형성하는 각각의 개별 발달 과정의 구조를 결정한다는 것이다. 통합된 전체라 불리는 구조는 개별 부분을 단순히 더한 것, 소위 총합을 나타나는 것이 아니며, 오히려 그 자체가 각 구성 부분의 운명과 의미를 결정한다.

2-2-3] 연령기는 그러한 통합적이고 역동적인 형성을 나타내고, 부분적 발달 노선들의 역할과 비중을 규정하는 구조를 드러낸다. 특정 연령기의 발달은, 어린이 인격의 개별 측면과 부분이 변화하고 그 변화의 결과로 전체로서 인격의 재구조화가 일어나는 방식으로 성취되는 것이 아니다. 발달에는 상반된 관계가 존재하며, 이는 어린이 인격이 그 내적 구조에서 전체로서 변화하고 이 전체의 변화 법칙에 따라 각 부분의 운동이 규정된다는 사실에서 나타난다.

비고츠키는 종종 과정을 총관적으로 다룬다. 예컨대 발달의 과정은, 이질적 부분으로 이루어졌음에도 불구하고 통합적인 형성을 갖는 '구조'로 지칭된다. 이것은 음악과 같이 시간에 따라 전개되는 과정이 마치 조각품이나 그림처럼 다루어지는 것이다. 여기서 비고츠키는 발달의 과정이 하위 과정들로 이루어져 있다고 말한다. 『역사와 발달』 7장의 예를 들면, 글말 기능의 발달 과정은 쓰기뿐 아니라 대상 놀이와 그리기로 이루어져 있다고 말할 수 있다. 이러한 하위 과정들은 다양하다(대상 놀이는 종종 사회적 활동이지만 그리기는 그렇지 않은 경우가 더 많으며, 글쓰기 활동 자체는 혼자서 하는 것이지만 의미는 사회적으로 공유된 것이다). 또한 이러한 과정들은 다양한 형태를 취한다(대상 놀이는 흔적을 남기지 않지만 그리기는 활동의 결과물이 있으며, 글쓰기는 표면적으로는 그리기와 비슷하지만 사실상 그와는 매우 다른 결과물을 낳는다). 그러나 총괄적으로 볼 때, 이러한 하위 과정들은 하나의 통합된 발달 과정을 나타낸다. 즉, 어린이의 문해 발달은 세 가지의 다른 활동들이 아닌 하나의 활동인 것이다. 이를 어떻게 알 수 있을까? 어린이의 대상 놀이 활동이 갈수록 비현실적이 되거나, 그리기에 말이 포함되면서 어린이가 팬픽션을 그리기 시작하게 되고 이러한 변화가 어린이를 몽상적인 청소년으로 바꾸어 놓는 식으로 발달이 일어나지 않는다는 것을 우리는 알고 있다. 과정은 오히려 그 반대와 가깝다. 어린이는 음악과 예술에 대한 개념을 친구들과 공유하기 시작하며 그 결과는 발달의 각 하위 과정에서 명백히 드러난다. 대상 놀이는 악기를 가지고 하는 놀이로, 그리기는 만화 그리기로 바뀌며 글쓰기는 사회적 매체의 거대한 관계망 속의 일부가 된다.

2-2-4] 이에 따라 우리는 특정 연령기마다 언제나 하나의 중심적 신형성을 보게 된다. 이 신형성은 전체로서의 모든 발달 과정 전반을 이끄는 것으로 보이며, 새로운 토대 위에서 전체 인격의 재구조화를 특징 짓는다. 그 밖의 다른 모든 부분적 신형성들은 선행 연령기와 후속 연령기의 신형성과 연결된 다른 모든 발달 과정과 함께 이 특정 연령기의

기본적 혹은 중심적 신형성 주위에 위치하고 모여든다. 우리는 이러한 기본적 신형성과 다소 직접적으로 연결된 발달 과정을 해당 연령기의 중심적 발달 노선이라 부르고, 해당 연령기에 일어나는 다른 모든 부분적 변화 과정을 주변적 발달 노선이라 부를 것이다. 한 연령기에 중심적 발달 노선이었던 과정이 후속 연령기에는 주변적 발달 노선이 되고, 반대로 한 연령기의 주변적 발달 노선이 전면으로 부각되어 다른 연령기의 중심적 발달 노선이 되는 것은 당연하다. 왜냐하면 전체적 발달 구조와 관련하여 주변적 노선들의 뜻과 의미에 변화가 생기고 중심적 신형성과의 관계에 변화가 생기기 때문이다. 이와 같이 한 단계에서 다른 단계로의 이행할 때 연령기 전체 구조의 재구조화가 일어난다. 각각의 연령기는 고유하고 유일하며 특별한 구조를 갖는다.

비고츠키는 종종 연령기를 마치 그것들이 '구조물' 또는 '조성물'인 것처럼 말하며 마치 작곡된 음악의 한 부분을 묘사하거나 걸으면서 감상할 수 있는 조각처럼 설명한다. 과정들을 마치 구조물처럼 표현하는 이 총관적인 방법은 어떻게 과정들의 '부분'들과 '전체'가 발달하는지를 매우 쉽게 설명할 수 있게 해 준다. 우리가 보았던 것처럼 하위 과정들이 전체를 규정하는 것이 아니라 전체적 과정이 그 다양한 구성 요소들을 통해 실현된다. 한편, 이 총관적인 방법은 형성 과정과 형성된 결과물, 즉 연령기와 그 결과로 나타나는 인격을 구별하기 어렵게 만든다. 이 문단은 다소 다르다. 비고츠키는 여기서 한편으로는 매우 분명하게 과정과 결과물, 중심적 발달 노선과 주변적 발달 노선들을 구별하면서 다른 한편으로는 중심적 신형성과 부분적인 신형성을 구별한다. 그런데 그는 왜 그것들을 단순히 주변적 신형성이라 부르지 않고 '부분적' 신형성이라고 부르는 것일까? 주변적 발달 노선은 전체적인 발달 노선이다. 단지 자신의 시기가 지나갔거나 아직 오지 않아서, 다른 모든 발달 과정들을 통제하지 않을 뿐이다. 예를 들어, 유아의 말 발달은 주변적 발달 노선이다. 이 시기에는 말이 나타나지만 핵심적인 것은 아니며, 결과적으로 말은 주변적일 뿐 아니라 대개 불완전하다. 그러나 부분적 신형성은 단지 중심이 아닐 뿐 아니라 또한 전체도 아니다. 예를 들어 유아기 주변적 발달 노선의 산물인 옹알이는 울음이나 몸짓과 분리되지 않은 부분적 신형성이다.

2-2-5] 우리가 말한 것을 예로 설명해 보자. 만일 우리가 어린이의 의식을 '환경과 맺는 관계'(마르크스)라고 이해하여 그것에 초점을 맞추고 개인의 신체적 사회적 변화에 의해 생겨나는 의식을 인격 구조의 가장 고등하고 본질적인 특성을 나타내는 통합적 표현으로서 취한다면 우리는 다음과 같은 것을 알게 된다. 즉, 한 연령기에서 다른 연령기로 전환할 때 성장하고 발달하는 것은 의식의 각각의 부분적인 측면들이나 각각의 기능들 혹은 활동 양식이 아니다. 오히려 먼저 변하는 것은 특정 연령을 특징짓는 의식의 일반적 구조이며, 특정 연령은 무엇보다도 각각의 측면들, 각각의 활동 유형들 사이에 존재하는 관계와 의존성의 체계에 의해 특징지어진다.

마르크스가 의식은 환경과 맺는 관계라고 말할 때, 그는 실천적 의식, 특히 계급의식을 지칭하는 것이다. 노동자의 의식은 다른 노동자와의 관계이며, 부모와 이웃, 그리고 자녀들과의 관계이자, 비노동자(자본가, 상점 주인, 교사, 사장 등)와의 관계이다. 다른 형태의 의식 또한 마찬가지다. 남자로서 나의 의식은 다른 남자들과의 관계뿐 아니라 여자들과의 관계이다. 자식과 아버지 또는 교사로서의 나의 의식 또한 이와 마찬가지이다. 그러나 이것은 단지 의식을 바라보는 외적 방식일 뿐이며, 마르크스는 확실히 이것에 만족하지 않았다. 엥겔스와 함께 출간한 『독일 이데올로기』라는 책의 원고에서 그는 이 부분을 삭제하였고 최종본에서 실천적 의식은 언어라고 말하였다. 비고츠키는 의식이 환경에 대한 외적 관계일 뿐만 아니라, (환경과 응당 연결되어 있는) 내적 기능 체계라고 본다. 예를 들면 유아에게서 주의, 지각, (단기)기억은 특정한 심리적 체계를 형성한다. 이 심리적 체계가 어린이가 환경과 맺는 관계를 규정하기 때문에 우리는 이를 의식이라고 정의할 수 있다. 비고츠키에게 중심적 신형성은 특정 연령기에 고유한 정신적 삶의 형태를 규정한다. 유아에게 있어서 이러한 정신적 삶의 형태(아기가 엄마와 맺는 관계인 '원시적 우리')는 아직 말에 의존하지 않는다.

2-2-6] 한 연령에서 다른 연령으로의 이행에서 의식 체계의 전체적인 재구조화와 더불어 중심적 발달 노선이 위치를 바꾸는 것은 매우 명백하다. 예를 들면 말 발달은 그것이 출현하는 초기 유년기에, 어린이의 사회적 객관적 의식이 가장 일차적인 윤곽을 처음으로 드러내는 이 연령기의 중심적 신형성과 매우 밀접하고 직접적으로 연결되어 있기 때문에, 말 발달은 이 연령기의 중심적 발달 노선이 되지 않을 수 없다. 그러나 학령기의 지속적인 말 발달은 그 연령기의 중심적 신형성과 완전히 다른 관계를 맺으므로 주변적 발달 노선의 하나로 간주되어야 한다. 같은 방식으로 옹알이의 형태로 아기의 말이 준비되는 유아기에도 이 과정은 똑같이 주변적 발달 노선에 포함되어야 하는 형태로 유아기의 중심적 신형성과 연결되어 있다.

2-2-7] 우리는 이런 식으로 하나의 동일한 말 발달 과정이 유아기에는 주변적 노선으로 작동하고, 초기 유년기에는 중심적 발달 노선이 되었다가, 후속 연령기에는 다시 한 번 주변적 노선으로 변하는 것을 보게 된다. 이러한 말 발달 과정의 직접적이고 즉각적인 의존성은, 그 자체로 고찰된다면, 세 연령기마다 다른 형태를 취할 것이라는 것은 전적으로 타당하고 분명하다.

2-2-8] 그러나 연령 기간 이행에 있어 중심적 노선과 주변적 노선의 교체는 이 절의 두 번째 주제인 신형성 출현의 **역동성**의 문제로 우리를 직접적으로 이끈다. 우리는 다시 한 번, 연령기 구조의 문제에서 그

랬듯이, 연령기 교체의 역동성에 대한 구체적 설명을 각 연령기를 살펴볼 후속 장의 문제들로 남겨 두고 이 개념에 대한 가장 일반적인 설명에 국한할 것이다.

2-2-9] 연령기 역동의 문제는 각각의 연령기 구조의 문제로부터 바로 따라 나온다. 우리가 보았듯 연령기 구조는 정적이고 변하지 않는 움직이지 않는 그림이 아니다. 각각의 연령기에는 이전에 존재하던 구조로부터 새로운 구조로의 이행이 존재한다. 새로운 구조는 그 연령기의 발달 과정에서 구성되어 나타난다. 구조 개념에 매우 본질적인 전체와 부분들의 관계는 그 부분들의 변화와 발달뿐 아니라 전체로서의 변화와 발달을 결정짓는 역동적인 관계이다. 따라서 발달의 역동성에 의해서 특정 연령기의 구조적 신형성의 전환, 변화, 상호 연결의 출현을 결정짓는 모든 법칙들의 총합이 이해되어야 한다.

2-2-10] 연령기의 역동에 대한 일반적 정의에서 가장 기본적이고 본질적인 계기는 각각의 연령기에서 어린이의 인격과 어린이 주변의 사회적 상황 사이의 관계에 대한 역동적 이해이다. 과학으로서 아동학을 이론적, 실천적으로 연구하는 데 있어 가장 큰 장애물 중 하나는 연령기의 역동에서 환경과 그 역할의 문제에 대한 잘못된 답이 지금까지도 이어진다는 것이다. 어린이 발달에서 환경의 역할을 이해함에 있어 환경을 어린이 외적인 것으로, 발달의 배경으로, 객관적이고 어린이의 존재와 무관하며 그 존재 자체로 어린이에게 영향을 미치는 조건의 집합으로 간주하는 데 잘못이 있다. 우리는 생물학에서 동물 종의 진화와 관련하여 발달해 온 환경에 대한 이해를 아동학과 아동 발달에 대한 가르침으로 전이할 수 없다. 각 연령기의 초기에는 우리가 해당 시기의 발달의 사회적 상황이라고 부르는, 그 연령기에 완전히 고유하고 특정하며 유일하고 독특하며 되풀이될 수 없는 관계가 어린이와 환경 사이에 존재한다는 것을 인식해야만 한다. 특정 연령기 발달의 사회적 상황

은 해당 시기의 발달에서 일어나는 모든 역동적 변화의 출발점이다. 그것은 형태와 경로를 전체적으로 전적으로 결정하며, 이를 따름으로써 어린이는 더욱 더 새로운 인격의 특성을 획득한다. 어린이는 자기 발달의 주요 근원인 환경으로부터 그것(인격적 특성-K)을 추출하며, 이 경로에서 사회적인 것이 개인적인 것으로 된다. 이와 같이, 모든 연령기의 역동을 연구할 때 우리가 답해야 할 첫 번째 문제는 발달의 사회적 상황을 명확히 하는 것이다.

비고츠키는 발달의 사회적 상황이 발달상 모든 변화의 출발점이 되며 그것은 발달 노선과 신형성 모두를 결정한다고 말한다. 하지만 비고츠키는 아동학이 예컨대 생물학자가 진화의 생태학적 조건을 다루는 것과 같은 방식으로 발달의 사회적 상황을 다룰 수 없다고 말하며 시작한다. 사실 행동주의자들도 발달의 사회적 상황을 생물학자들이 환경을 다루는 방식으로 다루었으며, 비고츠키가 『생각과 말』 2장에서 보여 주었듯이 피아제도 그러하였다. 아동학은 왜 그럴 수 없을까? 첫째, 발달의 사회적 상황은 어린이 밖에 있는 객관적인 어떤 것이 아니다. 『생각과 말』, 『도구와 기호』, 『상상과 창조』, 심지어 『역사와 발달』에서 보았듯 발달의 사회적 상황은 어린이 외부에 있는 요소와 어린이 자신을 모두를 포함한다. 둘째, 예컨대 추위나 배고픔과 같이 어린이에게 영향을 미치는 환경의 최초의 계기를 보더라도, 어린이는 동물이나 식물처럼 단순히 환경에 반응하여 살거나 죽는 것이 아니라, 능동적으로 울음을 터뜨림으로써 환경에 변화를 초래하는 것을 볼 수 있다. 셋째, 가장 중요한 것은 또 다른 계기가 존재한다는 것이다. 이를 통해 어린이는 환경을 능동적일 뿐 아니라 의지적으로 변화시킨다. 비고츠키가 다음에 논의하듯이, 의지 자체의 발달을 포함하는 모든 발달이 궁극적으로 발달의 사회적 상황에서부터 비롯되지만, 발달의 결과가 완전히 예측될 수 없는 것은 바로 이러한 의지적 계기 때문이다.

2-2-11] 각 연령기에 고유한 주어진 발달의 사회적 상황은 전체 어

린이 삶의 형태, 즉 사회적 존재를 엄격히 규칙적으로 규정한다. 이로부터 우리가 각 연령기의 역동을 연구하면서 직면하게 되는 두 번째 질문이 생겨난다. 그것은 특정 연령의 중심적 신형성의 기원, 혹은 발생의 문제이다. 일단 특정 연령기 초기에 지배적이면서 어린이와 환경 간의 관계를 규정하는 발달의 사회적 상황을 밝혔으면, 그다음에는 **이 사회적 상황에 속한 어린이의 삶으로부터 이 연령기에 고유한 신형성이 어떻게 필연적으로 출현하고 발달하는지**를 반드시 밝혀야만 한다. 무엇보다 어린이의 의식적 인격의 재구조화로 특징지어지는 이 신형성은 연령기 발달의 전제 조건이 아니라 오히려 그 결과 혹은 산물이다. **어린이 의식의 변화는 특정 연령기에 고유한 규정된 사회적 삶의 형태를 기반으로 일어난다.** 바로 그 때문에 신형성의 성숙은 결코 초기에 일어나지 않으며, 언제나 특정 연령기의 끝에 일어난다.

2-2-12] 그러나 일단 어린이의 의식적 인격에서 신형성이 일어나면, 이는 바로 그 인격의 변화를 초래한다. 이것은 후속 발달 경로에 가장 본질적인 영향을 줄 수밖에 없다. 연령기 역동에 관한 연구에서 이전의 과업이 어린이의 사회적 존재가 자신의 새로운 의식 구조로 직접 나아가는 움직임의 경로를 규정하는 것이었다면, 이제는 다음과 같은, 즉 어린이의 의식 구조의 변화에서 그 존재의 재구조화로의 반대 이동 경로를 정의하는 과업이 나타나게 된다. 자신의 인격 구조의 변화를 겪은 어린이는 이미 완전히 다른 어린이이며, 이전 연령기의 어린이 존재와는 본질적 형태에서 다를 수밖에 없는 사회적 존재이다.

> 비고츠키는 마르크스의 1859년 작 『정치경제학비판』 서문을 언급하고 있다. 거기서 마르크스는 인간의 의식이 존재를 규정하는 것이 아니라, 사회적 존재가 인간의 의식을 규정한다고 말했다. 이 말은 자명하다. 앞에서 보았듯이 마르크스는 인간의 의식을 환경과 맺는 관계로 간주했다. 따라서 우리의 사회적 존재, 즉 우리가 사회에서 맡고 있

는 역할이 주변 사람들과의 관계를 규정한다는 것은 말할 필요도 없다. 그렇다면 비고츠키는 왜 반대로의 움직임, 즉 어린이 의식 구조의 변화로부터 어린이 존재 구조의 변화로의 움직임을 주장하는가? 앞에서 보았듯이 발달의 사회적 상황이야말로 우리가 발달에서 발견하는 모든 것의 궁극적인 원천이다. 그러나 발달의 사회적 상황이 어린이에게 미치는 영향의 결과로 발달에서 발견되는 것들 중 하나는 선택이다. 예컨대 말 속에 존재하는 선택은 어린이의 선택 능력을 야기한다. 그리고 어린이의 의지적 선택은 즉각적으로 사회적 상황을 변형시킨다. 다시 말해 어린이의 말은 상대방이 어린이에게 다음에 할 말을 매우 직접적으로 규정한다. 우리는 이러한 두 번째 계기, 즉 개체발생 수준에서 어린이가 발달 상황에 미치는 변증법적 영향의 계기를 '17세의 위기'(1장 끝에서 소개된 시기 구분에 따라 14~18세의 안정된 사춘기를 방해하는 위기)에서 볼 수 있다. 비고츠키 시대의 소비에트 청소년들은 17세에 학교를 떠나 취업을 할 것인지 2년 더 공부하고 대학에 진학할 것인지를 결정해야 했다. 이런 식으로 어린이의 의지는, 무제한적으로는 아니지만, 즉각적으로 발달의 사회적 상황에 거꾸로 영향을 미쳤다. 마르크스가 말했듯이 인간은, 자신이 의도했던 그대로는 아닐지라도, 자신의 역사를 만든다.

2-2-13] 이런 식으로 연령기의 역동에 대한 연구에서 우리가 직면하게 될 후속 질문은 연령기의 신형성의 출현이라는 사실로부터 따라 나오는 귀결에 대한 질문이다. 이 질문에 대한 구체적 분석을 통해 우리는 이 귀결이 어린이의 삶 전체를 포괄할 만큼 다양하고 막대하다는 것을 알 수 있다. 특정 연령기에 획득된 새로운 의식 구조는 어린이 자신의 내적 삶과 심리 기능의 내적 활동을 지각하는 새로운 특성은 물론이고, 외적 현실과 그 속에서의 활동을 지각하는 새로운 특성을 반드시 나타낸다.

2-2-14] 그러나 이렇게 말하는 것은 동시에, 연령기의 역동을 특징

짓는 마지막 계기로 우리를 이끄는 또 다른 어떤 것을 말하는 것을 의미한다. 우리는 연령기 발달의 결과로, 특정 연령기의 끝에 어린이 의식의 전체 구조의 재구조화를 이끄는 신형성이 출현하며, 그것이 어린이 자신의 외적 현실과 관련된 전체 체계를 변화시킨다는 것을 안다. 연령기의 마지막에 어린이는 이 연령기 초기와는 완전히 다른 존재가 된다. 그러나 이것은 그 연령기 초기에 대개 지배적이던 발달의 사회적 상황을 변화시키는 것이 필요하다는 것을 의미할 수밖에 없다. 왜냐하면 발달의 사회적 상황은 바로 특정 연령기의 어린이와 환경 사이의 관계 체계를 의미하기 때문이다. 따라서 만일 어린이가 어떤 급격한 방식으로 변화했다면, 그 관계는 필연적으로 재구성되어야 한다. 발달의 이전 상황은 어린이의 발달 정도만큼 붕괴되고, 따라서 새로운 연령기의 출발점이 되는 새로운 발달 상황은 기본적으로 어린이 발달이 진행된 것과 똑같은 비율로 구성된다. 연구들은 이러한 발달의 사회적 상황의 재구조화가 위기적 연령기의 주요 내용을 구성한다는 것을 보여 준다.

2-2-15] 이와 같이 우리는 연령기 기본 법칙의 설명에 다다른다. 그 기본 법칙에 따라, 특정 연령기에 어린이의 발달을 추동하는 바로 그 힘이 모든 특정 연령기 발달의 기반 자체의 거부와 파괴를 필연적으로 이끌며, 내적 필연성에 따라 발달의 사회적 상황의 소멸, 발달 시기의 끝, 후속하는 고등한 연령기로의 이행을 결정짓는다.

우리는 어린이들이 한때 자신의 발달의 원천이던 활동 형태를 버리는 경우를 흔히 본다. 『상상과 창조』에서 비고츠키는 어린이들이 그리기에 열정적으로 집중하다가 갑자기 이를 유치하고 실없는 일로 취급하며 쓰기에 열중하다가 다음에는 연극에 열중하는 모습을 묘사한다. 물론 어린이가 발달의 사회적 상황과 맺는 관계가 동물이 진화의 생물적 조건과 맺는 관계와 같다면 어린이가 스스로의 발달의 토대를 거부하고 파괴하는 일은 절대로 불가능할 것이다. 인간은 진화의 법칙에서 벗어날 수 있었던 유일한 동물이다.

2-2-16] 이것이, 가장 일반적으로 말해, 연령기의 역동적인 발달 도식이다.

2-3 연령기의 문제와 발달의 진단

이 장은 비고츠키의 가장 유명한 개념인 근접발달영역ZPD을 다루고 있다. 이 장에서 근접발달영역은 아동학적 기술이 아닌 진단 도구로 제시된다. 앞의 두 장과는 달리 이 장은 러시아어판 비고츠키 선집의 내용과 상당한 차이가 있다. 영문판 비고츠키 선집과 러시아어판 비고츠키 선집에는 이 장의 제목이 '연령기의 문제와 발달의 역동'으로 나와 있다. 이는 오역이며 코로타예바 사본에 나온 제목의 올바른 번역은 '연령기의 문제와 발달의 진단'이다. 이뿐 아니라 코로타예바 사본과 러시아어판 비고츠키 선집의 내용에도 두 가지의 차이가 있다. 코로타예바 사본에는 없는 2개의 문단(2-3-3 글상자 참조)이 러시아어판 선집에 존재하며, 러시아어판 선집에는 없는 13개의 문단(2-3-4~2-3-16)이 코로타예바 사본에만 존재한다. 게다가 러시아어판 선집에는 '아동학'(비고츠키 사후 소비에트에서 사용이 금지됨)이라는 말이 나오지 않지만 코로타예바 사본에는 32번이나 나온다.

2-3-1] 연령기의 문제는 아동학 이론 전체의 핵심적 질문일 뿐 아니라 아동학적 실천의 모든 문제들에 대한 핵심적 열쇠이기도 하다. 이 문제는 **어린이 발달 연령기의 진단**과 직접적이고 매우 밀접한 연관이 있다. 어린이 발달의 진단은 대개 아동학 연구에서 **어린이가 도달한 실제 발달 수준**을 규정하는 과업에 이용되는 특별한 체계를 가리킨다. 실제

발달 수준은 그 어린이가 거치고 있는 특정 연령기와 그 연령기 내 단계나 국면으로 결정된다.

2-3-2] 우리는 이미 어린이의 여권적 연령이 그의 실제 발달 수준을 결정하는 믿을 만한 기준을 제공하지 못한다는 것을 알고 있다. 따라서 실제 발달 수준의 결정은 언제나 발달에 대한 아동학적 진단을 확립할 수 있게 해 주는 특별한 아동학적 연구를 필요로 한다.

이 장을 통해 비고츠키는 '실제 발달 수준'이라는 개념을 한편으로는 '여권적 연령'과, 다른 한편으로는 '잠재적 발달'과 구분한다. 적어도 세 가지의 서로 구분되면서도 연결된 타당한 이유가 있다. 첫째, 이론적인 이유이다. 비고츠키가 이 책의 첫 장에서 확립했듯이, '실제 연령'은 진정한 발달과 내적으로 연결되어 있다. 즉 어린이가 말, 내적 말, 진개념을 구성했는지 여부와 관련이 있다. 반면 '여권적'(천문적, 연대기적, 달력상) 연령은 발달에 내재적인 것이 아니다. 그것은 어린이가 태어난 이후 며칠, 몇 달 혹은 몇 년이 지났는지와 관련이 있다. 비고츠키가 말한 것처럼 이 둘은 단순히 일치하지 않는다. 한 무리의 어린이들의 특정한 신형성에 상응하는 평균적인 여권적 연령은 통계적일 뿐이며, 발달의 사회적 상황에 따라 필연적으로 달라진다. 둘째, 보다 경험적인 이유이다. 소비에트는 전쟁을 겪었고, 심지어 그 당시 우크라이나는 심각한 기근을 겪고 있었다. 그 결과 비고츠키는 '여권적 연령'은 열 살 혹은 열 살 이상이지만 학교에 다닌 적이 없어 읽고 쓰지 못하므로 '학령기'에 있다고 할 수 없는 수많은 어린이들을 연구하게 되었다. 예를 들어 그 어린이들이 비네 검사를 받았을 때 그들의 '실제 연령'은 여권적 연령보다 훨씬 더 적었다. 이것이 비고츠키가 '근접발달영역'을 설명하면서 '실제 연령'이 여덟 살에 불과한 열 살 어린이를 예로 든 이유이다. 셋째, 매우 구체적이며 상당히 실천적인 이유이다. '실제' 발달 수준은 이미 달성되고 성취된 발달 수준일 뿐이다. 이것은 양질의 교수-학습에 의해 창출되는 '잠재적' 발달 영역인 교수-학습의 실천에 있어 우리가 알아야 할 것을 말해 주지 않는다. 잠재적 발달은 무한하지는 않지만 실제 발달 수준으로 환원될 수 있는 것도 아니다.

2-3-3] 실제 발달 수준을 결정하는 것은 어린이의 양육과 교수-학습 영역, 정상적인 신체와 정신 발달 과정의 조절, 정상적 경로를 위반하며 모든 과정에 이례적, 비정상적 혹은 병리적 특성을 부여하는 이러저러한 발달 장애의 규정과 연관된 모든 실천적 문제들을 다루는 데 긴요하고 필수적인 과업이다. 이렇듯 실제 발달 수준을 결정하는 것은 발달을 진단하는 데 가장 우선적이고 기본적인 과업이다.

> 러시아어판 비고츠키 선집에는 코로타예바 사본에는 없는 다음의 두 문단이 나온다. 이는 러시아 편집자에 의해 삽입된 것으로 추정된다.
>
> 2-3-3a 어린이 연령기의 증상적 연구는 어린이 발달 과정에서 어떤 연령기의 어떤 국면과 단계가 현재 전개되고 있는지 알려 주는 일련의 신뢰할 만한 특징들을 밝혀 주며, 이는 마치 의사가 이러저러한 증상을 토대로 병을 진단하는 것 즉 증상에서 감지되는 내적인 병리 과정을 결정하는 것과 같다.
>
> 2-3-3b 특정 연령기의 징후나 징후군의 연구 자체와 심지어 이에 대한 정확한 양적 측정도 여전히 진단이 될 수는 없다. 게젤은 측정과 진단에 큰 차이가 있다고 말한다. 진단은 발견된 징후들의 뜻과 의미를 밝힐 수 있을 때에만 가능하다.

2-3-4] 우리는 앞에서 아동학이 어린이의 연대기적 연령에서 떨어져 나와, 그 자체에 고유한 내적 척도에 의해 측정된 발달의 연령기(실제 연령)의 순서와 변화를 연구 과업으로 삼았을 때 비로소 어린이 발달의 과학적 연구가 시작됨을 보여 주고자 했다. 그러나 아동학이 어린이의 연대기적 연령에서 떨어져 나온 것은 오직 어린이의 여권적 연령과 실제 연령 개념을 구분하여 다시 그 둘 사이에 어떤 연결의 규칙성이 존재하는지의 문제로 돌아오기 위함이었다. 어린이의 실제 발달은 언제나 그 삶의 정해진 시기에 진행된다. 각각의 연령기는 정해진 연대기적 시

기와 규칙적으로 연관되어 있다. 특정한 사건들은 어린이 발달의 특정한 시점에서 일어난다. 만일 아동학이 어린이의 실제 연령과 여권적 연령을 구분하고 나서, 이 두 연령을 규칙성 있고 통합된 관계로 연결하지 못한다면, 그리고 어린이 발달의 실제 과정이 어린이 삶의 연령에 어떻게 분포하는가 하는 질문에 대답하지 못한다면, 아동학은 실천적 문제를 해결하는 데 전혀 쓸모없게 될 것이다. 우리는 천문학적 시간 흐름의 리듬과 어린이 발달의 내적 리듬이 단순히 일치하지 않는다는 것을 알고 있다. 이 두 시간들은 극히 복잡한 관계로 연결되어 있는 것으로 보인다. 따라서 이 관계를 확립하는 것, 즉 어린이 발달의 주된 시기나 크고 작은 시기들이 어린이 삶의 연령에 어떻게 실제적으로 분포하는지 정하는 것은 실제 발달 수준을 결정하는 문제를 해결하는 두 번째 계기가 될 것이다. 이미 말했듯이 이 문제는 표준화된 연령기 징후와 징후 복합체의 도움으로 해결되었다.

> 발달의 어떤 '징후'들은 치아 교체처럼 단순하다. 그러나 우리가 관심 있는 대부분의 징후들은 그렇지가 않다. 그것들은 복합체로 나타난다. 예를 들어 비고츠키가 청소년기 징후의 하나로 제시한 '고등 종합'은 논리적 생각, 의지, 개념 형성, 삶과 사랑에 대한 철학적 생각, 물리학이나 수학과 같은 추상적 주제에 대한 숙달의 징후들을 포함한다. 심지어 두 발로 걷기를 배우는 것조차 몸짓을 가능하게 하는 두 손의 자유와 이를 통해 궁극적으로는 말까지 연결되는 복합체의 일부이다. 물론 생각과 말 역시 징후들의 복합체이다(『생각과 말』 4장 참조).

2-3-5] 특정한 시기에 어린이 발달의 이러저러한 측면을 특징짓는, 연대기적 연령상 한 어린이가 속한 주어진 특정 어린이 집단 대다수의 평균적이며 정상적이고 전형적인 징후는 연령 발달의 표준이라고 불린다.

2-3-6] 아동학은 그러한 표준, 즉 어린이 삶의 특정 연령과 관련된 일정하고 전형적인 특성의 정의를 이용한다. 이는 표준값을 적용하는 다른 과학과 마찬가지이다. 따라서 우리는 인간의 표준 정상 체온이 37도라는 것을 안다. 이 표준에서 벗어난 정도로 우리는 체온의 비정상적인 이상 증감을 측정한다. 이와 비슷하게 아동학은 이러한 전형적 지표, 기준, 표준을 측정 단위로, 비교 수단으로, 어린이 발달의 실제 수준을 한정하고 결정짓는 방법으로 채택한다.

2-3-7] 우리는 이런저런 과목이나 기능, 능력을 어린이에게 교수-학습하는 것은 오직 어린이가 특정한 유형의 교수-학습을 위해 필수적인 모든 전제 조건을 성숙시키는 특정한 아동 발달 연령기의 흐름 속에 있을 때에만 가능하며 효과적임을 알고 있다. 한 살짜리 어린이는 읽기와 쓰기를 배울 수 없으며 10세에게 문해를 가르치는 것은 한 살짜리에게 그것이 너무 이른 것만큼이나 너무 늦다는 것을 누구나 알고 있다. 어린이는 적당한 조건이 주어지면 6세경 문해를 숙달한다. 이와 같이 모든 종류의 교수-학습에는 최적기가 존재한다. 즉 아동 발달에는 특정 과목을 교수-학습하기 위한 가장 유리한 시기가 존재하는 것이다. 이와 관련하여, 너무 늦은 것은 너무 이른 것과 마찬가지로 불리함이 드러난다. 말의 교수-학습을 위한 최적의 시기는 2세나 3세이다. 우리는 이 연령의 어린이가 주변 사람들의 말을 얼마나 쉽게, 학습과 기억의 의식적 노력 없이 배우는지, 때로는 어린이에게 충분히 분화되어 사용되는 경우에 심지어 두 개의 언어를 배울 수 있다는 것을 알고 있다. 그러나 학령기에 외국어 학습을 하는 어린이는 비할 수 없이 많은 노력과 힘을 들여도 유사한 형태의 외국어 학습의 완성도는 훨씬 낮아진다. 말의 교수-학습이 과도하게 지체되는 것은 너무 이른 교수-학습과 마찬가지로 심각한 잘못임이 밝혀진다.

2-3-8] 이와 같이, 교수-학습과 문화화의 최적 시기를 결정하고 어

린이의 교육과 문화화의 수준과 연령 발달 수준 간의 적합성을 결정하는 가장 중요한 실천적 과업이 나타난다. 어린이 발달의 표준은 이것을 가능하게 한다. 우리는 표준을 통해 특정한 조건 체계 속에서 발달하는 어린이 집단에 대한 최적 시기를 결정할 수 있다.

2-3-9] 연령과 관련된 발달의 징후를 확인하기 위해 우리는 어린이를 시간상으로 이러한 증상들의 출현을 어린이의 평균 또는 집단의 삶에서 특정한 나이로 할당해 놓은 표준과 비교한다. 어린이의 여권적 연령을 알아야 이러한 징후들이 나타나는 표준 연령에 대해 어린이 여권적 연령이 위아래로 벗어난 정도를 결정할 수 있다. 예를 들어 10세의 여권적 연령을 지닌 어린이가 5세 어린이 인구의 표준적 특성을 나타내는 정신 발달 징후를 보인다고 가정해 보자. 그 어린이가 다른 어린이들이라면 5세에 도달했을 발달 수준에 10세 때 겨우 도달하였기 때문에, 이로부터 그 어린이의 정신 발달이 또래에 비해 5년 뒤처진다고 결론지을 수 있다. 어린이의 실제 발달 수준은 **그의 여권적 연령과, 아동학 연구의 도움으로 어린이를 위해 마련된 발달 수준에 상응하는 그 어린이 연령 집단의 표준 간의 넘치거나 모자라는 차이로 규정된다.** 우리는 여권적 연령과 표준 연령 간 차이가 얼마나 큰지에 따라 특정 어린이의 발달이 기준으로부터 벗어난 정도를 판단할 것이다. 우리는 차이의 정도에 따라 어린이를 정상, 보통 이하, 비정상, 보통 이상으로 구분할 것이다. 우리의 예시에서 정신 발달에서 5년의 지체는 어린이의 정신 지체가 심각하고 중증임을 보여 준다. 아동학에서 실제 발달 연령을 결정하는 데 있어 우리는 종종 여권적 연령과 표준 연령의 차이뿐 아니라 비율을 주어진 정의로 사용한다. 여권적 연령과 표준 연령이 완벽히 일치하는 경우 비율은 1과 같고, 어린이가 뒤처진 경우 그 비율은 1보다 작은 분수로 표현되며, 급속 발달된 경우의 관계는 대분수로 표현될 것이다. 따라서 우리 예시에서 여권적 연령과 표준 연령의 차이는 5년이

고, 이 발달 수준의 상대 지수는 0.5이다. 아동학에서 이러한 지적 발달 수준의 **상대 지표**는 보통 **정신 발달 계수**라 불린다.

2-3-10] 아동학에서 어린이 개인이나 집단과 관련하여 표준을 사용하는 것은 의심의 여지 없이 연령과 관련된 발달 징후에 대해 분석적이고 분할적인 접근을 요구한다. 앞서 보았듯이 발달 과정 전체를 일반적으로 특징지을 수 있는 어떤 하나의 징후나 징후군은 존재하지 않는다. 그러므로 어린이 발달의 각 연령기나 단계, 국면의 징후와 그것의 표준화, 즉 평균적 아동 집단에서 규정된 연령상 징후의 분포에 대한 연구는 필연적으로 어린이 발달의 개별 측면에 대한 세분화된 연구를 필요로 한다. 아동학에서 우리는 이런 식의 신체, 정신, 말, 운동, 그 밖에 다른 발달의 표준들과 마주치는데, 이것들은 발달 영역 내부의 이런저런 부분적인 과정을 특징짓는 징후에 대한 더 세세한 표준의 하위 유형들로 차례차례 다시 나뉜다. 이를테면 신체 발달 영역에 있어서 우리는 키, 몸무게, 가슴둘레, 머리둘레, 그리고 중요한 기관 체계의 성장과 발달을 특징짓는 그 밖의 다른 징후들에 대한 세분화된 표준들을 가지고 있다.

2-3-11] 그러나 어린이 발달에 대한 그러한 분화된 기준들의 존재 자체는 다양한 징후군 간의 연결과 관계의 확립을 필연적으로 요구한다. 이러한 목적을 위해 발달의 진단에 매우 다양한 형태의 **계수 혹은 지표**가 도입된다. 이들은 **둘 혹은 그 이상의 전조들 사이의 관계** 확립을 통해 발견되며, **특정 관계에 있어서는 개별 전조보다 더욱 징후적이다.** 더욱이 같은 목적에서 아동학적 연구는 개별적인 발달의 전조들 간의 온갖 종류의 상호 의존성이나 연결의 확립을 도입한다. 이러한 상호 관계는 통계적 방법의 도움으로 확립되며 이는 발달을 구성하고 이런저런 징후들에서 발견되는 둘 또는 그 이상의 과정들 사이에 존재하는 더 강하거나 더 약한 내적 의존성을 수식數式으로 표현한다.

신체 발달에서 키와 몸무게의 관계를 살펴보는 것이 키와 몸무게를 따로 살펴볼 때보다 더 많은 것을 알려 준다. 정신 발달에서는 기억과 주의의 관계가 기억과 주의 각각보다 더 많은 것을 알려 준다. 마찬가지로 말 발달에서도 의미와 발음의 관계가 그 각각보다 더 많은 것을 알려 준다. 다음 문단에서 비고츠키는 이것을 의사의 접근과 비교한다. 이 비교는 합당하다. 의사는 어린이의 건강을 전반적으로 이해하기 위해 각각의 증상을 살펴볼 뿐 아니라 증상 전체의 복합체도 살펴본다.

2-3-12] 이와 같이 발달의 진단이라는 관점에서 연령기 징후를 세분화하는 것은 필수적이고 불가피하며, 그러한 여러 가지 징후들에 대한 분화적 연구의 경로로 획득된 것들을 전체로서 어린이의 실제 발달 수준을 특징짓는 하나의 연관된 그림으로 통합하는 문제를 제기하는 것도 똑같이 필요하다. 이 경우 아동학자는, 각각의 부분적 증상들을 연구한 후 이 증상들의 이면에 있는 내적 병리 과정을 규정하기 위해 이들을 연결, 연합, 체계화하는 의사와 똑같이 행동한다.

2-3-13] 다양한 부분적 증상들을 하나의 연결된 그림으로 통합하는 과업은 전체로서 어린이의 실제 발달 수준을 결정하도록 해 주며, 구체적 발달 계수와 개별적인 특질 무리들 간의 상관관계를 결정하는 앞의 방법에 의해 정당화되지만, 그것은 일부에 불과하다. 중요한 근본적 길은 **징후의 연구에서 발견된 것을 해석하고 밝히는 데** 있다.

2-3-14] 발달의 진단이 직면한 과업은 아동 발달 경로의 모든 순서에 대한, 개별 연령기, 단계, 국면의 모든 특성에 대한, 정상, 비정상적인 모든 기본적 발달 유형에 대한, 그리고 아동 발달의 다양한 형태가 갖는 모든 구조와 역동에 대한 깊고 넓은 지식을 토대로 해야만 해결될 수 있다. 이와 같이 실제 발달 수준을 결정하거나 아동의 여권적 연령

과 표준 연령 간의 수식적 차이 또는 발달의 상관 계수로 표현된 그들 사이의 관계를 결정하는 것 자체는 아동학적 진단의 경로상 오직 첫걸음일 뿐이다.

2-3-15] 본질적으로 말해서, 그와 같이 실제 발달 수준을 결정하는 것은 발달의 전체 모습을 낱낱이 밝히지 못할 뿐 아니라, 대개는 그 미미한 부분을 포함할 뿐이다. 실제 발달 수준을 정의함에 있어 이런저런 징후의 존재를 기술하는 것은 사실상 그 시점에 이미 성숙된 과정, 기능, 특성이 포함된, 발달의 일반적 모습의 일부만을 규정하는 것이다. 따라서 우리는 키, 몸무게, 또 이미 완성된 발달 주기를 특징짓는 그 밖에 다른 신체 발달 지표들을 규정한다. 이는 지나간 시기로부터 온 발달의 총합, 결과, 최종 산물이다. 이 징후들은 발달이 현재 어떻게 일어나고 있으며 앞으로는 어떤 방향으로 나아갈 것인지를 알려 주기보다는 과거에 어떻게 일어났는지를 더 잘 말해 준다. 물론 이러한 어제 발달의 총합을 아는 것은 현재와 미래의 발달을 판단하는 데 있어 필수적인 계기이다. 그러나 그 자체만으로는 매우 부적절함이 드러난다. 비유적으로 말하자면, 실제 발달 수준을 찾음으로써 우리는 오직 발달의 열매만을, 즉 이미 성숙해서 그 발생적 주기를 완료한 것만을 규정하고 있는 것이다. 그러나 우리는 발달의 기본 법칙이 인격의 각 측면과 그것의 다양한 특성의 성숙에 시간적 차이가 나타난다는 데 있음을 알고 있다. 어떤 발달 과정은 이미 그 열매를 맺고 그 주기를 완료하는 반면, 다른 과정은 겨우 성숙 중인 단계에 있는 것이다. 진정한 발달 진단은 완료된 발달 주기, 즉 열매뿐만 아니라 성숙기에 놓인 과정들까지도 포함할 줄 알아야만 한다. 이것은 마치 농부가 앞으로의 작황을 결정하는 데 있어 밭에 있는 이미 익은 과일만 계산하고 아직 익은 과일을 맺지 않은 나무들의 상태를 평가하지 못하면 안 되는 것처럼, 성숙 중인 것은 제쳐 놓은 채 성숙이라는 하나의 정의에 스스로를 제한하는 아동

학자 역시 발달의 모든 내적 상태에 대한 올바른 이해에 결코 도달할 수 없을 것이며, 징후적 진단에서 임상적 진단으로 이행할 수 없을 것이다.

어린이의 키나 몸무게를 측정하거나 심지어 이 둘을 관련시킬 때, 이것은 어린이의 지나간 발달을 보는 것이다. 어린이의 키, 몸무게, 심지어 체질량지수BMI는 그가 물려받은 유전적 형질과 과거 활동들의 결과이다. 마찬가지로 기억, 주의, 심지어 IQ 검사를 할 때조차 우리는 어린이의 지나간 발달의 결과를 보는 것이다. 어린이의 신체적 성장을 정신적 발달에 비유하는 것은 불충분할 것이다. 비고츠키가 2-3-29에서 지적하듯 어린이의 정신은 협력과 모방을 통해 발달하지만, 키와 몸무게는 그렇지 않기 때문이다. 어린이의 다양한 정신 기능들(주의, 기억, 논리적 생각)을 서로 다른 시기에 성숙하는 과수원의 열매들에 비유하는 것 또한 불충분하다. 비고츠키는 『도구와 기호』의 서두에서 이러한 식물학적 비유를 반대한다. 그럼에도 불구하고 비고츠키가 이러한 비유를 사용하는 데에는 세 가지 타당한 이유가 있다. 첫째, 이론적 이유이다. 비고츠키는 계통발생으로부터 미소발생적 교수-학습에 이르기까지 적용되는 발달 진단에 대해 매우 일반적으로 이야기하고 있다. 신체적 발달과 정신적 발달이 일어나는 방식이 다를지라도 두 발달의 형태에는 모두 과거적 진단과 미래적 진단이 존재한다. 둘째, 수사학적 이유이다. 비고츠키는 새로운 개념을 설명할 때마다 종종 비유를 통해 대담하게 추론한 다음 그것을 세분화시키고 구분한다. 즉 먼저 정신 발달과 신체 발달이 어떻게 같은지 말한 다음, 이 두 가지가 어떻게 다른지 고찰한다. 셋째, 실제적 이유이다. 비고츠키의 연구는 예비 교사들을 위한 것이었으며, 과수원의 비유는 가축을 사육하고 과일을 재배하는 소비에트의 산간벽지에서 온 이들을 위한 것이었다.

2-3-16] 현재 여전히 미성숙하지만 성숙 과정의 시기에 있는 것을

규정하는 것이 발달 진단의 두 번째 과업이다. 이 과제는 근접발달영역의 발견으로 해결된다. 우리는 아동 정신 발달의 특정한 사례를 통해 이론적, 실천적으로 가장 중요한 이 개념을 설명할 것이다.

2-3-17] 어린이의 실제 지적 발달 수준 또는 아동학에서 지적 연령의 표준을 결정하는 데 있어서 주로 사용되는 것은 다음과 같은 검사법이다. 어린이는 연령에 표준화된, 점점 더 어려워지는 일련의 과업을 해결하도록 요청을 받는다. 각각의 경우 조사는 이 어린이가 도달한 과업 곤란도의 한계가 어디이며, 그가 어느 표준 연령에 상응하는지를 결정한다. 이것이 어린이의 정신 연령을 결정한다. 그러나 이는 언제나 하나의 공통되고 기본적인 규칙에 의해 지배를 받는다. 어린이가 주변의 어떤 도움도 없이 오직 **자기 스스로** 수행한 해결책만이 어린이 정신 발달의 지표로 간주된다. 오직 과업에 대한 전적으로 독립적인 해결책만이 정신의 지표로 간주된다. 과업 해결의 과정에서 어린이가 유도 질문을 제공받거나 안내 지침을 받는다면, 또는 그 문제의 해결 방법을 제공받는다면, 그 해결책은 정신 발달을 결정할 때 포함되지 않는다.

2-3-18] 이 규칙의 토대에는 독립적이지 않은 과업 해결은 어린이의 정신에 대해 어떤 의의나 의미도 갖지 못한다는 믿음이 있다. 사실 이러한 믿음은 동시대 심리학의 모든 자료와 날카롭게 모순된다. 그것은 지적 조작의 모방이 모방하는 정신에 관해 아무것도 말해 주지 않는 기계적인 자동 활동일 뿐이라는 이제는 낡고 아무 의미 없는 오해에서 비롯된다. 이 관점의 근본적인 오류는 동물 심리학에서 드러났다. 쾰러는 영장류에 대한 실험을 통해 **동물은 자신의 고유한 능력의 영역 내에 있는 지적 행위들만을 모방할 수 있다**는 놀라운 사실을 확립했다. 따라서 침팬지는 그 조작의 유형과 곤란도가 동물이 독립적으로 수행할 수 있는 것과 동일한 범주의 이성적이고 적합한 행위에 속할 때에만, 자신에게 보여 준 이성적이고 적합한 행위들을 따라 할 수 있다. 동

물의 모방은 자신의 고유한 능력의 한계 내에 엄격히 제한되어 있다. 동물은 스스로 할 수 있는 것만을 모방할 수 있다.

2-3-19] 어린이의 상황은 훨씬 더 복잡하다. 한편으로, 다양한 발달 단계의 어린이들은 결코 모든 것을 모방할 수 없다. 지적 영역에서 그의 모방 능력은 정신 발달과 연령기 잠재성의 수준에 엄격히 제한된다. 다른 한편으로, 일반적 법칙은 어린이가 동물과는 달리 지적 조작의 모방 영역에서, **독립적인 이성적 합리적 행위나 지적 조작의 영역에서 가능한 범위를 어느 정도 넘어설 수 있다**는 것이다. 우리는 어린이와 동물 사이의 이러한 구분을 근거로 동물은 어린이에게 적용되는 것과 똑같은 의미에서 교수-학습될 수 없다고 말한다. 동물은 오직 **조련**할 수 있을 뿐이다. 동물은 단지 새로운 **습관**만을 가질 수 있을 뿐이다. 동물은 연습과 결합을 통해 **지성을 향상**시킬 수 있으나 본래적 의미에서의 교수-학습을 통한 정신 발달은 불가능하다.

> 앞 문단에서 비고츠키는 (왓슨, 손다이크, 파블로프와 같은 행동주의자들과는 달리) 침팬지가 문제를 해결하는 것은 단순한 행동이 아니라 이해의 증거라고 주장했다. 이런 식으로 행동과 이해를 연결시키는 것은 비고츠키의 저서 곳곳에서 나타난다. 비고츠키의 가장 초기 논문들 중 하나인 「행동 심리로서 의식의 문제」나 잘 알려진 저서인 『생각과 말』이나 『상상과 창조』의 제목에서도 이를 확인할 수 있다. 여기서도 비고츠키는 정신 발달 수준을 특정한 실제 연령에 따른 행동 능력과 연결시킨다. 정신 발달 수준과 연령에 관련된 잠재성은 두 개의 다른 수준의 현상이 아니라, 외적 시각(객관적으로 관찰 가능한 사회적 활동의 관점)과 내적 시각(심리적 측면)에서 바라본 하나의 현상이다. 마찬가지로 발달 노선과 신형성도 두 개의 다른 관점에서 바라본 하나의 현상으로 볼 수 있다. 하나는 이전 발달의 산물에 의해 가능해진 계속적인 과정을 강조하고, 다른 하나는 마지막에 출현하는 산물을 강조하며 그것의 흔적이 다음발달영역을 위한 토대가 된다.

러시아어판 선집은 다음 내용을 포함하고 있다.

"이는 새끼 유인원에게 인간의 말을 전수하려는 R. 여키스의 시도나 침팬지 새끼를 어린이들과 함께 훈련시키고 가르치려는 E. 톨만의 시도와 같은, 고등 동물에게 알맞지 않은 인간 고유의 새로운 지적 기능을 교육을 통해 발달시키려는 모든 실험적 시도가 필연적으로 실패할 수밖에 없었던 이유이다."

이 내용은 코로타예바의 사본에는 없다. 『생각과 말』에서 비고츠키는 유인원에게 인간의 언어와 같은 것을 가르칠 수 있는지 여부에 대해 결론을 내리지 않았다. 따라서 위 글이 편집자에 의해 임의로 삽입된 것이 아니라 정말로 비고츠키가 쓴 것이라면 그것은 『생각과 말』에 이르러 그의 생각이 바뀌었음을 의미한다.

2-3-20] 이와 같이 우리는 어린이가 지적 영역에서 홀로 행동하도록 두었을 때 할 수 있는 것보다 언제나 더 많은 것을 모방의 도움으로 할 수 있다는 것을 안다. 그러나 동시에 그의 지적 모방 능력은 무한하지 않고 어린이 정신 발달 경로에 따라 엄격히 규칙적으로 변화한다는 것, 즉 각 연령기의 단계마다 어린이의 실제 발달 수준과 연관된 고유한 지적 모방 영역이 존재한다는 것을 본다.

2-3-21] 여기서 모방에 대해 말하면서 우리가 염두에 두고 있는 것은 기계적이거나 자동적이거나 무의미한 것이 아니라 주어진 지적 조작을 이해를 기반으로 하여 합리적으로 모방하는 행동이다. 그런 점에서 우리는 이 용어의 의미를 어린이의 이성적 활동과 어느 정도 직접적으로 연결된 조작의 영역을 가리키는 것으로 한정한다. 다른 한편, 우리는 어린이가 혼자가 아니라 성인이나 다른 어린이와 함께 협력할 때에 수행하는 특정 유형의 모든 활동에 '모방'이라는 용어를 사용함으로써 이 용어의 의미를 심화한다. 어린이가 혼자서는 할 수 없지만 **배울 수**

있는 것, 그리고 **안내에 따라** 혹은 **유도 질문이나 어려운 지점에서 도움을 받는 협력을 통해 수행**될 수 있는 모든 것들을 우리는 **모방**의 영역으로 다룰 것이다.

2-3-22] 이 개념에 대한 이러한 정의를 통해 우리는 정신 발달 진단에서 널리 사용되는 이러한 지적 모방의 징후적 의미를 곧바로 확립할 수 있다. 어린이가 외부의 도움 없이 자기 스스로 할 수 있는 것이 이미 성숙된 능력과 기능의 지표라는 점은 확실하다. 이(성숙된 능력과 기능-K)는 정신 발달의 실제 수준을 결정하기 위해 일반적으로 사용되는 검사의 도움으로 규정된다. 이 검사는 독자적인 문제 해결에만 전적으로 근거하기 때문이다.

2-3-23] 그러나 이미 말했듯이, 성숙한 과정뿐 아니라 성숙하고 있는 과정을 규정하는 것도 중요하다는 것이 언제나 드러난다. 어린이 정신 발달과 관련하여, 모방의 의미를 앞에서 주어진 정의로 이해한다면, 우리는 어린이가 지적 모방 영역 내에서 할 수 있는 것을 결정함으로써 (성숙하고 있는 과정을 규정하는-K) 이 과업을 해결할 수 있다. 연구들에 따르면 어린이가 이 영역 내에서 할 수 있는 것과 어린이의 정신 발달 간에는 엄밀한 발생적 규칙이 존재한다. 협력과 안내를 통해 오늘 할 수 있는 것을, 어린이는 내일 독립적으로 수행할 수 있게 될 것이다. 이는 우리가 어린이의 협력을 통해 수행할 수 있는 능력을 밝힘으로써 바로 그 성숙하고 있는 지적 기능 영역을 규정한다는 것을 의미한다. 이 영역은 어린이 발달의 다음 단계에서 자체의 결실을 맺고 그럼으로써 어린이의 실제 정신 발달 수준이 되어야 한다.

2-3-24] 이렇듯, 어린이가 독립적으로 수행할 수 있는 능력이 무엇인지 조사함으로써 우리는 지나간 날의 발달을 조사한다. 우리는 어린이가 협력을 통해 수행할 수 있는 것이 무엇인지 조사함으로써 다가올 날의 발달을 규정한다. 이러한 미성숙하지만 성숙 중인 과정의 영역 전체

가 어린이의 근접발달영역을 구성한다.

2-3-25] 근접발달영역을 어떻게 측정하는지를 간단한 예를 들어 설명하고자 한다. 조사 결과, 어떤 두 어린이의 정신 연령이 동일하다는 것이 확립되었다고 가정해 보자. 이 둘이 여덟 살이라고 해 보자. 이는 둘 모두 8세 표준에 해당하는 난이도의 과업을 스스로 해결할 수 있다는 것을 의미한다. 이런 식으로 우리는 그들의 실제 지적 발달 수준을 밝혀냈다. 하지만 우리는 여기에서 연구를 멈추지 않고 계속 더 나아간다. 각각의 주어진 검사 방법에 있어 특수하게 개발된 기법의 도움으로 우리는 두 어린이가 8세 표준의 범위를 능가하는 과업을 얼마나 해결할 수 있는지 조사한다. 어린이에게 문제 해결 방법을 보여 주고 어린이가 그 시범을 모방함으로써 문제를 풀 수 있는지 없는지를 살펴보기도 하고, 우리가 먼저 문제 풀이를 시작하고 어린이로 하여금 끝을 맺도록 하기도 한다. 또는 어린이의 정신 연령의 범위를 넘어서는 과업을 보다 발달된 다른 어린이와 협력하여 풀게 하거나, 마지막으로, 어린이에게 문제 해결의 원칙을 설명하고, 유도 질문을 하고, 문제를 부분으로 나누는 등의 일을 한다. 요컨대 우리는 어린이의 정신 연령의 범위를 넘는 이런저런 형태의 과정을 협력을 통해 해결하도록 하여, 해당 어린이의 지적 영역에서 그러한 협력 가능성이 얼마나 확장되고 어린이가 얼마큼이나 자신의 정신 연령의 경계를 넘어서는지 측정한다.

2-3-26] 한 어린이는 협력을 통해, 말하자면 12세 표준의 과업을 해결한다는 것이 밝혀진다. 그의 근접발달영역은 그의 정신 연령보다 4세 앞서 있다. 다른 어린이는 협력을 통해 9세 표준까지만 나아가는 것이 드러난다. 그의 근접발달영역은 발달에서의 1년만을 포함한다.

2-3-27] 이제 실제 발달 수준상 동일한 연령으로 밝혀진 이 두 어린이가 전체로서 현재까지의 발달 전체 모습이라는 점에서 동일한지 자문해 보자. 명백히, 그 유사성은 독립적인 수행이 가능한 능력, 이미 성

숙된 기능들의 영역에 한정될 뿐이다. 그러나 성숙 중인 과정에 관해서는 한 어린이가 다른 어린이보다 4배 앞서간다.

2-3-28] 우리는 어린이 **정신** 발달의 예를 사용하여 미성숙한 과정과 특성을 진단하는 원리를 설명했다.

2-3-29] 우리가 지적 발달에 관해 기술한 연구 방법이 어린이의 **신체적** 발달을 측정하는 영역에서 전혀 용인될 수 없음은 매우 분명하다. 그러나 원칙적으로 문제는 다른 모든 측면과 마찬가지로 이(신체적-K) 발달 측면에 관련하여 완전히 동일하다. 어린이가 이미 도달한 성장 한계뿐 아니라 어린이의 신체적 발달에 기여하는 다른 과정들을 파악하는 것 또한 중요하다. 후속 발달에서 성과를 드러낼 성숙 중인 과정 자체가 어떻게 진행되는지 아는 것 역시 중요하다. 어린이 성장에 영향을 미치는 근접 요인을 안다면, 특수한 방법을 이용하여 아직 성숙하지 않은 성장 과정이 어떻게 일어나는지 측정할 수 있다.

2-3-30] 우리는 어린이 인격 성장의 다른 측면들에 대한 근접발달영역의 정의에 천착하지는 않을 것이다. 우리는 단지 이 정의가 지닌 이론적 중요성과 실천적 중요성을 설명해야 한다.

2-3-31] 이 진단 원칙의 이론적 중요성은 그것이 정신 발달 과정 자체를 측정함으로써 내적이며 인과-역동적이고 발생적인 연결 고리들을 꿰뚫게 해 준다는 데 있다. 앞에서 이미 언급했듯이 사회적 환경은, 어린이가 점차 획득하게 될 인간 고유의 모든 인격적 특성의 원천, 즉 어린이의 사회적 발달의 원천을 구성하며, 이는(어린이의 사회적 발달은-K) 그 최종 형태와 최초 형태의 실제적인 상호작용의 과정 속에서 일어난다. 어린이 인격의 내적 개별 특성 발달의 직접적인 원천은 타인과의 협력(가장 넓은 의미에서의)이다. 이처럼 근접발달영역을 측정하기 위해 협력의 원칙을 적용하면, 어린이의 바로 다음 연령 발달 시기에 완료될 정신적 성숙을 가장 근접한 형태로 직접 탐구하고 측정할 기회를 얻게

된다.

2-3-32] 이 진단 원칙의 실천적 중요성은 교수-학습 문제와 연결되어 있다. 이 문제는 후속 장 중 하나에서 상세히 설명될 것이다. 여기서는 그 계기에서 가장 중요하고 근원적인 것에만 집중할 것이다. 어린이 발달에 각 교수-학습의 유형에 맞는 최적기가 있다는 것은 잘 알려져 있다. 이는 특정 과목, 특정 지식, 기술, 정신 능력의 교수-학습이 특정한 연령기에 가장 쉽고 효과적이며 생산적임을 의미한다. 이러한 사실은 오랜 시간 동안 간과되어 왔다. 예전에는 모든 것이 교수-학습 최적기의 하한선에만 한정되어 있었다. 4개월 된 영아가 말을 배울 수 없고, 두 살배기는 글을 배울 수 없다는 것은 잘 알려져 있다. 이 시기에는 어린이가 아직 해당 교수-학습을 받을 만큼 성숙하지 않았기 때문이다. 이는 해당 유형의 교수-학습에 전제 조건으로서 요구되는 특성과 기능이 어린이에게 아직 발달되지 않았음을 의미한다. 그러나 특정 연령기의 교수-학습 가능성에 이러한 하한선만 존재한다면, 우리는 해당 교수-학습이 더 늦게 시작될수록 어린이에게 더욱 쉽고 더욱 생산적으로 나타나리라고 기대해야 할 것이다. 후기 연령기로 갈수록 우리는 교수-학습의 전제 조건으로 요구되는 더 큰 성숙도를 만나게 되기 때문이다.

우리는 앞에서 발달된 기능들뿐만 아니라 발달 중인 기능들도 그 진단 원리는 똑같지만, 실제 신체 발달 수단과 정신 발달 수단은 다름을 보았다. 예를 들어 목적을 이해하고 절차를 모방하는 것은 중요한 정신 발달 수단이지만, 부모가 체육관에서 무거운 기구를 들어 올리는 것을 보는 것은 어린이가 그 기구를 들어 올리는 데 별 도움이 되지 않을 것이다. 그러나 고등행동형태의 습득이 이해와 모방을 요구한다면, 고등행동형태의 발달에 최대기나 최적기가 존재하는 이유는 무엇인가? 어린이의 이해력이 발달하면 할수록 이 기능들의 습득이 더 쉽고, 더 효율적이고, 더 효과적이지 않을까? 비고츠키는 그렇지 않다고 말한다. 첫째, 고등행동형태는 저차적 형태를 기반으로 한다. 예를 들어 말 습득은 음성과 억양을 구별하는 능력을 전제로 하며, 문해 습득은 말 습득을 전제로 한다. 모국어를 통해 배운 발음과 억양을 구분하는 능력에 토대하여 외국어를 배우려고 하는 성인이라면 누구나, 이미 완전히 형성된 저차적 발음 기능과 억양 기능에 토대하여 고등 언어를 학습하는 것이 얼마나 어려운지 말할 것이다. 둘째, 고등행동형태는 사회적으로 학습된다. 만약에 어린이가 말이나 문해를 능동적으로 습득하지 않는 친구들에 둘러싸여 있다면 지적으로 모방할 모델을 찾기란 어려울 것이다. 만약 학습자가 완성된 최종 형태하고만 상호작용을 한다면 말이나 문해 모방에 이용할 수 있는 모델들은 거의 모두 어린이의 능력 범위를 넘어서게 될 것이다. 어린이는 이 두 경우 모두에서 말이나 문해의 최종 형태의 종착지(예컨대 은유적 말, 시적 말 또는 과학적 언어)로부터 소외된다. 셋째로 가장 중요하게도, 비고츠키는 이 장내내 신형성(말, 문해)이 발달 노선의 마지막에 이르러서야만 출현한다고 주장했다. 다음 문단에서 비고츠키는 학습이 이미 발달된 것이 아니라 발달 중인 것을 기반으로 한다고 주장한다. 만약 학습이 완료된 발달을 기반으로 한다면 너무 늦은 것이다.

2-3-33] 사실 이것은 옳지 않음이 드러난다. 3세에 말을 배우기 시작하거나 12세에 읽고 쓰기를 배우기 시작하는, 즉 너무 늦게 시작하는 어린이 역시 불리한 상황에 처하게 된다. 너무 늦은 교수-학습은 너무 이른 교수-학습과 마찬가지로 어린이에게 어렵고 비생산적임이 드러난다. 분명, 어린이 발달의 관점에서 볼 때 교수-학습의 최적기에는 상한선이 존재한다. 교수-학습을 너무 늦게 시작하는 것은 너무 일찍 시작하는 것만큼이나 좋지 않음이 드러난다.

2-3-34] 말의 교수-학습을 위한 전제 조건인 더 큰 성숙도, 주의, 인지, 운동 기능, 다른 특성들을 보이는 3세 어린이가 동일한 전제 조건에

대해 의심의 여지 없이 더 낮은 수준의 성숙도를 보이는 1세 반 어린이보다 더 적은 말을 더 어렵게 배운다는 사실은 어떻게 설명될 수 있을까? 그 이유는 분명 교수-학습이 어린이의 이미 성숙된 기능과 특성이 아니라 여전히 성숙 중인 기능과 특성에 주로 토대한다는 사실에 있다. 어떤 기능들이 성숙하는 시기는 그것에 상응하는 교수-학습 유형에 가장 유리한 시기 즉 최적기를 이룬다. 이는, 어린이가 특정 발달 주기를 먼저 완성하는 것이 아니라 교수-학습 과정과 경로 자체 속에서 발달한다는 사실, 교사는 어린이에게 자기 스스로 이미 할 수 있는 것이 아니라 오히려 아직 어떻게 하는지 모르지만 교수-학습과 안내의 도움을 받아 수행할 수 있는 것을 가르친다는 사실을 고려한다면 자명하다. 마지막으로 교수-학습 과정이 언제나 성인과 어린이의 이런저런 협력의 형태로 일어난다는 사실은 앞서 어린이의 사회적 발달의 가장 일반적 법칙들 중의 하나로 언급되었던 이상적 형태와 초기 형태 간 상호작용의 특수한 사례를 나타낸다.

비고츠키는 발달과 학습의 통일성에 대한 증거, 즉 연령기를 구분 짓는 신형성과 그에 선행해야 하는 중심 발달 노선 사이의 통일성을 보여 주는 증거를 세 가지 들고 있다. 첫째, 하나의 발달 노선이 충분히 완성된 이후에야 다음 발달 노선이 시작되는 것은 아니다. 예컨대 어린이가 명사와 동사를 배우기 위해서 자음과 모음을 먼저 배워야 하는 것은 아니며, 글쓰기를 배우기 전에 문장이 무엇인지를 먼저 파악해야 하는 것도 아니다. 어린이가 문법적 말하기나 문해와 같은 고등 기능을 배우면서 그에 수반되는 기능들을 동시에 학습하는 것을 흔히 볼 수 있다. 둘째, 효과적인 교수는 어린이가 이미 할 수 있는 것을 가르치는 것이 아니다. 예컨대 교사들은 유아용 도서를 이용하여 초등학교 학생들에게 새로운 생각 형태를 가르칠 수 없다는 것을 잘 알고 있다. 실제로 초등학교 영어 시간에 유아용 '원서'가 사용된다면 이는 새로운 낱말이나 문법의 지도를 위한 것이다. 고등학교에서 문제집을 가지고 학생들로부터 완벽한 답을 이끌어 내는 교사는 가르치고 있는 것이 아니라 테스트를 하고 있는 것이다. 셋째, 어린이가 마주하게 되는 완전히 발달된 형태는, 인류의 원시 조상들이 마주했던 것과 같은, 적응하지 못하면 죽고 마는 냉혹하고 강경한 외적 환경이 아니다. 비고츠키가 『성장과 분화』 4장에서 밝혔듯이 개체발생은 다음과 같은 점에서 계통발생과, 심지어는 사회발생과도 구분된다. 말의 최종적, 이상적, 완성된 형태는 최초 형태와 상호작용하여 그 발걸음을 인도해 주는 것이다. 교사뿐 아니라 부모, 조부모 또한 어린이의 능동적인 지적 모방에 참여한다.

2-3-35] 교수-학습과 발달의 관계에 대한 문제 전체는 학령기 및 학교 교수-학습과 관련된 후속 장들 중 하나에서 상세히 구체적으로 다루어질 것이다. 그러나 교수-학습이 성숙한 과정이 아닌 성숙 중인 과정에 의존하며, 이러한 과정의 전체 영역은 어린이의 근접발달영역에 포함되므로 각각의 개별 어린이는 물론 특정 연령 어린이 집단의 학습 최적기가 근접발달영역에 의해 결정된다는 것은 지금도 분명할 것이다. 근접발달영역을 규정하는 것이 아동학에서 매우 커다란 실천적 중요성을 갖는 것은 바로 이 때문이다.

2-3-36] 우리가 앞서 설명한 것, 다시 말해 실제 발달 수준과 근접발달영역을 결정하는 것은 아동학에서 흔히 **표준적 연령기 진단법**이라 불린다. 표준적 연령기 진단법은 **연령기 기준이나 표준을 이용하여 성숙된 측면들과 또한 미성숙한 과정들로 특징지어지는 특정 발달 단계**를 측정하는 것을 과업으로 삼는다. 오직 외적 특징들의 확립에 토대를 둔 **징후적** 진단과는 달리, 이들 조짐(성숙된 측면들과 미성숙한 과정들-K)들에 의해 드러나는 내적 발달 상태를 측정하려는 진단은 의학에서 유추하여 임상적 진단이라 불린다.

2-3-37] 발달에 대한 모든 과학적 진단의 일반적 특징은 어린이 발

달의 징후 복합체, 즉 그 특성 연구에 바탕을 둔 징후적 진단으로부터 발달 과정의 내적 경로 자체의 측정에 바탕을 둔 임상적 진단으로의 이행에 있다. "표준 자료를 기계적으로 혹은 순전히 정신 측정적으로 접근해서는 안 된다. 어린이는 측정되어야 할 뿐 아니라 해석되어야만 한다"(게젤). 측정, 결정, 표준적 발달 징후들과의 비교는 발달 단계를 진단하는 유일한 방식이어야 한다. 발달의 진단은 단지 검사와 측정을 통한 자료 수집이어서는 안 된다. 발달의 진단은 객관적 표준의 사용을 출발점으로 하는 비교 연구의 한 형태이다. 그것은 종합적일 뿐 아니라 분석적이다.

> 의사가 열 살 된 어린이의 발달이 정상적인지 확인하기 위해 단순히 신장, 체중, 체질량 지수만을 측정하지는 않을 것이다. 이러한 것들은 이미 발달한 과정의 결과일 뿐이기 때문이다. 이 의사는 사춘기의 징후 또한 확인할 것이다. 왜냐하면 사춘기는 성숙 중인 과정이기 때문이다. 마찬가지로 교사 역시 열 살 된 어린이가 정상적으로 발달하고 있는지를 보기 위해 단지 그가 말을 할 수 있는지만을 확인하지는 않을 것이다. 말은 이미 발달한 과정의 결과일 뿐이다. 교사는 이 어린이가 문해 능력, 미지수를 이용한 계산 능력, 과학적 개념 등을 발달시키고 있는지도 확인할 것이다. 이것들 역시 성숙 중인 과정들이기 때문이다. 비고츠키는 임상적 진단을 수행하는 의사와 발달을 진단하는 교사를 비유한 게젤을 인용하고 있다. 인용된 게젤의 원문은 다음과 같다.
>
> "우리는 표준적인 항목들이 기계적으로 혹은 순수한 정신 측정적 방식으로 사용되어서는 안 됨을 거듭 말하고자 한다. 우리는 어린이들을 단순히 측정하기만 해서는 안 된다. 어린이를 해석적 방법을 통해 종합적으로 이해하도록 노력해야 하며, 발달 일정표 상의 항목들은 인식을 예리하게 해 주는 수많은 도구들로 간주되어야 한다."
>
> Gesell, A.(1925), *The mental growth of the preschool child: A psychological outline of normal development from birth to the sixth year, including a system of development diagnosis*, New York; Macmillan, p. 409.

2-3-38] 검사와 측정 자료는 비교 평가의 객관적 근거이다. 발달 도식은 발달의 척도를 제공한다. 그러나 진정한 의미에서 진단은 다양한 원천으로부터 획득된 자료를 비판적이고 세밀하게 해석하는 것에 토대해야 한다. 그것은 성숙의 모든 발현과 사실에 근거한다. 이 발현들의 종합적이고 역동적인 그림, 즉 우리가 인격이라 부르는 것의 총체는 전체적으로 연구의 범주에 속한다. 물론 인격의 부분들을 정확히 측정할 수는 없다. 인격이라 불리는 것을 정의하는 것은 어렵지만 우리는 발달적 진단의 관점에서 인격의 구성 요소와 성숙을 살펴보아야 한다(게젤).

게젤이 말하듯, 인격을 정의할 수 없지만 그럼에도 불구하고 발달을 진단할 때 우리는 인격을 다루어야만 한다. 인용된 원문은 다음과 같다.

"우리가 인격이라고 부르는, 행위를 하는 개인의 종합적, 역동적 측면 또한 관찰의 범위 내에 있다. 하지만 우리는 인격 특성을 정확하게 측정할 수 없다. 인격이 의미하는 바를 규정하는 것은 매우 어렵지만, 발달적 진단의 관점에서는 인격의 구성 요소와 성숙을 다루지 않을 수 없다."(앞의 책, 417쪽)

2-3-39] 우리가 스스로를 발달의 징후를 규정하고 측정하는 것에 제한한다면, 결코 어린이 연구자들에 의해 알려진 것에 대한 순전히 경험적인 진술을 뛰어넘을 수 없을 것이다. 기껏해야 그들의 측정을 명료화하고 검증할 뿐이다. 그러나 우리는 결코 어린이 발달에서 관찰된 어떤 현상을 설명할 수도, 향후의 발달 경로를 예측할 수도, 어린이와 관련하여 어떤 실천적 조치가 취해져야만 하는지 가리킬 수도 없을 것이다. 어린이 발달의 진단에 대한 예측, 설명, 실천적 힘을 결여한 이러한 종류의 진단은 단지 징후적 의학이 지배하던 시기에 의사가 내리던 종류의 의학적 진단과 비교할 수 있을 뿐이다. 환자가 기침을 호소하면

의사는 그 질병을 기침으로 진단한다. 환자가 두통을 호소하면 의사는 그 질병을 두통이라고 진단한다. 이러한 진단은 본질적으로 공허한 진단이다. 이 조사는 의사가 환자를 관찰하고 환자 자신의 호소로부터 알게 된 것에 어떤 새로운 것도 추가하지 못하고 단지 과학적 딱지만을 붙이기 때문이다. 관찰된 현상을 설명하지 못하는 공허한 진단은 그 운명에 관해 그 어떤 것도 예측하거나, 실제적 조치에 관한 그 어떤 조언도 제공할 수 없다. 진정한 진단은 설명과 예측을 제공하고, 과학을 기반으로 한 실천적 함의를 지녀야 한다.

2-3-40] 아동학에서의 징후적 진단 또한 그렇다.

> 만약 아동학적 상담에서 자신이 머리가 나쁘고 기억을 잘하지 못한다는 어린이의 호소를 듣고, 검사 후 심리학자가 이를 정신 발달 계수가 낮은 정신 지체라고 진단한다면, 기침하는 병을 '기침'이라고 진단한 의사와 마찬가지로 이 또한 아무것도 설명하거나 예측하지 못하고 어떤 실제적 도움도 줄 수 없다. 어린이 발달을 촉진하는 모든 실천적 방법은 이런저런 연령기에 관련되므로, 반드시 발달의 진단을 요구한다는 말에는 그 어떤 과장도 없을 것이다. 셀 수 없이 많고 다양한 실천적 과업을 해결하기 위한 발달 진단의 사용은 각각의 구체적 경우에 있어서 발달의 진단 자체의 과학적 정교화의 정도와 어떤 구체적 실천적 문제를 다루는 데 필요한 요구에 의해 결정된다.]

위의 문단은 원래 (시작 괄호가 빠진 상태로) 괄호로 묶인 채, 코로타예바의 원문에 포함되어 있었다. 결론에 해당하는 이 문단은 러시아어판 비고츠키 선집 4권의 편집자가 삽입한 것으로 보인다(위 내용은 본서 1장의 축약판인 러시아어판 선집 2장 '연령의 문제'의 266쪽에 나오는 마지막 문단이다). 비고츠키가 말했던 내용을 부언할 뿐인 위 내용을 편집자가 굳이 삽입한 이유는 분명하지 않다. 하지만 비고츠키의 지적은 좀 더 구체적으로 살펴볼 가치가 있다. 오늘날 교실에서 보고되는 많은 행동 문제들, 예컨대 'ADHD', '자폐', '과잉행동', '조울증', '청소년

우울증' 등은 사실 비고츠키가 여기서 비판하고 있는 증상 의학의 수준에 머무르는 것이다. 어린이나 교사가 어떤 증세를 호소할 때, 그 증세가 명명된다. 하지만 그 이름에는 어떤 설명력도 예측이나 치료의 힘도 없다. 아마도 유일한 차이점은 오늘날 우리가 이러한 증상을 치료한다고 주장하는 약물(예컨대 리탈린, 프로작)을 가지고 있다는 것이다. 그러나 비고츠키가 말한 것이 사실이라면, 이러한 증상의 대부분은 성숙 중인 과정을 드러내는 지표일 뿐이며 약을 통해 증상을 다루는 것은 위기의 본질을 감출 뿐이다. 만약 'ADHD'가 새로운 형태의 주의가 발달하는 증상이고, '자폐'나 '조울증'이 새로운 형태의 상상 세계의 출현을 가리킨다면, 그러한 증상에 대한 억압은 발달에 대한 억압을 의미할 수 있다. 이것이 바로 비고츠키가 위기 연구를 강조하는 이유이다. 위기는 하나의 발달 유형으로부터 다른 발달 유형으로의 전환을 가리킨다. 다음 장은 이 전환의 가장 명백한 사례로 시작한다. 그것은 순수한 생리학적 발달 형태로부터, 생물학적으로 보이지만 종국에는 사람 간의 그리고 실제로는 사회적인 발달 형태로의 전환인 출생의 위기이다.

• 연령의 문제

이 책의 일부는 러시아판 비고츠키 선집 4권에 실린 "Проблема возраста(연령의 문제)"에 포함되어 있다. 러시아판 선집에 따르면, 4권의 자료들은 비고츠키가 생애 마지막 해에 집필 중이던 아동 발달에 대한 미완성 저작의 일부이다. "Проблема возраста"의 출처는 비고츠키 가족의 문서고이며, 특히 첫 부분(이 책의 1장)은 1972년 러시아 학회지인 Вопросы Психологии(심리학의 문제)에 요약본 형태로 출간된 바 있다. 코로타예프의 문서고는 비고츠키 가족의 문서고에는 없는 자료를 일부 포함하고 있으며, 그러한 부분들은 최초로 번역을 통해 독자들에게 소개되는 셈이다.

이 책의 '문제와 접근법'이 이 장에서 다루어진다. 이 장은 또한 비고츠키의 모든 저작 중 '근접발달영역'을 가장 완전하고 상세하게 설명한다. 여기 세 개의 연결된 절에서 비고츠키는 생애 마지막 해에 구상했던 어린이 발달에 관한 강의와 책의 계획을 소개한다.

어린이 발달을 연령기로 나누는 문제에 관한 첫 번째 절은 아동기를 시기 구분하는 현존하는 이론들에 대한 비판적 검토로 시작하고, 그중 어느 것도 발달 자체에 고유한 시기 구분을 위한 기준을 세우는 진정으로 내재적인 이론들이 아니라는 점에 주목한다. 그런 다음 그 기준을 신형성의 출현, 안정기와 위기의 교체에서 찾는다. 첫 번째 절은 아동기를 6개의 위기들과 5개의 안정기로 나누자고 잠정적으로 제안하면서 마무리된다.

연령기의 구조와 이것이 어떻게 변화하는지에 관한 두 번째 절은 두 개의 하위 부분, 즉 구조와 역동으로 나뉜다. 비고츠키에게 '구조'란 어린이의 의식에서 신형성의 출현이 중심적 발달 노선이나 주변적 발달 노선과 연결되는 방식을 뜻한다. 예컨대 말은 초기 유년기에 중심적 발달 노선과 직접적으로 연관되어 있는 반면 학령기에는 발달의 주변 노선으로 간접적으로 연관되어 있다. 비고츠키에게 '역동'이란 발달의 사회적 상황, 즉 어린이가 환경과 맺는 관계이다. 사실 연령기의 문제는 B. 번스타인이 제기한 질문이라고 할 수 있다. "외부는 어떻게 내부가 되며, 내부는 어떻게 자신을 드러내서 외부를 형성하는가?(1987: 563)"

연령기와 진단에 관한 세 번째 절은 번스타인의 질문에 대한 비고츠키의 이론적 접근, 즉 '근접발달영역'을 소개하고 자세히 설명한다. 비고츠키가 앞선 두 개의 절에서 확립하였듯이, 신형성들이 매 시기마다 나타나므로, 선행하는 발달 영역을 이해하는 것으로 시작하는 것이 필수적이다. 동시에 이 이해는 불충분하다. 왜냐하면 발달의 수단이 언제나 변하기 때문에, 이전 발달의 결과는 다음발달영역을 가능하게 하지만 그것을 정확하게 예측하지는 못한다. 대신 비고츠키는 어린이가 협력을 통해 자신의 미래에 놓여 있는 문화적 행동 형태를 어느 정도까지 모방할 수 있을지에 관해 연구해야 한다고 주장한다. 이론적으로 이 절차는 우리가 발달의 내적 요인들을 이해하도록 도울 것이다. 실제적으로 그것은 정확히 어떻게 가르쳐야 하는지를 말해 주지 않을 수 있다. 왜냐하면 내면화 과정 자체와, 인격이 그 자체를 드러내고 환경을 형성하는 방식은 단지 모방이나 심지어 협력의 문제가 아니기 때문이다. 그러나 그것은 우리에게 다음에 무엇을 가르칠 것인가에 관한 실행 가능한 진단을 제공할 것이다.

I. 어린이 발달에서 연령기 구분의 문제

A. 당시 발달 이론에 대한 비판. 첫 절의 이 부분에서 비고츠키는 연령기 구분에 대한 당시 이론들을 세 가지로 구분한다. 그러나 단순히 출생 이후의 햇수와 달수를 헤아리는 비네의 이론을 포함한다면 사실 이론은 네 가지가 된다. 비고츠키는 이러한 상식적 이론들을 절의 시작에서부터 일축한다(2-1-1~2-1-3).

i. 비고츠키가 비판할 만하다고 간주하는 첫 번째 이론들은 '비유적' 이론이라고 칭할 수 있다. 이 이론들은 어린이 발달은 아니지만 어느 정도는 그와 연결되어 있는 모종의 외적 과정에 어린이 발달을 비유하기 때문이다. 예컨대 어린이 발달 시기 구분을 공교육 학년제 구분과 견주는, 다소 적절해 보이는 이론(2-1-6)은 물론, 어린이 발달을 계통발생이나 사회발생과 비교하는 이론들이 있다(2-1-5). 비고츠키는 이 모든 이론들이 이론적으로 잘못되었을 뿐 아니라(외적 시간 범주를 본질적으로 내면화 과정인 것에 덧대고 있기 때문이다) 실천적으로도 마차 앞에 말을 매는 우를 범한다(교사들에게 어떤 형태의 문화적 행동을 언제 가르칠 것인지에 대한 지침을 제시하는 대신, 교사들이 이미 알고 있는 지식을 뒤따라갈 뿐이기 때문이다)(2-1-7).

ii. 비고츠키가 비판할 만하다고 간주하는 두 번째 이론들은 '대유적' 이론이라고 칭할 수 있다. 이 이론은 (우리가 어떤 인물을 상기할 때 그의 이름, 얼굴 혹은 직업을 떠올리는 것과 같이) 어린이 발달을 그 자체의 작은 부분을 차지하는 모종의 내적 과정과 비견하기 때문이다(2-1-8~2-1-11). 비고츠키는 이들 모두가 공통적으로 가지고 있는 세 가지 오류를 지적한다.

a. 이들은 주관적이다. 이들은 단일한 기준을 채택하는데, 그 기준은 흔히 연구자에게 (예컨대 음식 섭취, 노동과 같이) 좀 더 중요한 어떤 기능을 시사하거나 측정 가능했기에 선택되었다. 기준 자체는 객관적일지 모르나 기준의 선택은 그렇지 않다. 관찰자의 자의적 선택에 의존하기 때문이다(2-1-10~2-1-13)

b. 이들은 단변량Halliday, 혹은 비고츠키에 따르면 '단일 증상적'이다. 전체를 단일한 발달 노선으로 설명하기 때문이다. 그러나 비고츠키는 발달 노선의 의미가 어린이 성숙과 더불어 매우 크게 변화한다고 지적한다. 예컨대 영양 섭취는 신생아에게 중심 발달 노선이지만 청소년에게는 그렇지 않으며, 이성 친구와의 우정은 청소년기에 매우 의미 있지만 유아에게는 전혀 그렇지 않다(2-1-14~2-1-17).

c. 이들은 경험주의적이다. 이들은 기저의 원인이 아닌 발달의 가시적 징후에 천착한다(2-1-18~2-1-20).

iii. 비고츠키가 비판할 만하다고 간주하는 세 번째 이론들은 '절충적' 이론이라 부를 수 있다. 이들은 여러 가지 내적, 외적 요인들을 한 바구니에 담아 비유적 이론의 약점을 피하고자 했으며, 어린이가 성장함에 따라 기준을 한 징후에서 다른 징후로 바꾸어 가며 대유적 이론의 약점을 피하고자 했다. 따라서 치아 발달은 유아에게 중요하지만 청소년에게는 그렇지 않으며 이성 친구는 청소년 에게 중요하지만 유아에게는 그렇지 않다. 비고츠키는 각 시기가 나름의 발달 노선과 나름의 연령기에 고유한 징후를 갖는다는 생각에 동의한다. 그러나 이러한 경로를 택한 학자들 중 일부(게젤이나 크로와 같이)는 발달이 생애 첫해 이후에 느려짐을 발견하는 경향을 보이는 반면, (뷜러를 비롯한) 다른 학자들은 여전히 경험적으로 측정할 수 있는 징후에 의존하며 그 결과 발달이 명확히 전진을 멈추는 계기를 설명하는 데 곤란을 겪음을 비고츠키는 지적한다(2-1-21~2-1-26).

B. 신형성과 안정적 시기. 첫 절의 다음 부분에서 비고츠키는 연령기 이론들에 대한 비판적 검토로부터 얻은 교훈을 종합한다(2-1-27~2-1-29). 먼저 그는 모든 이론들이 발달을 다음의 두 가지로 개념화했음에 주목한다.

i. 비非발달: 출생부터 단박에 완전히 가지고 태어나는 모종의 전체적 잠재성의 형이상학적 실현(예컨대 생물학적 결정론 혹은 촘스키의 '보편 문법').

ii. 자기 발달: 출생 시 타고나는 모종의 부분적 잠재성의 실현이 새롭고 더 큰 심리적 잠재성을 창조(2-1-30). 비고츠키는 이 자기 발달이라는 생각을 다시 두 부류로 나눈다.

a. 관념론적 개념. 비발달이 '단번에' 주어진 잠재성의 전개인 것과 같이, 인격의 자기 발달은 단지 생기론적 '생명력'의 실현이라는 입장이다.

b. 유물론적 개념. 인간이 생물적 부분과 심리적 부분의 복합적인 단계적 통합인 것과 같이, 인격의 자기 발달은 사회적인 것과 심리적인 것의 단계적 통합이다(2-1-31).

앞의 관점에 따르면 우리는 환경에 대한 어린이의 의식을 규정하는 변화, 비고츠키가 '신형성'이라고 칭한 변화를 통해 발달을 추적할 수 있다. 신형성은 새로운 의식 형태이며 비고츠키에게 의식은 행동의 구조를 설명하는 동시에 행동의 구조에 의해 실현되는 것이다. 이 의식은 환경에 의해 형성되는 동시에 다시 환경을 형성한다(2-1-32). 비고츠키는 마치 지질학적 발달이 암석 형성으로 식별되고, 생물학적 시기들이 새로운 생명형태의 등장과 쇠퇴로 식별되며, 역사적 발달 시기들이 새로운 생산관계의 출현으로 식별되듯이 각 시기들이 특정한 신형성으로 식별될 수 있으리라고 제안한다(2-1-33). 비고츠키는 지질학적 변화, 생물학적 진화, 사회적 진보가 점진적이면서도 파국적인 것과 같이 아동 발달의 시기도 안정기와 위기로 세분화될 수 있을 것이라고 제안한다.

C. 위기. 첫 번째 절의 세 번째 부분에서 비고츠키는 위기에 대한 연구들을 고찰한다. 그는 첫째로 위기가 안정기와는 달리 아직 분석, 설명, 이론화되지 않았다고 지적한다. 즉, 많은 학자들은 비록 위기를 경험적 사실로 받아들일지라도 이론적으로는 그것이 발달에 필수적인 부분임을 부인한다. 비고츠키는 발달에 대한 연구들에서 위기가 이론적으로 잘 정립되지 못한 이유를 설명해 주는 몇 가지 특징에 주목한다(2-1-37~2-1-40).

  i. 위기는 명확한 고점을 지니고 있으나 그 시작과 끝을 규정하기는 매우 어렵다(2-1-30).

  ii. 위기는 흔히 가르치기 어려운 학생과 관련이 있으며 따라서 연구하기도 어렵다(2-1-42). 더욱이 어떤 어린이들의 경우는 위기를 전혀 겪지 않는 것처럼 보이며 이 어린이들이 많은 관심을 받음에 따라, 때로는 이들이 정상이며 다른 학생들이 예외적인 것으로 간주되기에 이르렀다(2-1-43). 그러나 비고츠키는 환경에서의 차이가 위기를 가리며, 위기는 내재적으로 발달에 필요하고, 어린이들 사이의 비교가 아닌 어린이 자신을 스스로와 비교해 보면 위기적 시기의 어린이는 비위기적 시기와 비교하여 언제나 상대적으로 가르치기가 까다롭다고 주장한다(2-1-43).

  iii. 위기는 긍정적 내용을 가리는 부정적 내용으로 특징지어진다. 즉, 성인은 새롭고 혁명적인 것이 아니라 어린이가 위기의 시기 동안 하지 '않는 것'에 초점을 맞추는 경향이 있다. 즉, 우리는 어린이가 자율적 말을 생산할 때 그가 자음과 모음을 구분하는 것을 배우고 있다거나 억양의 패턴을 익히고 있다고 보기보다는 의사소통을 하지 못한다는 사실에 주목한다(2-1-46~2-1-48).

이러한 특징들에도 불구하고 위기가 존재함을 지지하는 경험적 자료들이 풍부하다고 비고츠키는 말한다. 그러나 앞에서 제시한 이유 때문에 이 자료들은 우발적으로, 특정한 순서 없이 즉, 먼저 7~8세의 위기(2-1-49)가 제시된 후 3세의 위기(2-1-50)가 제시되었으며 그 후에 13세의 위기가 제시되었고 1세의 위기(2-1-52)는 가장 마지막에 제시되었다. 그런 후 비고츠키는 출생 역시도 위기로 간주되어야 한다고 제안한다(2-1-53). 그는 비록 각 위기가 처음 감지될 때에는 부정적 내용만이 부각되었지만 각 위기는 모종의 긍정적 내용도 드러냄을 보여 준다. 7세에는 확장된 자율적 발견이(2-1-59), 3세에는 인격에서 새로운 정서적 의지적 요소가(2-1-60), 13세에는 시각적 이해로부터 개념적 이해로의 양식 변화가(2-1-61), 1세에는 원시적 걷기와 원시적 말하기가, 출생 시에는 생리학적 독립이 새롭게 출현한다(2-1-62). 비고츠키가 지적하듯이, 이러한 새로운 복잡한 의식 형태의 출현과 이들이 펼치는 기존 형태들과의 투쟁이 바로 위기를 초래하는 원인이다(2-1-63~2-1-64).

D. 비고츠키의 시기 구분: 예비적 밑그림. 첫 절의 마지막 부분에서 비고츠키는 시기 구분의 밑그림을 개략적으로 그린다. 그는 발달에 내재적이고 다변인적이며 비절충적인 세 가지 아동기 시기 구분법을 제시하는데, 이들 각각은 경험적 요인과 이론적 요인을 모두 포함한다. 첫째, 그는 의식에서 나타나는 여러 가지 신형성들을 언급한다.

이 신형성들은 행동, 말, 생각에서 그 징후를 나타낸다. 둘째, 그는 이러한 비이행적이고 지속적인 신형성들이 형성되는 것으로 보이는 비교적 안정적인 시기들을 언급한다. 셋째, 그는 이행적이고 비지속적인 신형성에 의해 변형되는 어린이와 환경의 관계가 결정적으로 변화하는 위기를 언급한다. 안정적 시기는 이중 구조(초기 단계, 후기 단계)를 가지며 위기는 정점 전, 정점, 정점 후의 국면으로 나뉠 수 있다(2-1-65~2-1-67). 그런 후 비고츠키는 자신이 앞서 비판한 도식들과는 상이한 4가지 주요 항목을 제시한다.

    i. 위기의 이론화. 위기는 발달의 필수적, 내재적, 필연적 부분임(2-1-68).

    ii. 태생학의 배제. 태생학은 사회적 인격 발달의 계기가 아님(2-1-69).

    iii. 청년기의 배제. 청년기는 늙은 어린이가 아니라 사회적으로 미숙한 성인 인격으로 보는 것이 옳음(2-1-70).

    iv. 사춘기를 안정적 시기에 포함. 사춘기의 신형성(이성 친구와의 우정)은 본성상 이행적이지 않고 영속적임(2-1-71).

이로써 6개의 위기와 5개의 안정적 시기가 나타나며, 우리는 이를 근거로 이 책의 장을 나누었다. 발달의 주변 노선과 중심 노선, 그리고 이들로부터 나타나는 신형성들에 대한 세부 사항은 각 장을 통해 자세히 기술될 것이다.

II. 연령기의 구조와 역동

A. 연령기의 구조. 2장 2절의 첫 부분에서 비고츠키는 발달 노선과 신형성의 관계를 일반적인 용어로(즉 후속 장들에서도 적용될 용어로) 설명한다.

    i. 비고츠키는 구조 심리학에서의 부분과 전체의 관계를 상기시키면서 시작한다. 즉 부분의 가치를 결정하는 것은 전체이며, 전체 과정은 구성 과정들의 단순 합으로 이해될 수 없으며 독립적 과정들로 구성된 전체 구조로 취급되어야 한다는 것이다(2-2-1~2-2-3). 우리는 『성장과 분화』 5장에서 심리 기능들 간의 관계는 지배하거나 지배당하거나 둘 중 하나였음을 기억한다. 예를 들어 유아기의 지배적 기능은 정서적 지각이며, 기억이나 생각과 같은 다른 기능들은 정서적 지각의 지배를 받는다. 즉 기억과 생각은 서로 연결되어 있는 것이 아니라 정서적 지각과 연결되어 있으며, 그 결과 기억과 생각은 정서적으로 채색되고 지각 의존적인 방식으로 작동하는 경향이 있다는 것이다. 이 원리는 이제 그 기능들의 발달 노선에서 똑같이 적용된다. 발달 과정의 각 부분은 발달 중인 신형성과의 관계에 의존한다. 어떤 중심적 발달 노선은 그 신형성과 직접적인 관계를 맺는다. 예를 들어 수용적 관심, 공유된 활동, 능동적 모방을 통과하는 유아기의 정서와 지각의 발달 노선은, 유아기 신형성인 '공유된 의식(원시적 우리)'의 출현과 직접적인 관계가 있다. 다른 주변적 발달 노선은 이 신형성의 형성과 직접적인 관계를 맺지 않는다. 예를 들어 기억 발달 노선과 자폐적 생각(자기중심적 생각) 발달 노선 또는 말의 조음(아기의 옹알이) 발달 노선은 '원시적

우리'의 형성과 직접적인 관련이 없다(2-2-4).

    ii. 비고츠키는 이제 위기를 이론화하는 문제로 돌아간다. 그는 먼저 의식이 환경과의 관계들의 전체 체계라고 규정한다(2-2-5). 그리고 나서 그는 중심적 발달 노선과 주변적 발달 노선의 역할이 바뀔 수 있음을 시사한다. 예컨대 어린이가 초기 유년기가 되면, 중심적이었던 발달 노선(정서적 지각)이 주변적인 것이 되고, 주변적이었던 발달 노선(옹알이)가 절대적으로 중심적인 것이 된다. 마찬가지로 어린이가 학령기가 되면, 적어도 어린이가 집에서 쓰던 수다 형태의 말은 다시 주변적인 것이 된다(2-2-6~2-2-7). 이런 식으로 옹알이는 유아기의 주변적 발달 노선(강세와 억양은 있으나 어휘와 문법이 없기 때문에 할러데이는 이를 '원시적 말'이라 지칭한다)에서 초기 유년기에 중심적 발달 노선(할러데이는 이를 공식 언어라 지칭한다)으로 발달하며, 그런 다음 학령기에 다시 주변적 노선이 된다. 왜냐하면 그것은 상상 놀이나 묵독, 계산, 학교에서 수행하는 다른 형태의 언어적 생각에 종속되기 때문이다. 그러나 비고츠키는 이러한 노선들의 이행을 별개의 계기들로 정적으로 묘사하는 데 만족하지 않는다. 결국 발달이 주변적 발달 노선과 중심적 발달 노선 간의 평화로운 역할 교체에 지나지 않는다면, 어떻게 위기를 설명할 수 있겠는가(2-2-8~2-2-9)?

  B. 연령기의 역동. 비고츠키는 발달 노선(주변적, 중심적)을 도입함으로써 신형성의 출현을 설명했다. 그다음으로 2절의 두 번째 부분에서 그는 발달의 원천, 즉 환경을 언급함으로써 발달 노선을 설명한다. 여기서 그는 세 번째 핵심 구성 요소인 발달의 사회적 상황을 도입하며, 이는 S. 채클린(2003: 51)이 '객관적' 근접발달영역이라 부른 것을 설명해 준다.

    i. 비고츠키는 발달의 사회적 상황을 어린이가 특정 연령에서 환경(신체적 그러고 나서 사회적)과 맺는 고유한 관계로 규정하면서 시작한다. 예를 들어 출생 시에 그것은 엄마와의 생리학적 분리 관계이기도 하고 생물학적 의존 관계이기도 하다. 유아기 동안에는 여전히 생물학적 의존의 관계이면서도 이제 그것은 사회적 접촉의 관계이기도 하다. 비고츠키는 이 발달의 사회적 상황이 모든 발달의 궁극적 원천임을 상기시킨다. 즉 모든 인간들처럼 어린이의 의식은 그 사회적 존재에 의해 결정되는 것이지 그 반대가 아니라는 것이다. 따라서 이로부터 의식의 구조인 신형성은 연령기의 시작이 아니라 막바지에 발달의 사회적 상황에서 출현함을 알게 된다(2-2-10~2-2-11).

    ii. 그렇다고 해서 발달적 변화의 흐름이 완전히 일방적이라는 것은 아니다. 어린이는 능동적 행위자이지 환경의 영향을 받기만 하는 단순한 수동적 존재가 아니다. 자신의 인격 구조 자체를 변화시킨 어린이는 이제 환경 속에서 다른 인격들과 매우 다양한 관계를 맺게 된다고 비고츠키는 말한다. 단순히 어린이가 세상을 다양하게 지각한 것이 아니라, 어린이가 세상 속에서 세상에 대해 다양한 방식으로 작용하는 법을 배우는 것이다(2-2-12~2-2-13). 이는 그 신형성을 초래했던 사회적 발달 상황이 이제 차례로 사라진다는 것을 의미한다. 예를 들어 신생아는 본능에 의지하여 배고플 때 아무런 도구 없이 젖을 먹는다. 그러나 더 큰 어린이는 남들이 먹을 때 남들이 사용하는 도구를 사용하여 먹는 법을 배운다. 이제 영양 섭취를 하기 위해 본능만으로는 더 이상 충분하지 않다. 유아의 공유된 의식이 필요한 것이다. 마찬가지로 유아는 말 없는 사회적 접촉에 의존해서 욕구를 충족시키다가 말을 배우게 된다. 실제로 말 없는 사회적 접촉만으로는 정서적 지각으로 공유될 수 있는 것을 넘어선 특정 욕구를 전달하지 못한다는 것을 깨닫기 때문이다. 이러한 발달의 사회적 상황의 파괴와 재구조화가 위기의 내용을 구성한다. 이는 피할 수 없는 것이다(2-2-14~2-2-16). 그러나 그 파괴를 예견하여 부모와 교사들이 재구조화 과정에 도움이 되도록 제 때 개입하는 것이 가능할까? 그 가능성이 다음 절에서 다룰 내용이다.

III. 연령기의 문제와 발달의 진단

A. 실제 발달 수준의 진단. 앞 절에서 보여 주듯이 비고츠키는 근접발달영역에 대한 이 마지막 절에서 실제 발달 수준의 진단이라는 대체로 무시되어 온 근본 과업에 대해 고찰한다(실제로 이 장의 러시아어와 영어판 선집에서 '진단'은 제목에서 삭제되었으며, 근접발달영역의 진단적 목적은 보통 교수 기법의 개념으로 논의되어 왔다). 그는 '여권 연령'이 실제 발달 수준을 진단하는 데 믿을 만한 지표가 되지 못함을 상기시킨다(2-3-1~2-3-2). '아동학적 연령'과 '여권 연령'을 분리시킴으로써 비고츠키는 어떻게 교육자들이 어린이가 전형적인지 이례적인지 구별할 수 있는지 묻는다(2-3-3~2-3-5). 그는 아동학이 어린이 하나하나를 실험하거나 관찰하는 것이 아니라 여타 다른 진단적 과학처럼 다수의 인구를 바탕으로 표준화된 기준과 복합된 징후들을 사용한다고 대답한다. 비고츠키는 이러한 아동학적 연구의 중요한 세 가지 결론을 고찰한다.

  i. 말, 문해, 개념적 사고의 교수-학습에는 발달의 최저선뿐 아니라 최고선이 존재한다. 또한 교수-학습 없이 최적의 시기를 지나 버리면 그 결과는 발달 중인 기능에 의존하는 시기보다 일반적으로 좋지 않다. 청소년기에 뒤늦게 문해를 숙달하거나 성인이 외국어 발음을 배우는 것이 그 예이다(2-3-6~2-3-7).

  ii. 정상적, 전형적 발달은 단순히 실제 발달 수준과 어린이 여권 연령에 해당하는 표준적 발달 간의 비율을 계산함으로써 비정상적, 이례적 발달과 구분될 것이다(2-3-8~2-3-9).

  iii. 체질량지수BMI가 키나 몸무게 따로 살펴보는 것보다 신체 건강에 대해 더 잘 알려 줄 수 있는 것처럼, 말, 문해, 산술과 같은 성취 간의 관계는 그 각각의 성취가 할 수 있는 것보다 더 많은 것을 우리에게 알려 줄 수 있다(2-3-10~2-3-14).

B. 잠재적 발달 수준의 진단. 비고츠키는 세 가지 결론이 유용하지만 우리에게 충분한 것을 알려 주지 못한다고 주장한다. 발달의 내용이 계속 변화하며, 발달 자체의 수단

(정서, 기억, 말, 생각)이 발달하고, 과거는 다음발달영역의 믿을 만한 지침이 아니기 때문이다(2-3-15~2-3-16). 그런 다음 그는 실제 발달 수준을 계산할 때와 똑같은 표준화된 기준과 복합 징후를 사용하여 다음발달영역을 진단할 수 있다고 제안한다. 이때 그는 어린이에게 협력, 그의 말에 들자면 모방하여 문제를 해결하게 한다(2-3-17).

그러나 이것이 용인되지 못했던 유일한 이유는 모방의 본질에 대한 오해, 즉 모방은 우리에게 모방 대상에 대해 말해 줄 뿐, 모방한 이에 대해 말해 주지 않는다는 가정 때문이라고 비고츠키는 말한다. 그러나 쾰러의 침팬지 실험은 이를 부정한다. 유인원들이 모방으로 배울 수 있는 유일한 기술들은 그들이 독립적으로도 수행할 수 있는 것들이었다(2-3-18). 비고츠키는 어린이의 상황은 더 복잡하다고 말한다. 왜냐하면 유인원들은 오직 조건화된 반응만 할 수 있는 데 비해 어린이는 언어적 교수-학습을 통해 시각적 예시들을 훨씬 넘어서는, 심지어 주어진 정보들을 넘어서는 지적 해결이 가능하기 때문이다(2-3-19). 그럼에도 불구하고 기저의 원칙은 동일하다. 진정한 모방은 협력의 형태이며, 우리에게 모방 대상의 마음뿐 아니라 모방한 이의 마음에 대해 말해 주는, 일종의 공유된 의식이다(2-3-20).

C. 모방이 의미하는 것은 무엇일까? 모방에 대해 말할 때 비고츠키는 그 행동의 목적에 대한 이해 없이 단순히 행동을 따라 하는 것을 염두에 두지 않았다(2-3-21~2-3-22). 그는 어린이의 재생산 능력과 심지어 공유된 목표로 다양한 행위를 하는 능력을 마음속에 확고히 둔다. 이것이 바로 모방과 협력을 동등하게 여기는 이유이다(2-3-23). 이것은 또한 그가 협력을 통한 모방이 어린이가 도움을 받아 할 수 있는 일이 무엇인지를 단순히 보여 주는 것은 아니라고 믿는 이유이다. 유인원의 모방이 그가 독립적으로 어떤 일을 할 수 있는지 우리에게 알려 주는 것처럼, 어린이의 협력은 특히 발달의 사회적 상황과 연관되는 협력적 과업이 종종 어린이에게 주어지기 때문에 어린이가 가까운 미래에 독립적으로 어떤 일을 할 수 있는지 알려 줄 수 있다(2-3-24).

이와 같이 어린이의 모방과 협력을 통한 문제 해결 능력은 어린이 개인의 근접발달영역(채클린에 따르면 주관적 근접발달영역)과 표준화된 기준 원칙을 사용하는 어린이 전체 집단의 근접발달영역(객관적 근접발달영역)을 모두 진단할 수 있다. 비고츠키는 7세의 위기를 막 지나 학령기의 안정된 시기로 들어선 두 명의 8세 어린이들에게 이 표준화된 기준이 어떻게 적용될 수 있는지 보여 준다. 그들은 도움이 없을 때는 동일한 표준화된 점수를 획득하였으나, 유도 질문, 먼저 문제 풀이 시작하기, 모방을 위한 시연 등의 도움을 통해서는 다음발달영역(개념적 사고가 필요한)의 문제들에서 서로 다른 성취를 보였다(2-3-25). 한 어린이는 전형적인 12세의 수준으로 수행할 수 있었던 반면, 다른 어린이는 전형적인 9세 표준의 수준으로 문제를 해결할 수 있었다. 비고츠키는 그 이유가 비록 독립적 수행을 하도록 하는 발달된 기능들이 동일하더라도 신형성을 이끌게 되는 발달 중인 기능들의 발달 노선이 동일하지 않기 때문이라고 결론짓는다(2-3-26~2-3-27).

도움의 구체적인 형태(유도 질문, 문제 풀이 시작하기, 시연)에 대해 많은 관심이 주어져 왔으나 비고츠키 자신은 이들에 대해 깊은 관심이 없었다는 것은 흥미롭다. 심지어 그는 신체 발달이 실제로 이러한 방식으로 공유될 수 없을지 모르지만 모든 발달 형태에 대한 일반적 원칙은 동일하다고 언급한다(2-3-28~2-3-29). 이는 비고츠키에게 그 원칙이 어린이가 협력을 통한 모방으로 좀 더 훌륭하게 수행한다는 사실은 아니라는 것을 말해 준다. 이는 단순히 징후적 고려 대상이었을 것이다. 비고츠키는 더 이론적이면서도 동시에 더 실제적인 것을 염두에 두고 있다. 즉 현장 교사가 항상 필요로 하는 다음 발달영역의 임상적 진단에서 우리는 단지 어린이가 독립적으로 수행할 수 있는 행동의 징후보다 더 많은 것을 고려할 필요가 있다(2-3-30).

D. 근접발달영역과 임상적 진단. 이 절과 이 장을 결론짓기 위해 비고츠키는 근접발달영역의 이론적, 실제적 중요성을 자세히 설명한 다음, 아동학이 어떻게 순수한 징후적 접근을 넘어설 수 있는가라는 문제로 돌아간다.

  i. 근접발달영역의 이론적 중요성은 발달이 실제로 어린이 내에서 일어남에도 불구하고 발달의 직접적 근원은 사회적 환경이라는 사실에 있다. 이러한 이유로 협력을 통한 어린이의 행동은 발달의 근원에 접근하는 그의 능력에 대해 많은 것을 시사하며, 따라서 어린이의 다음발달영역을 예견할 수 있게 해 준다(2-3-31).

  ii. 근접발달영역의 실제적 중요성은 이것이 교수학습을 위한 최적기를 진단한다는 사실에 있다(2-3-32~2-3-33). 비고츠키는 주의력, 인지, 운동 제어력이 부족한 1세의 어린이가 모국어 발음을 숙달하는 데 있어서 3세 어린이와 비슷하거나 혹은 더 훌륭하다는 흥미로운 사실을 우리에게 상기시킨다. 그는 학습과 발달은 매우 긴밀하게 연결되어 있으며, 학습은 발달된 신형성이 아니라 여전히 발달 중인 신형성을 기반으로 한다고 결론짓는다(2-3-34~2-3-35).

  iii. 비고츠키는 단편적인 발달의 징후적 접근을 넘어서기 위해서는 여전히 진행 중인 발달 노선이 진단에 포함되어야 한다고 주장한다(2-3-36). 이제 그는 이 장의 처음에서 비판했던 게젤의 이론, 즉 발달의 내재적 이론을 주장하는 용기를 지녔음에도 그것을 따를 용기는 없었던 절충주의로 돌아간다. 비고츠키는 어린이는 단순히 측정되는 것이 아니라 해석되어야 한다는 게젤의 주장에 동의한다(2-3-37~2-3-38). 이미 내재화된 기능을 넘어 환경에서의 학습과 발달의 가장 근원으로부터 얻어지는 해석 없이는 교사의 진단 능력이란 바로 의사가 감기에 걸린 어린이에게 '너는 감기에 걸렸구나'라고 이야기하는 것에 지나지 않는다(2-3-39). 진단 능력 없이는 교사가 시기적절하고 효과적으로 개입하기 어렵다.

|참고 문헌|

Bernstein, B.(1987), Class, codes, and communication, *Sociolinguistics: an international handbook of the science of language and society, Volume 1*, Berlin: Walter de Gruyter.

Chaiklin, S.(2003), The ZPD in Vygotsky's analysis of learning and instruction. In A. Kozulin, B. Gindis, V. S. Ageyev, & S. M. Miller(Eds.), *Vygotsky's educational theory in cultural context*, Cambridge: Cambridge University Press.

Halliday, M. A. K.(2004), Meaning and the construction of reality in early childhood, *The Language of Early Childhood*, London: Continuum.

제3장
신생아의 위기

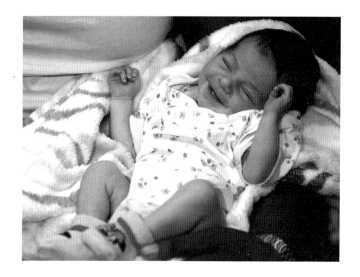

조숙아로 태어나 탯줄이 남아 있는 채 대형마트 쇼핑 봉지에 넣어져 텍사스의 한 아파트 단지 밖에 버려진 여아. 먹이를 찾던 개에 의해 발견되었다. 이 여아는 6개월간 병원에서 보호되다가 입양을 희망하는 가정으로 보내졌다. 3-23에서 아기의 울음을 존재의 비참함에 대한 염세주의적 표현으로 해석한 쇼펜하우어의 주장과 이 아기의 표현적 움직임은 정면으로 대비된다.

3

3-1] 어린이 발달은 출생이라는 결정적 행위와 함께 시작되며 신생아라 불리는 위기적 연령이 뒤따른다. 출생 순간 어린이는 신체적으로 어머니와 분리되지만, 이 순간의 일련의 상황 때문에 어머니로부터의 생물학적 분리는 아직 일어나지 않는다. 기초적 생명 기능에 있어서 어린이는 오랜 동안 생물학적으로 독립적이지 못한 존재로 남는다. 고찰 중인 전 시기 동안, 어린이의 생계와 존재 자체가 독특한 특성을 지니며, 이는 신생아 시기가 위기적 연령기의 모든 변별적 특성을 지닌 시기로 구분되는 근거를 제공한다.

3-2] 만일 이 연령기의 중요한 특성을 특징짓고자 한다면, 그것은 어린이가 출생 순간 어머니와 신체적으로 분리되지만 생물학적으로는 분리되지 않는다는 사실로 인해 생겨나는 특수한 발달 상황에 토대한다고 말할 수 있다. 결과적으로 모든 신생아기 어린이의 존재는 태내 발달과 그 뒤 이어지는 출생 후 아동기의 중간 위치를 차지하는 것처럼 보인다. 신생아는 태내 발달과 태외 발달의 연결 고리와 같으며, 하나의 특성과 다른 특성을 결합한다. 이 연결 고리야말로 진정한 의미에서 하나의 발달 유형으로부터 그것과 근본적으로 다른 또 다른 발달 유형으로의 이행적 단계이다.

3-3] 신생아기 어린이 삶의 이행적이고 복합적인 특징은 신생아기의

존재를 특징짓는 여러 가지 기본적 특성으로 추적될 수 있다.

3-4] 영양 섭취로 시작해 보자. 어린이의 출생 후 식생활에 갑작스러운 변화가 생긴다. S. 베른펠트는 포유류가 출생 후 몇 시간 안에, 기생 생물의 방식으로 삼투적으로만 먹이를 섭취하는 수중 호흡의 변온 존재로부터 유동식을 먹는 공기 호흡의 항온 존재로 변한다고 말한다. S. 페렌치의 말에 의하면 내부 기생체인 어린이가 출생 후에는 외부 기생체가 된다. 이 연구자의 의견에 따르면, 신생아의 물리적 환경이 어느 정도 태아의 환경(태반)과 이후 유년기 환경(침대)의 중간 지점이듯이, 신생아의 의사소통은 태아와 임산부의 관계가 어느 정도 약해지고 변형되어 계속되는 것이다. 어린이는 어머니와 더 이상 물리적으로 직접 연결되어 있지는 않지만 여전히 어머니로부터 먹을 것을 얻는다.

*S. 페렌치(Sandor Ferenczi, 1873~1933)는 헝가리 태생의 정신분석학자이다. 다음 사진에서 뒷줄 맨 오른쪽 사람이 바로 페렌치이다. 그는 후에 프로이트와 사이가 틀어졌는데, 이는 자신의 환자들이 말한 성적 학대가 사실이며 그것이 어린이들에게 트라우마가 되었다고 믿은 페렌치와는 달리, 프로이트는 성적 학대가 어린이의 희망적 환상이라고 생각했기 때문이다. 페렌치의 생각은 후에 C. 로저스와 같은 상담 심리학자들과 J. 라캉과 같은 이론가들에게 영향을 주었다. 페렌치는 모든 어린이들이 모태 회귀와 양수와 태반의 안락을 바란다고 믿었다. 이 생각은 후에 라캉에 의해 계승되었다.

*S. 베른펠트(Siegfried Bernfeld, 1892~1953)는 오스트리아 태생의 정신분석학자이며, 프로이트의 최초 추종자들 중 한 명이다. 그는 루리야를 포함하여 러시아의 많은 사람을 강하게 매료시킨 '프로이트적 마르크스주의'를 발전시킨 사회주의자였다. 그는 1917년에서 1921년까지

집 없는 어린이들을 데리고 시온주의 단체에서 활동했으며, 교육에 큰 관심을 쏟았다. 그는 신생아 심리학에 관한 책과 노동을 통한 교육에 관한 책을 저술했다. 그는 교실 수업에서 협력을 하면 할수록 어린이에게 더 많은 개별화가 이루어진다는 생각을 최초로 주장했던 이들 중 한 명이다.

3-5] 사실 신생아의 영양 섭취에 혼합된 특성이 있음을 보지 않을 수 없다. 한편으로 어린이는 동물과 같은 방식으로 영양을 섭취한다. 외부 자극을 수용하여 효율적 운동으로 반응하고, 이를 통해 음식을 취하고 흡수한다는 것이다. 신생아의 모든 소화 기관과 이 기관을 뒷받침하는 감각-운동 기능 복합체는 영양 섭취에서 주요한 역할을 한다. 다른 한편 아기는 어머니의 초유와 이후의 모유, 즉 모체 유기체의 내부 유기적 산물을 통해 영양을 섭취한다. 이와 같이 신생아의 영양 섭취는 과도적 형태, 즉 태내 영양 섭취와 태외 영양 섭취 사이의 중간에 위치하는 셈이다.

출생의 위기적 시기를 통해 비고츠키는 어린이가 발달의 한 형태로부터 다른 형태로 옮겨 간다는 생각을 강조한다. 이것은 모든 위기적 시기에서 예외 없는 사실이다. 예를 들어 베른펠트에 따르면 어린이가 수중 호흡, 삼투압 작용에 의한 영양 섭취, 자가 온도 조절 불능에서 공기 호흡, 소화를 통한 영양 섭취, 자가 온도 조절로 옮겨 감을 보았다. 우리는 또한 페렌치가 이를 더욱 야만적으로 다음과 같이 표현했음을 보았다. 즉 어린이는 촌충과 같은 내부 기생 생물로부터 진드기와 같은 외부 기생 생물과 같은 존재로 바뀐다는 것이다. 비고츠키의 견해는 무엇인가? 비고츠키는 어린이의 주체성과 능동적인 역할, 의지를 강조한다. 어린이에게서 발달하는 것은 어린이가 스스로 주도하는 능력이다. 어린이는 수동적으로 모체 내부의 유기적 산물인 모유가 먹여지는 존재로부터 먼저 능동적으로 음식을 낚아채고 그것을 능동적으로 소화시킴으로써 스스로 먹는 존재로 변한다. 어린이가 모체 안에 있을 때는 배고프면 먹고 배부르면 먹지 않는 것이 불가능했다. 그러나 이제 어린이는 모체 밖에 존재하며 의지를 발달시킨다. 이 의지는 음식을 거부하는 능력을 포함한다.

3-6] 동일한 이중성과 동일한 중간적 특성을, 잠과 깨어 있는 것의 불충분한 분화로 구분되는 신생아 존재의 기본적 형태에서 우선적으로 어렵지 않게 찾아낼 수 있다. 연구가 보여 주듯이 신생아는 약 80% 의 시간을 잠으로 보낸다. 신생아 잠의 주요 특징은 그 다면적 성격에 있다. 짧은 시간의 잠과 잠시 동안의 깬 상태가 교대로 반복된다. 잠 자체는 깬 상태와 충분히 분화되어 있지 않으며 따라서 신생아에게는 선잠을 연상시키는, 각성과 수면의 중간 상태가 자주 관찰된다. C. 빌러와 H. 헤처의 연구에 의하면, 잠을 자는 횟수가 많음에도 불구하고 자는 시간은 매우 짧다. 9~10시간 동안의 방해받지 않는 잠은 7개월이 지나서야 가능해진다. 생후 3개월 동안은 (하루-K) 평균 12번 정도 잠을 잔다.

*C. 빌러(Charlotte Bühler, 1893~1974)는 후설Husserl과 함께 공부했고, 드레스덴과 비엔나에서 가르쳤다. 드레스덴과 비엔나는 뷔르츠부르크 모임의 일원이었던 그녀의 남편 칼과 그녀가 어린이 발달에 대해 연구했던 곳이다. 샤를로트는 비고츠키가 자주 인용하는 H. 헤처와 함께 초기 지능 검사를 개발했다. 그러나 그녀는 발달 시기 구분의 문제, 즉 어린이 발달의 이정표를 세우는 것에 좀 더 관심을 갖고 있었다. 빌러 부부는 개념 형성이 대부분 구별과 판단의 결과이며, 5세 정도의 아주 이른 시기에 일어난다고 생각하였다. 비고츠키는 이것에 대해 강력하

게 논박하였다. 유대인이었던 뷜러 부부는 나치의 오스트리아 점령으로 인해 미국으로 망명해야 했다. 미국에서 샤를로트는 미네아폴리스에 있는 주립 병원에서 정신과 원장이 되었고 칼은 심리요법에 종사하였다. 이들은 K. 로저스, A. 매슬로우와 인본주의 심리학에 큰 영향을 끼쳤다.

*H. 헤처(Hildegard Hetzer, 1899~1991)는 샤를로트 뷜러가 가난한 노동자 계급의 어린이들을 연구하기 시작했을 때 비엔나 유치원에서 함께 일했다. 그녀는 지능에 관한 연구에 참여하게 되었으며 1927년에 뷜러의 지도 아래 박사 학위를 받고 1931년에는 교수가 되었다. 1세에서 6세까지의 어린이들을 위한 지능 검사 도구가 그녀의 이름으로 제작되었다. 독일과 오스트리아의 합병 이후 그녀는 오스트리아에 머물며 유망한 폴란드 어린이들(폴란드어를 쓰지만 인종적으로 독일인처럼 보이는 어린이들)을 '독일인화'하는 전문 기관에서 일하게 되었다. 헤처가 나치의 손에 죽게 될 어린이들의 목숨을 구했을지 모르지만, 그녀가 나치 특별 경찰인 SS 및 '강제 수용소' 체제와 협력했다는 사실은 부정할 수 없다.

3-7] 신생아 수면의 가장 주목할 만한 특징은 불안하고 단속적이며 얕은 성격에 있다. 잠을 자는 신생아는 순간적으로 자주 움직이며 때로는 심지어 잠이 깨지 않은 상태에서 먹기도 한다. 이는 어린이의 잠이 깨어 있는 상태로부터 충분히 분화되지 않았다는 사실을 다시 한 번 가리킨다. 신생아는 눈을 반쯤 뜬 채로 잠들 수 있으며, 반대로 종종 눈을 감은 채 깨어는 있지만 선잠 상태로 누워 있기도 한다. D. 카네스트리니에 따르면 신생아의 뇌파 곡선은 잠과 깨어 있는 것 사이에 뚜렷한 경계를 보여 주지 않는다. 우리가 성인이나 6개월 이상 된 어린이를 관찰하여 얻은 잠의 기준이 생후 첫 몇 주 동안은 아직 유효하지 않다.

3-8] 이와 같이, 일반적인 신생아의 삶의 상태를 주로 선잠 상태로 특징지을 수 있을 것이며, 이로부터 잠과 각성 상태가 짧은 간격을 두고 점차 분화된다. 이런 이유로 레르미트와 그 밖의 많은 저자들은 자궁 외 존재로서의 최초의 나날 동안 어린이는 마치 자궁 내 생활을 지속하며 그 심리적 특성을 유지하는 듯하다는 결론에 도달한다. 여기에다 어린이가 자는 동안이나 깨어 있을 때도 종종 태아 자세를 유지한다는 사실을 덧붙인다면, 이 생명 활동의 중간적 특성이 완전히 명백해질 것이다. 어린이가 자는 동안 태아 자세를 선호하는 것은 지속된다. 휴식을 취하는 각성 상태에서도 어린이는 똑같은 자세를 취한다. 4개월이 되어서야 어린이가 자는 동안에 다른 자세를 취하는 것이 관찰된다.

*J. 레르미트(Jean Lhermitte, 1877~1959)는 유명한 사실주의 화가 레옹 레르미트의 아들이다. 그는 약학을 공부했으며 1차 세계대전 중 척추 손상에 흥미를 가지게 되었다. 레르미트 증후군, 레르미트-레비 증후군, 레르미트-맥알파인 증후군 등 여러 가지 환각 증세, 경추 손상, 신경학적 질병들이 그의 이름을 따서 명명되었다. 그는 종교적이었고 '귀신 들림'에 흥미를 가졌으며, 환각에 관한 책과『심리학의 생물학적 기반』(1925) 등의 저술을 남겼다.

3-9] 이 독특한 삶의 상태가 지니는 의미의 본질은 의심의 여지가

없다. 어머니의 자궁에서 어린이의 생명 활동은 자동 기능과 최소한의 동물 기능에 전적으로 제한된다. 그런데 잠은 식물적 과정이 첫 번째 국면을 이루고 동물 기능이 다소 크게 억제된 상태이다. 잠을 자는 신생아는 식물적 체계가 비교적 우위에 있음을 보여 준다. 신생아가 잠을 많이 자주 자는 것은 분명 태아의 행동이 어느 정도 지속됨을 보여 준다. 그 일반적 상태는 추측건대 꿈꾸는 것과 매우 비슷하다. 잠은 발생적 관점에서 가장 원시적인 자동 행동이다. 발생적으로 잠은 각성에 선행하고, 각성은 잠으로부터 발달한다. 따라서 신생아기의 잠은 영양 섭취와 마찬가지로 태아 발달과 출생 후 발달 상태의 중간 위치를 차지한다.

비고츠키는 신생아의 잠을 설명하기 위해 'сон'이라는 단어를 사용하는데, 이 단어는 '잠'을 의미한다. 그러나 여기서 비고츠키가 의미하는 잠은 영유아, 어린이, 성인들에게서 볼 수 있는 잠과는 분명히 다르다. 이것은 아직까지 덜 분화된 상태를 의미한다. 신생아의 각성 상태에는 잠의 요소가 존재하며, 반대로 신생아의 잠에는 각성의 요소가 존재한다. 신생아는 이제 호흡을 하고 눈도 떴기 때문에 신생아의 잠은 한편으로 자궁 내 태아 상태와 같지 않지만, 다른 한편으로 성인의 잠 패턴과도 같지 않다. 비고츠키의 목표는 위기적 연령과 안정적 연령 모두에서 어린이의 중심적 신형성을 밝혀내는 것이다. 이를 위해 그는 먼저 언제나 어린이와 어린이의 환경 모두를 포함하는 관계인 발달의 사회적 상황(이것은 객관적이자 주관적이다)을 밝힌다. 그런 다음 그는 그 사회적 상황 속에서 나타나는 발달 노선(유아기의 말, 학령기 어린이의 개념)을 밝힌다. 발달 노선은 언제나 특정 기능들의 실행으로 나타나지만, 이 기능들을 위한 심리적 구조는 아직 발달되지 않았다. 마지막으로, 그는 연령기의 막바지에 나타나는 신형성을 밝힌다. 이 신형성은 발달의 사회적 상황의 불안정성을 야기하여 새로운 발달 시기를 불러온다. 이는 다양한 활동 형태가 실제로는 신형성이 아니라, 오히려 신형성을 낳는 발달 노선이라는 것을 의미한다. 이러한 발달 노선들은 발달 중인 신형성의 징후로 보인다. 잠과 각성의 분화는 이러한 징후의 하나이다(그 밖에 영양 섭취나 위치 반사 같은 징후가 있다). 비고츠키가 신생아에게 '잠'이라는 낱말을 사용할지라도 실제로 이것은 일종의 '원시적 잠'으로서 잠과 각성이 분명히 분리되지 않은 미분화된 상태를 의미한다. 이러한 발달 노선이 낳는 신형성은, 연수와 중뇌에 토대하여 환경에 대한 무조건적인 본능적 반사의 형태로 나타나는 신생아의 개별적 정신생활이다. 모든 위기적 신형성과 같이, 이러한 신형성은 완전히 사라지는 것이 아니라 다음 시기에 고등 기능(조건 반사)이 발달할 때 그 독립성을 잃을 뿐이다.

3-10] 마지막으로, 신생아의 동물적 기능들 역시 이 연령기의 어린이가 태내 발달과 태외 발달 간 경계에 있다는 사실에 대해 의심의 여지를 남기지 않는다. 한편으로, 신생아는 내적 외적 자극에 반응하여 나타나는 일련의 운동 반응을 이미 가지고 있다. 다른 한편으로, 그에게는 동물의 가장 기본적 특징, 즉 공간에서의 독립적 이동 능력이 전혀 없다. 그는 독립적인 운동 능력을 지니지만, 어른의 도움이 있어야만 스스로를 이동시킬 수 있다. 엄마가 신생아를 이동시킨다. 이 또한 신생아가 태아의 특성과 두 발로 설 수 있는 어린이의 중간 위치에 있음을 보여 준다.

3-11] 신생아의 운동 특성은 많은 시사적인 생물학적 유사성을 상기시킨다. F. 도플라인은 포유류 새끼들의 어미에 대한 태외 의존성 감소 정도에 따라 이들을 4개의 집단으로 나눈다. 첫 번째는 유대류이다. 유대류 어미는 새끼를 외부 자궁에 품으며 새끼는 유아기 초기를 주머니 속에서 보낸다. 여기서는 말하자면 태내 발달로부터 독립적 존재로의 이행적 단계를 보여 주는 거친 해부학적 표현이 발견된다. 두 번째는 동면 동물이다. 이들의 새끼는 무력하게 태어나며 종종 앞을 보지 못하고 유아기 초기를 굴속에서 보낸다. 이들 역시 어미 태내에서 외부 세계로

의 이행적 환경을 연상시킨다. 세 번째는 어미들에게 매달려 다니는 젖먹이들이다. 이들은 모두 움켜잡는 본능을 가지고 있다. 마지막으로 네 번째는 뛰어다니는 새끼들이다. 이들은 완전히 발달되어 있으며 태어나자마자 뛰어다니며 젖 이외에 풀로도 영양분을 섭취한다.

*J. F. T. 도플라인(Johann Franz Theodor Doflein, 1873~1924)은 독일의 동물학자이다. 중국, 일본, 극동 지방에서 광범위한 현장 연구를 수행하였으며 기능적 동물학을 창시하였다. 그는 주로 단세포 동물에 관심을 가졌으나 비고츠키가 말한 바와 같이 새끼를 기르는 방법에 기초한 포유류 분류법도 발달 시켰다.

3-12] 우리는 인간의 신생아에게서 포유류의 세 번째 무리의 움켜 쥐는 반사와 계통발생적으로 의심의 여지 없이 연결된 일련의 동작들을 관찰한다. 원숭이의 새끼가 태어나면, 새끼 원숭이는 반사적으로 어미의 몸에 난 털을 사지로 움켜쥐고, 척추를 아래로 한 채 어미의 가슴에 매달린다. 이 새끼 원숭이는 깨어 있을 때나 심지어 자고 있을 때도 이 상태를 유지할 수 있다. 어미가 움직이면 이 새끼 원숭이는 단단히 매달려 같이 움직인다. 우리는 이 사례에서 유대류에서는 다르게 나타나는 어미에 대한 새끼의 새로운 의존성을 표현하는 기능적 기제를 발견한다.

3-13] 신생아에서 또한 우리는 이러한 반사 운동을 관찰한다. 만약 신생아의 손에 손가락이나 다른 가늘고 긴 물체를 대면, 그 아기는 공중으로 들어 올려져 몇 분간 그 상태로 매달려 있을 만큼 강하게 움켜잡는다. 이 반사와 원숭이의 움켜잡기 반사 간의 유사성은 분명하다. 잡기 반사로 알려져 있고 머리가 흔들린 결과로 나타나는 모로 반사도

같은 의미를 갖는다. 아기는 먼저 손과 발을 대칭적으로 뻗었다가 다시 호 모양으로 만든다. 신생아는 모든 강하고 갑작스러운 자극에 대해 잡기 운동으로 표현되는 공포 반응을 나타내면서 동일한 움직임으로 반응한다. A. 파이퍼에 따르면 공포 반응은 인간과 유인원 모두에서 동일한 잡기 반사를 일으킨다. 이렇게 우리는 출생 후에도 새끼가 어미에게 생물학적으로 의존하는, 모든 포유류의 고유한 단계에 공통된 흔적들을 원시적인 적응 운동의 잔여물에서 발견한다.

*A. 파이퍼(Albrecht Peiper, 1889~1968)는 유아의 신경 활동을 연구한 독일의 소아과 의사. 파이퍼 수직 반응과 파이퍼-이스베르트 역수직 반응은 그의 이름을 딴 것이다.

3-14] 끝으로 신생아기가 자궁 내 발달과 자궁 외 발달 간의 이행적 시기로 간주되어야 한다는 명백하고 틀림없는 증거는 다음과 같다. 조산의 경우 태아적 발달의 마지막 달들은 자궁 외 발달 조건에서 일어날 수 있다. 마찬가지로 지연 출산의 경우 신생아의 첫 달들은 자궁 내 발달 조건에서 일어날 수 있다.

3-15] 때때로 어린이는 과숙아로 태어난다. 정상 임신 기간이 음력으로 열 달, 즉 양력으로 아홉 달(280일)이라면, 미숙아 혹은 과숙아로 태어난 어린이들은 어느 쪽으로든 정상 기간과 40일의 차이가 날 수 있다. 어린이는 마지막 월경에서 계산하여 임신일 240일에서 320일 사이에 태어날 수 있다. 예외적인 경우 임신은 326일까지 지속될 수 있다. 이처럼 생존 가능한 어린이의 출생 시기는 대략 4개월의 차이가 있다.

3-16] 연구는 미숙아와 과숙아의 발달에 대해 무엇을 알려 주는가? 간략하게, 우리는 미숙아들의 한두 달 자궁 외 발달이 과숙아들의 한

두 달 자궁 내 발달과 마찬가지로 추후 발달에 본질적 변화를 야기하지는 않는다고 말할 수 있다. 이는 자궁 내 마지막 두 달과 자궁 외 첫 두 달의 발달은 이 기간 중 일어나는 과정의 본성상 너무나 긴밀하게 연결되어 있기 때문에 이 두 기간이 동등해 보인다는 것을 의미한다. 이렇게 하여 게젤에 따르면, 처음부터 과숙아는 분명히 일반적인 가속 발달의 모습을 보여 준다. 이는 어린이가 엄마 자궁 속에서 몇 달을 더 보내면 그 상응하는 기간만큼 자궁 외 발달이 진행된다는 것을 의미한다. 정신 발달 계수는 자궁 내 발달에 추가된 한 달을 조정하여 계산되어야 한다.

3-17] 마찬가지로 미숙아는 자연적 임신 기간의 4분의 3만 자궁 내에 머물러도 생존이 가능하다. 이미 7개월이면 행동 기제가 거의 준비되며 태아의 마지막 2개월 동안 발달 속도는 다소 느려진다. 이렇게 하여 조산의 경우에도 생존이 보장된다. 따라서 미숙아는 생각보다 정상아와 훨씬 유사하다. 그러나 미숙아의 발달 경로를 고려할 때 우리는 미숙아가 자궁 외 발달의 최초 2개월 동안 완료되지 않은 태아 시기를 거쳤음을 참작하여 그의 정신 발달 계수를 다시 한 번 수정해야 한다. 조산이 정신 발달에 현저한 변화를 초래하느냐는 질문에 대해 우리는 일반적으로 부정적으로 답해야 한다.

비고츠키는 출생이 하나의 사건이 아니라 위기적 시기임을 역설하고 있다. 먼저 그는 영양 섭취, 수면, 자세 잡기와 같은 발달 노선을 통해서 이를 보여 주었다. 이러한 발달 노선들은 단일한 신형성 즉 독립적이지만 아직 본능적인 의식의 징후들이다. 이 의식은 아직 자의식이 없으며 주로 뇌의 피질하 영역(중뇌와 뇌간)이 중심적 역할을 담당한다. 여기서 비고츠키는 다른 방식으로 동일한 주장을 한다. 위기적 시기와 안정적 시기의 차이는 위기적 시기의 경우 정점이 명백하지만 경계가 명확하지 않고, 안정적 시기의 경우 정점이 명백하지 않지만 경계가 명확하다는 것이다. 비고츠키는 다소 자의적으로 정점을 전후로 한 6개월을 위기적 시기로 규정한다. 이는 출생에는 적용되지 않는다. 일반적인 출생보다 6개월 전에 태어난다면 아기는 생존이 불가능하기 때문이다. 그러나 일반적 원칙은 동일하다. 즉 우리가 관심을 가지고 있는 기본적 관계(대뇌피질의 느린 발달과 그에 따른 피질하 영역의 지배)는 출생을 정점으로 전후 2개월 사이에 동일하다. 비고츠키는 미숙아와 과숙아의 예를 통해 이를 설명한다. 게젤에 따르면 과숙아는 조숙해 보일 수 있다. 예컨대 과숙아는 수면과 영양 섭취가 더 규칙적이고 같은 개월 수의 다른 아기들에 비해 더 활력이 있어 보인다. 그러나 늦게 태어났다는 사실을 감안하면 이 아기는 특별할 것이 없다는 것을 알 수 있다. 보통 자궁 외에서 일어나는 한 달간의 뇌 발달이 과숙아의 경우는 단지 자궁 내에서 일어났을 뿐이다. 이와 유사하게, 미숙아는 미발달된 것으로 보이지만, 보통 자궁 내에서 일어나는 발달이 미숙아의 경우에는 자궁 밖에서 일어나는 것이다. 이 모두는 비고츠키에게 출생이 1세, 3세, 7세, 13세의 위기적 시기와 유사한, 위기적이지만 단일한 발달 시기임을 시사한다. 이와는 달리 게젤에게는 출생이 점진적이고 대부분 양적인 비위기적인 발달 시기이다. 비고츠키는 후에 이러한 입장을 비판한다.

3-18] 우리는 미숙아와 과숙아에 대한 연구가 신생아기의 이행적 특성을 의심의 여지 없이 확증한다고 믿는다. 그러나 이 사실로부터 어린이 발달에 대한 진화론적 관점의 지지자들이 흔히 주장하는 결론을 도출하는 것은 잘못된 것으로 보인다. 이 결론에 따르면 비약적 발달의 명백하고도 뚜렷한 사례인 출생 행위가 자궁 내 발달과 자궁 외 발달의 진화론적 순서상 하나의 단순한 단계로 간주되어야 한다. 이 견해의 지지자들은 두 발달 단계 사이의 연속성과 연관성을 정확하게 보고 있지만 어린이가 하나의 발달 유형에서 다른 발달 유형으로 이동하며 수행하는 변증법적 도약은 인식하지 못하고 있다. 게젤에 따르면, 미숙아

와 과숙아에 관한 연구를 토대로 내릴 수 있는 가장 일반적인 결론은 행동 발달이 출생 시기와 상관없이 개체발생적 순서상 규칙적으로 일어난다는 것이다. 발달에는 출생 시간이 특별한 영향을 미치지 못하는 견고한 토대가 존재하는 것으로 보인다. 따라서 제때 출생한 어린이와 미숙아의 일반적인 성장 곡선의 특성이 동일하다. 간단히 말해서 미숙아는 어머니의 자궁으로부터 정상보다 빨리 분리되었다는 사실에도 불구하고 한동안 태아 유형의 발달을 지속한다.

3-19] 그런 결론은 파산한 것처럼 보인다. 자궁 내 발달의 마지막 달들과 신생아의 처음 몇 달간에는 부정할 수 없는 심오한 연속성이 존재한다. 우리는 신생아의 가장 중요한 특성들 몇 가지를 분석함으로써 이를 보여 주고자 했다. 우리는 또한 어린이 삶의 태아적 시기의 발달이 전적으로 식물적 과정에 제한되지 않음을 말해 주는, 어머니의 자궁 안에 있는 태아의 움직임을 지적할 수도 있다. 그러나 이러한 의심할 여지 없는 연속성은 배경으로 남아 있을 뿐이며, 이를 배경으로 태아적 상태와 출생 후 상태 간의 유사성보다는 차이점이 일차적인 기본적 계기로 전면에 등장한다. 모든 이행에서와 같이 새로운 출생의 시기는 무엇보다도 낡은 것과의 단절이자 새로운 것의 시작을 의미한다.

3-20] 신생아기에 일어나는 기본적 신형성의 발생과 역동을 자세히 기술하는 것은 이 절의 과업에 포함되지 않는다. 우리의 목적을 위해서는 이 신형성을 명명하고, 그것이 위기적 연령기의 신형성이 지니는 전형적인 특성을 모두 지니고 있음을 간단히 지적한 다음, 이로써 이후 어린이 인격 발달의 시작을 이루는 출발점을 밝히는 정도로 충분하다.

3-21] 최초로 이 독특한 발달 단계의 산출물로서 나타나 후속 인격 발달을 시작하는 계기를 구성하는 신생아기의 중심적 기본적 신형성을 일반적 용어로 정의하자면, 우리는 이것을 신생아의 개별적 정신생활이라고 말할 수 있다. 이 신형성에서 두 가지 계기가 주목되어야 한다. 태

아적 발달 시기에 이미 어린이에게 삶은 존재한다. 신생아기에서 새로운 것은 이 삶이 자신이 태어난 유기체 내부로부터 분리되어 개별적 존재가 된다는 것이다. 즉 모든 개별적 인간 존재와 마찬가지로 어린이를 둘러싼 사람들의 사회적 삶으로 꼬이고 짜이는 하나의 삶이 된다. 이것이 첫 번째 계기이다. 두 번째 계기는 개별적 생활이 사회적 존재로서 어린이 최초의 가장 원시적인 존재 형태인 동시에 정신생활을 구성한다는 사실에 있다. 왜냐하면 오직 정신생활만이 어린이 주변 사람들의 사회적 생활의 일부가 될 수 있기 때문이다.

이 문단에서 비고츠키는 'вплетена и воткана'라는 표현을 사용한다. 이것은 '엮이고 짜이는' 또는 '짜이고 관련되는'을 비롯해 다양하게 해석될 수 있다. 그러나 이 표현들은 본질적으로 동일한 의미의 반복이다. 비고츠키가 'вплетена'와 'воткана'라는 표현을 통해 드러내고자 했던 것은 사회화의 두 국면이다. 한편으로 (면대면 상호작용을 통해) 사람 간 사회화라는 실로 꼬이고(вплетена), 다른 한편으로 (언어 공동체로의 입문을 통해) 문화-역사적 사회화라는 더 넓고 커다란 직물로 짜이는(воткана) 것이다. 수확된 면화는 처음에는 짧은 섬유로 이루어져 있다. 이 짧은 섬유들을 서로 꼬아서 긴 실을 만들어야 커다랗고 넓은 천을 짤 수 있는 것이다. 갓 태어난 아기의 사회화의 원천은 넓은 의미로 보았을 때 문화-역사적이라기보다는 사람 간 관계이다. 이러한 사람 간 관계(어머니, 아버지, 형제자매, 친척, 친구, 이웃과의 관계)로 꼬인 실들이 거대한 사회적 직물(문화, 역사, 국가)로 짜이는 것이다. 어머니와 어린이의 면대면 상호작용은 실 꼬기, 즉 사람 간 관계의 시작이다. 그러나 낱말 의미의 공유와 교환은, 사람 간 관계적인 것에서 더 나아가 낱말 의미를 수백 년 동안 유사한 방식으로 사용했던 수많은 과거와 현재의 사람들과 어린이를 연결한다.

3-22] 신생아의 정신생활 내용에 관한 문제는 신생아의 정신생활에

대한 직접 연구가 완전히 실행 불가능하다는 이유로 오랫동안 큰 이견과 논쟁을 불러일으켰다. 시인, 철학자, 심리학자들은 신생아의 정신에 지나치게 복잡한 내용을 부여하는 경향이 있었다. 따라서 셰익스피어는 리어왕의 입을 통해 신생아의 첫 울음에 매우 비관적 의미를 부여한다.

"태어날 때, 우리는 운다.

이 거대한 바보들의 세상에 오게 되어서."

3-23] A. 쇼펜하우어는 이와 유사한 뜻을 어린이의 울음에 부여한다. 그는 아기의 울음을 존재의 최초 시작부터 비참함이 만연해 있다는 염세주의적 주장의 증거로 보았다. I. 칸트는 신생아의 울음을 인간 영혼이 감각의 족쇄를 차게 된 것에 대한 저항으로 해석한다.

*A. 쇼펜하우어(Arthur Schopenhauer, 1788~1860)는 반反헤겔주의 철학자이자, 오늘날 염세주의를 일종의 형이상학(자아의 소멸을 열반의 한 형태로 여기는 불교 형태와 유사함)으로 전환시킨 것으로 평가되는 초월적 관념론자이다. 그는 우주가 악惡, 즉 언제나 자신의 만족과 타인의 파멸을 원하는 사악한 영혼에 의해 움직인다고 믿었다. 그는 또한 우생학을 신봉하여, 부유하고 지적이고 신체적으로 아름다운 사람들만이 자신의 아이들이 고통스러운 삶에 빠지는 것을 막을 수 있기 때문에, 그러한 사람들만 결혼을 하고 자식을 가져야 한다고 생각했다. 그 결과 그는 결혼을 하지도 자식을 갖지도 않고, 푸들을 키우며 어머니와 살았다.

*I. 칸트(Immanuel Kant, 1724~1804)는 초월적 관념론의 창시자이다. 철학을 시작했을 때, 그는 이미 자연과학에 정통해 있었다(그는 은하수를 엄청난 수의 별의 집단이라고 가정한 최초의 사람이었다). 그는 인간의 인지가 선험적 범주에 의해 매개된다는 것을 보

여 주고자 했다. 즉 시간, 공간, 원인, 결과라는 관념이 인간의 정신 구조 속에 만들어져 있기 때문에, 인간이 시간, 공간, 원인, 결과를 인식할 수 있다는 것이다. 이는 이러한 관념에 대한 대응물이 인간의 감각 외부의 실제 세계에 존재하는지 아닌지(즉 시간과 공간이 현실의 범주인지 여부) 본질적으로 알 수 없다는 것을 의미한다.

변증법론자로서 비고츠키는 인간의 지식이 정도의 차이는 있지만 매개된다는 칸트의 의견에 동의한다(사실 그것은 페리지바니가 시사하는 것이기도 하다). 그러나 유물론자로서 비고츠키는 지식과 자연을 매개하기 위해 사용하는 낱말의 의미나 개념과 같은 사회-문화적 범주가 정확히 자연 자체에 대응하는지 여부를 본질적으로 알 수 없다는 의견에는 동의하지 않는다. 우리는 어떤 형태의 매개된 지식이 다른 것보다 더 나은지 아닌지를 실천을 통해 알 수 있다. 무엇보다도 비고츠키는 인간 지식과 자연을 매개하는 범주가 선험적으로나 출생 시에 주어진다는 칸트의 의견에 동의하지 않는다(3-31 참조).

3-24] 반사학파에 속한 연구자들은 신생아의 모든 정신생활의 존재를 거부하는 경향이 있다. 그들은 신생아를 정신적 연결의 흔적이 전혀 없는, 전적으로 특정한 신경 연결에 의해 지각하고 행동하는 살아 있는 자동 기계로 간주한다.

3-25] 그러나 현재 대다수의 연구자들은 두 가지 기본적 명제를 인정하는 데 동의하고 있다. 1) 신생아는 가장 원시적인 정신생활을 시작한다. 2) 이러한 정신생활은 완벽하게 고유한 특징을 지닌다. 우리는 두 명제를 모두 조사할 것이다.

3-26] 신생아의 정신생활을 인정하지 않는 반대론은 신생아의 머릿속에 있는 대부분의 두뇌 영역들이 아직 성숙되지 않았다는 사실에 토대한다. 무엇보다 특히 미성숙한 것은 대뇌피질이며, 그것은 의식 활동과 밀접하게 관련이 있는 것으로 알려져 있다. 대뇌피질 없이 태어난 아

기가 주로 겉으로 드러난 삶의 주요 특성에 있어서 최소한 초기 며칠 동안은 정상 아기와 크게 구별되지 않는다는 것은 주목할 만하다.

3-27] 본질적으로 신생아의 중추신경계가 미성숙하다는 사실은 의심할 여지 없이 분명하다. 하지만 우리는 이 주장이 두 가지 계기에서 지지될 수 없음을 인식할 수밖에 없다. 우리는 대뇌피질을 모든 의식의 발현 장소로 꼽는 데 익숙하다. 그러나 신생아에게서 이 기관은 아직 작동하지 않으므로 우리는 신생아에게는 아무런 의식이 없다고 결론짓는다. 의식의 현상이 모두 대뇌피질과 관련이 있다는 점이 확립되기만 한다면 이 결론은 설득력을 가질 것이다. 우리가 가지고 있는 정보들은 이것이 전적으로 사실은 아님을 보여 준다. 대뇌피질은 오직 고등한 의식 활동 형태의 발현에만 연결되어 있는 것처럼 보인다. 우리의 욕구와 본능, 그리고 가장 단순한 감정의 생활은 필시 피질하 영역에 좀 더 직접적으로 연결되어 있으며, 이 영역은 신생아에게서 이미 어느 정도 작동하고 있다.

3-28] 더욱이 정상 신생아와 무뇌아의 비교는 단지 가장 명백한 반응 현상에 있어서만 그 둘 사이에 주목할 만한 차이점이 없음을 보여 준다. 좀 더 면밀하게 비교해 보면 뇌의 고등 영역 없이 태어난 어린이가 그 어떤 표현적 움직임도 나타내지 않음을 알 수 있다. 따라서 정상 신생아는 R. 비르초프가 밝힌 것처럼 단지 순전히 척수-연수적 존재가 아닐 뿐 아니라, 일반적으로, 그 삶이 순전히 원시적 뇌로만 결정되는 고대-뇌적 존재도 아니다. 새로운 뇌가 어떤 방식으로든 최초부터 이미 신생아 발달에 관여한다고 믿을 만한 이유가 있다(K. 코프카). 몇몇 연구자들에 따르면 동물의 새끼에 비해 더 크게 나타나는 인간 어린이의 무력함은 인간 어린이의 고대 뇌의 기제가 기능상 덜 독립적이라는 사실로 설명된다. 이는 고대 뇌가 아직 미성숙한 새로운 뇌 부분과 연결되어 있기 때문이다(H. M. 쉘로바노프).

인간의 아기가 무력하게 태어나는 것이 왜 이점이 되는 걸까? 비고 츠키는 이 상대적 무능력이 뇌의 새로운 부분들(대뇌피질)이 어린이의 신경계를 더 쉽게 지배할 수 있도록 한다고 주장한다. 그렇다면 출생 시 뇌의 새로운 부분들이 미발달된 상태인 것은 왜 이점이 되는 걸까? 비고츠키는 이것이 바로 어린이로 하여금 환경, 특히 사회적 환경에 적 응하는 것을 가능하게 만드는 것이라고 주장할 것이다. 그러므로 새로 운 뇌는 늦게 발달해야 한다. 뇌를 발달시키는 것은 바로 환경이며, 이 환경은 어린이가 출생한 후에야 그에게 존재하기 때문이다. 이 '새로운 뇌'와 '오래된 뇌'는 계통발생 및 개체발생적으로 모두 구별된다. 계통 발생적으로 하등 동물들은 뇌간(연수)과 중뇌가 상대적으로 발달된 반 면 대뇌피질은 상대적으로 덜 발달되는 경향이 있다.

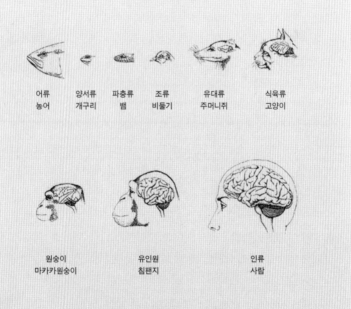

이는 또한 다음 그림이 보여 주듯이 개체발생적으로도 사실이다.

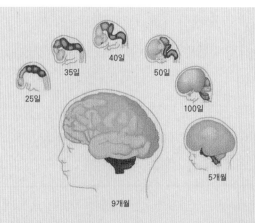

40일

35일

50일

25일

100일

5개월

9개월

*R. 비르초프(Rudolf Virchow, 1821~1902)는 근대 병리학, 사회의학, 수의병리학의 창시자였다. 그는 백혈병을 밝혀냈으며 오늘날까지도 여전히 사용되는 부검 방법을 창안하였다. 그의 생애는 많은 기복으  로 점철되었는데, 이는 한편으로 유별난 그의 과학적 관점(진화나 질병의 세균설을 믿지 않았고, 모든 질병의 원인이 사회적 불평등에 기인한다는 생각) 때문이기도 하였고, 다른 한편으로는 그의 정치적 관점(1848년 독일 혁명에 가담하였고, 1862년 프로이센 하원 의원으로 선출되어 비스마르크의 군국주의에 맹렬하게 반대함) 때문이기도 하였다. 비스마르크가 결투를 신청했을 때, 비르초프는 권총으로 결투하는 것은 야만적 행위라며 거절하였다. 대신 비르초프는 두 개의 커다란 소시지를 만들어 그중 하나에 치명적인 선모충병 기생충을 가득 넣었다. 비르초프는 비스마르크에게 그중 하나를 골라서 먹는 것으로 결투를 제안했지만 비스마르크는 이를 거부하였다.

*K. 코프카(Kurt Koffka, 1886~1941)는 형태주의 심리학자로서, M. 베르트하이머가 실시한 지각 실험의 대상이자 그의 제자였으며, W. 쾰러의 동료였다.  그는 최초 학습이 운동감각적(보상과 처벌)이라고 믿었지만, 이를 언어를 통한 학습과는 구별하였다. 비

고츠키는 『생각과 말』(6-3-15~6-3-27)과 『역사와 발달 I』(5-24)에서 코프카의 연구를 광범위하게 그러나 비판적으로 인용했다. 코프카는 루리야의 중앙아시아 탐사에 참가하였고 이에 대한 보고 내용이 『비고츠키와 인지 발달의 비밀』(살림터, 2013)에서 소개되었다.

* Н. М. 쉘로바노프(Щелованов, Николай Матвее-вич, 1892~1981)는 뇌 활동을 전공한 반사학자였다. 그는 비교 심리학 문제(인간과 동물의 발달 비교)에 관심을 가졌으며, 러시아에서 오늘날까지도 여전히 사용되는 유아 조기 교육 체계를 개발하였다.

3-29] 이와 같이 신생아의 신경계 조건은 비록 성인이나 더 성숙한 연령기 어린이의 정신 발달과 완전히 다르지만, 정신적 삶의 가능성을 배제하지 않으며 오히려 정신의 시초를 제시한다. 주로 피질하 영역과 연결되어 있으며 구조적 기능적으로 충분히 성숙하지 않은 대뇌피질과 관련된 정신생활은 중추신경계의 발달과 성장에 따라 가능해지는 더 진지한 정신생활 형태와는 자연히 다를 수밖에 없다. 신생아에게 원초적 정신의 흔적이 있음을 지지하는 결정적인 주장은, 더 성숙한 어린이나 성인의 정신적 상태와 연결되어 존재하는 모든 기본적 삶의 과정이 출생 직후 관찰된다는 사실이다. 이는 기쁨이나 고양된 기분, 비통함과 슬픔, 분노와 공포, 놀람과 주저함의 정신적 상태를 드러내는 표현적 움직임에서 특히 그렇다. 여기에는 굶주림과 갈증, 포만감과 만족감 등과 연결된 신생아의 본능적 움직임도 포함되어야 한다. 이러한 형태들로 신생아에게 나타나는 반응들의 두 무리는 우리로 하여금 이 연령기에 원초적인 정신적 표상이 존재함을 인정하도록 한다.

3-30] 그러나 우리가 이미 언급한 바와 같이 이 정신생활은 더욱 발달된 유형의 정신생활과는 그 형태에 있어서 극히 다르다. 그 기본적 차이에 대해서 살펴보자.

3-31] W. 스턴은 신생아기에 반사와 더불어, 풍부하고 다양한 면을 가지는 정신생활로 곧 발달될 의식의 첫 번째 흔적이 반드시 존재한다고 믿는다. 물론 우리는 신생아의 정신생활의 초보적 상태에 대해서만 이야기할 수 있으며, 여기서는 의식을 구성하는 모든 지적, 의지적 현상을 배제해야 한다. 거기에는 선천적 표상도 없고, 진정한 지각 즉 외적 대상과 과정 자체에 대한 이해도 없으며, 마지막으로 의식적 의지나 욕구도 없다. 어느 정도 확실하게 가정할 수 있는 유일한 것은 다음과 같다. 이것은 감각적 특징과 감정적 특징이 여전히 불가분하게 융합되어 있는 모호하고 불분명한 의식 상태로, 우리는 이것을 감각적 감정 상태 혹은 감정적으로 채색된 느낌의 상태라 부를 수 있을 것이다. 어린이의 생후 초기 며칠 동안에도 전체적인 모습, 얼굴 표정, 울음의 특징 속에 이미 유쾌하거나 불쾌한 감정 상태가 관찰된다.

3-32] Ch. 뷜러는 신생아의 정신생활을 이와 유사하게 특징지었다. 어린이가 어머니와 맺는 첫 번째 접촉은 너무나 긴밀해서 접촉이라기보다는 결합, 단순한 접촉이라기보다는 공존이라고 말할 수 있을 것이다. 출생 시 어린이가 어머니로부터 신체적으로만 분리되는 것처럼 어린이는 외적 세계의 개별 대상으로부터 오는 자극을 오직 점차적으로만 정신적으로 구분하게 된다. 만약 유아가 인상을 객관화하는 데 실패한 것을 공식화하는 것이 가능하다면 우리는 다음과 같이 말할 수 있다. 어린이는 처음에 대상보다는 상태를 체험하는 것처럼 보인다. 언제까지 어린이가 움직임과 장소의 변화 등을 단순히 받아들이는지, 언제 어린이가 이 모두를 받아들일 뿐 아니라 누군가가 자신의 주위에서 활동하고 있다는 사실을 체험하기 시작하는지 말하기는 어렵다. 우리는 어린이의 첫 달에는 어떤 사람이나 사물도 존재하지 않으며, 모든 자극과 주위를 둘러싼 모든 것들이 오히려 주관적인 상태로서만 체험된다고 생각하는 경향이 있다.

3-33] 이렇게 우리는 신생아의 정신생활의 고유성을 특징짓는 두 가지 본질적인 계기를 발견한다. 그 첫 번째는 분화되지 않고 구분되지 않는 이를테면 성향, 정서, 감각의 합금과도 같은 체험의 배타적인 지배성과 관련이 있다. 두 번째는 신생아의 정신을 자아와 체험이 객관적 사물에 대한 지각과 구분되지 않는 것, 아직 사회적 대상과 물리적 대상이 구분되지 않는 것으로 특징짓는다. 남은 것은 단지 외부 세계와 관련된 신생아의 정신을 특징짓는 세 번째 계기의 윤곽을 그리는 것이다.

3-34] 신생아가 세상을 지각하는 것 자체가 무질서하고, 단편적이며, 따로따로 떨어진 감각일 것이라고 상상하는 것, 즉 (신생아의 지각이-K) 열 감지적, 내부 유기체적, 청각적, 시각적, 촉각적 등등일 것이라고 상상하는 것은 올바르지 않을 것이다. 연구는 독립적이고 분리된 특정 지각의 개별화가 훨씬 나중에 오는 발달의 산물임을 밝혀내었다(K. 코프카). 감각 형태에서 전체 지각의 일부 구성 요소를 개별화하는 능력의 발달은 훨씬 나중에 출현한다. 어린이의 초기 지각은 전체 상황으로부터 구분되지 않는 인상을 주는데, 여기서는 상황 속 각각의 객관적 계기가 구분되지 않을 뿐 아니라 지각 요소와 느낌 요소도 아직 분화되지 않는다. 신생아가 개별적 지각, 상황의 개별적 요소에 반응하는 능력을 보여 주기 오래전부터 감정적으로 채색된 복잡한 복합적 전체에 반응하기 시작한다는 것은 주목할 만한 사실이다. 예를 들어 어머니의 얼굴과 어머니의 표현적 움직임은 어린이가 형태, 색깔, 크기를 따로따로 지각하기 훨씬 전부터 어린이의 반응을 불러일으킬 것이다. 신생아의 최초 지각에서 모든 외적 인상들은 정서 혹은 지각의 감각적 색조로 채색된 불가분의 통합체를 구성한다. 어린이는 외적 실재의 객관적 요소 자체보다는 친근함이나 위협 같은 일반적 표현을 일찍이 감지한다.

어린이는 어떻게 시공간 개념을 갖게 되는 것일까? 피아제는 신생아의 시선과 팔 동작의 협응성이 현저히 낮은 점에 주목하며, 신생아가 먼저 '시각 공간', '만지는 공간', '입으로 감지하는 공간'(피아제는 이를 '구강 공간'이라 부름)에 대해 느끼고, 오직 나중에서야 이러한 다양한 공간들을 자기 주변의 단일한 공간으로 통합할 수 있다고 믿었다. 이것은 유아기 자기중심성의 근원이다. 즉 어린이의 세상은 일종의 신체의 투영으로, 신생아에게는 오직 신체와 다양한 감각이 있을 뿐이며, 바깥세상은 존재하지 않는다(유아 자폐성). 비고츠키는 이것에 동의하지 않는다. 『성장과 분화』에서 비고츠키는 발달이 그 반대라고 주장한다. 어린이는 처음에 몸 전체로 반응하고(예: 모로 반사) 오직 나중에서야 물체를 잡기 위해 왼팔과 오른팔을 따로따로 움직일 수 있게 된다. 따라서 비고츠키는 어린이의 세상이 다양하고 연결되지 않은 감각들(온각, 시각, 청각 등)의 집합이 아니라 오히려 단일한 전체적 느낌이라고 가정하고 있다. 이것이 나중에 온각, 시각, 청각 등으로 분화된다. 이러한 공간적 인식은 차후에 시간적 인식으로 분화된다.

3-35] 신생아 지각의 기본 법칙은 다음과 같이 공식화될 수 있다. 어린이의 전체 상황에 대한 최초의 무정형적 지각은 어느 정도 규정되고 구조화된 현상이 나타나는 토대가 되는 장場이며, 규정되고 구조화된 현상은 이 장에서 고유한 특성으로 지각된다. 구조의 법칙, 즉 배경으로부터 형상의 분리는 분명 정신생활의 가장 원시적 특성이며, 이후 의식 발달의 출발점을 형성한다.

3-36] 이와 같이 우리는 신생아의 정신생활에 대한 최초의, 일반적인 이해를 확립할 수 있다. 우리에게 남은 것은 이러한 수준의 정신생활이 어린이의 사회적 행동에서 어떠한 결과를 이끌어 내는지 지적하는 것이다. 쉽게 알 수 있듯이 신생아는 그 어떤 특별한 형태의 사회적 행동도 보이지 않는다. C. 뷜러와 H. 헤처의 연구가 보여 주듯이 주변 사람들과 아기의 최초 의사소통은 신생아기 이후에 일어난다. 진정한

의사소통을 위해서는 아기가 누군가 자신과 놀아 준다는 사실을 '인식' 하고 사람에 대해 다른 주변 환경과 달리 반응하게 해 주는 심리적 과정이 전적으로 필요하다. 우리는 사회적 인상과 반응이 생후 두 달에서 세 달 사이, 즉 신생아기 이후 시기에 나타난다고 어느 정도 자신 있게 처음으로 말할 수 있다. 이 시기 어린이의 사회적 생활은 완전한 수동성으로 특징지어진다. 어린이의 의식뿐 아니라 행동에서도 아직 사회적 체험 자체라고 말할 수 있는 것은 존재하지 않는다. 이는 모든 생물학자들이 오랫동안 이견 없이 그렇게 해 왔듯, 신생아기를 어린이의 사회적 발달에서 고유한 단계로 식별하는 것을 가능하게 해 준다.

3-37] 신생아의 정신생활은 위기적 연령기 신형성의 모든 전형적 특징들을 지닌다. 우리가 지적했듯이, 이 유형의 신형성은 성숙한 형성으로 절대 이어지지는 않고, 일시적이고 이행적이며, 후속하는 안정된 연령기로 사라지는 형태를 보인다. 신생아기의 신형성은 무엇일까? 그것은 주로 뇌의 피질하 영역에 연결된 독특한 정신생활 형태이다. 그것은 어린이의 후속 연령에서 견고한 성취물로 남지 않는다. 그것은 신생아기를 둘러싼 한정된 시간 속에서 꽃피고 스러진다. 그러나 그것이 어린이 발달에서 덧없이 지나가는 사건으로 흔적도 없이 사라지는 것은 아니다. 후속 발달 과정에서 단지 독립적 존재성을 잃고, 더 고등한 차원의 신경과 정신 형성의 구성 성분, 종속적 계기로 포함될 뿐이다.

3-38] 신생아기의 경계 문제는 여전히 논쟁의 여지가 매우 크다. 어떤 학자들은 신생아기를 한 달로 여기고(K. 래쉴리, 트로이츠키, 후티넬) K. 비에로르트 같은 학자들은 일주일로 한정하기도 한다. 탯줄 상처가 아물고 흉터가 생기거나 보탈로관과 탯줄 혈관이 소멸하는 것이 대개 이 시기의 끝으로 여겨진다. 핀켈스타인과 레이스는 생리적 체중 감소 후 어린이가 처음 체중을 회복하는 순간을 이 시기의 상한선으로 간주한다(10~21일). П.П. 블론스키는 생리적 체중 감소가 멈추고 체중이 다

시 증가하기 시작하는 출생 후 일곱 번째 날을 신생아기의 마지막 날로 간주할 것을 제안한다. 그러나 탯줄의 폐기와 보탈로관의 소멸과 같은 어린이의 일반 조건에 영향을 주지 않는 과정이 신생아기의 경계로 간주될 수 없다는 M. S. 마슬로프의 의견에 동의하지 않을 수 없다. M. S. 마슬로프는 이 시기를 정의하고 싶다면 모든 물질 대사는 물론 해부-생리학적 특질과 특성 전체를 고려할 필요가 있다고 믿는다. 이 시기 어린이는 독특한 물질 대사로 특징지어지며, 면역 체계와 과민증의 특징과 관련한 독특한 혈액 상태를 갖는다는 것이 발견되었다. 이 모든 것을 종합하면 신생아기는 탯줄이 떨어진 때를 훌쩍 넘어 모든 경우에서 적어도 3주간은 지속되며, 뚜렷한 경계 없이 두 번째 달의 모유수유 시기로 시나브로 넘어간다고 말할 수 있다.

*K. S. 래쉴리(Karl Spencer Lashley, 1890~1958)  는 미국의 행동주의 심리학자이다. 왓슨의 제자로서 그는 쥐에게 미로를 달리는 것을 가르친 후 기억이 저장되는 곳이라 믿었던 뇌의 일부를 파괴함으로써, 기억은 인상들이 기록되는 단순한 뇌 영역임을 보여 주고 싶어 했다. 그러나 그는 정확히 그 반대의 것을 증명하는 데 성공했다. 뇌의 일부가 파괴되면 뇌의 다른 영역이 그 기능을 떠맡는다.

 *M. M. 트로이츠키(Матвей Михайлович Троицкий, 1835~1899)는 모스크바 주립 대학의 심리학과 철학 교수였다. 그는 A. 베인과 같은 영국의 연합주의 심리학자들에게 큰 영향을 받았다.

*V. H. 후티넬(Victor Henri Hutinel, 1849~1933)은 프랑스의 소아과 의사이다. 그는 유년기 질병에 대한 5권의 표준 연구서를 저술했으며 그의 이름을 딴

간 질병이 있다.

*K. 비에로르트(Karl von Vierordt, 1818~1884)는 혈
압을 측정하는 최초의 도구를 만든 독일의 의사로
서, 시간 감각과 같은 심리학적 주제도 연구했다.

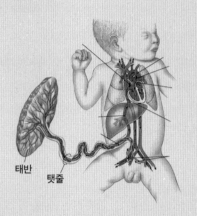

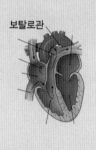

보탈로관

태반
탯줄

보탈로관은 왼쪽 폐동맥(폐로 가는 혈액을 받아들이는 혈관)과 하행 대
동맥(폐에서 나온 혈액을 받아들이는 혈관)을 연결함으로써 태아의 피가
폐를 우회할 수 있도록 해 주는 혈관이다. 그것은 대개 어린이가 폐호
흡을 시작하는 출생 시에 닫힌다. 탯줄 혈관은 모체로부터 태아로 산
소와 영양을 운반해 주는 혈관이다. 이것은 보탈로관과 마찬가지로 출
생 시 소멸되며 남겨진 탯줄과 마찬가지로 사라지는 데 일주일 정도가
걸린다. 과민증이란 출생 후 첫 주 유아 사망의 원인이 되기도 하는 극
심한 알레르기 반응이다. 그것은 혈액 속의 고수준 히스타민과 관련이
있다.

*핀켈스타인은 많은 산모들의 손목에 생기는 통증인 '손목 건초염'
진단 검사를 고안한 정형외과 의사인 H. 핀켈스타인(Harry Finkelstein,
1865~1939)을 말하는 것으로 보인다. 레이스는 초기의 예방 접종 지지
자였던 미국의 소아과 의사 O. 레이스Oscar Reiss를 말하는 것으로 보
인다.

＊П. П. 블론스키(1884~1941)는 1930년대 초반에 심각한 비판을 받을 때까지 러시아에서 아동학 운동을 이끌었던 아동학자이다. 그는 노동 학교와 어린이들에게 성인의 개념이 아닌 복합체를 가르치는 것을 옹호했다. 블론스키와 비고츠키는 동료이자 친구였다.

＊М. С. 마슬로프(Маслов, Михаил Степано-вич, 1885~1961)는 1924년에 유년기 질병에 관한 임상적 강의를 출간하였다. 비고츠키는 신생아의 배꼽 형성에 관한 연구에서 마슬로프의 연구를 인용한다.

3-39] 보다시피, 신생아기가 독특하고 일반적인 생물적 모습으로 특징지어지며, 신생아가 완전히 고유한 삶을 산다고 간주하는 데는 그럴 만한 이유가 있다. 그러나 앞 장들에서 자세히 논의한 이유들로 볼 때, 어떤 연령기를 구분하는 기준이 되는 것은 어린이 인격의 사회적 발달의 특정 단계를 특징짓는 기본적이고 중심적인 신형성뿐이다. 그러므로 신생아기의 경계를 정하기 위해서는 신생아의 정신 조건과 사회 조건을 특징짓는 자료가 사용되어야 한다. 이 기준에 가장 근접한 자료는 어린이의 정신생활 및 사회생활과 가장 직접적으로 연결된 어린이 고등 신경 활동에 관한 것이다. 이 관점에서 볼 때, M. 데니소바와 H. 피구린의 연구는 첫 달 말 또는 2개월 초에 어린이 발달에 있어 전환점이 도래함을 보여 준다.

＊М. П. 데니소바(Денисова, М. П.)와 Н. Л. 피구린(Фигурин, Н. Л.)은 쉘로바노프와 같은 반사학자였으며, 파블로프의 경쟁자였던 V. 베흐테

3-40] 연구자들은 새로운 시기의 징후로 말을 걸면 웃음을 보이는 것, 즉 어린이가 인간 목소리에 처음으로 보이는 특정한 반응을 꼽는다. C. 뷜러와 H. 헤처와 같은 연구자들은 어린이 정신생활의 일반적 변화를 가리키는, 어린이의 최초 사회적 반응이 생후 1개월과 2개월의 경계에서 발견됨을 밝혔다. 그들은 생후 1개월 말에서 한 어린이의 울음이 다른 어린이의 울음을 유발시킴을 지적한다. 생후 1개월과 2개월 사이에 어린이는 사람의 목소리에 미소로 반응한다. 이 모두는 신생아 시기의 상한선이 바로 여기에 있음을 알려 주며, 어린이는 이 시기를 거치면서 발달의 새로운 연령기에 들어간다.

● 신생아의 위기

이 장에서 비고츠키는 출생이라는 위기적 시기의 신형성을 어떻게 규정하고 경계 짓는지 보여 준다. 우리는 이 책을 공부하는 사람들의 편의를 위해 임의적으로 이 장을 네 부분으로 나누어 요약하였다.

첫 번째 절은 영양 섭취, 수면, 이동에 대한 것을 다룬다. 우리는 이들을 이후의 사회적 접촉의 발달 노선들(원시적 말과 말의 발달 노선)과 정신적 활동(실행적 사고와 말로 하는 생각의 노선들)에 부합하는 발달 노선들로 인식할 수 있을 것이다. 그러나 비고츠키는 여기서 그 특별한 이행적 특성, 즉 자궁에서의 삶과 세계 속에서의 삶의 중간 지점이라는 특성을 강조한다. 이는 발달의 사회적 상황, 즉 생리학적으로 분리되지만 생물학적으로는 의존적인 어린이의 상황에 기인한다.

두 번째 절은 두 가지 근거, 즉 계통발생과 개체발생으로부터 출생의 위기가 이행적 상태임을 증명한다. 비고츠키는 계통발생의 측면에서 모든 동물이 이 유형과 비슷한 이행적 시기를 가지며, 출생 후 움직일 수 있는 능력에 비추어 볼 때 인간은 유인원과 더불어 곰과 말의 사이에 위치함을 보여 준다. 그는 개체발생의 측면에서 조숙아 또는 과숙아 역시 생존 가능하며 따라서 출생 전후의 삶은 출생을 위기적 정점으로 하는 하나의 발달 시기임을 보여 준다.

세 번째 절은 신생아기의 기본적 신형성을 규정한다. 모든 정의에서와 마찬가지로 여기에도 속과 종이라는 위계적 범주가 존재한다. 비고츠키는 먼저 속의 수준에서, 신형성은 개별적 정신생활이라고 진술한다. 이는 출생 시에 사실상 새로운 것이지만 결코 위기적 신형성은 아니다. 그것은 이행적 특성을 가지지 않는 대신 일생 동안 자율적인 형태로 상당히 독립적으로 지속된다.

따라서 네 번째이자 마지막 절에서 비고츠키는 종의 수준에서 이 신형성의 세부 경계를 정한다. 신형성은 뇌 피질하 영역과 주로 관련되는 개별 정신생활이며, 아직 어떠한 구체적인 사회적 형태의 행동을 가능하게 하지는 못한다. 비고츠키는 이 신생아의 위기를 대략 출생 전 2개월로부터 출생 후 2개월까지로 잡는다. 이는 조숙아와 과숙아의 생존 가능성에 관한 게젤의 증거와 일치한다.

I. 발달의 상황과 노선

비고츠키는 독특한 상황으로부터 시작한다. 즉 어린이가 어머니로부터 생리적으로는 분리되지만, 영양 섭취, 체온 조절, 보호, 심지어 이동조차 모두 전적으로 어머니에게 의존하기 때문에 생물적으로는 분리되지 않는 상황이다(3-1~3-2). 비록 어린이가 사회적 상황 속으로 태어났을지라도, 비고츠키는 이 상황을 발달의 사회적 상황이라고 부르지 않는다. 어린이의 관점에서 보면 사회적이라고 할 만한 것이 아직 존재하지 않기 때문이다. 이러한 상황은 어린이에게 독특한 객관적 근접발달영역을 제공한다. 이는 다음의 (적어도) 두 발달 노선으로 특징지어지는데 이 둘은 각각의 방식으로 분리와 종속의 조합을 보여 준다(3-3).

A. 영양 섭취. 어린이는 더 이상 탯줄로 연결되어 있지는 않지만 여전히 어머니로부터 영양을 섭취한다(3-4~3-5).

B. 수면. 변화된 환경에 대한 반응으로, 어린이는 독립적으로 호흡해야 하며 빛과 어둠을 구별해야 한다. 그러나 수면과 각성의 상태는 아직 명확하게 분화되지 않는다(3-6~3-9).

II. 출생의 이행적 상태를 보여 주는 계통발생적, 개체발생적 증거

비고츠키는 두 가지 다른 근거를 들어 출생의 특별하고도, 위기적인 상태에 대해 논의한다.

A. 계통발생. 유대동물의 어미의 주머니나 굴속에서 사는 동물들과 달리 어린이는 개방된 공간에서 양육되지만, 망아지와는 달리 이동을 위해 어머니에게 전적으로 의존한다. 결국 어린이는 유인원처럼 쥐거나 매달리는 반사신경을 지닌다(3-10~3-14).

B. 개체발생. 비고츠키는 사람의 임신 기간이 4개월까지 달라질 수 있다는 점에 주목한다(3-15). 그는 또한 게젤에 따르면 착상에서부터 연대기적 나이를 참작할 때 조숙아나 과숙아 모두에게서 발달의 물리적 지표(몸무게, 키, 신경계 성숙)가 다소 일치하는 듯 보인다고 지적한다. 따라서 발달이 자궁 안에서 일어나든 밖에서 일어나든 그것은 정신 발달의 기본적 '토대'를 변화시키는 것 같지는 않아 보인다(3-17~3-18). 그러나 비고츠키는 이 위기적 시기 동안 발달이 연속적이고 점진적이라는 생각을 거부한다. 대신 그는 출생이 무언가 완전히 새로운 최초의 계기를 나타낸다고 주장한다(3-19).

III. 신형성: 신생아의 개별 정신생활

비고츠키는 이 신형성을 '개별 정신생활'이라고 규정한다(3-20). 이는 너무 일반적이다. 영양 섭취나 수면에 대한 이후의 비고츠키의 논의와는 달리 이는 위기적 발달의 이행적 본성을 잘 반영하지 못하기 때문이다. 그러나 비고츠키는 게젤의 주장과는 반대로 출생에는 완전히 새로운 두 측면이 있음을 강조한다.

A. 생명 자체는 새롭지 않으나 모태로부터 분리되어 개별적 자질이 되는 것은 새롭다 (3-21).

B. 어린이가 의식하고 있지는 않으나 정신생활은 사회적이며 따라서 본성상 심리적이다.

비고츠키는 역설적이게도 시인과 철학자들이 첫 번째 부분(어린이가 스스로의 사회적 본성을 의식하지 못하는 점)을 무시하는 경향이 있으며, 반사학자들과 행동주의자들은 두 번째 부분(어린이 환경 내의 다른 이들은 어린이의 사회성과 심리를 인식한다는 점)을 무시하는 경향이 있음을 지적한다(3-21~3-26). 비고츠키는 어린이의 대뇌피질이 상당히 미발달되어 있지만, 이 역시 다른 뇌 기능의 구조와 마찬가지로 그 부분들 사이의 관계에 의존한다고 주장한다(3-27~3-29).

IV. 신생아의 개별 정신생활의 이행적 본성

스턴은 시인이나 철학자의 입장에 기울어진 것으로 보인다. 그는 출생 시에 반사와 함께 어린이 인격의 기초가 주어진다고 믿는다. 비고츠키는 신생아의 정신생활과 나중에 발달하는 인격을 명백히 구분하는 세 계기를 지적한다.

A. 감각과 정서는 여전히 미분화되어 있으며, 어린이의 체험은 환경 속에 위치한 자극이나 자아 속에 위치한 반응과 같은 것이 아니라 단일한 전체이다.

B. 어린이와 다른 대상들은 여전히 미분화되어 있으며, 어린이는 대상들이 아닌 전체 상태를 경험하는 것으로 보인다.

C. 대상과 사람은 여전히 미분화되어 있으며, 어린이가 '결합'이나 '공존'이 아닌 타인과 접촉하는 법을 배우는 것은 매우 점진적으로 일어난다(3-30~3-33).

이러한 요소들이 모두 미분화되어 있다는 바로 그 이유 때문에, 비고츠키는 신생아의 지각이 혼돈적이 아니라, 단지 분산적이라고 주장한다. 비고츠키는 어린이의 다음발달영역이 감각과 정서 또는 어린이와 다른 대상들 간의 구분이 아니라 사물과 사람의 구분이라고 주장한다. 어린이는 형태, 색, 크기에 선별적으로 반응하기에 앞서 인간의 목소리와 얼굴에 선별적으로 반응한다(3-34). 그러나 유아가 단순한 지각을 일차적인 상호 주관성(즉 엄마와 유아의 상호 간 주의와 흥미)으로 변형시키는 것은 신생아기의 끝을 나타내는 지표이다(3-35~3-36). 이와 함께 뇌의 피질하 영역에 위치한 고유한 개별 정신생활의 형태들이 쇠퇴하며, 그 이행적 특성을 분명히 증명한다(3-37~3-40).

제4장

유아기

기원전 약 300년경의 판차탄트라(인도 우화집)의 내용이 새겨진 부조.

한 무리의 원숭이가 모자 장수가 잠든 사이 모자들을 훔친다. 모자 장수가 깨어나서 원숭이에게 주먹을 흔들고 욕을 하자, 원숭이들도 따라 한다. 화가 난 모자 장수가 자신의 모자를 벗어 땅에 던지자, 원숭이들도 모자를 땅에 던진다. 비고츠키는 이 모방 능력이 상당히 과대평가되었다고 말한다. 원숭이들은 다른 동물들과 마찬가지로 이미 독립적으로 할 수 있는 행위들만 모방하기 때문이다. 그러나 인간은 언어 덕분에, 본 적은 없지만 들은 적은 있는 행위, 언어의 도움으로 그 목적을 이해할 수 있는 행위를 모방할 수 있다.

4-1 유아기 발달의 사회적 상황

4-1-1] 언뜻 보기에 유아가 완전히 혹은 거의 비사회적인 존재임을 보이는 것은 쉬울 것이다. 그에게는 심지어 사회적 의사소통의 기본 수단인 인간의 말이 없다. 그의 삶의 활동은 대개 단순한 삶의 요구에 대한 만족에 제한되어 있다. 그는 사회적 관계에 적극적으로 참여하는 주체라기보다는 대단히 객체적이다. 이는 유아기가 비사회적인 어린이 발달 시기이며, 유아는 인간 특성, 그중에서도 특히 가장 기본인 사회성이 결핍된 순전히 생물적인 존재라는 인상을 주기 쉽다. 이것이 유아기에 대한 잘못된 일련의 이론들의 토대에 놓인 관점이며, 다음에서 이를 살펴보고자 한다.

4-1-2] 사실 이러한 인상과 유아가 비사회적이라는 의견의 근거는 심대한 오류이다. 주의 깊은 연구는 우리가 유아기에 완전히 특별하고 대단히 고유한 어린이의 사회성을 마주하게 됨을 보여 준다. 이 사회성은 유일하고 둘도 없는 발달의 사회적 상황으로부터 기인하며 그 고유성은 두 가지 기본적 계기로 규정될 수 있다. 첫째는 유아의 모든 특성 중 우리의 눈길을 사로잡는 것으로서 보통 완전한 생물적 무기력으로 특징지어진다. 유아는 생명에 필요한 그 어떤 것도 스스로 충족시킬 수 없다. 가장 기초적이고 기본적인 유아의 삶의 필요도 자신을 돌보는 성인의 도움으로만 충족될 수 있다. 유아의 영양 섭취와 이동, 심지어 한

쪽에서 다른 쪽으로 몸을 돌리는 것조차 성인과의 협력을 통해서만 이루어진다. 타인, 성인을 통한 경로, 이것이 이 연령기 어린이의 기본적 활동 경로이다. 모든 유아 행동은 절대적으로 사회로부터 꼬이고 사회로 짜여 간다. 이것이 어린이 발달의 객관적 상황이다. 우리는 발달 주체 즉 유아의 의식에서 이 객관적 상황과 상응하는 것이 무엇인지 밝히기만 하면 된다.

4-1-3] 어떤 일이 일어나든 유아는 언제나 성인이 제공하는 보살핌과 관련된 상황에 처한다. 이 때문에 환경에서 어린이와 어른 사이에는 완전히 독특한 형태의 사회적 관계가 발생한다. 바로 이 생물학적 기능의 미성숙 덕분에, 나중에는 어린이의 개별적 적응의 범위 안에 해당되고 독립적으로 수행될 모든 것이 지금은 다른 사람을 통하지 않고서는, 협력의 상황을 통하지 않고서는 행해질 수 없다. 따라서 어린이의 현실과의 최초 접촉은 (가장 기본적인 생물적 기능을 수행할 때조차도) 전적으로 사회적으로 매개된다.

4-1-4] 어린이의 시야에서 물체들이 나타나고 사라지는 것은 언제나 어른의 개입 때문이다. 어린이는 언제나 누군가의 팔에 안겨 공간 속을 이동한다. 자신의 위치를 바꾸거나 심지어 단순히 뒤집는 것조차 또다시 사회적 상황과 엮여 있다. 어린이를 괴롭히는 자극을 제거하거나 어린이의 기본적 욕구를 충족시키는 것은 언제나 (동일하게) 타인을 통해 이루어진다. 이 모든 것 때문에 성인에 대한 어린이의 유일무이한 의존성이 생겨나며, 이미 말했던 것처럼 이것은 겉으로 보기에 매우 개인적이고 생물적인 유아의 요구와 필요에 스며들어 퍼져 있다. 성인에 대한 유아의 의존성은 현실(그리고 그 자신)과 어린이가 맺는 관계에 전적인 독특성을 부여한다. 이 관계는 언제나 타인에 의해 매개되며, 언제나 다른 사람과 맺는 관계의 프리즘을 통해 굴절된다.

4-1-5] 이처럼 어린이와 현실 간의 관계는 맨 처음부터 사회적 관계

이다. 이런 점에서 유아를 최대로 사회적인 존재라고 부를 수 있다. 어린이가 외부 세계와 맺는 모든 관계는, 심지어 가장 단순한 것일지라도, 언제나 다른 사람들과의 관계를 통해 굴절된 관계이다. 유아의 전체 삶은 모든 상황에서 보이게 또는 보이지 않게 다른 사람이 존재하는 그러한 방식으로 조직되어 있다. 이는 바꾸어 말해서, 사물에 대한 어린이의 모든 관계는 다른 사람들의 도움을 통해 혹은 다른 사람들을 통해 수행되는 관계라고 표현될 수 있다.

4-1-6] 유아기 발달의 사회적 상황을 특징짓는 두 번째 특징은 유아가 성인에게 최대한 의존하고 그의 모든 행위가 사회성으로 완전히 꼬이고 짜였음에도, 어린이가 말의 형태로 된 기본적인 사회적 의사소통 수단을 결여한다는 것이다. 바로 이 두 번째 측면이 첫 번째 측면과 결부되어 유아에게서 발견되는 고유한 사회적 상황을 드러낸다. 전체적인 생명 유기체로서 어린이는 성인과 최대한 접촉할 수밖에 없다. 하지만 이 의사소통은 비언어적인, 흔히 소리 없는 의사소통이며 완전히 독특한 유형의 의사소통이다.

4-1-7] 최대한의 사회적 유아(유아가 처한 상황)와 최소한의 의사소통 가능성 사이의 모순은 유아기 어린이 발달 전체를 위한 토대를 놓는다.

이 책의 모든 장에서 비고츠키는 '발달의 사회적 상황'(환경과 어린이 사이의 기본적 갈등 관계)과 하나 이상의 '신형성'(발달에서 일어나는 갈등을 안정적 혹은 위기적 방식으로 제거하는 해결책)을 설명하려고 한다. 또한 여기에는 발달의 사회적 상황을 신형성으로 이끄는 중심적 발달 노선과 주변적 발달 노선들이 존재한다. 발달의 사회적 상황과 신형성이 이후의 장에서는 항상 분명히 언급되지는 않는데, 이는 비고츠키가 이 책을 완성할 시간이 없었기 때문이다. 비고츠키는 보통 용어의 의미가 분명해지기 전까지는 용어를 정의하지 않는다. 따라서 유아 발달에 직접적으로 관심이 없는 독자들일지라도 비고츠키가 발달의 사회적 상황 확립하기 위해 사용하는 방법을 완전히 파악하려면 비교적 완벽한 이 장을 이해하는 것이 중요하다. 발달의 사회적 상황 항상 어린이와 사회적 환경이 맺는 관계를 의미한다. 이는 매우 불평등한 관계이며 이러한 이유로 언제나 갈등을 내포한다. 이는 피아제가 제시한, 정상적 생물 상태인 '평형상태'가 절대 아니다. 따라서 발달의 사회적 상황 항상 발달 도중에 해결되어야 하는 어떠한 모순들을 포함할 수밖에 없다. 유아기의 모순은 다음과 같다. 한편으로 어린이는 전적으로 다른 사람의 도움에 의지한다. 다시 말해 어린이의 가장 기본적인 개인적 욕구는 단지 사회적 수단으로만 해결될 수 있다. 다른 한편으로 어린이는 결정적인 사회적 접촉 수단, 말하자면 말을 가지고 있지 않다. 이러한 모순은 유아기 동안에는 해결될 수 없으나, 이로 인해 부분적 해결책인 신형성, 즉 '원시적 우리Ur Wir'가 나타난다. 발달의 사회적 상황과 이 신형성을 연결하는 경로는 수용적 관심, 상호 반응성, 공유된 행동, 그리고 무엇보다 모방이다.

시기 구분	발달의 사회적 상황 (어린이와 환경 간 발달적 모순)	발달 노선	신형성 (사회적 발달 상황을 해결하는 새로운 정신생활 형태)
신생아기	어린이는 생리적으로 엄마와 분리되지만 생물적으로는 최대한으로 의지한다(어린이는 독립적으로 숨을 쉬고 먹지만, 자율적이라고 말할 수 없다).	수면, 영양 섭취, 울기	뇌의 피질하 영역(중뇌와 연수)에 지배되는 개별적 정신생활
유아기	어린이는 이제 잠, 영양 섭취, 호흡과 같은 생물적 기능들을 독립적으로 수행할 수 있지만, 가장 중요한 사회적 수단인 말을 갖고 있지 않기 때문에 사회적으로는 최대한 의존적이다.	수용적 관심(미소에 미소로 반응하는 것), 능동적 관심(쥐기, 뻗기, 잡기), 능동성(긍정적 적응, 모방)	'원시적 우리(Ur Wir)', 즉 어린이의 '나'와 '너' 개념에 선행하여 존재하는 미분화된 우리인 원형적 우리. 따라서 '원시적 우리'는 '나'와 '너'로 나눌 수 없다.

4-2 유아기 기본적 신형성의 발생

4-2-1] 유아기 발달의 복잡한 구성 과정을 분석적으로 검토하기에 앞서 이 연령기 역동성의 일반적이고 총괄적 특성으로 시작하고자 한다.

4-2-2] 유아기는 신생아기 위기의 끝과 함께 시작된다. 이 전환점은 생후 2개월에서 3개월 사이에 발견된다. 이 시기에는 모든 영역에서 새로운 현상이 관찰된다. 하루 수면량 곡선의 가장 급격한 감소가 멈추고 최대치의 부정적 반응(울음-K)이 종료됨과 더불어 음식 섭취에 대한 집착은 예전 같지 않게 된다. 따라서 어린이는 이제 종종 젖 먹기를 멈추고 눈을 뜨기도 한다. 이는 모두 수면, 영양 섭취, 울음 이상의 활동을 위한 필수 조건이다. 신생아기와 비교해서 개별적 자극에 대한 반응 빈도가 줄어든다. 수면 중 내적 간섭은 훨씬 덜 관찰되며 외적 자극에 대한 위축 반응도 줄어든다. 반대로 좀 더 확장되고 광범위한 어린이 활동이 나타난다.

> 유아는 종종 자면서 경련을 하거나 몸서리를 친다. 이것은 때로는 밝은 빛이나 큰 소리와 같은 외적 자극에 의해 야기되기도 하지만, 때로는 내적 요인에 기인하며 어린이의 수면과 호흡 기능을 조절하는 능력의 발달과 관련이 있는 것으로 보인다. 성인도 이런 일을 겪지만 일반적으로 수면과 각성 상태가 훨씬 더 잘 구별된다.

4-2-3] 이 시기에 실험적 놀이, 옹알이, 최초의 능동적인 감각 기관 활동, 자세에 대한 최초의 능동적 반응, 두 활동 기관의 최초의 동시적 협응, 기능적 기쁨 및 놀람과 연결된 표현적 운동과 같은 최초의 사회적 반응이 새로운 행동 형태로서 더해진다.

4-2-4] 이 모든 것은 다음을 가리킨다. 신생아가 세계와 맺는 수동적 관계는 이제 상호적 흥미에 자리를 내어준다. 후자는 각성 상태에서의 지각 활동이라는 새로운 현상을 통해 가장 명백해진다. 우리가 말했듯 강력한 감각 자극에 노출되었을 때에만 나타나는 수동성에서 벗어나, 이제 그 자리에 자극에 영향을 행사하는 경향이 존재한다. 여기서 새로운 것은 감각 자극에 대한, 자신의 움직임에 대한, 자신의 소리와 일반적 소리에 대한 주의, 그리고 타인에 대한 주의이다. 이 모든 것들에 대한 흥미만이 이제 각 영역에서의 후속 발달을 가능하게 만든다(C. 빌러, B. 튜더-하트, H. 헤쳐, 1931, p. 219).

> 비고츠키는 C. 빌러, B. 튜더-하트, H. 헤쳐가 저술한 책의 러시아어 번역본(1931)을 인용하고 있다.
>
> *B. 튜더-하트(Beatrix Tudor-Hart, 1903~1979)는 H. 헤쳐와 함께 C. 빌러의 연구 조교였다. 그녀는 영국으로 돌아가 B. 러셀이 창립한 비콘 힐 학교에서 교편을 잡았다. 이후 그녀는 여러 실험적 협력 학교에서 교사와 교장으로 성공적인 경력을 쌓았다. 1930년에 그녀는 포티스 그린 학교를 설립하였다. 이 학교는 영국 최초로 학부모와 교사가 소유하고 경영한 학교였다. 후에 그녀는 유치원과 초등학교 교육에 대한 다수의 저서를 집필하였다. 대표작으로는 『*Toys, Play and Discipline in Childhood*』(1955), 『*Learning to Live*』(1963)가 있다.

4-2-5] H. 왈롱 역시 두 번째 달이 어린이 발달의 새로운 시기를 연다는 것에 주목한다. 이 시기에 순전히 정서적 유형의 운동이 특성상

감각운동에 가까워지면서 점차 능동적 성격을 띠게 된다. 감각의 협응이 확립(사시의 사라짐)되는 동시에 어린이의 얼굴에는 주의성과 외적 영향 지각 능력이 나타난다. 어린이는 시각적 인상을 받아들이기 시작하며, 어린이는 곧 듣기 시작하는데, 물론 처음에는 자신이 내는 소리만을 듣기 시작한다. 어린이는 팔을 뻗어 물체를 집고 그것들을 자신의 손과 입술, 혀로 갖다 대며, 진정한 능동성을 보인다. 이때 능동적인 손 사용이 발달하게 되는데, 이는 전체 정신 발달에 있어서 커다란 중요성을 가진다. 이러한 모든 반응들이 올바르게 방향 잡혀 적응을 향하면, 반응들은 긍정적이 되고, 자극이 지나치게 강하게 주어지지 않는 한, 이전 단계에서 우세했던 부정적 형태나 유기체적 형태로 내려가지 않는다.

사시의 경우 두 눈은 같은 곳에 초점을 맞출 수 없다. 많은 유아가 사시를 가지고 태어나는데, 사시는 원근 인식을 방해할 수 있다.

*H. 왈롱(Henri Wallon, 1879~1962)은 프랑스 심리학자이자 마르크스주의자이다. 그는 1944년 나치의 지배에 대항하여 형성된 지하 저항 정부(레지스탕스)의 교육부 장관을 지냈다. 그의 시기 구분에 관한 도식은 비고츠키의 것과 상당히 가깝다. 왈롱은 이 도식에 다섯 단계가 있음을 주장한다.

피아제는 사회성이 개인에게 내재한다는 왈롱의 견해에 대해 강력히 반대하였다.

0~12개월	충동적, 감정적 단계, 운동 조절 취약, 동작 장애
1~3세	감각운동, 투사적 단계, 자극에 대한 실행적이고 산만한 반응
3~6세	개인주의적 단계, 부정적 위기의 시작, 운동 모방 및 사회적 모방
6~11세	범주적 단계, 지적 범주화, 추상의 발달
11세 이상	사춘기, 정서적 삶에 대한 몰입

4-2-6] 이와 같이 이 시기의 초기부터 어린이는 외부 세계에 특별한 관심을 나타내며, 자신의 활동에서 직접적 욕구와 본능적 성향을 넘어서는 능력을 보인다. 어린이에게는 마치 외부 세계가 발견된 것과 같다. 현실과 맺는 새로운 관계는 유아기의 시작, 더 정확히는 유아기의 첫 단계를 의미한다.

사진 속 두 아이의 차이에 주목해 보자! 왼쪽의 남자아이는 엄마와 놀이를 하고 있다. 이제 막 아장아장 걷기 시작하는 유아이지만 확실히 민감하게 반응한다. 비록 어린이는 어머니가 뻗은 오른팔과 같은 쪽의 팔을 내미는 것이 유리하다는 것을 알지는 못하지만, 어머니가 뻗은 손에 정확하게 닿을 수 있다. 그러므로 우리는 이 어린이가 '외부 인식이 가능'하며, 이런 유형의 거울 놀이는 어린이의 반응 지능의 원인인 동시에 결과임을 알 수 있다. 이와는 대조적으로 사진 속의 갓난아기는 '외부 세계에 대한 특별한 관심'이 있는 것 같지 않다. 신생아는 종종 사시를 겪는데, 두 눈이 물체를 쫓지 못하고 서로 다른 방향에서 방황한다. 비고츠키에게 있어 발달은 언제나 자유 의지의 발달이다. 따라서 비고츠키는 어린이의 능동적 적응을 강조하는데, 그것은 불편함의 원천에 대해 선택적으로 주의를 기울여 환경과 맺는 관계를 변화시킴으로써 반응하는 능력이다. 이러한 변화들이 문제 해결적이라면(예를 들어 시끄러운 소음에서 벗어나기 위해 움직이거나 귀를 가리는 것) 비고츠키는 이를 '긍정적 적응'이라고 부른다. 변화들이 단지 반응에 불과하고 그 자체로 문제 해결을 하지 못한다면(예를 들어 시끄러운 소음에 반사적으로 움찔하는 것) 비고츠키는 이를 '중립적 적응' 혹은 '유기체적 적응'이라고 부른다(4-2-5, 4-2-7 참조). 이러한 변화들이 문제를 도리어 가중시킨다면(예를 들어 시끄러운 소음에 울음을 터뜨리는 것) 비고츠키는 이를 '부정적 적응'이라고 부른다. 신생아기에서 이 반응들은 거의 유기체적이거나 부정적이었다. 이와 대조적으로 유아는 긍정적 적응과 의도적 적응이 가능하다. 어떤 자세(예를 들어 엎드려 자는 것)에 불편함을 느낀 유아는 단지 몸서리치거나 몸을 실룩거리거나 울거나 하는 것이 아니라, 능동적으로 몸을 뒤집을 것이다. 마찬가지로 유아가 자신을 불편하게 만드는 시끄러운 소리를 듣거나 밝은 빛을 본다면, 자신의 눈과 귀를 가리거나 적극적으로 몸을 돌릴 것이다. 이것은 단지 몸이 커지고 힘이 세져서 할 수 있게 된 것이 아니다. 능동적이고 선택적인 주의와 자유 의지의 싹 역시 필요하다. 이것이 능동적이고 자유로운 인격의 시작이다.

4-2-7] 유아기의 두 번째 단계 역시 어린이가 외부 세계와 맺는 관계의 급격한 변화로 특징지어진다. 생후 5개월과 6개월 사이에 우리는 (유아기 초기 '외부 세계의 발견'과-K) 똑같이 중요한 전환점을 본다. 이 시기에는 하루 중 자는 시간과 깨어 있는 시간이 같아진다. 생후 4개월과 5개월 사이에는 하루 동안 긍정적 표현 행동이 지속됨과 함께, 중립적 반응이 차지하는 비중이 놀라울 정도로 증대한다. 한편으로는 단일한 반응과 충동적 행동, 그리고 다른 한편으로는 연장된 행동 과정의 우세 사이의 힘겨루기가 5개월까지 이어진다. 어쨌든 이 시기의 새로운 행동 형태에서 최초의 확실한 방어적 행동, 확실한 잡기, 최초의 생생한 기쁨의 분출, 의도적 행동의 실패에 대한 울음이 관찰되며, 최초의 희망, 실험적 행위, 또래에 대한 사회적 반응, 없어진 장난감에 대한 탐색 또한 관찰될 수 있다. 이 모든 행동 형태는 자극에 대한 반응의 한계를 넘어서는 특정한 능동성, 자극에 대한 능동적 탐색, 능동적 수행에 대해 알려 주며, 이는 하루 중 동시에 증가하는 자발적 반응의 양에서 매우 분명해진다. 이 사실은 상호적 흥미만으로는 거의 설명될 수 없는 것으로 보인다. 우리는 그것이 주변 환경에 대한 능동적 흥미로 대체되었다고 가정해야 한다.

1장(1-1-67)에서 보았듯이 위기적 시기는 삼중 구조(위기 전 국면, 위기 국면, 위기 후 국면)를 갖는 반면, 안정적 시기는 이중 구조(초기 단계, 후기 단계)를 갖는다. 우리는 유아기의 주요 발달 노선이 타인과 공유된 행위를 수반한다는 것을 알고 있다. 이는 수동성과 능동성의 두 단계를 통과하며, 그 중간에 상호 반응성의 비非위기적 시기를 지난다. 비고츠키가 모방을 능동성 단계의 끄트머리에 위치시키는 것이 흥미롭다.

4-2-8] 우리는 이 유아기의 두 번째 단계의 총괄적 특징에 핵심적 요소를 추가할 수 있을 것이다. 이는 모방의 출현이다. 많은 저자들이 주장한 바와 같이 유아기의 초기 단계에서는 행동이나 음성적 반응의 모방 등의 초기 형태가 나타나지는 않는다. 심리학자들이 지적한 생후 첫 달에 나타나는 동작(W. 프레이어의 입을 열기)이나 소리(W. 스턴)에 대한 초기 모방은 겉보기에 모방처럼 보일 뿐이다. 5개월까지 혹은 훨씬 이후에도 어떤 종류의 모방도 관찰되지 않을 수 있다. 모방은 오직 조건 반사를 토대로만 가능하다는 것이 분명하다.

*W. T. 프레이어(W. T. Preyer, 1841~1897)는 독일(하이델베르크, 예나)에서 공부하고 연구한 영국의 생리학자이다. 그는 아동심리학에 관한 최초의 서적들 중 하나인 『어린이의 영혼Die Seele des Kindes』을 저술했다. 그는 다원주의자였으며, 자극과 감각 사이의 관계에 관한 최초의 양적 연구인 피히너의 '정신물리학'에 관심이 많았다.

4-2-9] 우리는 시기와 관련하여 앞에서 말했던 것으로부터 삶의 첫 해를 수동성의 시기, 수용적 관심의 시기, 그리고 능동성을 향한 점진

적 이행을 나타내는 능동적 관심의 시기로 구분할 수 있을 것이다. 주목할 만한 전환점은 열 번째 달이다. 이때 우리는 목적 없는 움직임이 사라지면서, 미래의 더 복잡한 행동 형태의 싹, 즉 최초의 도구 사용과 소망을 표현하는 낱말의 사용이 발달하기 시작하는 것을 관찰할 수 있다. 이로써 어린이는 새로운 시기를 시작하며, 이 시기는 삶의 첫해를 넘어설 때 바로 끝이 난다. 이 시기가 1세의 위기이며, 이는 유아기와 초기 유년기를 연결하는 고리이다.

비고츠키는 안정기는 두 단계로 이루어져 있다고 하였다. 그런데 이 문단에서는 안정기인 유아기에 왜 세 가지 시기가 있다고 말하는 것일까? 그 답은 안정적 시기가 위기적 시기와 겹친다는 데에 있다. 유아기의 마지막 부분은 1세 위기의 시작을 포함한다. 유아기를 만들어 냈던 발달의 사회적 상황은 어린이가 '원시적 우리'를 만들어 냄으로써 해결되어 온 듯하다. 그러나 이제 어린이는 스스로 표현할 수 있는 개인적 바람과 소망을 갖기 시작한다. 예를 들어 어린이에게 수유 대신 무언가 다른 것을 먹이려 할 때, 어린이는 거부 의사를 명확히 표현한다. 게다가 어린이는 숟가락과 같은 간단한 도구를 사용하기 시작한다. 이는 어린이에게 있어 수단과 목적이 분리되었으며 목적을 달성하기 위해 자신의 수단을 사용함을 의미한다. 이 모두는 어린이가 고유의 목적을 갖고 있음을 의미하며, '원시적 우리'와 양립할 수 없다. 따라서 '원시적 우리'는 무너지고, 어린이에게는 '자율적 말'의 위기가 시작된다. 이 시기에는 표현하고자 하는 의미가 '의미 있는 소리들의 배치'가 아닌 '소리에 의해 직접적으로' 구현되기 시작한다.

4-2-10] 유아기의 기본 단계들과 연령 경계에 관한 특성의 요약은 초기 단계 발달의 외적 발달 모습에 관한 매우 일반적인 개념을 제시하는 것 이외에 다른 목적을 갖지 않는다. 유아기 발달의 기본 유형을 연구하기 위해서는 반드시 구성상 복잡한 발달의 과정을 나누고, 서로

복잡한 내적 의존성으로 연결된 가장 중요한 측면들을 분석적으로 고찰해서, 이 연령기의 기본 신형성으로 이어지는 경로를 발견해야 한다. 우리는 가장 일차적이고 가장 독립적인 과정, 즉 가장 중요한 유기체적 체계의 성장과 발달부터 시작해야 한다. 이 과정은 발달의 태아기의 직접적인 연장선상에 있으며 다른 더 고등한 위치에 놓인 어린이 인격 발달 측면들의 전제 조건이 된다.

4-2-11] 출생 시에 유아의 뇌는 이미 기본적 구성 요소(형태, 각 구성 요소의 위치 및 상호 연결)를 형성했다. 하지만 이 순간 대뇌는 그 기능적 관계에서만큼이나 구조적 관계에서도 심히 미성숙한 것으로 특징지어진다. 이 미성숙함은 너무도 현저하게 두드러져서 유아는 대뇌 작용이 전혀 없이 행동하는 순전히 척수-연수적 존재라는 확신을 R. 비르초프에게 심어 주었다. 이 이론은 추후 연구에 비추어 볼 때 지지되지 못하였다. 그 연구의 기본적 결과는 다음과 같다.

4-2-12] 대뇌 미성숙을 우선적이고 명백하게 보여 주는 것은 극도로 급속한 어린이 대뇌 물질의 성장이다. O. 피스터에 따르면, 뇌의 무게는 4~5개월 안에 두 배가 된다. 그 후의 증가는 그리 빨리 이루어지지 않는다. Л. Л. 볼리친에 따르면, 뇌 무게는 8개월 안에 두 배가 되며, 1년만에 두 배 반으로 더 커진다. 그 후 뇌는 천천히 성장하여 세 살이 되면 출생 시 뇌 무게에 비교하여 세 배가 된다. 이는 뇌에서 일어나는 가장 강력한 성장이 생후 첫 일 년에 일어나는 것을 보여 주며, 이때의 대뇌 물질의 무게 증가가 이후의 증가 모두를 합친 것과 같다.

*O. 피스터(Oskar Pfister, 1873~1956)는 블로일러, 칼 융의 초기 동료였으며, 목사로서 정신분석학을 기독교 신학에 적용하려 하였다.

*Л. Л. 볼리친은 1902년 발표된 어린이의 뇌 성장 무게 데이터에 관한 러시아 논문의 저자이다.

4-2-13] 그러나 뇌의 총 무게 자체가 중추신경계의 내적 발달에 대해 말해 주는 것은 거의 없다. 이 문제를 설명하기 위해서는 대뇌의 중요 부분들과 대뇌 체계의 발달을 반드시 살펴보아야 한다. 유아기 중추신경계 기능에서 가장 두드러지는 특징은 생후 첫 달 아기의 운동 기능에서 원시적 운동반응이 지배적이라는 것이다. 이것은 성인의 경우에는 억제되며 오직 병리적인 조건에서만 나타난다. 1세 말까지는 여전히 네발 동물의 특징이 중요한 기제로 남는다. 후속되는 고등 영역의 발달에서는 원시적 운동이 억제되지만, 병리적 조건에서는 후속 연령기에서도 관찰되고 나타날 수 있다. 이와 같이 신생아와 유아의 운동 기능은 세 가지의 매우 예외적인 특성들에 의해 구분된다. 1) 유아의 고유한 움직임은 후속 발달 경로에서 완전히 사라진다. 2) 이 움직임들은 계통발생적 의미에서 오래되고, 원시적이며, 고대적인 특성을 가지고 있으며 계통발생상 중추신경계 발달의 고대적 단계와 비견될 수 있다. 이는 어린이의 뇌 발달에서 계통발생의 이행적 단계와 같은 것, 즉 선조체(줄무늬체) 없이 구선조체(창백핵)로만 기능하는 어류로부터 전자(선조체-K)가 이미 상당히 발달된 단계에 도달한 양서류로의 이행과 같은 것이 발견됨(마슬로프)을 시사한다. 3) 마지막으로 발달 경로에서 사라지는 유아 운동 기능의 특정 부분은 단지 계통발생상 고대적 기능과의 유사성뿐 아니라, 더 성숙한 연령기에서 중추신경계의 유기체적 기능적 병변으로 인해 관찰되는 병리적 운동 증상과의 유사성도 보여 준다. 유아 운동 기능에 대한 모든 기술들은 유아의 운동 기능과, 무정위형이나 무도병 그리고 다른 뇌질환에 수반되는 병리적 운동 기능 사이의 유사성으로 가득 차 있다.

> 유아들은 기어 다닐 때 자신의 오른쪽 팔과 왼쪽 무릎, 왼쪽 팔과 오른쪽 무릎이 쉽게 협응된다는 것을 알게 된다. 성인이 운동을 할 때

에는 이렇게 하려면 의식적 노력을 기울여야 한다. 하지만 성인이 무도병, 파키슨병, 다발성 경화증과 같은 질병으로 고통을 받을 때, 성인의 의식적 협응이 사라짐과 동시에 모로 반사, 바빈스키 반사, 기기 반사와 같은 '유아 근육'의 비의식적 협응이 다시 나타난다. 왜일까? 다음 스무 개의 문단에서 비고츠키는 이 질문에 대답하기 위해 (크레치머가 공식화하였고 비고츠키 자신이 『성장과 분화』에서 상세히 설명한) 신경 발달 역사의 세 가지 기본 법칙들을 이용하고 있다.

유아 신경 발달에 대한 비고츠키의 세 가지 예외적인 특징들	신경 발달에 대한 크레치머의 세 가지 기본 법칙들(『성장과 분화』 7-3~22)
개체발생적 소멸: 어린이가 성장할수록 기어가기와 같은 하위 기능들이 사라진다.	개체발생적 보존: 기어가기와 같은 하위 기능들이 단순히 사라지는 것이 아니라 계속 존재한다.
계통발생적 화석화: 기어가기와 같은 오래된 기능들이 인간 진화의 초기 단계(즉, 네발 짐승)를 연상시킨다.	기능들의 상향 전이: 기어가기와 같은 개체발생적으로나 계통발생적으로 오래된 신경계 기능들은 의지나 계획과 같은 고등 기능들의 통제로 들어간다.
병리적 재발: 기어가기와 같은 오래된 기능들이 장애 상황에서 다시 나타난다.	하위 영역의 해방: 고등 영역에 의한 기능들의 통제가 파괴되면(예를 들면 뇌병변이나 뇌졸중), 하위 기능들은 자신의 이전 기능들을 재개한다.

병리적 재발과 하위 영역의 해방 사이의 관련성을 확인하는 것은 매우 쉽다. 그러나 개체발생적 소멸과 개체발생적 보존 간의 관련성은 그리 쉽게 드러나지 않는다. 특히 헤겔과 더불어 비고츠키에게 있어 발달이란 어떤 기능들이 '지양'되거나 한편에 제쳐지는 것을 의미한다고 이해할 때, 이러한 기능들이 열외로 취급되어 보존되다가 고등 통제가 약해지면 다시 나타난다는 상황은 타당하다. 음주를 하였을 때 발음이 순간적으로 유창해지는 것은 아마도 혀와 입술을 통제하는 무의적인 하위 기능들이 고등 기능의 통제로부터 벗어나기 때문일 것이다. 물론 계속 술을 마신다면 걷기를 포함한 모든 기능의 통제를 잃어버리게 될 것이며, 그다음에는 기기와 같은 완전히 원시적인 기능이 다시 나타난다.

4-2-14] 위의 세 특성은 신경계 발달과 형성의 역사의 기본 법칙에 비추어서만 설명될 수 있을 것이다. 이 세 가지 법칙들은 우리의 관심을 끄는 문제에 대하여 가장 중요한 의미를 가지고 있다. 우리는 E. 크레치머의 공식으로 이들을 표현한다.

4-2-15] 1. **별개의 단계로서 하위 영역의 보존.** 발달의 역사에서 오래된 하위 영역과 궁(반사궁-K)은 고등 영역의 점진적 형성과 함께 단순히 한쪽으로 치워지는 것이 아니라, 역사적으로 더 젊은 고등 영역의 지배하에서 종속된 부분으로서 결합되어 작용한다. 따라서 손상되지 않은 신경계에서 이들은 대개 독립적으로 구분될 수 없다.

'반사궁'이나 4-2-17의 '피질하 궁'에 나오는 '궁'이란, 감각운동 신경 자극에 의해 형성된 흥분 전달 경로로서, 감각 신경에 의해 전달된 자극이 뇌나 대뇌피질을 거치지 않고 운동 신경으로 바로 전달되어 반사를 일으키는 것이다. 척수-연수 영역만 남겨진 개구리가 파리를 잡을 수 있는 것도, 뜨거운 물체에 닿았을 때 미처 고통을 느끼기도 전에 손을 떼는 것과 같은 인간의 무조건적 행위는 이를 통해 설명할 수 있다.

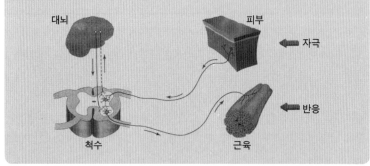

4-2-16] 2. **기능의 상향 전이.** 그러나 종속적 영역은 발달의 역사에서 그 기능적 원형을 유지하지 않고, 그 위에 세워지고 있는 새로운 고등 영역에 이전 기능의 본질적 부분을 넘겨준다(푀르스터, M. 민코프스

키 등). 따라서 대뇌 기능이 수술로 제거되고 척수-연수 영역만 남겨진 척수-연수 개구리가 찾기 반사와 같은 매우 복잡하고 상대적으로 목적 지향적인 행동들을 수행할 수 있기에 일부 연구자들은 척수-연수적 영혼이 있다고 말하기도 하였다. 인간의 발달된 기능들은 오직 뇌, 특히 대뇌피질에만 고유하며, 연결이 끊어지면 고립되어 작동하는 체계로서 매우 원시적이고 단편적으로 기능할 뿐인 연수에 의해서는 더 이상 수행될 수 없다.

본문에 인용된 M. 민코프스키는 O. 민코프스키를 의미한 것으로 보인다.

*O. 민코프스키(Oskar Minkowsky, 1858~1931)는 유명한 수학자 H. 민코프스키(아인슈타인의 상대성 이론이 4차원 공간, 즉 시간의 측면에서 이해될 수 있음을 수학적으로 보여 주었다)와 형제이다. 오스카는 특히 개의 여러 기관을 수술적으로 파괴하는 실험을 했으며, 췌장에 관한 연구로 잘 알려져 있다.

*O. 푀르스터(Otfrid Foerster, 1873~1941)는 독일의 의사이자 베르니케와 바빈스키의 제자였으며, 장티푸스에 관한 논문을 썼다. 신경외과 의사는 아니었지만, 제1차 세계대전 동안 머리에 총상을 입고 뇌전증으로 고통받는 환자들을 돌보았다. 그는 그들에게 국소마취를 시킨 후, 전기 바늘을 찔러 뇌전증을 일으키는 피질 영역을 찾아냈다. 그는 뇌전증의 원인이 되는 영역을 찾아내어 그 부분을 뇌에서 잘라 냈으며, 그의 절제술은 손상을 입히지 않을 만큼 정교하였다. 그는 많은 환자들을 치료하면서 대뇌피질의 첫 '지도'를 개발시킬 수 있었다. 푀르스터는 레닌의 뇌졸중을 수술한 주치의였기에 러시아에서 매우 큰 영향력을 지니게 되었다. 레닌 사망 후, 그는 레닌의 뇌에서 천재성의 원인이 되는 피질 영역을 찾아내려고 하였다. 그는 나치가 집권하자 레닌의 주치의였다는 이유로, 또 그의 아내가 유대인이라는 이유

로 핍박을 당했다. 그와 그의 아내는 스위스에서 빈곤과 결핵에 시달려 사망하게 된다.

4-2-17] 3. 하위 영역의 해방. 만일 고등 영역이 충격이나 질환, 상해로 인하여 기능적으로 약해지거나 하위 영역과 단절되면 신경 기관의 전반적 기능이 그냥 멈추는 것이 아니라 하위 영역으로 전이된다. 이 하위 영역은 독립적이 되고, 아직 남아 있는 고대 기능 유형의 요소를 우리에게 보여 준다. 말했듯이, 뇌로부터 분리된 인간의 척수 연수가 얼마나 원시적 유형의 강직성, 간대성 반사 현상을 보유하고 있는지를 우리는 이미 보았다. 그리고 동일한 규칙성이 아직 해부학적으로 분화되지는 않은 고등 대뇌피질과 피질하 궁의 작용에도 똑같이 반복된다. 우리는 특히 히스테리와 긴장증에서 이를 본다. 이 경우 고등정신기능의 손상으로 환자는 종종 발달의 역사적 관점에서 볼 때 정신운동 기능상 저차적 형태를 보이며, 이 형태가 선도적 기제를 떠맡는다. 우리는 후에 이 형태를 무의지적 기제, 고등 의지 과정의 저차적 측면으로 간주할 것이다. 이 일반적 신경생물학적 법칙은 다음과 같이 공식화될 수 있다. 정신운동 영역 내에서 고등한 영역의 작용이 기능적으로 약해지면, 근접한 하등 영역이 자신의 고유한 원시적 법칙에 따라 독립적이 된다.

> '강직성'과 '간대성'은 간질 발작의 두 측면을 묘사한다. 강직성 국면은 첫 번째 국면으로 이때 근육이 갑자기 수축하여 사람이 쓰러진다. '간대성' 국면은 경련의 국면이다. 여기서 비고츠키는 분명 근육 경련이 일어나는 동안 척수에 의해 유발된 신경 신호 유형을 의미하고 있다.

4-2-18] 이러한 기본적 세 법칙에 L. 에딩거가 처음으로 공식화한 또 다른 법칙을 덧붙이는 것이 필요하다. 그는 척수와 연수(초기 뇌와도 연

결된)의 끝에서 시작하고 후각 신경으로 끝나는 모든 기제가 고등 척추동물과 하등 척추동물에게서 구조적으로 동일하며, 따라서 우리가 인간에 대해 이야기하든 물고기에 대해 이야기하든 모든 단순 기능들의 토대는 모든 부류에 있어 완전히 동일하다는 것을 동물 연구 과정 중에 발견했다.

4-2-19] 신경계 구성의 개체발생적, 계통발생적 역사에서 나타나는, 우리가 기술한 규칙성은 유아기 뇌 기능의 주목할 만한 기본적 특성을 설명하도록 해 준다.

4-2-20] 만일 유아가 전적으로 척수-연수적 존재라는 견해를 우리가 포기한다 해도, 대뇌피질이 이 연령기에서 신경계의 가장 미성숙한 부분이라는 것은 받아들이지 않을 수 없다. 이는 대뇌의 활동과 의심할 여지 없이 직접 연결된 고등정신기능들의 결핍에서, 성숙되고 발달된 대뇌피질 기능의 특징이 되는 특정 운동 행위의 결핍에서 명확히 드러난다. 연구들은 유아의 행동이 뇌의 고대 피질하 영역과 많은 부분 관련이 있음을, 유아가 중뇌적 존재임을 보여 준다.

4-2-21] 뇌의 가장 오래된 영역이 다른 부분보다 더 일찍 성숙하고 출생 순간에 이미 더 성숙해 있다는 상황을 고려할 때, 유기체적 생명의 전체 경제와 모든 기초적 생명 방향에서 주된 역할을 담당하는 장치들이 바로 이 영역에 집중된다는 것은 발달의 관점에서 볼 때 매우 명백하며 필연적이다. 여기에 본능적이고 감정적인 생명의 영역이 집중되어 있다. 이 영역은 한편으로 유기체의 기초적 생명 기능의 지배자인 식물적 신경계와 연결되어 있고, 다른 한편으로 인간의 생각, 의지, 의식의 고등 기관인 대뇌피질과 연결되어 있다. 그러나 우리가 고찰하고 있는 연령기는, 대뇌피질의 미성숙과 피질하 영역과 피질 영역 간의 연결 덕분에, 이러한 식물적이고 원시적인 동물적 생활 장치가 고등한 피질 영역으로부터의 규제, 억제, 조절에 종속되지 않고 아직 상대적으로

독립적으로 작용하는 상황으로 특징지어진다.

여기서 비고츠키는 신체적 과정을 주요 산업 시설이 수도와 떨어진 곳에 위치하는 국가 경제 체계와 같은 것에 비유하고 있다. 여기서 신경 체계는 도시와 촌락에 있는 도로의 역할을 한다. 마치 도시의 도로나 시골의 도로가 본질적으로 같은 것처럼, 대뇌의 신경세포와 중뇌의 신경세포는 혈액세포와는 달리 그 유형이 본질적으로 같다. 비고츠키는 유아가 완전히 분화된 신경 체계를 가지고 태어나지 않는다고 말한다. 그리고 바로 그 때문에 유아는 감각운동 기능이 충분히 기능하도록 태어나는 하등 동물과 다르다. 심지어 유아는 뇌조차 아직 분화되지 않았다. 전체 유아기 동안 '신체 경제'는 미분화된 대뇌에 의해 통제되는 것이 아니라 중뇌에 의해 통제된다. 중뇌는 한편으로 동물과 동일한 신체 경제 부분(본능, 정서, 욕구)과 연결되며, 다른 한편으로는 장차 중뇌 기능의 통제를 담당할 뇌의 고등 부분과 연결된다. 바로 이런 신경계(뇌 중에서도 특히 대뇌)의 미분화로 인해 문화적 발달 과정에서 신경 체계가 유연하고 세밀하게 분화될 수 있는 것이다. 이것이 고등 기능이 저차적 기능 위에 서는 방식이며, 미래의 수도가 길만 늘리지 않고 고층 건물을 짓게 되는 방식이다.

4-2-22] 이 때문에 이들 장치의 활동은 한편으로 하위 척추동물의 운동 기능을 닮는다. 하위 척추동물의 경우 고찰 중인 이 장치는 고등 영역이 되며 그 위에 지배적 위계의 영역을 갖지 않는다. 다른 한편으로 (하위 척추동물의 운동 기능은-K) 하위 영역의 해방으로 인해 나타나는 병리적 움직임과 유사점이 있다. 하위 영역의 해방은 그 영역의 활동에서 자동적, 고대적, 고유한 원시적 법칙에 따라 나타나는데, 이는 유아에게는 정상적인 것이며 고등 영역의 미성숙에 의해 유발된다. 이것으로 유아 운동 기능과 이후 연령기에 발현되는 병리적 운동 간의 놀라운 유사성뿐 아니라, 유아 운동 기능의 고대적 특성 또한 설명

할 수 있다. 이 둘의 핵심은 고등 영역의 미성숙과 그 결과로 나타나는 신경계 하위 부분의 독립성에서 찾을 수 있다. 대뇌피질의 기능적 미성숙이, 첫째 새로운 뇌 조직이 전혀 없는 동물의 운동 기능과, 둘째 고등 영역 손상 및 하위 행동 궁 해방의 결과로 일어나는 병리적 운동 기능과, 유사한 운동 기능을 통해 나타나는 것은 전적으로 당연하다.

4-2-23] 여기에서 유아 운동 기능의 세 번째 특징에 대한 설명 역시 발견된다. 추후 운동 발달 경로에서, 유아기의 고유한 운동은 좀 더 성숙한 연령에 고유한 운동 행위 목록에서 완전히 사라지는 듯하다. 사실 유아의 움직임은 발달 경로에서 사라지는 것이 아니다. 우리가 확립한 첫 번째 법칙에 따르면, 이전에 주도적이었던 영역은 종속된 계기로 구성의 일부로 들어가 더 젊고 새로운 영역으로 자신의 기능을 상향 전이시키며, 고등 신경 형성과 연합하여 지속적으로 작용한다.

4-2-24] 이미 말했듯이, 신경계는 생후 첫해에 극히 힘차게 발달한다. 이것은 뇌 무게의 증가 속도뿐 아니라, 역동적인 유아기 신경 체계 건설을 특징짓는 일련의 질적인 변화로도 나타난다. 연구들은 생후 1년 동안 신경 영역과 기능의 건설에 있어, 연속되는 세 가지 시기를 나눌 수 있음을 보여 주었다.

4-2-25] 그중 첫 번째 시기는 대뇌피질과 선조체의 미성숙 그리고 이 시기에 독립적으로 기능하는 뇌 부분 중에서 가장 위에 놓이는 구선조체의 지배적 중요성으로 특징지어진다. 이는 신생아 운동 기능의 모든 특성을 결정한다. 발달 초기에 어린이는 구선조체적인 존재이다. 신생아의 운동 기능이 시상-구선조체에 의해 규제된다는 사실로부터 신생아의 무정위적이고 느리며 벌레와 유사한 운동과, 움직임의 전체적 특징과 근육의 생리적 경직성이 설명된다. 신생아의 운동 기능은 선조체에 손상을 입은 이들이 신경과 병원에서 보이는 운동 기능과 유사하다. 신생아의 이 영역 (선조체-K)는 아직 수초로 덮이지 않았다. 이 영역

은 앉기, 서기, 걷기의 행동을 담당한다. 그러나 더 중요한 의미는 그것이 창백핵(구선조체)보다 고등 영역으로서 그 기능을 떠맡아 구선조체 기능을 규제하고 억제하는 영향을 미친다는 것이다.

비고츠키는, 기능적으로 말해서, 분화란 성장을 가능하게 만드는 것이라는 말로 『성장과 분화』를 끝맺었다. 뇌의 분화는 이에 대한 훌륭한 사례이다. 아기들은 장차 갖추게 될 뇌의 거의 모든 뉴런(신경세포)을 가지고 태어난다. 그럼에도 불구하고 비고츠키가 말하듯이 뇌의 무게는 생후 일 년 만에 출생 시의 거의 두 배가 된다. 어떻게 이런 일이 가능한 것일까? 뇌의 무게가 증가하는 것은 주로 수초(지방질)를 생산하는 신경교세포 때문이다. 신경교세포는 신경세포의 축색 돌기 주위에 수초를 만든다. 신경 자극이 다른 신경세포로 퍼져 나가지 않는 것은 수초가 절연체의 역할을 하기 때문이다. 다시 말해 뇌 무게는 전선이 아니라 전선 절연체에 해당하는 수초의 성장으로 증가한다.

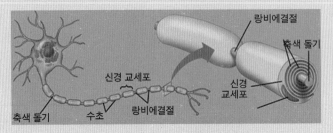

신경세포의 절연으로 분화가 가능해지며, 이러한 기능의 분화는 어린이의 성장을 가능하게 해 준다.

4-2-26] 이로서 선조체의 미성숙은 구선조체 기능의 해방과 독립을 설명한다. 선초체가 손상되고 하위 영역이 해방되어 독립적인 법칙에 따라 행동하기 시작하는 성인에게서도 해방된 구선조체 기능들이 이와 동일하게 나타난다. 신생아 운동 기능의 무정위 운동적 특징이 이에 기인한다. 계통발생적 노선에서 이 운동 기능들은 선조체가 없고 창백핵이 최고 신경 중추인 어류의 유사한 운동 기능을 연상시킨다. 창백핵의

활동과 직접적으로 관련되는 시상은 외적, 내적 자극으로부터 대뇌피질로 흘러 들어오는 모든 자극들을 모으는 기관이며 감정적인 색조로 채색된다. 시상은 일반적으로 모든 종류의 표현 동작과 더불어 신체와 얼굴의 동작을 이끄는 기관을 포함한다. 따라서 시상과 더불어 창백핵은 기저의 척수-연수와 매우 초기부터 연결되며, 신생아의 반응들은 신생아가 시상-구선조체-척수-연수적 존재임을 매우 정확하게 특징짓는다. 이런 반응들은 무조건 반사와 미분화된 움직임의 덩어리로 표현된다. 즉 전자는 신생아의 척수-연수적 활동과 관련되며 후자는 구선조체의 기능들과 관련된다. 앞서 말했듯 선조체는 앉기, 서기, 걷기의 기관이다. 이에 근거하여 구선조체적 유년기는 앉지 못함, 서지 못함, 걷지 못함 다시 말해 누워 있는 유년기로 특징지어질 수 있을 것이다. 그 이동성은 자동적이고 미분화된 특징을 가지며 이는 푀르스터에 의해 계통발생적으로 기는 기제로 해석되었다.

4-2-27] 유아기 신경계 발달의 두 번째 시기는 선조체의 성숙이다. 앉기, 서기, 잡기에 필요한 원시적 자세 잡기 기제와 협응이 이와 연결되어 있다. 이 시기는 선조-구선조 시기라 부를 수 있다. 구선조 체계는 저차적 반사 영역이고, 선조 체계는 수용적-협응 기능의 고등 반사 영역이다. 선조 체계는 주변과 직접적으로 연결되어 있지 않다. 선조 체계가 영향을 미치는 영역은 구선조체에 한정되며 대뇌피질과는 어떤 직접적인 연합적 연결도 없기 때문에, 시상에서 나온 자극이 선조체에도 전달되지 않는다면 선조 체계는 독립적으로 작용한다. 선조체의 주목적은 뇌의 정적 기능들의 동시적 구현, 근육 긴장도 조절, 창백핵 기능들의 억제와 조절, 주동근과 길항근 전체 복합체의 조절, 억제 그리고 시기적절한 해방이며, 모든 운동의 정확성은 이것들의 협력 작용에 의존한다. 동일한 체계가 얼굴 표정, 몸짓, 표현적 움직임 등과 같은 일차적 자동 작용과 관련되어 있다.

4-2-28] 세 번째 시기로의 이행은 무엇보다 대뇌피질 → 대뇌피질의 성숙과, 행동과 운동 기능을 조절하는 기능들의 협응에 의해 나타난다. 이 나중 상황은 매우 중요한 두 가지 사실로 표현된다. 1) 고등 신경 활동의 발달, 즉 복잡한 조건 반사 체계, 그리고 2) 지성화와, 목적 지향적 특성을 지닌 행동의 점진적 습득. 신생아의 수초화는 이른바 대뇌피질 일차 영역에서만 일어난다. 이 영역은 지각 기관과 연결되고 그 자체가 수용 영역으로서 역할을 한다. P. 플레시히의 자료에 따르면 대뇌 발달은 이 일차 영역들이, 처음 반년에 걸쳐 서서히 수초에 둘러싸이는 중간 영역과 최종 영역으로 연결되는 것이다.

*P. 플레시히(Paul Flechsig, 1847~1929)는 독일 신경해부학자로서 수초화 현상이 늦게 이루어진다는 것을 발견하였다. 플레시히는 명망 있는 판사였던 다니엘 슈레버 때문에 유명해졌다. 다이엘 슈레버는 플레시히에게 최면 요법을 받은 후, 자신의 동성애적 성향을 발견하게 된다. 그는 플레시히가 자신에게 최면을 걸어 여성의 생각을 주입하고, 심지어 비밀스러운 '신경 언어'를 사용하여 자신을 심리적 여성으로 전환시키려 했다고 플레시히를 고소하였다. 플레시히는 프로이트의 도움으로 위기를 벗어난다. 프로이트는 (오늘날에는 별로 이해하기 어렵지 않은 것이지만 그 당시에는 세상을 떠들썩하게 한) 검사를 통해 슈레버가 억압된 동성애자임을 밝혀냈다. 플레시히의 두드러진 업적은 수초화에 관한 것이다. 그는 대뇌를 다음과 같이 구분했다.

1. 초기 수초화 영역(운동, 시각, 청각)
2. 중간 수초화 영역
3. 최종 수초화 영역(연합, 즉 작동 기억)

이 세 영역들이 바로 위에서 비고츠키가 언급한 것들이다.

4-2-29] 대뇌피질 발달을 가리키는 신뢰할 수 있는 지표는 조건 반사 활동의 발달이다. 유아기 동안 대뇌피질 발달의 기본 법칙은 다음

과 같다. (1) 신생아에게 조건 반사는 존재하지 않는다. 신생아에서 우리는 지배적 유형의 선천적 반응을 관찰할 뿐이다. (2) 조건 반사 발달은 무작위적으로, 아무렇게나 순서 없이 일어나는 것이 아니라 지배적 반응의 출현 과정에 종속된다. 조건 반응 형성은 중추신경계의 지배적 과정의 발달에 확실히 의존한다. 조건 반사는 오직 수용적 영역 내에서만 일어날 수 있으며, 이 영향으로 지배적 특징의 기능적 상호작용이 중추신경계에서 일어나게 된다. (3) 발생적으로 가장 초기의 조건 반사 형성의 시기와 순서는 지배성 출현의 시기와 순서를 반영한다. 즉 신생아에게는 영양 섭취와 자세에 대한 지배성만이 존재하므로, 첫 번째 조건 반사는 이 반응 영역에서만 형성될 수 있다는 것이다. (4) 시각적, 청각적 지배성은 훨씬 나중에 어린이에게서 일어나며, 따라서 이 영역들과 관련된 조건 반응도 이때 가능해진다. (5) 지배적 반응이 본능적인, 피질하 영역에 편재된 활동과 관련되므로, 일차적 조건 반사 형성은 대뇌피질 과정에 제한되지 않고, 피질하 영역이 일차적 조건 반사 형성에 결정적인 역할을 하게 된다. 따라서 이 과정은 본능적 활동에 의존한다.

4-2-24~4-2-31에서 기술되는 뇌 발달의 세 단계는 본질적으로 크레치머의 두 번째 법칙인 기능의 상향 전이의 세 단계이다. 먼저 신체 경제의 '수도'는 구선조체에 위치하고, 아기는 앉거나 걸을 수 없이 누워서 꿈틀대는 존재이다. 다음으로 선조체가 통제권을 획득하고, 아기는 앉거나 기고 심지어 걷기 시작할 수 있는 근육 조절 능력을 획득한다. 상향 전이의 마지막 시기는 뇌의 가장 바깥 표면에 자리 잡은 대뇌피질로의 이행이다. 이 시기는 탄력적이고 후천적인 '조건 반사' 즉 감촉, 맛, 냄새 그리고 본 것과 들은 것에 대한 반응으로 특징지어진다. 이러한 조건 반사는 한 번에 생겨나지 않는다. 대뇌피질이 아직 수초화 작용을 하고 있는 중이므로, 피질의 많은 영역이 아직 수용적 태세를 갖추고 있지 않기 때문이다. 비고츠키는 수용적 태세를 갖춘 영역들만이 조건 반사를 형성할 수 있다고 말한다. 물론 반응은 수용적 요

소뿐 아니라 능동적 요소도 포함한다. 비고츠키는 이러한 능동적, 운동적 요소들이 여전히 피질하 영역, 즉 선조체와 구선조체에 의해 통제되고 있다고 말한다. 이것이 그 운동적 요소에 있어서는 본질적으로 선천적 반응인 영양 섭취와 자세 잡기가 처음으로 조건 반응 형성의 태세를 갖추는 이유이다. 조건 반사에서 조건화되는 부분은 오직 '감각' 부분이며, 실제 반응으로 나타나는 것은 적어도 최초에는 유기체적으로 타고난 부분들이다.

4-2-30] 유아 발달에서 운동의 지성화와 그들의 목적 지향적 특성의 습득은 첫 조건 반사의 형성보다 훨씬 더 늦게 나타난다. 이 지성화는 어린이의 대상 조작과 최초의 도구적 사고 행위, 즉 간단한 도구 사용에서 분명해진다. 이 활동의 최초 징후는 생후 7개월부터 관찰된다. 조건 반사의 형성은 이 기간에 피질하 지배의 직접적 영향을 받는 영역에서 출현하기 시작한다. 따라서 최초의 조건 반사는 생후 2개월에 관찰되며, 거기서 피질이 역할하고 개입하는 것처럼 보이더라도, 아직까지는 개인적 경험이 축적되는 체계적 과정이 없을뿐더러 유아 행동에서 피질 기능들의 의미 있는 개입의 증거가 전혀 없다.

4-2-31] 세 시기에 대한 고찰은 앞서 제시된 중추신경계 구성의 기본 법칙을 명백히 확증한다. 구선조체 운동 기능은 선조체의 성숙과 더불어 사라지는 것이 아니라 그 기능의 종속 부분으로 포함된다. 바로 이런 식으로 선조체 시기의 고유한 움직임들은 고등심리 운동 기제 활동의 중요한 부분이 된다. 이는 성숙한 연령기에서는 뇌의 병변이 있는 경우에만 관찰되는 여러 반사들의 운명으로 증명된다. 바빈스키 반사 등과 같은 반사들은 성인에게는 병리적이지만 동시에 유아기에는 완전히 정상적인 생리적 현상이다. 이들은 어린이가 발달함에 따라 독립적으로 나타나지 못하고 고등 영역 활동의 종속적 부분으로 포함되며,

(하위 영역 해방의 법칙에 따라) 병리적 뇌 손상의 경우에만 독립적으로 작용한다.

4-2-32] 이제 우리는 위에서 간략히 그려 낸 유아기 유기체적 발달과 신경 발달의 그림으로부터 도출된 결과들에 대한 고찰로 나아갈 것이다. 이 결과들은 주로 외적 세계와 관련된 두 가지 기본 측면인 지각과 행동에 의해 특징지어지는 어린이의 감각 기능과 운동 기능의 영역에서 무엇보다 가장 쉽게 발견된다.

4-2-33] 신생아와 유아의 감각 기능과 운동 기능에 대한 연구가 우리에게 보여 준 첫 번째 것은 시초에 지각과 행동이 불가분하게 연결되어 있다는 것이다. 감각 기능과 운동 기능의 연결은 정신 활동과 신경 기관의 근본적인 속성 중 하나이다. 이전에는 감각 기능과 운동 기능이 별개의 것으로 서로 분리되어 있다가 오직 발달 과정 속에서 감각 과정과 운동 과정 간에 연합적 연결이 확립된다고 상상되었다. 사실 둘의 상대적 독립성은 긴 발달 과정 속에서만 출현하며 어린이의 이미 높은 수준의 성취를 특징짓는다. 발달의 처음 계기는 진정한 통합체를 형성하는, 여러 과정 간의 불가분의 연결로 특징지어진다.

4-2-34] 이와 같이 동시대 심리학에서 지각과 행동의 관계에 대한 문제는 예전과는 완전히 역전된 방식으로 놓인다. 이전에는 지각과 행동의 연합을 어떻게 설명할 수 있느냐는 것이 문제였다. 이제 그 문제는 처음에는 통합되어 있던 감각운동 과정들이 어떻게 발달 과정에서 상대적으로 서로 독립적이 되며, 새롭고 고등하며 더 유연하고 복합적인 통합이 가능해지는가를 설명하는 것이다.

4-2-35] 이 질문에 대한 최초의 답은 단순 반사 행동에 대한 연구에서 찾을 수 있다. 모든 타고난 반사는 그 자체로 감각운동 단위를 나타내는데, 여기서 자극에 대한 지각과 반응 운동이 통합된 역동적 과정을 보인다. 이 통합체의 운동 부분은 단지 지각 부분의 역동적 연속에

불과하다.

4-2-36] 우리는 조건 반사의 형성이라는 사실로부터 반사궁이 가변적임을 알게 된다. 즉 한 궁의 지각 부분이 다른 궁의 운동 부분과 통합적 장치로 연결될 수 있으며, 여기에서 어떤 지각이든 어떤 움직임이든 유동적이고 자유로우며 고도로 다양한 공동의 통합이 가능하다는 것이 분명해진다. 따라서 조건 반사 기제를 통해 전체 감각운동 과정의 발달을 설명하려는 많은 학자들이 생겨났다. 그러나 이러한 시도는 두 가지 이유로 헛수고임이 증명되었다. 1) 이러한 관점에서는 오직 질문의 첫 부분, 즉 감각운동 과정의 통합이 명확해질 뿐, 질문의 두 번째 부분, 즉 이미 생후 7개월 이후에 매우 분명하게 나타나는 각 과정의 상대적 독립성과 자율성이 어떠한 방식으로 생겨나는지 명확히 할 방법이 없는 것이다. 2) 이 설명은 유아의 전체 행동을 오직 반사로 완전히 설명할 수 있다고 가정하는 경우에만 충분할 것이다. 사실, 개별적 반사 운동들은 신생아와 유아의 행동 체계에서 사소하고도 다소 우연적인 부분을 구성할 뿐이다. 제시된 설명은 분명 문제 전체를 완전히 파헤치지 못하면서, 단지 무조건 반사와 조건 반사의 무리와 연관된 감각운동 과정의 특정 부분만을 다루고 있다.

앞서 비고츠키는 연합주의 심리학과 행동주의를 비판하였다. 그는 자극과 반응, 감각 과정과 운동 과정, 지각과 행동이 본래 분리되어 있다가 유아기에 통합된다는 개념에 반대하였다. 그러나 비고츠키는 발달 초기에 자극과 반응, 감각 과정과 운동 과정, 지각과 행동의 원시적인 통합이 존재한다는 형태주의 학파의 개념에 대해서는 찬성하였다. 그렇다면 발달 초기 이후에는 어떤 일이 일어나는 것일까? 만일 지각과 행동이 신생아기에는 하나였다면 유아기에는 어떤 일이 일어나는가? 하나의 답변은 반사궁의 분리이다. 모든 지각은 척수나 연수, 혹은 피질하 영역을 통과해서 운동 신경을 통해 근육으로 내려간다. 하나의 감각은 신경계(척수, 연수, 구선조체, 선조체, 피질)의 도움으로 매우 다양한 반응과 연결될 수 있다. 이는 일종의 분리 심리학을 가능하게 한다. 비고츠키는 이에 만족하지 않는다. 그는 여기에 두 가지 문제가 있다고 지적한다. 첫째, 이는 원시적인 감각-운동 통합체가 어떻게 나누어질 수 있는지 설명하지만, 유아가 어떻게 반응 없는 감각과 행동 없는 지각(예를 들어 영양 섭취 없는 배고픔)을 가질 수 있는지, 반대로 어떻게 감각 없는 반응과 지각없는 행동(예를 들어 먹을 의도가 없음에도 불구하고 물체를 집어 입으로 넣는 행동)을 할 수 있는지 그 핵심을 설명하지는 못한다. 둘째, 반사궁으로 설명될 수 있는 행동은 매우 적다. 기기나 걷기와 같은 복잡한 과정은 물론이고 심지어 영양 섭취조차도 일련의 자극-반응 행위의 연합이나 분리로는 설명될 수 없다. 반사궁으로 설명될 수 있는 명확한 사례들(바빈스키 반사, 모로 반사, 무릎 반사)은 생명 유지 과정의 중심 부분도, 중심적 발달 노선도 아니라는 점에서 부수적이다.

4-2-37] 생후 1년의 감각 과정과 운동 과정 사이의 연결을 설명하기 위해 두 가지 다른 요인을 고려할 필요가 있다. 1) 처음부터 이 둘을 다른 과정들과 구별해 주는 전체적·구조적 특징, 2) 단순 반사궁에서 일어나는 연결보다 이 둘의 중심적 연결이 지니는 더욱 복잡한 특징.

우리는 앞 문단에서 '반사궁'이 출생 시 지각과 행동의 단위를 확립하는 데에는 무리 없이 잘 작동하지만, 유아기의 발달 단위로는 작동할 수 없다는 것을 보았다. 그렇다면 행동 없는 지각이나 지각 없는 행동과 같은 유아의 자율적 행위의 습득을 설명할 수 있는 발달 단위는 무엇인가? 비고츠키는 두 개의 다른 요인을 생각할 필요가 있다고 말한다. 첫째, 지각과 행동 간의 연결은 다른 유기체적 과정(예컨대 호흡과 소화, 감각과 발한, 음식 섭취와 배설) 간의 연결과는 다르다. 그뿐 아니라 지각과 행동 간(어린이의 손에 물체가 놓이는 것과 어린이가 그것을 잡는 것)의 연결은 환경과 미분화된 육체적 본능 간(유아가 젖병을 보는 것과 그것을 먹는 것)의 연결과는 매우 다르다. 지각과 행동의 연결은 하나의 구조를 이룬다. 그러나 이는 한편으로는 환경을 통한 다른 한편으로는 어린이의 고등한 뇌 영역을 통한 연결이기 때문에 다른 종류의 구조를 이루며, 따라서 잠재적으로 사회적 연결이다. 둘째, 지각과 행동의 연결은 복합적이다. 그것은 단순히 한 지각을 한 행동과 연결하거나, 한 지각을 여러 행동 중 하나와 연결하거나, 여러 지각들을 하나의 행동과 연결하는 문제가 아니다. 지각과 행동의 연결은 이제 분화하고 있는 대뇌피질을 통하기 때문에, 어린이는 여러 지각들을 동시에 받아들이거나, 하나의 지각과 하나의 반응을 함께 받아들여 다른 더 복잡한 구조 내에서 그것들을 단일한 구조로 다룰 수도 있다. 예를 들어 어린이는 뻗기와 잡기를 하나의 복합 활동(음식 섭취나 놀이) 내에서 단일 구조로 취급할 수 있다.

4-2-38] 첫 번째 요인을 살펴보자. 오늘날까지도 우리는 유아의 움직임이 분리되고 이질적이고 격리된 개별 반응들의 합이며, 이들은 연결된 전체적인 역동적 과정으로 오직 서서히 점진적으로만 통합된다는 주장에 때때로 직면한다. 이보다 더 잘못된 표현은 없을 것이다. 운동 기술의 발달 경로는 각각의 부분적 움직임들이 합해져서 전체적 운동 행위가 되는 것이 아니며, 부분에서 전체로 나아가는 것이 아니라 오히려 몸 전체의 운동을 포함하는 덩어리, 무리로부터 개별 운동 행동의 분화와 개별화로 나아가고, 그리하여 전체에서 부분으로, 더 고등한 수준의 새로운 통합체로 재조합된다. 유아에게 만연한 본능적 움직임도 전부 그러하다. 그러므로 본능과 반응의 발생적 관계의 문제는 유아기에 대한 이론 전체에서 가장 중요한 문제로 남는다.

4-2-39] 이 문제에는 두 가지 상반된 해결책이 존재한다. 그중 하나에 따르면 반사가 일차적 현상이며 본능은 반사 작용들의 단순한 기계적 연쇄에 지나지 않는다. 그 연쇄 속에서 각 반사의 최종 계기는 동시에 다음 반사의 자극물이자 시작 계기가 된다. 또 다른 관점에 따르면

발생적으로 일차적인 것은 본능이며, 반사는 본능적 운동을 분화시키고 그로부터 개별 요소를 분리함으로써 나타나는 좀 더 최신의 계통발생적 형성물이다.

본능과 반사 중 무엇이 선행할까? 다시 말해 우리는 곰을 보고 도망가면서 공포 본능을 느끼는 것일까, 아니면 공격이나 도피 본능을 먼저 느끼고 나서 곰에 맞서 싸우거나 도망치는 것과 같이 본능을 충족시키는 반사들을 분화할 수 있게 되는 것일까? 한 이론에 따르면 반사가 일차적이다. 본능의 충족은 단지 반사들을 상호 연결하는 것에 지나지 않고 본능은 일종의 부산물 혹은 여파로 취급된다. 이와 유사하게 배고픔의 충족은 곧 반사 행위들을 연쇄적으로 이어나간 것이다. 영양 섭취는 반사 행위 연쇄의 결과이다. 다른 이론에 따르면 본능이 일차적이다. 본능의 충족은 단순히 본능이 반사들로 분해되는 것이다. 이와 유사하게 배고픔의 충족은 본능을 전체로서 느낀 후, 욕구 충족을 이끄는 다양한 반사들을 분화하는 일이다. 영양 섭취는 반사 행위 연쇄의 원인이다.

4-2-40] 동물과 유아의 본능적 활동 연구로부터 알려진 모든 사실들은 우리로 하여금 둘째 이론이 옳다는 것을 인정하고 현실에 맞지 않는 첫째 이론을 거부하게 만든다. 두 가지 예를 들어 설명해 보자. 우리는 모유수유에 의한 영양 섭취를 본능적 활동의 전형적인 예로 취한다. 첫째 이론에 따르면, 최초의 자극(배고픔 또는 엄마 젖의 느낌)은 오직 최초 반사, 즉 젖꼭지를 찾는 움직임에 대한 충동을 낳는다. 이 움직임의 결과로서 젖꼭지와 입 사이에 접촉이 발생하면 이것은 입술을 이용한 젖꼭지 물기 반사를 일으키며, 이것 역시 새로운 자극으로서 빨기 운동을 초래한다. 이 움직임들로 인해 생겨난 아기의 입으로 넘어가는 젖의 흐름은 삼키기 반사를 위한 새로운 자극이다. 등등. 젖먹기의 전체 과정은 각각의 반사 행동들의 단순한 기계적 연쇄인 것처럼 보인다.

4-2-41] 이 전형적 본능에 관한 진정한 연구는 우리 앞에 펼쳐진 것이 생겨난 욕구를 충족시키는 목적 지향적인 결과를 낳는, 한정된 뜻과 방향을 지닌 전체 과정임을 보여 준다. 이는 각각의 반사들의 기계적 총합이 아니며, 각각의 반사들은 그 자체로는 어떤 뜻이나 가치를 갖지 못하고 오직 전체의 부분으로서만 뜻이나 가치를 획득한다. 본능적 행위는 복합적이고, 객관적으로 목적 지향적이며, 생물적 욕구의 충족을 향하는 것으로 나타난다. 이 때문에 전체 구조는 객관적으로 의미 있는 전체적 과정으로 규정된다. 이 전체적 과정의 각 부분을 이루고 있는 구성 요소는 반사 운동을 포함한다. 젖 먹기 과정은 결코 각 개별적 운동의 기계적이고 판에 박힌, 반복적 순서로 일어나지 않는다. 개별 요소들은 변할 수 있고, 전체로서의 전 과정은 자신의 의미 구조를 보유한다. 유아가 배고픔을 충족시키는 것을 보면서, 우리는 이제 어린이가 반사의 연쇄에서 다음 고리인 이러저러한 운동을 기계적 필연성에 따라 수행할 것이라고 결코 예측할 수 없다. 과정의 단계마다 이 전체적 과정의 발달에서 근접한 단계의 기능을 수행할 수 있는 가능한 운동 중 하나가 나타날 것이라고 자신 있게 예측할 수 있다.

4-2-42] 이와 같이 우리는 반사가 아닌 본능이 어린이 활동을 최초로 형성하며, 유아의 운동 기술의 발달이 무엇보다 이러저러한 기관들의 고립되고 분리되며 전문화된 운동들의 부재와 전체 몸을 덩어리로 움직이는 집합적 운동의 존재로 특징지어진다는 것을 인정해야 한다.

4-2-43] 이와 동일한 전체적 특성이 신생아와 유아의 지각을 구분 짓는다. 우리는 신생아의 지각을 상황에 대한 전체적 지각으로 특징지은 K. 코프카의 명제를 이미 제시하였다. 여기서 아직 충분히 규정되거나 구분되지 않는 자질들이 무정형의 배경으로부터 나타난다. 지각 발달의 최초 계기는 분리된 인상들의 카오스가 아니고 인상의 기계적 모음도 아니며 여러 가지 감각의 모자이크도 아니고 정서적으로 선명히

채색된 상황, 구조의 전체적 복합체임을 모든 연구는 하나같이 지적한다. 이와 같이 유아의 지각은 운동 기술과 마찬가지로 최초적 전체성으로 특징지어진다. 그들 발달의 경로 역시 전체적 지각으로부터 부분적 지각으로, 상황 지각으로부터 개별 계기들의 지각으로의 이동에 놓여 있다.

4-2-44] 감각 과정과 운동 과정을 동일하게 구분해 주는 이 구조적, 전체적 특징은 우리로 하여금 감각과 운동 과정들을 한데 묶는 연결에 대한 설명에 도달하게 한다. 그들 사이의 연결은 구조적이다. 지각과 행위는 원래 통합적이고 불가분하게 구조화된 과정으로, 여기서 행위는 지각의 역동적 연장이며 지각과 더불어 전체적 구조로 통합된다는 것을 이해할 필요가 있다. 두 개의 비독립적 부분인 지각과 행위에서 통합적 구조를 구축하는 일반 법칙이 발견된다. 이 둘 사이에 내적이고 본질적이며 의미 있는 구조적 연결이 있다.

4-2-45] 이를 통해 우리는 주어진 문제의 해결과 연결된 중요한 두 번째 계기에 이르게 된다. 우리는 감각 과정과 운동 과정에서 둘 모두에 공통된 본질적으로 단일한 구조가 출현한다는 것을 확인했다. 그러나 구조의 형성은 중심 기관의 기능이다. 연구들에 따르면 감각 기능과 운동 기능을 연결하고 공통된 중심적 구조의 형성으로 이끄는 중심적 과정이 유아기의 충동, 욕구, 더 넓게 말하면 감정이다. 지각과 행위는 감정을 통해 연결된다. 이는 우리에게 감각-운동 과정 통합의 가장 본질적 문제를 설명하고 그 발달을 이해할 열쇠를 제공한다.

4-2-46] 이 입장을 설명하기 위해 두 가지 예를 들어 보자.

4-2-47] 젖먹이 아기의 형태 식별에 관한 실험적 연구에서 우리가 관심을 가지는 문제와 직접 연결된 극도의 흥미로운 현상이 발견된다. 젖먹이 아기는 서로 다른 형태, 즉 높이가 똑같은 직사각형, 삼각형, 타원, 바이올린 모양을 인식하는 것을 배운다. 어린이에게 다른 성질은 모

두 똑같지만 형태가 서로 다른 4개의 젖병이 주어진다. 병을 덮은 4개의 젖꼭지 중 하나에만 구멍이 있어서 어린이는 이를 통해서만 젖을 얻을 수 있다. 실험 결과 5~12개월 된 29명의 어린이들 중 약 3분의 2가 젖병의 형태를 보고 젖이 나오는 젖꼭지를 골라내는 것을 스스로 깨우쳤다. 연구자인 H. 폴켈트는 어린이가 두 개, 혹은 심지어 전체 젖병 중에서 하나를 주저 없이 자신 있게 고른다고 거듭 확신했다. 어린이가 자기 것이라고 인식한 특정 형태의 젖병을 전혀 시각장 안에 두지 않았던 많은 보충 실험들에서 매우 인상 깊은 사실이 관찰되었다. 이때 젖먹이의 행동은 완전히 달라지고, 어른의 행동 같은 느낌을 준다. 어린이는 자기 젖병을 갖지 못하자 그것을 찾는 것처럼 보였다(두리번거림 또는 팔을 뻗지 않고 손을 꽉 쥐는 모든 행동에서 드러나는 좌절과 억제).

4-2-48] 폴켈트에 의하면 이 실험들의 분석은 다음을 보여 준다. 그 방법의 성공은 분명 어린이가 소위 '삼각형' 또는 '타원형'의 우유를 마신다는 사실 덕분이다. 다르게 말하면, 특정 형태의 젖병으로 우유를 먹는 것과 관련된 전체적 체험의 과정에서 한편으로는 유인 자극의 자질 및 쾌락 경험(즉, 삶에 있어 가장 중요한 자질. 이는 젖이 젖먹이 아기에게 기본적인 영양 섭취를 위한 생산물이기 때문이다)과 다른 한편으로는 특정한 젖병 형태에 상응하는 자질의 복합체 사이에 매우 강력한 연결이 생겨난다. 이처럼 이 두 자질은 비록 성인의 관점에서는 구분되어 있지만 (아기에게는-K) 아직 구분되지 않고 분화되지 않은 느낌으로 나타난다.

비고츠키는 지각과 행동이 단일 구조로 통합되는 법칙은 이 둘의 비독립성으로부터 나온다고 말한다. 이 주장은 일견 순환론적으로 보일 수 있다. 원래부터 둘이 비독립적이라면 왜 굳이 통합되어야 하는 것일까? 어린이는 발달하면서 모유를 끊고 우유를 마시며 점차 두유나 이유식을 거쳐 가족 식사라는 사회적 경험에 참여하며 고형식을 먹을 수 있게 된다. 이것은 어린이가 원래 비독립적인 감각 수용과 행동을 지각적으로 상이한 환경에서 통합함으로써 가능해진다. 비고츠키는 이것이 가능해지는 것이 '원시적 전체' 덕분이라고 말한다. 어린이는 사실상 지각과 행동의 통합체를 가지고 태어나는 것이다. 예컨대 울기는 배고픔이라는 느낌의 역동적 연장이며 젖 먹기는 입술에 닿는 젖꼭지에 대한 느낌의 역동적 연장이다. 실험에서 아기가 파란 삼각형의 젖병과 젖 먹는 행동, 그리고 따뜻하고 포만감을 주는 우유의 느낌을 하나로 묶게 되었을 때 여기에는 새로운 '원시적 전체'가 나타나게 된다(비고츠키는 이것을 '체험'으로 표현하는데, 체험은 상황이 전개되는 동안 아기가 느끼는 느낌과 상황이 일어난 후 그것을 반추하는 생각을 모두 포함한다). 이것은 원시적 전체가 이 체험 이전에 존재했기 때문에 가능하다. 그러나 새로운 원시적 전체와 기존의 원시적 전체는 다른데, 파란 삼각형의 젖병을 포함하는 원시적 전체는 아기가 타고난 것이 아니라 환경과 아기에 의해 창조된 것이기 때문이다.

4-2-49] 폴켈트 실험은 연구자가 일종의 원시적 전체를 만들 수 있는 경우들에서만 작용하였다. 그 경우에만 실험에 의해 생겨난 생생한 체험이 원시적 의식에 적합할 것이다. 원시적 생명체를 특징짓는 통합적 인식에 대한 성향을 고려한 충분한 조치가 행해지는 경우들에서만 성공적인 실험 결과를 기대할 수 있다. 우유와 형태의 원시적 전체를 창조했던 폴켈트의 실험은 오직 이렇게 해서만 형태의 측면을 향한 명백한 지향을 이끌어 낸다. 똑같은 것이 다르게, 좀 더 핵심적으로 표현될 수 있다. 즉 형태를 파악하고 우유를 취하는, 원시적 의식 속에 상응하는 체험переживания의 두 측면의 상호 통합만이 젖먹이가 형태를 구별할 수 있음을 보여 줄 것이라고 폴켈트는 결론짓는다.

언제나 핵심 문제는 발달 노선과 신형성을 연결시키는 것이다. 이 경우 발달 노선은 형태(삼각형, 정사각형, 타원형, 바이올린 모양)에 대한 지각과 우유를 마시는 행동이 거의 동시에 일어나는 것이다. 이 경험의 양 측면이 융합되어야 하는 것이다. 그러나 그것으로 충분하지 않다. 어린이가 파란 삼각병을 마실 수 있고 다른 것은 마실 수 없다는 것을 알 수 있도록, 그것들은 어떻게든 어린이의 의식 속에 표상되어야 한다. 따라서 그 생생한 체험은 유아 의식 속에 있는 무언가(기억과 같은)와 대응해야 하며, 그 원시적 의식이 신형성이다.

4-2-50] 이 실험들로부터 우리는 특정 형태의 지각과 특정 유형의 행위 간 연결의 출현은 어린이들에게 있어 이 과정들이 동일하고 단일하며, 통합적인, 정서적으로 채색된 욕구의 구조로 들어가는 경우에만 가능하다는 것을 볼 수 있다.

4-2-51] 또 다른 사례는 이미 언급된 조건 반사 형성 과정에 관한 영역과 관련된다. 우리가 확인한 바와 같이 수유기 조건 반사 발달의 기본 패턴은 다음과 같다. 발달의 우선순위와 순서는 기본적 지배성이 출현하는 순서에 종속된다. 더욱이 초기 단계에서 그러한 지배성은 피질 하부의, 본능적인 특징의 지배성이며, 이는 감각 과정과 운동 과정 사이의 일반적으로 가능한 새로운 연결이 일어나는 영역을 결정한다. 따라서 조건 반사의 형성은 단지 감정의 생리적 하층일 뿐인 단일 지배성의 존재가 지각과 행위 사이에 새로운 조건적 연결을 가능하게 한다는 명제를 확증한다.

4-2-52] 검토 결과 우리는 유아의 정신생활에 대해 매우 중요하고 본질적인 명제를 공식화할 수 있다. 유아의 정신생활은 개별 정신 기능의 완전한 미분화와 원시적인 전체론적 체험의 배타적 지배로 특징지어지며, 감정과 충동의 지배적 영향하에서 발달하는 일반적인 본능적 의식 체계로 규정될 수 있다.

4-2-53] 뒤의 명제는 중요한 단서 조항이 필요하다. 왜냐하면 이것

이 종종 어린이의 전체 정신 발달 과정에 대한 완전히 잘못된 해석을 이끌었거나 그것으로 연결되기 때문이다. 많은 연구자들은 유아의 의식과 행동의 피질하 기제와 일차적으로 연결된 감정과 충동의 배타적 지배를 옳게 지적하면서 이로부터 다음과 같은 결론을 내린다. 즉 감정은 일반적으로 정신 발달의 사다리에서 원시적이고 저차적인 수준만을 특징지으며, 어린이의 감정적 성향의 역할이 발달 과정에서 배경으로 점점 더 멀리 후퇴하므로 감정적 행동 정도가 어린이의 원시성 또는 어린이의 정신 발달의 기준이 될 수 있다는 것이다. 이것은 완전히 틀렸다. 왜냐하면 초기의 원시적 단계는 어린이 발달 전체 내내 보존되는 감정적 성향의 엄청난 중요성이 아니라, 두 가지 다른 계기에 의해 특징지어지기 때문이다. 1) 본능적인 욕구와 충동에 즉각적으로 연결된, 본질적으로 가장 원시적인 감정, 즉 저차적 감정의 지배, 2) 감각 기능, 지적 기능, 운동 기능과 연결된 그 밖의 정신적 장치들의 저발달로 인한 원시적 감정의 배타적 지배.

4-2-54] 최저에서 최고까지의 어린이 발달의 각 새로운 단계에서 없어서는 안 될 동반자인 감정적 충동의 존재. 우리는 감정이 어린이의 정신 발달과 인격 구성을 개시하고, 전체로서의 인격 발달을 완성시키고 정점을 찍으며, 그 과정을 마무리한다고 말할 수 있다. 이런 의미에서, 감정적 기능이 최초에 발달하여 뇌의 근간을 이루는 가장 고대적인 피질하 영역과 즉각적으로 연결되어 있으며, 또한 가장 늦게 발달하는 인간 고유의 가장 새로운 뇌의 영역(전두엽)과도 연결되어 있다는 것은 결코 우연이 아니다. 이 사실에서 감정이 모든 정신 발달의 알파이자 오메가이고, 처음이자 마지막 연결이며, 프롤로그와 에필로그라는 상황의 해부학적 묘사가 나타난다.

4-2-55] 정신 발달 과정의 맨 처음부터 맨 마지막까지 중대한 계기로 참여하는 감정은 복잡한 경로를 택하여, 인격 형성의 각 새로운 단

계마다 변화하고, 각 연령기를 특징짓는 새로운 의식 구조에 들어가며, 새로운 단계마다 그 정신적 본질에서 중대한 변화를 보인다. 특히 감정은 생애 첫 일 년의 과정 동안에도 복잡한 발달을 수행한다. 우리가 이 시기의 처음 단계와 마지막 단계를 비교한다면, 유아의 감정적 삶에서 일어나는 중대한 변화에 놀라지 않을 수 없다.

4-2-56] 신생아의 초기 감정은 그의 정신생활을 수면, 영양 섭취, 울음이라는 좁은 범위 내로 제약한다. 유아기의 첫 단계에서 이미 감정은 외부 세계에 대한 수용적 관심의 기본 형태를 취하며, 이 연령기의 두 번째 단계에서 이는 주변 환경에 대한 능동적 관심에 자리를 양보한다. 그리고 마지막으로 유아기의 마지막 단계에서 우리는 1세의 위기와 직면하게 되는데, 모든 위기적 연령과 같이 이 위기는 감정적 생활의 급속한 발달로 특징지어지고, 감정에서 고유한 인격이 최초로 출현하는 것으로 두드러진다. 이것이 어린이 자유 의지 발달의 첫걸음이다.

4-2-57] 뷜러는 동물과 인간의 기본 행동 형태의 발생적 관계를 체계화할 수 있게 해 주는 대단히 유용한 도식을 제안했다. 뷜러는 자신의 도식을 동물, 어린이, 성인에게 적용시켜 그 도식에 보편적 의미를 부여한다. 그는 이를 전체 유아기 이론의 토대에 두고자 시도한다. 다음에서 우리는 이 도식을 이렇게 광범위하게 적용하여 해석하는 것에 대한 잠재성과 적합성을 비판적으로 고찰할 것이다. 그러나 흔히 그렇듯, 그 한계를 넘어 무리하게 확장된 구조는 당연히 유지될 수 없고, 주어진 제한된 현상 영역의 사실에 대해서만 매우 적절하다는 것이 드러난다. 뷜러의 도식이 바로 그러하다. 뷜러의 도식은 유아기 행동 발달을 완벽하게 반영한다.

4-2-58] 모든 의미 형성, 즉 동물과 인간의 객관적인 목적 지향적 행동 양식을 고려하기 시작한다면, 아래로부터 위까지 본능, 훈련, 지성이라고 불릴 수 있는 매우 단순하고 명료한 세 단계의 구분된 구조가

존재함을 보게 될 것이라고 뷜러는 말한다. 본능은 가장 낮은 단계이며 동시에 모든 고등 단계가 성장하는 토양이다. 그리고 사람에게는 어떤 식으로든 본능에 의존하지 않는 그 어떤 영역, 그 어떤 정신적 활동 형태도 없다.

4-2-59] 아래에서 위로 향하는 이 세 단계는 이미 말했듯이 유아기 발달을 사실적으로 현실과 부합되게 반영한다. 유아 행동의 첫 단계에서는 본능적 활동 형태가 지배적이다. 그것은 유전적 행동 형태의 준비가 부족하다는 점에서 동물의 동일한 활동과 다르다. 사실 신생아의 측은한 무기력은 본능적 기제가 충분히 준비되지 못했음에 기인한다. 인간은 생명을 유지해 주는 타고난 특정 동기와 긴장의 요소를 가지고 있으며 인간에게 있어 모든 고등한 영적 조직은 안녕과 행복을 위한 생존과 활동의 맹목적 추구로부터 일어난다. 그러나 모두가 매우 비규정적이고 개략적이며 모두가 훈련과 지성에 의한 보완을 필요로 한다. 엄격히 규정된 곤충의 삶과 비교할 때 인간의 본능은 모호하고 약하고 여러 갈래로 갈라지며 개인차가 매우 크므로 우리는 이런저런 경우에 있어 이것이 과연 일반적인 자연 장치인지 아닌지 묻게 된다.

곤충은 규칙적인 생활을 한다. 예를 들어, 수컷 모기는 약 3주간을 살고 암컷 모기는 그 두 배나 오래 산다. 모기는 살아 있는 동안 알, 애벌레, 번데기, 성충 등과 같이 매우 명확한 단계를 거친다. 수컷 모기는 과즙이나 꿀을 마시며, 암컷 모기는 피를 빨아먹고 살다가 후에 알을 낳는다. 모기가 인간이 하는 문화적 활동 유형들을 발달시키는 것은 불가능하다. 예를 들어, 수컷 모기가 과즙이나 꿀을 얻기 위해 씨를 뿌리고 식물을 재배하는 것은 불가능하며, 암컷 모기가 인간 피를 빨아먹고 알을 낳기 위해 인간을 사육하는 것은 불가능하다. 그렇다면 인간은 과즙이나 꿀을 얻기 위해 씨 뿌리고 식물을 재배하는 능력을 어떻게 발달시켰을까? 또 고기와 가죽을 얻기 위해 동물을 사육하는 능력을 어떻게 발달시켰을까? 이에 대한 비고츠키의 답은 인간의 본능이 매우 약하고, 미약하게 방향 지어지며, 확산적인 데 있다고 하였다. 즉 인간은 모기가 하는 것처럼 특정 목적을 추구하는 직접적 방식으로 즉각 행동할 필요가 없다는 것이다. 그리고 음식에 대한 우리의 본능적 욕구가 매우 분산적이고, 느슨하게 지향되기 때문에, 우리는 시간을 갖고, 씨앗을 뿌리며, 소를 사육한다. 온갖 음식 문화는 식욕이 동물만큼 강력하지 않기에 나타날 수 있었다. 따라서 모기는 사람의 피를 마시기 위해 곧장 사람을 사냥해야 하지만, 우리는 음식을 얻기 위해 농장이나 식당에 갈 수 있고 언제든 원하면 선짓국을 먹을 수 있다.

4-2-60] 신생아 본능의 불완전함 속에서 분명한 발생적 의미가 나타난다. 인간의 본능은 동물의 본능과 달리 거의 완성된, 완벽한 행동 기제를 포함하지 않는다. 오히려 인간의 본능은 후속 발달을 위한 배경이자 출발점이 되는 특정한 충동 체계이다. 이는 본능적 행동 형태의 비중이 동물보다 어린이에게서 훨씬 적다는 것을 의미한다. 오리나 병아리는 알을 깨고 나오자마자 완성된 형태로 숙달하는 걷기와 같은 과정조차 어린이에서는 상대적으로 늦게 장시간 발달의 결과로 나타난다. 인간 능력의 놀라운 가소성과 유연성이 바로 완성된 선천적 기제를 포기함으로써 성취된다는 것은 새로운 생각이 아니다. 병아리는 실제로 즉시 두 다리로 걸을 수 있지만, 후에 기어오르거나 춤을 추거나 스케이트를 타는 것을 배우지 못한다. 순수한 형태의 인간 본능은 오직 훈련이 가능하지 않은 불운한 존재인 중증 백치에서만 볼 수 있다는 K. 뷜러의 말은 옳다.

4-2-61] 두 번째 단계는 교수-학습, 연습, 훈련을 통해 유전 위에 세워지는 후천적인 개인적 경험의 지배로 특징지어진다. 어린이 출생 후 반년은 본질적으로 만지기, 앉기, 기어가기 등의 기술 획득으로 채워진다. 이 모든 훈련과 놀이에서의 자학-자습은 점차적 연습으로 일어난

다. 조건 반사, 습관적 운동과 기술의 형성은 유사한 형태를 보이며, 이는 두 번째 단계와 관련된 교수-학습과 훈련을 통해 일어난다.

4-2-62] 유아 행동 발달의 세 번째 단계는 지적 활동의 시작으로 특징지어진다. 뷜러는 유아기 마지막에 있는 어린이에게서 실행 지성의 가장 단순한 현상인 시각-운동적 생각이 나타남을 최초로 실험적으로 입증하였다. 이 생각은 W. 쾰러의 유명한 실험에서의 침팬지의 행동과 완벽하게 유사하다. 따라서 뷜러는 이 시기의 어린이의 삶을 침팬지와 같은 연령기라고 명명하기를 제안하였다. 이 연령기의 어린이는 당연히 매우 원시적이지만, 정신적 의미에서는 매우 중요한 최초의 발명을 한다. 어린이 지성 발현의 본질은 선천적이거나 기계적으로 학습된 것이 아닌, 주어진 상황에서 새롭게 나타나는 무엇보다도 이성적이면서 목적 지향적인 손의 행위에 있으며, 이는 가장 단순한 우회로의 사용과 도구의 적용과 관련이 있다. 어린이는 멀리 있는 물체를 자기에게 가져오기 위해 줄을 이용하는 능력, 즉 하나의 물체를 다른 물체를 가져오는 도구로 사용하는 능력을 보여 준다. 이 실험에서 뷜러는 말을 시작하지 못한 어린이가 실행 지성이나 도구적 생각 단계, 즉 기계적 관계를 파악하고 기계적 수단을 통해 기계적 최종 목표로 나아가는 생각 단계로 나아간다는 것을 보여 줄 수 있었다. 어린이는 심지어 말을 시작하기 이전에 주관적으로 의미 있는, 즉 의식적으로 목적 있는 활동을 발달시킨다.

4-2-63] 뷜러의 실험에서 실행 지성은 생후 10~12개월에 처음 나타난다. 우리가 이미 말했듯, 최초 도구 사용의 실제 발달은 유아기를 넘어서야 나타나지만 이 능력의 최초 발현은 의심할 여지 없이 유아기의 두 번째 단계에서 일어난다. 이런 방향으로 물체를 처음 사용하는 도구적 생각으로의 예비적 단계는 생후 6개월의 어린이에서 이미 관찰 가능하다. 생후 9개월에 이들 현상은 확장된 형태로 관찰된다. 이는 기계적

의존성을 확립하기 위한 최초 시도로 간주될 수 있다.

4-2-64] 이러한 능력 발달의 예비적 단계는 생후 6개월 어린이에게서 대상을 조작하는 특정한 형태로 관찰된다. 어린이는 하나의 물체만을 가지고 노는 것에 만족하지 않는다. 어린이는 한 물체를 손의 확장으로 사용하여 다른 대상에 작용한다. 즉 어린이는 그것을 쥐고 다른 고정된 대상으로 이동시켜서 치고 때린다. 그것은 마치 생후 4개월 된 아기가 손만으로 했던 것과 유사하다. 물체를 사용하는 기술은 도구 활용의 예비적 단계이다. 생후 7개월에 우리는 물체를 사용하는 원칙적으로 새로운 활동의 최초 흔적, 즉 누르거나, 구기고 찢어서 대상의 형태를 변화시키는 활동을 발견한다. 이 최초의 파괴적 활동 속에 이미 형성과 변형의 첫 번째 방법이 존재한다. 두 물체를 서로 끼우는 8개월 된 어린이의 시도에서 긍정적 형성이 나타난다. 움직일 수 있는 물체로 고정된 물체를 조작하는 것, 한 물체로 다른 물체에 영향을 주는 것, 물체 형태의 변화, 그리고 이러한 긍정적 형성의 싹들은 도구적 생각 발달의 예비 단계로 타당하게 여겨질 수 있다. 이 모든 것들은 간단한 도구 활용을 이끈다. 도구 사용은 어린이에게 완전히 새로운 시기를 창조할 것이다.

비고츠키는 이 문단에서 자기 자신의 관찰뿐 아니라 (침팬지를 대상으로 한 쾰러의 실험을 유아를 대상으로 하여 재연한) 뷜러의 유명한 실험 또한 염두에 두고 있다. 그 실험은 침팬지/어린이에게 막대기를 주고 그것을 사용하여 바나나를 꺼내게 하는 것이다. 때로 침팬지/어린이는 단순히 막대기로 바나나를 치기만 한다. 그러나 어린이는 때때로 막대기를 자신의 손의 연장延長으로 사용할 수 있었다. 후속 실험에서 어린이/침팬지는 하나의 대나무 막대기에 다른 막대기를 끼워서 길게 만들어 창살 너머에 있는 바나나를 끌어당겼다. 비고츠키는 실천적 생각이 언어적 생각에 앞서 나타난다는 증거로 이 실험을 취했다. 엘코닌과 자포로제츠를 비롯한 소비에트의 많은 유아기 연구자들은 어린이들이 숟가락 사용법을 어떻게 배우는지 강조한다. 숟가락 사용은 도구 사용이 협동과 비계를 통해 어떻게 가르쳐질 수 있는지를 보여 주는 좋은 예가 된다. 그러나 이 문단에서 비고츠키는 숟가락 사용과 전혀 다른 예, 놀이에 대해 언급한다. 4개월 된 어린이는 자신의 손으로 아무런 분명한 목적 없이 그냥 대상을 친다. 6개월 된 어린이는 하나의 대상을 사용하여 다른 대상을 친다. 이때 그 대상은 어떤 목적을 위해 사용되는 것이 아니므로, 도구로서 사용된다기보다는 단지 어린이의 손의 연장으로서 사용된다고 볼 수 있다. 그런 다음 어린이는 하나의 대상에 힘을 가해 형태를 변화시키는 것을 배운다. 숟가락과 같은 도구 사용은 이 문단에 전혀 언급되지 않는다. 왜일까? 첫째, 비고츠키에 의하면 도구 사용은 유아기 이후에야 나타난다. 숟가락 사용을 보고 따라 배우는 시기는 좀 더 나중에 나타난다. 대부분의 어린이는 유아기를 지나서 숟가락을 스스로 사용하는 법을 배운다. 둘째, 숟가락 사용은 비유컨대 '생산'이 아니라 '소비'이다. 비고츠키가 관심을 가지고 있는 것은 어린이의 의지이지, 영양 섭취로의 적응이 아니다. 셋째, 이 문단에 사용된 비고츠키의 예를 통해 우리는 상상이 창조 이후에 나타난다는 그의 생각을 엿볼 수 있다. 대상을 변화시키는 창조는 유아기부터 나타나지만 상상을 통한 재구성 능력은 후에야 발달하게 된다.

4-2-65] 기본적 신형성의 발생에 대한 고찰을 마무리 짓기 위해서는 유아의 사회적 행동 발달에 대한 설명이 필요하다.

4-2-66] 우리는 신생아의 의사소통에 대해 이미 말한 바 있다. 그것은 특정한 사회적 반응의 결여로 특징지어진다. 어린이와 성인의 관계는 그의 기본적 생명 작용과 융합되고 불가분하게 엮여 있으므로 분화된 반응으로 떨어질 수 없다. 생후 2개월에 특정한 사회적 인상과 반응이 나타난다. 따라서 웃음은 처음에 사회적 반응으로만 나타난다는 것이 확립되었다. 그것에 뒤이어 다른 반응들이 나오며 이들은 우리가 어린이

의 분화되고 고유한 사회적인 표현을 다루고 있음을 의심할 수 없게 한다. 첫 달과 두 달 사이에 어린이는 사람의 음성에 웃음으로 반응한다.

비고츠키에게 발달이란 항상 분화가 우선이고, 통합은 단지 차후의 문제이다. 따라서 신생아의 첫 발달 과업은 영양 섭취와 같은 외적 사건과 배고픔과 같은 내적 사건의 분화이다. 이는 인간의 자극과 사물 자극의 분화를 필요로 하지 않기 때문에, 아기들은 출생하자마자 직접 젖을 빨 수도 있고 젖병으로 먹을 수도 있다. 그러나 2개월 된 유아는 인간과 사물 자극을 구분하기 시작한다. 예를 들어 어린이는 문소리에 미소를 짓지는 않지만, 음성에는 미소로 반응한다. 이로 인해 사회적 미소와 같은, 순수한 사회적 자극에 반응하는 순수한 사회적 반응이 가능해질 것이다. 사회적 미소는 생물학적 본능이 아니다. 카메룬의 은소족에 대한 하이디 켈러의 최근 연구는 은소족 유아가 미소를 짓지 않는데, 이는 그들이 생후 2개월부터 엄마 등에 업혀 주로 엄마의 어깨 너머로 세상을 바라보기 때문이라는 것을 보여 주었다.

4-2-67] 이미 지적했듯이 첫 달의 끝 무렵이 되면 한 어린이의 울음이 다른 어린이의 울음을 유발한다. 두 달째에는 누군가 다가오면 어린이의 울음이 거의 언제나 잦아든다. 마침내 2~3개월 무렵의 어린이는 성인이 쳐다보면 미소로 답한다. 이와 동시에 많은 행동 형태들이 출현하며, 이로부터 어린이가 이미 자신을 돌봐주는 성인과 사회적 관계를 맺기 시작했다고 판단할 수 있다. 어린이는 말하는 사람에게 몸을 돌리고, 그 목소리에 귀를 기울이며, 자신으로부터 얼굴을 돌리면 화를 낸다. 3개월된 어린이는 다가오는 사람을 소리 내어 맞이하며 그에게 미소를 짓는다. 어린이는 이미 소통하려는 태세를 보인다. C. 뷜러는 최초 형태의 사회성 발달에 영향을 미치는 매우 중요한 두 요인에 주목한다. 첫째 이것은 성인의 능동성에서 비롯된다. 어린이는 애초에는 본질적으로 반응적이다. 성인은 어린이를 돌보고 놀아 준다. 유아들이 이 삶의

단계에서 얻게 되는 모든 것, 즉 유아의 욕구 충족은 물론이고 위치 변화, 움직임, 놀이, 어르고 달래기에서 비롯된 모든 즐거움과 흥분이 성인들로부터 오게 된다. 어린이는 성인에 의해 창조된 체험의 세상에 점점 더 반응하게 되지만, 여전히 같은 방의 다른 아기 침대에 누워 있는 다른 어린이들과는 소통을 시작하지 않는다.

4-2-68] 의사소통 체험의 둘째 조건은 반드시 어린이가 자신의 몸을 조절할 수 있어야 한다는 것이다. 자신의 욕구가 충족된 모종의 자세나 상태에서 어린이는 충분한 잉여 에너지를 가진다. 그러한 상태에서 어린이의 감각은 제한적으로나마 능동적이다. 그 순간 어린이는 주변을 다소나마 능동적으로 듣고 볼 수 있게 된다. 만약 이 안락하고 편안한 자세가 미처 숙달하지 못한 다른 자세로 바뀌게 되면, 전체 에너지가 그 불편함을 극복하는 데 집중된다. 더 이상 어린이에게는 말 거는 이에게 웃어 주거나 눈길을 주고받을 여유가 없다. 예를 들어 앉은 자세에서 몸을 완전히 감당하지 못하는 어린이는 앉은 상태에서 덜 활동적일 것이다. 능동성의 범위는 어린이가 앉기, 서기, 걷기를 배우는 시기에 훨씬 더 감소한다. 유아는 앉을 때보다 반듯이 누운 자세에서 훨씬 더 쉽게 의사소통할 수 있다. 이 경우 어린이의 능동성의 결핍이 의사소통의 장애가 된다.

4-2-69] 이와 관련하여 약 생후 5개월에 전환점이 공통적으로 나타난다. 즉 어린이가 자신의 몸과 자세와 움직임을 숙달하는 능력의 향상은 5~6개월의 어린이가 이미 또래와의 접촉을 추구한다는 사실을 이끈다. 6~12개월에는 두 명의 유아 사이에 이 연령기를 특징짓는 모든 기본적인 사회적 상호 관계가 발달한다. 두 어린이는 서로 미소를 짓고 옹알이를 하며, 장난감을 주고받으며, 장난치며 논다. 6~12개월의 어린이는 의사소통으로의 특정한 욕구를 발달시킨다. 어린이의 욕구가 어른들에 의해 충족된다는 점에서 사람들에 대한 긍정적 관심이 일어난다

고 우리는 매우 자신 있게 주장할 수 있다. 의사소통의 능동적인 추구는 6~12개월 사이에 다음과 같이 표현된다. 어린이는 다른 사람의 시선을 찾고 그들을 보고 웃으며, 사람에게 옹알이를 하며 손을 뻗어 잡으며, 그들로부터 떼어 놓으면 기분이 상하게 된다.

4-2-70] C. 뷜러와 그녀의 동료들의 연구는 생후 첫해 동안의 사회적 행동의 기본 특징에 관한 목록을 구체적으로 밝혔다. 어린이가 보이는 사회적 표현의 첫 번째 국면은 수동성, 반응성, 부정적 감정(울기, 어른의 보살핌에 대한 불만족)의 지배로 특징지어진다. 두 번째 국면은 어른뿐 아니라 또래와 접촉하려는 능동적 추구, 어린이들의 공동 활동, 가장 원초적 관계인 지배와 복종, 저항, 독재, 순종 등의 출현으로 특징지어진다.

4-2-71] 무엇보다도 여기서 우리의 흥미를 끌어야 하는 것은 서로가 긴밀하게 연결되어 있고 이 연령기의 사회적 표현의 발생에 직접적으로 영향을 주는 두 가지 상황이다. 첫 번째는 유아기의 사회적 표현의 최초 발달을 초래하는 일반적 근원이다. 두 번째는 유아기의 사회적 의사소통이 띠는, 유아의 사회성과 더 큰 어린이의 사회성을 구분해 주는 고유한 특징이다.

4-2-72] 유아기의 모든 사회적 표현의 일반적 근원은 우리가 이미 말한 바 있는 고유한 발달의 상황이다. 아기는 처음부터 자신의 행동이 사회로 엮이고 짜이는 상황에 직면하게 된다. 사물로의 경로와 욕구 충족으로의 경로는 언제나 다른 사람과의 관계를 통과한다. 바로 이 때문에 신생아의 사회적 관계는 그들이 엮여 있는 일반적으로 공유된 상황으로부터 아직 분화 혹은 분리되지 않는다. 후에 분화가 시작되면 어른과의 의사소통이 어린이 자신의 능동성을 표현하는 기본적 경로로 종사한다는 뜻에서 이 관계는 기초적 특성을 계속 보존한다. 유아의 거의 모든 인간적 능동성은 사회적 관계라는 물길로 흘러간다. 외부 세계와

그의 관계는 언제나 다른 사람을 통한 관계이다. 따라서 유아의 개인적 행동에서 모든 것이 사회와 엮이고 짜여 있다고 말할 수 있다면 그 반대도 사실임이 드러난다. 즉, 유아의 모든 사회적 표현은 그의 구체적, 실제적 상황과 엮이고 짜여, 공유된 불가분의 전체를 형성한다.

4-2-73] 고유하고 독특한 유아의 사회성이 초래하는 결과는 일차적으로 다음에서 명백하다. 어린이의 사회적 의사소통은 바깥 세계, 즉 생존의 필요를 충족시켜 주는 대상이나 과정들과의 모든 의사소통 과정으로부터 아직 구분되지 않는다. 이 의사소통은 가장 기본적인 수단인 인간의 말을 아직 결여하고 있다. 이 무언의 전前 언어적이고 시각 행동적 의사소통에서는 후속하는 아동 발달에서 아직 발견되지 않는 관계들이 전면에 나타난다. 이는 상호 이해를 기반으로 한 의사소통이라기보다는 정서적 표현, 감정의 전달, 유아가 처한 어떤 상황 속 중심 계기의 변화 즉 다른 사람의 출현에 대한 긍정적 반응이나 부정적 반응에 가깝다.

> 발달의 모든 사회적 상황은 어린이와 환경의 관계로 나타난다. 이 때문에 발달의 모든 사회적 상황은 긴장, 갈등, 모순을 나타내며, 이는 오로지 발달 노선을 통해 나타나는 신형성의 출현에 의해 해결된다. 유아기도 예외가 아니다. 한편으로 유아는 오로지 다른 사람을 통해서만 작용할 수 있다. 다른 한편으로 사람들이 일반적으로 다른 사람에 작용하는 방식인 말하기는 유아에게는 불가능하다. 『생각과 말』 4장에서 비고츠키는 말과 실행적 사고가 다른 뿌리를 가지고 있다고 주장했다. 어린이가 2~3세가 되어서야 이 둘은 서로 만나게 될 것이다. 그렇다면 유아는 무엇을 할 수 있을까? 이 문단에서 비고츠키가 제시하는 대답은 '무언의 전前 언어적이고 시각 행동적인 의사소통'이다. 그는 원형적 언어, 즉 의미와 몸짓, 음성 표현을 포함하지만 어휘 문법이 없는 의사소통 체계를 염두에 두고 있다. 몸짓과 음성 체계는 많은 부분을 얼굴 표정과 손짓, 발짓에 의존한다는 의미에서 시각적이며, 행

위에 의존한다는 의미에서 행동적이다. 할리데이는 『*The Language of Early Childhood*』에서 8개월 된 아들 나이젤의 '무언의 전前 언어적이고 시각 행동적인 의사소통'의 사례를 제시하고 있다.

Halliday, M. A. K.(2002), *The Language of Early Childhood*, London: Continuum, p. 145.

기능	성인 언어로 번역	시각적 행동
도구적 +	나 저거 원해	단단히 물체 움켜쥐었다가 놓는다.
도구적 -	나 저거 싫어	물체를 살짝 건드렸다가 놓는다.
규제적	그거 다시 해 줘	물체를 계속 꽉 쥐고 있는다.

4-2-74] 성인은 유아기에서 모든 상황의 중심이다. 따라서 성인의 단순한 접근이나 멀어짐이 바로 어린이에게 자신이 처한 상황에서의 급격하고 급진적인 변화를 의미하는 것은 당연하다. 비유적으로 말하기를 주저하지 않는다면, 단순한 성인의 접근이나 멀어짐이 어린이를 능동성으로 무장시키거나 무장 해제시킨다고 말할 수 있다. 성인이 없으면 유아는 무력한 상황에 처하게 된다. 외부 세상에 대한 유아의 능동성은 마비되거나 아니면 적어도 매우 제한되고 억제되는 듯이 보인다. 그것은 마치 팔다리가 동시에 떨어져 나가서 움직이고 위치를 바꾸며 필요한 물건을 잡는 능력을 빼앗긴 것과 같다. 성인이 있으면 어린이의 능동성에게는 타인을 통한 가장 일반적이고 자연적인 길이 열린다. 바로 이것이 유아에게 다른 사람이 언제나 모든 상황의 심리적 중심이 되는 이유이다. 유아에게 모든 상황의 뜻이 무엇보다 이 중심, 즉 그것의 사회적 내용에 의해 규정되는 것은 이 이유에서이다. 즉 좀 더 광범위하게 말하자면, 어린이와 세상의 관계는 그가 성인과 맺는 가장 직접적이고 구체적인 관계로부터 나오는 종속값이자 파생값이다.

4-3 유아기의 기본적 신형성

4-3-1] 이제 우리는 유아기의 주요 발달 노선을 개별적으로 살펴본 후에, 유아기의 기본적 신형성과 관련된 주요 질문에 답할 수 있을 것이며, 이를 통해 어린이 발달의 시작 시기에 관한 가장 중요한 이론에 대한 분석으로 나아갈 수 있을 것이다. 그렇다면 유아기의 복잡한 발달 과정의 결과로 새롭게 나타나는 것은 무엇일까?

4-3-2] 우리는 아동 발달의 주요 측면들이 내적 통합성을 보인다는 것을 이미 보았다. 이는 그들이 오직 연령기 기본적 신형성 발달의 통합적, 전체적 과정에 포함됨으로써만 각각의 뜻과 의미를 갖기 때문이다. 유아의 무력함은 아직 완료되지 않은 골격 형성, 근육의 미발달, 더욱 성숙한 식물적 유기체적 기능의 지배, 뇌의 고대적 부분의 지배, 인간 고유의 활동 형태를 규정짓는 모든 영역의 미성숙, 가장 중요한 생명 욕구를 중심으로 한 본능적 의식과 연결되어 있다. 이 무력함은 유아 발달의 사회적 상황을 규정짓는 최초적 계기가 될 뿐 아니라 기본적 신형성과 직접 연관된 두 가지 상황을 곧장 가리킨다. 1) 모든 고등 발달 노선의 필수적 전제 조건인, 유아의 에너지 원천의 점진적 성장, 2) 유아 발달 경로에서 세계에 대한 최초 관계의 역동적 변화.

4-3-3] ㅠ.ㅠ.블론스키는 어린이의 에너지 원천이 어린이의 환경과의 의사소통과 맺는 상호 관계의 관점에서 유아 발달을 세 가지의 주요 단

계로 구분한다. 어린이의 무력함은 주변 환경에서의 어린이의 위치를 결정한다. 치아가 전혀 없는 유년기 어린이는 침대에 누운 상태에서 돌봄을 요하는 나약한 존재이다. 어린이에게서 사회적 자극은 주로 아픔, 굶주림, 거북함에 대한 반응으로 울음의 형태로 나타난다. 어린이와 환경 간의 상호 관계는 일차적으로 음식에 토대한다. 이 시기 어린이가 무엇보다도 젖을 먹이고 돌보는 엄마에게 연결되어 있다는 것은 매우 분명하다.

4-3-4] 어린이가 앞니가 생기면서 이미 침대에서 움직이는 존재가 되면, 그와 환경과의 상호 관계는 비할 데 없이 더 복잡해진다. 한편으로 어린이는 자신의 이동과 원하는 대상의 획득을 위해 성인의 힘을 이용하려고 한다. 다른 한편으로 그는 성인의 행동을 이해하기 시작하며 비록 초보적일지라도 그들 사이의 심리적 의사소통을 확립한다.

4-3-5] 생애 두 번째 해에 어린이는 움직임이 없는 방이라는 환경에서 성인과 동등한 동료이며, 그들 사이에는 이미 초보적이고 단순하나마 협력 관계가 확립되어 있다. 이와 같이 세 가지 에너지 단계에 따라 우리는 환경과의 세 단계의 의사소통을 구분할 수 있다.

비고츠키는 치아 상태를 기반으로 한 블론스키의 발달 이론을, 생물학적 토대를 기반으로 한 초기 발달만을 기술한다는 이유로 비판한 바 있다. 블론스키에 의하면 어린이와 환경과의 관계는 직접적으로 어린이의 에너지 원천에 의존하며, 그것은 다시 어린이의 치아 상태에 의존하는 음식 섭취 능력에 의존한다(이에 관한 근거는 고기를 먹는 능력이 인간의 장거리 여행 능력과 직접 관련되어 있다는 초기 인류의 역사에 관한 연구에서 찾을 수 있다). 이에 따라 블론스키는 유년기를 세 시기로 구분한다. 치아가 없는 시기에 어린이는 젖에만 의존하여 거의 에너지가 없기 때문에, 누워 있거나 앉아 있을 수만 있다. 앞니 시기에 어린이는 돌아다니기 시작한다. 두 살 무렵의 어린이가 바깥이 아니라 조용한 방에서 아무것도 하지 않고 있을 때는 성인과 동등하다. 비고츠키는 어린이의 주의와 의사소통 능력이 충분한 에너지를 필요로 한다는 데 동의한다. 그는 또한 인간이 집을 짓고 수렵과 채집에 더 이상 의존하지 않게 되면서 어린이와 성인은 사회적 의사소통에 집중할 수 있게 되었고, 사회적 의사소통에 관한 한 어린이와 성인은 동등하지는 않아도 실제적으로 동료라는 데에도 동의한다. 그러나 물론 비고츠키는 치아가 본질적 신형성이라는 데에는 동의하지 않는다. 주요 활동이 의사소통이라면 치아는 주요 수단이 될 수 없다.

4-3-6] 이상에서 사회적 발달을 기술하면서, 우리는 한편으로 어린이의 능동성의 능력을 어느 정도 결정하는 에너지라는 계기는 사회적 표현의 발달과 성인과의 의사소통을 위한 기본적 전제 조건임을 이미 지적한 바 있다. 따라서 기본 신형성의 발생은 유기체적 성장과 성숙의 가장 내밀한 내적 과정에 깊숙이 뿌리박고 있다.

4-3-7] 다른 한편으로, 유아의 무력함에 기인하여 생성된 발달의 사회적 상황은 유아의 능동성이 실현되는 방향, 즉 타인을 통해 주변 세상의 대상으로 향하는 방향을 결정한다. 그러나 만일 어린이가 성장하고 성숙하여 발달하는 존재가 아니라 유아기 동안 변하지 않고 신생아에서 볼 수 있는 초기 상태에 머무른다면, 발달의 사회적 상황은 유아의 매일의 삶을 앞으로 나아갈 가능성이 전혀 없는 동일한 원 안에서의 순환으로 규정지을 것이다. 그렇다면 유아의 삶은 병리학적 발달 형태의 경우처럼 하나의 동일한 상황의 끝없는 재생산으로 환원될 것이다. 사실상 유아는 계속 성장하며 발달한다. 즉 그의 존재를 변화시킨다. 따라서 그의 매일의 삶은 동일한 상황이 반복되는 순환이 아니라, 발달 상황에서 질적인 변화와 연결되는, 나선형으로 위를 향하는 움직임과 훨씬 더 비슷하다.

4-3-8] 발달 경로에서 유아의 능동성이 증대되고 에너지 자원이 넉

넉해지며, 그의 운동이 향상되고 팔다리가 강해지며, 새롭고 젊고 고등한 뇌 영역이 성장하고 새로운 형태의 행동 및 환경과의 새로운 형태의 의사소통이 나타난다. 이 모두 덕분에 한편으로 유아가 실재와 맺는 관계의 반경이 확장됨에 따라 성인을 이용하는 경로가 확장되고 다양해지며, 다른 한편으로 어린이의 사회적 관계의 증대된 복잡성 및 다양성과 말의 도움을 통한 직접적 의사소통의 무능력 사이의 모순이 점점 더 증가한다. 이 모두는 신생아기의 기본적 신형성인 본능적 정신생활이 가장 확실하고 급격한 방식으로 변하지 않을 수 없게 한다. 신생아의 정신을 구분 짓는 두 가지 기본적 특징을 참작한다면 이 변화는 이해하기 쉽다. 첫째, 어린이는 본능적 욕구에 토대해서 일어나는 통합적 상황으로부터 자신은 물론 다른 이도 구분하지 않는다. 둘째, 이 시기의 어린이에게는 누구 혹은 무엇이 아직 존재하지 않는다. 그는 규정된 객관적 내용보다는 상태를 체험한다. 이 두 가지 특성은 유아기의 신형성에서 사라진다.

4-3-9] 전체적인 유아 발달의 기본 방향을 고려하면 이 신형성을 규정할 수 있다. 이미 보았듯이 이 방향은 어린이의 능동성이 오직 한 길, 즉 타인을 통해서 난 길로만 외부 세상으로 열려 있다는 것이다. 따라서 유아의 체험에서, 구체적 상황에서의 타인과의 공동 활동이 무엇보다도 먼저 분화되고 구분되며 형성되어야 한다는 것은 매우 당연하다. 유아가 의식 속에서 자신과 엄마를 구분하지 못하는 것은 당연하다.

> 샐리는 뚜껑 달린 상자를 가지고 있고 앤은 뚜껑 달린 바구니를 가지고 있다. 샐리가 초콜릿을 자기 상자 안에 넣고 화장실에 간다. 그 사이 앤은 상자의 초콜릿을 꺼내서 자기 바구니 속에 넣는다. 상황을 4세 어린이들에게 보여 주고 "샐리가 돌아왔을 때, 샐리는 어디를 살펴볼까?"라고 질문하면, 어린이들은 샐리가 자기 상자가 아니라 앤의 바구니를 살펴볼 것이라고 대답한다. 이유를 물으면 초콜릿이 바구

니 속에 있기 때문이라고 답한다. 물론 이는 사실이지만 바구니는 샐리가 초콜릿이 있다고 생각한 장소는 아니다. 이러한 '틀린 믿음' 실험은 1980년대에 S. 바론-코헨을 비롯한 여러 연구자들에 의해 수행되었으며, 그 결과는 자폐나 성인 정신분열자는 물론 정상 어린이들도 타인의 마음이 자신들과 구별되며 서로가 다른 믿음을 가질 수 있다는 사실을 이해하지 못한다는 주장의 근거로 이용되었다. 그러나 타인들이 구별된 마음을 가지고 있다는 사실을 어린이들이 알지 못한다면 어떻게 '까꿍' 놀이를 할 수 있고, 어째서 타인들의 주의를 끌고자 하며, 어떻게 타인들의 사회적 미소를 알아차리는 것이 가능하겠는가? 이 논쟁은 '마음 이론' 논쟁이라고 불리며 오늘날 유아 연구에서 여전히 중요한 논쟁거리이다. 이 문단에서 비고츠키는 문제를 예견할 뿐 아니라 그 해답도 보여 준다. 신생아는 세계를 보고, 듣고, 냄새 맡고, 느끼되, 다만 일반적인 상태, 전체적 상황을 경험한다. 즉 사람을 보고 듣거나 사물을 냄새 맡고 느끼는 것이 아니라 상태를 경험하는 것이다. 신생아는 배고픔이나 공포, 따뜻함이나 추위를 느끼지만, 이는 젖병이나 이불 또는 엄마의 품과 같은 대상을 향한 욕망으로서가 아니라 그러한 조건, 상태로서 느끼는 것이다. 신생아는 사물의 세계, 인간의 세계, 인간을 통해 사물이 획득되는 세계를 아직 발견하지 못하였다. 그러나 유아는 이와 다르다. 유아는 사물이 사람을 통해 얻어진다는 것을 이해한다. 외부 세계를 향한 어린이의 길은 언제나 타인을 통하므로, 일반적인 상태로 세계를 경험하던 신생아의 의식에서 가장 먼저 분화되는 현상은 '공유된 활동'이다. 유아는 타인들이 마음을 가지고 있다는 사실을 이해하고 있다. 그렇지 않다면 까꿍이나 사회적 미소와 같은 공유된 활동은 불가능할 것이다. 그러나 마음은 활동이나 세계 자체와 마찬가지로 언제나 공유된 세계, 공유된 활동이며, 공유된 마음인 것이다. 이 때문에 어린이들은 샐리가 자기 상자 속이 아닌 앤의 바구니 속에서 초콜릿을 찾을 것이라고 말하는 것이다.

4-3-10] 어린이는 출생 순간에 엄마와 생리적으로 분리되지만, 유

아기의 끝, 즉 혼자 걸을 수 있게 될 때까지는 엄마와 생물학적으로 분리되지 않는다. 그리고 엄마로부터의 심리적 해방, 엄마와의 원초적 통합성에서 자신을 분리시키는 것은 오직 유아기가 끝난 후인 초기 아동기에야 나타난다. 유아기의 주요 신형성은 본래 유아와 엄마의 심리적 통합성을 나타내기 위해 독일 문학에서 사용된 용어로 가장 잘 표현될 수 있으며, 이는 이후 의식 발달을 위한 출발점으로 기능한다. 유아의 의식에서 최초로 나타나는 것은 'Ur-wir', 즉 '원시적 우리'로 가장 잘 명명될 수 있을 것이다. 의식적 인격의 출현('나'를 분화시켜 구분하는 의식)에 앞선 통합적인 원초적 심리 의식은 '우리'라는 의식을 구성하지만, 후속 연령에서 나타나는 이후의 '나'라는 의식을 이미 포함하는 가변적이고 복잡한 '우리'는 아니다. 먼 조상과 후손들처럼 이 원초적 '우리'는 이후의 '우리'와 관련된다.

성인에게 있어 '우리'는 모호하고 가변적이다. '우리'는 '그를 뺀 너와 나'를 의미할 수도 있고, '너를 뺀 그와 나'를 의미할 수도 있다. 그러나 어린이에게는 '너'와 '그'는 물론이고 '나'조차도 아직 존재하지 않는다. 존재하는 것은 '원시적 우리', 즉 '너', '그', '나'와 같은 의미가 생겨나기 이전에 나타난 일종의 '원시적 공산주의'이다. 그것은 분화되지 않았기 때문에 가변적이지 않다. 원시적 우리는 할아버지가 '한(큰)+아버지'인 것처럼 '큰 우리'이다. 이것은 '우리'가 '너', '나', '그'로 분화되기 전에 존재하는 것이다. 그것은 워즈워스가 다음 시에서 '아이는 어른의 아버지'라고 말할 때 의미하는 것이다.

저 하늘 무지개를 보면
내 가슴은 뛰노라
나 어린 시절에 그러했고
어른인 지금도 그러하고
늙어서도 그러하리
그렇지 않다면 차라리 죽는 게 나으리!

아이는 어른의 아버지

내 하루하루가

자연의 숭고함 속에 있기를

(김혜영 옮김, 윌리엄 워즈워스의 「무지개」 전문)

어린이의 '우리'는 세 가지 점에서 어른의 '우리'의 아버지이다. 첫째는 분화이다. 미분화된 어린이의 '우리'는 듣는 이를 포함할 수도 있고 배제할 수도 있는 가변적이고 복합적인 어른의 '우리'로 분화된다. 둘째는 공유된 의식이다. 비고츠키가 말했듯이, 정서는 모든 발달의 '동반자'이며, 무지개를 보고 두근거리는 어린이의 가슴은 어른과 동일한 정서를 경험한다. 셋째는 공유된 대상이다. 어린이는 '나', '너', '그'를 인식하지 못하기 때문에, '내 것', '네 것', '그의 것'을 인식하지 못하며, 인식한다 해도 '내 것'이란 그저 "나는 그것을 내 손에 가지고 있다"는 것을 의미할 뿐이다. 마르크스가 말하듯이, 인간의 사회적 존재는 인간의 의식을 규정하며, 어린이의 사회적 존재는 일종의 원시적 공산주의다. 모든 대상들은 무지개처럼, 그것을 보는 모든 사람과 공유된다. 따라서 우리의 '원시적 우리' 의식이 공유되어야 하는 것은 매우 당연하다.

4-3-11] 이 연령기 내내 모든 것을 지배하는 '원시적 우리'라는 의식이 유아에게 생겨난다는 것은 근본적으로 중요한 두 가지 사실에서 볼 수 있다. 첫째는 자신의 몸에 대한 어린이 생각의 발달에 관한 H. 왈롱의 연구에서 조명되었다. 그 연구가 보여 주듯이 어린이는 처음에 주변 세계의 사물과 자신의 몸을 구별하지 못한다. 어린이는 자신의 몸에 대해 알게 되는 것보다 외부 대상들을 먼저 인식하게 된다. 초기에 어린이는 자신의 팔다리를 생경한 물체로 간주하다가 머지않아 그것들이 자신의 것임을 인식하고, 자기 손의 움직임과 눈의 협응, 또는 두 손의 협응을 무의식적으로 배운다. 이렇게 아직 자신의 몸을 알지 못하고 자신

의 팔다리를 생경한 대상으로 받아들이는 유아에게 당연히 자기 자신에 대한 어떤 생각도 있을 수 없다.

4-3-12] G. 콩페레는 의식이나 인격의 중심이 결여된 이러한 정신생활의 특징을 훌륭하게 정의한다. 엄밀히 말해, 이 정신생활은 아직 의식이라 불릴 수 없다. 콩페레는 사실 어린이의 생애 초기에는 엄밀한 의미의 의식, 즉 우리의 존재를 판단하게 해 주는 능력인 자의식의 존재에 대해 논의할 수 없다고 말한다. 어린이는 살고는 있지만 자신의 삶을 의식하지 못한다고 말할 수 있다. 그러나 자의식이 존재하지 않더라도, 의심의 여지 없이 생애 초기부터 희미한 느낌, 따라서 의식적 인상은 존재한다. 콩페레가 유아의 원초적 의식이 수동적이라고 특징지은 것은 매우 타당하다. 스피노자가 정신 상태를 수동적 상태와 능동적 상태, 타당하지 않은 상태와 타당한 상태로 구분한 취지에서 이 말을 이해한다면, 유아의 원초적 의식은 능동적 정신 상태, 즉 인격에 의해 내적으로 규정된 상태를 여전히 결여하고 있다고 올바르게 주장할 수 있다. 이러한 의미에서, 우리는 어린이가 자신의 활동과 자신의 인격에 대한 의식의 부재로 특징지어지는 동물적 발달 단계를 이 시기에 거친다고 말할 수 있다.

> 스피노자는 세계가 절대적이고, 객관적이며, 과학적인 법칙을 엄격하게 따른다고 믿었다. 이들 법칙들은 언제나 세계 속의 모든 것을 설명하는 데 있어 언제나 진실하고 타당하기 때문에, 스피노자는 자유의지 같은 것은 없다고 믿었다. 스피노자는 다음과 같이 말한다.
>
> "젖먹이는 자유 의지로 젖을 욕구한다고 믿으며, 성난 소년은 자유의지에 따라 복수를 원한다고 믿고, 겁쟁이는 자유 의지로 도망친다고 믿는다. 다음으로 술주정뱅이는 나중에 술이 깨면 공연히 말했다고 후회할지라도 그 당시에는 정신의 자유로운 결단에 의하여 지껄인다고 믿는다. …… 마찬가지로 미치광이, 수다쟁이, 어린아이와 이러한 종류

의 많은 사람들은 사실은 그들이 갖고 있는 말하고 싶은 충동을 억제하지 못하고 지껄이면서도 정신의 자유로운 결단에 의하여 말한다고 믿는다."(『에티카』 제3부, 定理 2, 강영계 옮김, 서광사, 2014)

우리가 자유 의지를 갖고 있지 못하기 때문에 우리의 유일한 자유는 지식이다. 우리가 어떤 일을 왜 하는지에 관한 의식만이 다른 일을 하는 것을 도울 수 있다. 우리가 어떤 일을 하는 이유를 이해하면 할수록, 더 많은 지식을 사용하여 하는 일의 범위를 넓힐 수 있다. 예를 들어, 젖과 마찬가지로 젖병에서도 우유가 나온다는 것을 아는 유아는 더 자유롭고, 그렇지 못한 유아보다 더 많은 것을 할 수 있다. 소심한 사람은 두려움을 통제할 수 없지만 싸울 것인지 도망칠 것인지를 결정할 수는 있다. 술주정뱅이는 지껄이는 것은 통제할 수 없지만 마실지 말지를 통제할 수 있다. 스피노자는 우리의 활동을 완전히 설명하고 활동 범위를 확장시키는 이유를 타당한(또는 효과적) 원인이라고 부른다. 그렇지 않은 이유는 타당하지 않거나 비효과적이다. 예를 들어, 모기에 관해 인간이 가진 생각은 타당하고 효과적이다. 왜냐하면 그 생각이 인간으로 하여금 말라리아를 통제할 수 있게 하기 때문이다. 그러나 모기가 인간에 대해 가지고 있는 생각은 타당하지도 효과적이지도 않다. 왜냐하면 모기는 언제나 인간에게 똑같은 일만 할 수 있기 때문이다. 바로 이런 점에서 어린이의 의식은 처음에는 타당하거나 효과적이지 않다고 비고츠키는 말한다. 신생아의 본능적 의식은 진정한 의미의 의식이 아니다. 왜냐하면 그것은 신생아의 신체나 행동을 설명하는 데 타당하지 않고, 어린이 활동의 잠재적 범위를 증가시키지 않기 때문이다. 그러나 '원시적 우리'는 활동을 설명하고 그 범위를 증가시킨다.

*J-G. 콩페레(Jules-Gabriel Compayré, 1843~1913)는 남부 프랑스 출신의 교육자이자 온건파 정치인이다. 그는 루소, 페스탈로치, 헤르바르트와 같은 소위 '위대한 교육자'들에 대한 책으로 유명하다.

4-3-13] 첫 번째 사실이 유아가 주변과 자신의 몸을 구분하지 못하

고 자신의 몸과 자신의 독립적 존재를 인식하지 못하는 것을 특징짓는다면, 두 번째 사실은 무엇보다도 어린이에게 사회적 관계와 외적 대상과의 관계가 얼마나 직접적으로 융합되어 있는지를 말해 준다. 이 사실에 관한 실례는 공간적으로 떨어진 대상이 유아 및 전 학령기 어린이의 감정적 끌림에 미치는 영향에 대한 S. 파얀스의 연구에서 발견된다. 대상과의 시각적 멀어짐은 유아와 대상 간의 거리에 비례하여 정신적 거리 또한 멀어짐을 연구는 보여 주었다. 즉 대상에 대한 감정적 끌림이 약화되었다. 공간적으로 멀어짐에 따라 유아와 목적 간의 접촉이 끊어진다. 멀리 있는 세상은 어린이에게 존재하지 않는 것과 마찬가지다. 물리적 의미에서 어린이의 목적은 가까운 주변에 있다.

*S. 파얀스(Sara Fajans-Glück)는 K. 레빈의 제자였으며 레빈의 '힘의 장' 개념을 어린이들에게 적용한 박사 논문을 출판하였다. 파얀스는 레빈과 함께 자신의 박사 논문에 기초하여 1933년에 『*Die Bedeutung der Entfernung für die Stärke eines Aufforderungscharakters beim Säugling und Kleinkind*』를 출판하였는데 이를 비고츠키가 언급한 것으로 보인다. 따라서 이 본문의 원고는 비고츠키 사망 직전에 쓰인 것으로 보인다.

4-3-14] 파얀스가 제시한 자료에 의하면 유아의 75%에서 대상이 가깝게 놓이면 대상에 대한 감정이 훨씬 강해진다는 것이 드러난다. 25%의 경우에만 대상을 없애는 것이 두드러지는 감정 변화를 일으키지 않았고, 대상이 사라지면서 감정이 증가되는 경우는 전혀 없었다. 초기 유년기 어린이 중 10%는 대상이 사라지면 감정의 증가를 보였다. 85%는 대상이 가까이 있든 제거되든 감정에 변화를 보이지 않았고, 5%만이 제거된 대상보다 가까운 대상에 더 강한 감정을 보였다. 이는 물론 유아의 삶의 범위가 (초기 유년기와 전 학령기 아동에 비해-K) 협소하기

때문이다.

4-3-15] 하지만 파얀스의 관찰에는 두 가지 보충이 필요하다. 잡기 발달을 살펴보면, 어린이가 처음에 자기 손에 닿은 대상을 잡는 것을 쉽게 보게 된다. 후속 연령기의 어린이는 대상이 멀리 떨어져 있더라도 잡는다. 이제 직접적으로 작용하는 원초적 자극 대신에, 대상 자체의 지각이 고유한 반응을 일으킨다. C. 뷜러는 이 사실을 어린이가 떨어져 있는 대상과 새로운 관계를 발달시킨다는 것과 연결시킨다. 이 새로운 관계는 어린이의 모든 욕구가 이제 사회적 상호작용이 증가됨에 따라 성인에 의해 충족된다는 사실 덕분에 나타난다.

4-3-16] 이렇게 하여 우리는 어린이의 사회적 발달이 사회적 표현의 직접적이고 즉각적인 증가뿐 아니라 사물에 대한 관계, 무엇보다도 멀리 떨어진 세상에 대한 관계를 변화시키고 복잡하게 하는 데 영향을 준다는 것을 보게 된다. 멀리 떨어진 대상은 (비록 그것이 지금 닿을 수 있는 범위 너머에 있다는 사실에도 불구하고) 이제 그것을 얻으려는 감정적 욕구를 불러일으킨다. 왜냐하면 그 대상이 타인을 통한 잡기라는 사회적 상황 속에 포함되기 때문이다.

4-3-17] 우리는 이에 대한 확증을 다른 실제 관찰에서 발견하며, 그것으로 앞에 제시된 자료를 보완하고자 한다. 우리는 유아가 오직 물리적으로 근접한 목표만을 설정하는 것을 보았으며, 이 어린이에게 있어 대상을 안 보이게 치우는 것은 심리적 거리 두기, 그 대상으로 유인하는 감정적 충동의 소멸과 같다. 이것이 유아를 초기 유년기 어린이와 구분시켜 준다. 더 중요한 둘째 차이점은 다음과 같다. 즉 대상의 제거와 그것을 획득할 능력의 부재로 인해 초기 연령기 어린이(유아-K)에게 있어 상황은 쉽게 변한다. 어린이와 목표 간의 대상 상황이 어린이와 실험자 간의 대인적 사회적 상황으로 변하는 것이다. 이 사회적 상황과 대상 상황은 초기 유년기에는 이미 충분히 분화되어 있다. 따라서 다음

과 같은 이상한 현상을 목격하게 된다. 즉 목표 달성 실패와 무능과 더불어 대상 상황이 사회적 상황으로 변하는 것이다.

4-3-18] 유아에게 이는 아직 가능하지 않다. 유아에게 사회적 상황과 대상 상황은 여전히 분리되어 있지 않다. 우리가 살펴보았듯 대부분의 유아의 경우 대상이 멀어졌을 때 감정적 끌림이 사라진다. 그러나 유아가 떨어진 대상을 잡는 것을 이미 포기했더라도, 어른이 목표 바로 근처에 위치한다면 그의 노력을 되살리고 다시 한 번 대상에 대한 활기찬 감정과 흥미를 불러일으키는 것은 매우 쉽다. 대상을 얻으려는 새로운 시도가 어른이 아니라 목표 자체를 향한다는 것이 주목할 만하다. 대상에 대한 이 새로운 흥미는 목표가 가까이 있건 멀리 있건 동일한 정도로 나타난다. 어른이 대상에 접근하는 것이 어린이에게 새로운 희망을 불러일으킨다고 생각할 수 있다고 연구자는 말한다. 즉 어른의 단순한 공간 근접성이 목표 주변 장(행동 유도성-K)의 강도를 현저하게 강화시킨다는 것이다.

4-3-19] 초기 유년기 어린이는 무력한 상황에 놓여 있을 때 다른 사람에게 동일하거나 심지어 더욱 강하게 반응하지만 그 반응은 분화된 특성을 갖는다. 만일 자신의 노력으로 대상을 취할 수 없을 때, 어린이는 어려운 목표를 향하기보다 실험자를 향한다. 유아는 완전히 다르게 반응한다. 대상 상황이 전혀 변하지 않아도 유아는 이루기 힘든 목표를 계속 추구한다.

4-3-20] 이는 다음과 같은 사실을 가장 명백히 실험적으로 보여 준다. 첫째, 타인은 유아에게 모든 대상 상황의 중심이 되며, 이 상황의 의미와 뜻을 변화시킨다. 둘째, 유아에게 있어 대상과의 관계와 사람과의 관계는 아직 분리되지 않았다. 대상 자체가 멀리 떨어져 있는 경우 감정적 끌림을 잃지만 이 끌림은 대상 옆에, 대상에 근접하여, 대상과 같은 시각장 안에 사람이 출현하자마자 바로 이전의 힘을 회복한다. 여러

실험들을 통해 우리는 시각장의 구조가 동물과 유아의 대상 지각에 미치는 영향을 알고 있다. 지각된 대상은 대상이 속하는 구조, 대상 옆에 놓인 것이 무엇이냐에 따라 그 특성이 변함이 알려져 있다.

4-3-21] 우리는 여기서 완전히 새로운 현상과 마주치게 된다. 대상 상황에서 변한 것은 아무것도 없다. 어린이는 전처럼 대상이 멀리 떨어져 있어서 얻을 수 없는 것으로 지각한다. 그는 심지어 도달하기 어려운 목적을 달성하려면 어른의 도움을 구해야 한다는 것조차 전혀 깨닫지 못한다. 그러나 떨어져 있는 대상에 대한 정서적 충동은 그 대상이 어린이가 사람을 지각하는 장과 동일한 장 속에 있는지 여부에 의존한다. 사람 근처에 있는 물체는, 멀리 떨어져 있어서 도달할 수 없을지라도, 가까이 있어서 자신의 힘으로 획득할 수 있는 물체와 동일한 정서적 유인력을 갖는다. 파얀스의 실험은 무엇보다도 이를 명확히 보여 준다. 어린이와 외적 세상의 관계는 전적으로 타인과의 관계로 결정되며, 유아의 심리적 상황에서 대상 내용과 사회적 내용은 아직 통합되어 있다.

4-3-22] 두 가지 고찰—(1) 어린이는 자신의 몸에 대해 무지하다, (2) 사물에 대한 정서적 끌림이 타인과 상황에 대한 체험을 공유할 가능성에 의존한다—은 유아 의식에서 '원시적 우리'의 지배를 완전히 전적으로 확증한다. 첫 번째는 부정적 측면에서 어린이가 자신의 신체적 '나'에 대한 어떤 의식도 아직 갖지 못한다는 것을 분명하고도 직접적으로 보여 준다. 두 번째는 긍정적 측면에서 어린이에게 있어 가장 단순한 정서적 충동조차도 오로지 대상과 타인의 접촉, 정신적 공통성의 조건, '원시적 우리' 의식의 조건과 같은 방법으로만 타오를 수 있음을 보여 준다.

4-3-23] 어린이의 사회적 발달 과정은 대개 반대로 그려진다. 유아는 자기밖에 모르고 자신의 내적 체험의 세계 속에 전적으로 빠져 있

으며 주변 사람들과 접촉할 수 없는 순전히 생물적인 존재로 표현된다. 유아는 자신의 욕망과 생각과 행위를 사회화하면서 오로지 서서히 점차적으로만 공동체적 존재가 된다. 이 설명은 틀렸다. 이 설명에 따르면, 미발달된 어린이의 정신은 최대로 고립되어 있으며, 사회관계와 환경에 대한 능력이 최소이고, 오로지 외부 세계의 원시적 자극에만 반응한다.

4-3-24] 유아의 정신에 관해 알려진 모든 것이 우리로 하여금 그러한 생각을 일언지하에 거부할 수밖에 없도록 한다. 삶의 최초 순간부터 유아의 정신은 다른 사람들과의 공유된 존재 속에 포함되어 있다. 어린이는 처음에 개별적 감각에는 반응하지 않지만 주변 사람들에게는 반응한다. 어린이는 이와 달리 큰 소리에는 열 자극이나 주사에서처럼 반응한다. 이미 이때에 어린이는 목소리의 감정적 색채와 얼굴 표정 변화에 다르게 반응한다. 순수한 에너지라는 점에서 볼 때 큰 소리는 사람 목소리보다 훨씬 두드러지지만, 그럼에도 불구하고 어린이는 첫 번째의 좀 더 심각한 자극에 대해서는 마치 귀머거리가 된 듯 굴면서도, 주변 사람들로부터 오는 더 약하고 더 감지하기 어려운 자극에는 민감하게 분화된 방식으로 반응한다. 어린이는 자극 자체에 반응하는 것이 아니라 함께 살고 있는 사람들의 얼굴 표정에 반응한다. 정신 발달 초기 단계에서, 어린이는 살아 있는 사람들과의 정신적 연결과 관련된 인상에 대한 선호를 보여 준다. 어린이는 생명이 없는 외적 자극의 세계와의 접촉이 아닌 이를 통하고 지나서, 비록 원시적이지만 훨씬 더 내적인, 그의 인격을 둘러싼 사람들과의 공통성으로 존재한다.

4-3-25] W. 피터스는 이 단계의 고유한 생생한 체험의 독특성을 멋지게 규정한다. 그는 어린이가 세상을 객관적 범주, 즉 자신의 '나'와 구별되는 어떤 것으로 지각하는 것이 아니라, 처음부터 오로지 '나'와 타인이 단일하고 일관된 구조, 말하자면 상호 구성적인 구조를 형성하는

일종의 자신만의 '우리'만을 알고 있다고 말한다. 따라서 어린이가 처음에는 자신의 '나'를 모르기 때문에, F. 쉴러가 말하듯, 어린이는 객관적으로 말해 그 자신보다는 다른 사람 안에서 살아간다. 그러나 어린이는 우리가 우리의 '나'로 사는 방식으로 타인 안에서 산다는 것이 가장 중요하다. 심지어 후속 연령기에도 사회적 전체와 주변 세상으로부터 자신의 인격을 부적절하게 고립시킨 이러한 흔적이 어린이에게 여전히 남아 있다. 유아기 이론들을 고찰할 때 우리는 이 논의로 돌아올 것이다.

비고츠키는 유아의 의식이 어린이 최초의 진정한 의식이라고 본다. 그렇다면 신생아의 의식은 왜 그렇지 않을까? 의식이 언제나 사회적 존재 형태라는 것을 인정한다면(의식을 뜻하는 러시아어 сознания나 영어 consciousness (co-science) 모두 어원상 '함께 아는 것'을 함축하고 있다), 신생아는 '대타적' 사회적 존재 형태를 가지고 있지만 아직 '대자적' 사회적 존재 형태를 가지고 있지 못하다고 말해야 한다. 같은 식으로, 더 나이 든 어린이는 성인의 낱말 의미에 의해 주어진 '대타적' 개념을 가지고 있지만, 아직 스스로에 의해 규정되고 범위가 결정된 '대자적' 개념을 가지고 있지 않다. 신생아는 여전히 타인에게 의존하고 오로지 본능적인 피질하 형태의 정신생활에서만 독립적이기 때문에, 객관적으로는 사회적이지만 주관적으로는 아직 사회적이지 않다. 그러나 유아는 모든 의미에서 완전히 사회적 존재이다. 유아는 공동 활동과 공동 지각에 토대하여 타인에 대한 지식을 획득하므로, 모든 종류의 지식이 공동 지식이라고 여긴다. 이것은 어린이가 '그' 또는 심지어 '너'와 같은 객관적 범주로 이루어진 세상을 경험하는 것이 아니라, 모두를 포함하는 '큰 우리'로서의 전체 세상을 경험한다는 것을 의미한다. 이 '큰 우리' 안에서 어린이는 타인을 통해 자신을 경험하고, 자신을 통해 타인을 경험한다. 이러한 유형의 생각의 흔적은 초기 유년기에도 많이 남아 있다. 말을 배우는 어린이는 종종 자신을 '너'로 지칭한다. 다른 사람이 자신을 그렇게 부르기 때문이다. 어린이는 때때로 자신의 꿈속에 나온 사람들 역시 자기처럼 꿈 내용을 알 것이라고 믿기도 한다. 심지어 학령기 어린이들도 '왕따' 취급받는 것을 못 견뎌 한다. 비트겐슈

타인은 우리가 어떻게 타인이 느끼는 고통을 알거나 이해할 수 있는지 의아해하였다. 상대가 느끼는 치통이 내가 과거에 느꼈던 치통과 진정 같은 것임을 나는 어떻게 아는 것일까? 비고츠키는 여기에서 이 질문에 답한다. 우리 모두는 다음과 같은 가정으로 시작한다. '큰 우리'가 우리의 가장 최초의 의식 형태이므로, 사실 타인의 고통을 이해하는 것이 미래의 이익을 상상하는 것보다 여러 면에서 사람들에게 더욱 실제적이다. 이러한 이유로 사람들이 타인의 고통을 공감하고 인간답게 행동하는지 이해하는 것은 어렵지 않다. '함께 아는 것'은 인간의 가장 기본적인 의식 유형이다. 이러한 의식 유형은 유아기에 우리에게 주어진다. 오히려 이해하기 어려운 것은 때로 사람들이 이것에 실패하는 이유이다.

*W. 피터스(Wilhelm Peters, 1880~1963)는 1904년 W. 분트의 지도 아래 색 지각에 관한 박사 논문을 완성하였다. 이후 피터스는 뷔르츠부르크 학파에 합류하였으며, 『성장과 분화』에서 비고츠키가 인용한 학교 성적의 상관관계에 관한 저술을 1915년에 출판하였다. 피터스는 아마도 그 저술에 대한 비고츠키의 비판에 동의했을 것이다. 피터스는 지능이 유전에 의해 결정되는 것이 아니라, 유전과 환경의 상호작용을 포함하고 있다고 주장했다. 마르크스나 멘델스존과 같은 많은 독일의 지성인들과 마찬가지로 피터스는 유대인 가정에서 태어났으며, 기독교로 개종하였다. 이는 그가 나치 집권 기간 동안 직업을 잃었음을 의미한다. 피터스는 런던으로 갔다가 이스탄불을 거쳐, 전쟁이 끝난 후 뷔르츠부르크로 돌아온다. 그곳에서 그는 불우한 학생들의 학습을 위해 노력했다.

4-3-26] 우리는 W. 피터스가 유아기와 초기 유년기의 모방을 원초적으로 고유한 심리적 공통 의식으로 바르게 설명한다고 생각한다. 어린이는 순전히 연합적 경로에 따라 일어나는 반복적 운동에 훨씬 앞서 진정한 모방을 할 수 있다. 공통성은 정신적 사실로서는 내적 동기이

고, 어린이 입장에서는 모방적 행위이다. 어린이는 자신이 모방하는 사람과 자신의 활동을 직접 융합한다. 어린이는 결코 진자의 흔들림과 같은 무생물의 운동을 모방하지 않는다. 분명 유아와 그가 모방하는 사람 사이에 개인적 공통성이 있을 때에만 모방 행동이 일어난다. 바로 이 때문에 모방은 동물에서 잘 발달되지 않으며, 이해와 지적 과정에 매우 밀접하게 연결되어 있는 것이다.

4-3-27] 피터스와 더불어 우리는 이 의식 발달 단계에 있는 능동적 어린이를 공놀이를 하는 친한 친구들의 무리와 생생하게 비교할 수 있을 것이다. 우리는 공놀이라는 내적 '우리'의 단일한 행위에서 '나'와 '너'의 완전한 융합을 보게 된다.

4-3-28] 사실 모방이 여러 가지 인간 고유의 특성과 관련되어 있음은 분명하다. 이미 W. 쾰러의 연구는 유인원의 모방이 고유한 좁은 지적 능력 범위에 제한되어 있음을 보여 주었다. 복잡하고 이성적이며 목적 지향적인 행위의 모방은 상황의 구조에 대한 이해 없이는 결코 가능하지 않다. 따라서 침팬지는 그들의 지적 능력의 범위 안에 놓여 있는 행위만을 모방할 수 있다. 유인원 모방에 관한 모든 연구는 유인원들이 '흉내 내기'를 잘 못한다는 것을 보여 준다. 우리는 우화에서 유명해진 유인원들의 심한 모방 경향을 발견할 수 없으며, 고등한 유인원들이 할 수 있는 최선의 모방조차 인간의 모방에 비하면 헤아릴 수 없을 만큼 훨씬 좁다. 동물의 모방은 그 고유한 능력의 영역이 제한되어 있다는 점에서 원칙적으로 다르다. 이러한 이유로 동물은 모방의 도움으로 새로운 것을 배울 수 없다. 반면에 어린이는 모방의 도움을 받아 이전에 전혀 경험하지 못한 새로운 행동을 할 수 있다.

4-3-29] 유아기의 기본적 신형성이 밝혀졌으므로, 우리는 이 연령기의 몇몇 기본적 이론에 대한 간결하면서도 집중된 검토로 나아갈 것이다.

4-4 유아기의 기본 이론들

4-4-1] 반사학 이론. 이 이론에 따르면 유아 발달은 최초 순간부터 무조건 반사의 존재를 보여 준다. 유아기의 정신적, 사회적 측면을 포함한 유아기 인격 발달의 모든 내용은 조건 반사 형성, 이 반사의 분화, 이 반사의 복잡한 연결과 결합의 과정으로 설명되고, 최초의 조건 반사들로부터 훨씬 고등한 상위 반사를 구성하는 과정으로 낱낱이 설명된다. 반사학 이론은 과정의 모든 실제적 복합성을 이를 통해 완전히 설명하려고 한다.

4-4-2] 고등 신경 활동의 발달, 특히 조건 반사 형성 과정은 의심할 여지 없이 유아기의 가장 중요한 발달 측면 중 하나를 제공하며, 이는 어린이의 개인적 경험을 위한 최초의 토대가 된다. 그러나 이 과정은 어떤 의미로는 중간적이다. 왜냐하면 이 과정이 조건 반사 활동 발달과 관련하여 전제 조건 역할을 하는 다른 더 복잡한 발달 과정에 기인하기 때문이다. 그리고 이 자체가 또다시 어린이의 더 복잡하고 고등한 정신 발달과 사회 발달 형태의 전제 조건으로 작용한다. 따라서 반사학 이론은 하나의 중간적인 발달 측면에 대한 개념을 설명하는 데 적합해 보일 수 있지만, 그것은 불가피하게 전체로서의 발달을 단순화하고 고등 정신 과정과 사회 발달의 자율적 양식을 무시하게 되고 만다. 그 본질상 그것은 이러한 발달 측면에 대한 설명에 적합하지 않다. 한편으

로 그것은 어린이의 정신 발달을 무시하며, 다른 한편으로 어린이의 사회적 관계의 발달을 신체와 물리적 환경을 연관 짓는 법칙에 입각하여 다루기 때문이다. 따라서 그것이 발달의 고등 법칙을 저차적이고 기계적 설명으로 환원하는 것을 허용하는 것은 불가피하다. 이 기계주의는, 우리가 고찰하고 있는 이론이 어린이의 사회적 발달과 동물 발달 간의 차이를 구체적으로 드러낼 수 없다는 사실에서 특히 명백하다.

4-4-3] **세 단계 이론.** 우리가 앞에서 설명한 바 있는 이 이론은 앞 이론과 동일한 결점을 갖는다. 즉 이 이론도 동물과 인간 발달을 포괄하는 단일한 법칙을 추구한다. 본질적으로 말해 이것은 수정되고 보충된 반사학 이론이다. 왜냐하면 한편으로 이것은 행동에 대한 순전히 객관적 고찰에 한정되지 않고 본능과 습관에 연결된 내적 심리 활동을 분석의 영역에 도입하고, 다른 한편으로 훈련 단계 위에, 습관 형성 단계와는 질적으로 구분되는 또 다른 세 번째 단계인 지성을 도입하기 때문이다.

4-4-4] 이 이론 또한 유아기 반응 발달이라는 협소한 영역에만 적합하다. 이 이론은 필연적으로 유인원의 지성적 행위와 유년기 과정 동안 어린이에게서 발달하는 모든 고등한 인간적 생각의 표현을 한 단계로 취급한다. 인간 지성과 동물 지성을 동일시하는 경향은 유아기의 마지막 단계를 침팬지 연령으로 지칭하는 데에서 분명히 드러난다. 이러한 오류의 뿌리와 원천은 인간의 사회적 본성을 무시하는 데 있다.

4-4-5] 우리는 유아에게 일어나는 일이 동물의 세계에는 불가능하고, 원칙적으로 침팬지가 상황과 맺는 관계에서도 불가능하다는 것을 방금 보았다. 우리가 S. 파얀스의 실험의 사례에서 보여 주려 했듯이, 유아와 대상 간의 가장 간단한 관계도 상황의 사회적 내용으로 결정되고 조건화된다. 세 단계 이론은 이를 무시하면서, 어린이의 지성과 침팬지의 지성 사이의 외적 유사성에도 불구하고 이들 사이에 존재하는 본

질적이고 깊은 원칙적 차이를 설명할 모든 가능성을 닫아 버린다. 이 차이는 사회적으로 매개된 유아와 상황의 고유한 관계에 기인한다.

4-4-6] 구조적 이론. 유아기의 구조적 이론은 우리가 보았듯 유아 발달의 출발점과 적지 않은 주요 특징들을 올바르게 구분한다. 그러나 이 이론은 발달 자체의 문제에 직면해서는 스스로 무장 해제된다. 구조는 이미 발달의 처음이자 최초의 계기이다. 후속 발달 경로에서 구조는 복잡해지고 전반적으로 더욱 분화되며 서로 침투한다. 그러나 이 관점에서는 발달에서 일반적으로 새로운 것이 어떻게 생겨날 수 있는지 설명하기란 불가능하다. 구조적 이론의 관점에서 발달의 출발점과 종료점은 모든 중간점들과 같이 구조의 법칙에 똑같이 종속된다. 프랑스 속담처럼, 변한 것은 많지만 결국 변한 것은 하나도 없다.

이 문단에서 비고츠키가 언급하고 있는 구조적 이론은 그의 친구들과 특히 K. 레빈과 같은 동시대 독일 사상가들의 형태주의, 즉 전체론적 심리학을 가리킨다. 우리가 보았듯이 비고츠키는 형태주의자들이 유아기를 규정한 방식이나 지각, 모방, 사회적 미소를 발달의 표지로 삼은 방식이 옳다고 생각한다. 형태주의는 당시의 주류 심리학이며, 비고츠키의 심리학과 가장 밀접하게 관련되어 있다. 그러나 때로는 멀리 떨어져 사는 지인보다 가까운 친척과 다투기 쉽듯이, 비고츠키는 형태주의를 서슴없이 비판한다. 그의 논점은 형태주의에서는 발달의 수단이 발달하지 않는다는 것이다. 어린이는 게슈탈트(지각의 구조)를 지니고 태어나며, 유아도 동일한 게슈탈트를 가지고 있다. 어린이가 도구를 사용하는 것에 대하여 형태주의자들은 그것을 동일한 장에 놓인 도구와 목표에 대한 지각의 문제라고 설명한다. 심지어 언어조차 어린이가 낱말의 의미 속에 담긴 생각의 행위를 숙달함으로써 배우게 되는 문화-역사적 실천이 아니라, 소리와 의미로 이루어진 구조로 여겨진다. 구조적 이론에서 보면 근접발달영역은 존재하지 않는다. 구조가 언제나 다음발달영역이기 때문이다. 비고츠키는 이 문단의 끝에서 프랑스 속담 "변한 것은 많지만 결국 변한 것은 하나도 없다"를 인용한다. 이 냉소적인 속담은 고사성어 '조삼모사'와 비슷한 것으로, 언뜻 보기에 달라진 듯하지만 결국은 변한 것이 하나도 없는 상태를 가리킨다(19세기 프랑스 시민은 나폴레옹에게 새로운 변화를 기대했지만 그 역시 절대군주와 마찬가지임이 드러났던 것이다). 첫째, 형태주의자들에게 달라진 것은 아무것도 없다. 유아기의 끝과 시작의 구조가 동일하기 때문이다. 둘째, 심리학의 입장에서 보더라도 달라진 것은 아무것도 없다. 왜냐하면 반사학에서 반사가 모든 발달을 설명하듯이, 형태주의 이론에서 구조가 그와 똑같은 역할을 하고 있기 때문이다. 다음 문단에서 비고츠키가 말하듯이, 형태주의는 어음을 남발하지만 그만한 지불 능력이 없다. 비고츠키가 지급 불능, 파산이라는 표현을 사용한 것은 바로 이 때문이다.

4-4-7] 구조적 원리 자체는 아직 발달 과정을 이해하는 열쇠를 제공하지 못한다. 따라서 가장 기초적, 원시적, 원초적 계기에 적용된 경우에 구조적 이론이 더욱 생산적이며 과학적 설명을 제공할 수 있다는 것은 놀라운 일이 아니다. 구조적 이론은 이전의 다른 두 개의 이론들처럼 동물과 인간의 발달을 일반적 원리로부터 출발하여 설명하려고 한다. 이 개념에 비추어 볼 때 인간과 동물의 발달은 동일한 구조를 가진다는 것이 드러난다. 그러므로 이 이론은 유아에 적용하기에 가장 생산적임에도 불구하고, 어린이의 고등한 인간 고유의 특성 발달에 적용하였을 때에는 파산하는 것으로 나타난다. 사실 유아기 자체 내에서도 이 이론은 인류 발생의 중심 문제를 설명하는 데 무력하다. 이 문제는 일반적으로 인간과 동물의 발달을 하나의 원리로 포괄하는 이론들의 관점으로는 해결할 수 없다.

4-4-8] 유아기를 주관적 발달 단계로 이해하는 이론. 이 이론에 따르면 신생아는 자신 안에 갇혀 있는 존재이며 스스로의 주관성 속에 완전히 잠겨 있고 오직 느리고 점진적으로 객관적 세계를 향한다. 1세

발달의 내용은 주관적 체험에 완전히 잠겨 있는 상태로부터 대상을 향한 집중적인 지향으로의 이행과 객관적 연결에 대한 최초의 지각으로의 이행으로 환원된다. 이 시기의 역동성은 '나'로부터 외적 세계로의 운동을 보인다. 당연히 이 이론의 관점에서 어린이는 처음에 객관적인 관계를 인식적 관계가 아닌 의무적 관계로 지각한다. 따라서 이 시기에 대해 논할 때 우리는 의존성의 지각보다는 대상 간 관계의 확립에 대해 논해야 한다.

이 장 내내 비고츠키는 어린이 세계관의 공유성을 강조한다. 즉 어린이가 하는 모든 것은 협력 속에서 이루어기 때문에, 어린이가 공유된 지각과 공유된 이해로부터 공유된 의식을 구성하는 것은 당연하다. 우리는 반사학의 원자론과 기계주의가 공유된 의식을 설명하는 데 실패했음을 보았다. 또한 형태주의 이론이 원자론과 기계주의를 극복하지만 다음발달영역을 제시하지 못한다는 것을 보았다. 이제 우리는 프로이트, 베른펠트, 피아제에 다가간다. 형태주의와는 달리 피아제는 발달의 문제를 다룬다. 하지만 그 해결책은 비고츠키와 상반된다. 비고츠키가 발달을 '큰 우리'가 분화하는 과정으로 보는 반면, 피아제는 어린이가 처음에는 유아唯我론적이고, 차례로 자폐성, 자기중심성을 거쳐, 7세에 이르러서야 객관적이고 사회적인 생각을 획득하게 된다고 본다. 이는 생애 첫 일 년이 전적으로 자신에게만 몰두한 상태로부터 외부의 객관적 세계를 쥐고, 더듬고, 잡고 파악하는 것으로의 이행이라는 것을 의미한다. 어린이는 자신에게 몰두해 있기 때문이며, 객관적 관계들은 대상에 자신을 부여하는 관계들이다. 이는 평서문이 아니라 명령문의 세계, 즉 '~이다'가 아니라 '~해!'의 세계이다. 이러한 이유로 비고츠키는 피아제에게 있어 유아의 세계가 강제적, 의무적 관계이지 존재적, 인식적 관계가 아니라고 말한다. 어린이는 대상들 사이의 의존성을 발견하기보다 대상들에 관계를 부여하려고 한다. 할러데이는 인식적 관계와 의무적 관계가 나중에 어법 체계가 된다고 말하며, 이는 두 낱말 '예'와 '아니오' 사이에 놓인 모든 대인 관계적 공간으로 생각될 수 있다.

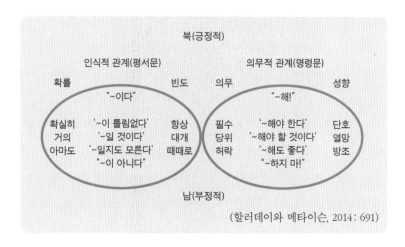

북(긍정적)

인식적 관계(평서문)　　　　　　　　　　의무적 관계(명령문)

확률　　　　　　　빈도　　　　의무　　　　　　　　　성향

"~이다"　　　　　　　　　　　　　　"~해!"

확실히　　'~이 틀림없다'　　항상　　　필수　　'~해야 한다'　　　단호
거의　　　'~일 것이다'　　　대개　　　당위　　'~해야 할 것이다'　열망
아마도　　'~일지도 모른다'　때때로　　허락　　'~해도 좋다'　　　방조
　　　　　'~이 아니다'　　　　　　　　　　　"~하지 마!"

남(부정적)

(할러데이와 메타이슨, 2014 : 691)

4-4-9] 유아기가 전적으로 주관적이며, 이 시기의 발달 경로가 인격의 내적 핵심인 '나'로부터 외적 세계로 향한다는 이론의 기저에 놓인 생각은 아래에서 보다시피 이어서 살펴볼 후속 이론에서 더욱 명확히 나타난다. 그에 대한 비판은 이 이론과도 관련될 것이다.

4-4-10] 유아기에 고유한 유아론唯我論. 이 이론은 한편으로는 이전 이론을 극단적 입장까지 전개한 것과, 다른 한편으로는 정신분석 학파에 의해 발달된 유아기 이론과 연결되어 있다(S. 베른펠트). 논의 중인 이 이론은 마치 이 두 개념을 종합한 것처럼 나타난다. 유아기의 의식은 우리에게 수수께끼라고 말한 J. 피아제는 이 이론을 가장 완전하고 일관되게 발달시켰다. 유아의 의식을 관통하는 경로 중 하나는 퇴보의 경로이다. 우리는 피아제가 어린이의 행동과 생각을 성인과 구별해 주는 가장 중요한 특징이 자기중심성이라고 말했음을 알고 있다. 이는 연령 사다리의 발판을 내려옴에 따라 증가한다. 18세의 자기중심성은 10세와 다르게 표현되고, 6세에는 또 다르게 표현되는 식이다. 4세의 자기중심성은 어린이 생각의 거의 모두를 지배한다. 자기중심성의 한계를 생각해 본다면, 유아기에 절대적인 자기중심성이 내재하며, 이는 생후

첫해의 유아론唯我論으로 규정될 수 있다고 피아제는 믿는다.

4-4-11] 피아제에 따르면 어린이의 논리적 사고는 나중에 발달한다. 논리적 사고는 언제나 사회적인 것으로 구성된다. 그것은 말과 연결되어 있다. 말이 없다면 우리는 마치 꿈속에서처럼, 모호한 느낌과 통합된 이미지, 완전히 개인적이고 감정적 의미를 지닌 이미지로 생각할 것이다. 우리는 논리적으로 성숙된 사회적 사고와 구별되는 이런 사고를 꿈이나 어떤 환자들의 경우에서 관찰한다. 이는 자폐적 사고라 불린다. 자폐성과 논리적 사고는 양극단으로서 하나는 순전히 개인적이고 다른 하나는 순전히 사회적이다. 보통의 성숙한 사고는 이 양극단 사이를 계속 오간다. 꿈을 꾸거나 어떤 정신병을 앓고 있는 경우 사람은 객관적 현실에 대한 모든 흥미를 잃어버린다. 그는 심상적, 정서적으로 채색된 생각으로 표현된 자신의 감정 세계에 몰입되어 있는 것이다.

4-4-12] 이 이론에 따르면 유아는 또한 마치 꿈속에 있는 것처럼 산다. S. 프로이트는 유아의 자기애란 마치 자신 이외에는 아무 관심이 없는 것과 같은 것이라고 말한다. 유아는 주변 모든 것을 자기 자신인 것처럼 받아들이는데 이는 마치 유아론자가 세상을 자신의 생각과 동일시하는 것과 같다. 어린이 후속 발달은 유아성의 점진적 사멸과 외적 현실에 접근하는 어린이의 생각과 의식의 점진적 사회화로 구성된다. 후속 연령기의 어린이에 특유한 자기중심성은 원래의 유아성과 점진적인 생각의 사회화 간의 타협으로 이루어진다. 따라서 자기중심성의 정도는 발달 경로에서 어린이의 진전을 측정할 수 있는 척도가 된다. 이러한 관점에서 피아제는 실험에서 관찰된 일련의 어린이 반응을 유아기에 종종 발현되는 행동 형태 유형, 예컨대 물체에 대한 마법적 관계와 같은 것으로 해석한다.

4-4-13] 이 간단한 설명만으로도 그것이 유아기 발달을 뒤집어진 관점으로 묘사하고자 한다는 것을 쉽게 알 수 있다. 이 이론은 우리가 제

시한 유아 발달의 개념화와 정반대의 극단에 있다. 우리는 유아의 모든 삶의 발현이 사회 속으로 엮이고 짜여 있다는 사실로 맨 처음 계기가 특징지어지며, 계속해서 이어진 긴 발달 경로가 어린이의 '원시적 우리' 의식을 펼쳐 보이고, 의식은 정신 공동체와 분리될 수 없으며, 자신과의 관계의 부재는 유아 의식의 가장 두드러진 특징 중의 하나임을 보았다. 유아론은 어린이가 전前 사회적 존재이고, 자신의 몽상적인 생각의 세계에 완전히 빠져 있으며, 자기만족적인 감정적 흥미에 종속되어 있다고 주장한다. 이 이론의 기저에 놓인 오류는 프로이트 이론과 마찬가지로, 두 경향성의 잘못된 대립, 즉 1) 욕구 충족의 경향성 대 2) 현실 적응의 경향성, 다시 말해 쾌락 원리 대 현실 원리, 자폐적 사고 대 논리적 사고의 대립에 있다. 실제로는 이 둘이 양극단을 나타내는 것이 아니라 서로 긴밀히 연결된 형태를 나타낸다. 욕구 충족 경향은 본질적으로 적응 경향의 다른 측면일 뿐이다. 쾌락 또한 현실을 배제하지 않는다. 이 둘은 서로를 배제하지 않을 뿐만 아니라 유아기에는 거의 일치한다.

4-4-14] 이와 똑같이 논리적 사고와 자폐적 사고, 감정과 지성은 서로 배타적인 양극단이 아니라 서로 밀접하게 연결되어 있는 불가분의 심리 기능이다. 비록 감정 기능과 지성 기능 간의 관계는 계속해서 새로워지지만, 이들은 각 연령기 수준에서 분리되지 않고 통합적으로 작용한다. 발생적 질문은 자폐적 사고를 얼마나 일차적이고 원시적으로 받아들이는가 하는 관점에서 대답된다. 알려진 바와 같이 프로이트는 이 관점을 옹호하였다. 이에 반하여 E. 블로일러는 자폐적 사고가 나중에 발달하는 기능임을 보여 주었다. 그는 발달의 경로에서 쾌락 기제가 우선적이며 어린이는 껍질에 싸여 외부 세계로부터 고립되어 있고, 자폐적인 삶을 살며 스스로의 내적 욕구를 환각적으로 충족한다는 프로이트의 생각에 반대하였다. 블로일러는 유아에게서 환각적 충족을 보지 못하며 오직 실제 음식 섭취 이후에만 충족을 본다고 말한다. 더 큰

어린이를 관찰하여도 그는 어린이가 실제 사과보다 가상의 사과를 선호하는 것을 보지 못한다.

4-4-15] 신생아는 자신의 모든 충동에 현실주의와 현실주의 정신으로 반응한다. 아무리 낮은 발달 단계에 있더라도 현실과 전혀 무관하게, 현실에 우선적으로 반응하지 않고, 현실에 작용하지 않는 살아 있는 생명체는 어디에도 없으며 상상조차 할 수 없다.

4-4-16] E. 블로일러는 자폐적 기능이 말 형태, 개념, 기억 능력에서 복잡한 전제 조건들의 성숙을 필요로 한다고 지적했다. 자폐적 기능은 단순한 현실적 기능 형태처럼 원시적인 것이 아니다.

4-4-17] 이렇듯 유아 심리학과 마찬가지로 동물 심리학도 현실 기능만을 알고 있다. 어린이의 자폐적 사고는 말 발달로 성큼 나아가며, 개념 발달로 중요한 걸음을 내딛는다. 이와 같이 자폐적 사고는 무의식적이고 비언어적인 생각과 일치하지 않을 뿐 아니라 그 자체가 말 발달에 토대를 두고 있다. 그것은 원형이 아니라 파생된 형태임이 드러난다. 자폐적 사고는 원시적 생각 형태가 아니다. 자폐적 사고는 오직 기억된 심상의 도움으로 작용하는 생각이 실제 외부 상황에 대한 비매개적 정신 반응보다 우위에 선 이후에만 발달할 수 있는 것이다. 일반적인 생각 즉 현실 기능은 모든 살아 있는 정신 생명체에게, 현실에 상응하는 행동과 마찬가지로 일차적인 동시에 그만큼 필수적이다.

4-4-18] 따라서 유아론을 오직 신생아기에만 제한적으로 사용하려는 노력이 있어 왔다. 이러한 견해의 지지자들은 유아론의 단계가 유아에게서 그다지 오래 지속되지 않으며, 2개월만 되면 이미 그 절대적 특성을 잃어버린다고 설명했다. 최초의 위반은 어린이가 성인의 음성이나 미소에 활기를 띠거나 미소로 화답하기 시작하는 순간에 일어난다. 대체로 유아의 사회성에 관해 잘 알려진 자료에 비추어 볼 때, 이 개념을 2개월 이상 된 어린이와 관련 지어 받아들이기는 어렵다. 우리의 정의

에 따르면, 그것은 심각하게 지체된 어린이와 백치에게 전적으로 적용 가능하다.

4-4-19] 유아 자폐성과 관련된 피아제의 두 번째 주장 또한 정상 어린이보다 정신박약아에게 좀 더 적용된다. 이러한 절충적 관점은 엄밀하게 말해서 자폐적 생각의 우선성이라는 피아제의 개념과 상충되는 것이 아니라 이를 확증한다. 더욱이 누구도 블로일러의 의견에 동의하지 않을 수 없는데, 그는 바로 원시적 발달 단계들이 비현실적 생각의 가능성을 모두 배제한다는 것을 입증하였다. 자폐적 생각은 특정 발달 단계에서 시작하여, 원래의 현실 기능과 결합되어 함께 발달한다. 치우는 진정한 현실적 정치인이라고 블로일러는 말한다. 치우의 자폐적 생각은 현실주의적 생각과 마찬가지로 단순화되어 있다. 최근에 K. 레빈은 상상—자폐적 생각의 가장 두드러진 발현 중의 하나—이 정신 지체아에게서 극도로 저발달됨을 보여 주었다. 레빈은 정상적 어린이의 발달로부터 이 기능이 전 학령기에 이르러서야 눈에 띄게 발달하기 시작한다는 것을 밝혀냈다.

'유아 자폐성에 대한 피아제의 두 번째 주장'이 뜻하는 바는 무엇일까? 영문판 선집에서는 이 부분을 모호하게 '피아제의 또 다른 진술'이라고 옮기고 있으나 러시아판 원문에는 '두 번째 주장'이라고 명시되어 있다. 여기서 비고츠키가 가리키는 피아제의 두 번째 주장이 무엇인지는 알기가 쉽지 않다. 이러한 비약은 비고츠키의 글에서 종종 나타나며 이는 독자들이 그의 생각을 따라가기 힘들게 하는 원인 중 하나이다. 반면 비고츠키는 특정한 순서에 따라 생각을 전개하는 경향을 가지고 있어 이를 이해한다면 비고츠키의 생각을 따라가는 것이 수월해지기도 한다. 이러한 순서가 매우 명확히 드러나 있는 것을 4-4-13에서 확인할 수 있다.

a) 발달의 사회적 상황(객관적 근접발달영역에 의해 주어짐): 어린이는 사회 속으로 '엮이고 짜여' 태어난다.

b) 발달 노선(주관적 근접발달영역, 어린이가 자신의 잠재력과 맺는 관계에 의해 주어짐): 어린이는 '커다란 우리'라는 의식을 발달시킨다.

c) 신형성: 어린이의 의식은 자아관계나 자기관찰이 결여된 불가분의 심리적 공통성으로 형성된다. 이는 피아제의 주장과는 반대로 관계를 맺거나 관찰할 자아가 아직 존재하지 않기 때문이다.

비고츠키는 a)와 관련한 피아제의 주장을 제시한 바 있다. 피아제에게 발달의 사회적 상황은 어린이에게 존재하지 않는다. 자폐성과 자기관찰이 일차적이기 때문이다. 이는 발생적 관점에서 볼 때 비고츠키에게 전혀 만족스럽지 않은 설명이다. 자기를 관찰하는 '자기'는 어디서 오는 것일까? 피아제는 더 큰 어린이들의 자기중심성으로부터 역산하여 도출한다. 비고츠키는 이러한 '자폐성의 일차성'이 나타날 수 있기는 하지만 이는 오직 비정상적인 어린이들의 경우라고 말한다. 자폐적 기능이 일차적으로 나타나는 것은 심각한 발달 장애의 징후이다. 피아제의 두 번째 주장은 그렇다면 b)에 관련된 것이다. 비고츠키는 자기중심성 계수가 발달의 지표라는 주장(4-4-10)을 가리키고 있는 것으로 보인다. 어린이가 더 자기중심적일수록 그는 덜 발달된 것이다. 여기서 비고츠키는 이 역시 정상 어린이에게는 적용되지 않는다고 말한다. 정상 어린이의 경우 자기중심적 혹은 자폐적 생각은 논리적 생각과 함께 발달한다. 그리고 어린이가 말을 배운 후에는 논리적, 인식적 생각과 자폐적, 의무적 생각 사이를 끊임없이 오간다. 정신적으로 장애를 가진 어린이, 문화적으로 발달하지 못하는 어린이에 대해서만 우리는 그가 더 자기중심적일수록 덜 발달되었다고 말할 수 있다.

4-4-20] 그러므로 우리는 유아론이 단지 제한되기보다는 그 반대 이론으로 대체되어야 한다고 생각한다. 왜냐하면 그 이론을 지지하는 것으로 제시된 모든 사실들이 그 반대의 관점에서 옳게 설명되기 때문이다.

4-4-21] 따라서 W. 피터스는 어린이의 자기중심적 말과 자기중심적

생각의 토대에 자폐성이나 의사소통으로부터의 의도적 고립이 놓여 있지 않고 심리적 구조상 이와 대조적인 것이 있음을 보여 주었다. 피터스에 따르면 피아제는 어린이의 자기중심성을 강조하여 이를 아동심리의 고유성을 설명하는 주춧돌로 삼았지만 그는 어린이가 서로 말을 하지만 서로 듣고 있지 않다는 것을 보여 주어야만 했다. 물론 외적으로는 그들이 서로에게 주의를 기울이지 않는 듯 보이지만 이는 한때 그들의 의식을 특징지었던 지배적 특성인 직접적 공통성의 자취가 아직 어느 정도 남아 있기 때문이다.

4-4-22] 결론적으로 우리는 단지 피아제가 인용한 사실들이 유아기의 중심적 신형성과 관련이 있는 앞의 내용에 비추어 진정으로 설명된다는 것을 보여 주고 싶다. 피아제는 유아의 논리적 조작을 분석한 후 자신의 이론이 일으킬 반론을 예견한다. 피아제는 유아가 어떤 결과를 얻기 위해 어떤 행위를 하는 것은 부모가 자신의 욕구를 충족시켜 줄 것이라고 믿기 때문이라고 여길 수도 있다고 말한다. 이 가설에 따르면, 대상을 조작할 목적으로 어린이가 이용한 방법은 결국 가까운 사람들과 접촉하기 위해 이용되는 일종의 언어에 이르게 되는데, 이는 마법이 아닌 요구이다. 이런 식으로 우리는 한 살 반이나 두 살의 어린이가 무엇이든 필요한 것이 있을 때 부모에게 도움을 청하면서, 자신이 원하는 것이 무엇인지 정확히 밝힐 생각도 하지 않고 그저 '주세요'라고 말한다고, 즉 부모가 자신의 욕구를 알 것이라고 확신한다고 생각할 것이다. 그러나 피아제에 따르면, 비록 이 가설이 이미 말을 하기 시작한 어린이에게 그럴듯해 보이지만, 그 이전에는 완전히 불합리하다는 것이다. 이 가설에 반대하는 기본적 주장 중 하나, 즉 원시적 행동에는 사회성이 없으며 첫해의 행동을 사회적인 것으로 간주할 수 없다는 가장 좋은 증명으로 피아제는 다음의 상황을 고려한다. 어린이는 아직 사람과 사물을 구분하지 못한다는 것이다. 따라서 피아제는 이 연령에 대해서

사회적 행동이 아니라 유아론적 행동에 대해서만 말할 수 있다고 생각한다.

4-4-23] 하지만 우리가 보았던 대로, 어린이에게는 이미 생후 2개월부터 계속 발달하고 좀 더 복잡해질 사회적 특성을 가진 (사람의 목소리, 사람의 얼굴 표정에 대한) 반응, 다른 사람과의 접촉의 능동적 추구와 그 밖의 징후들이 나타난다. 이는 의심할 바 없이 이미 유아기에 어린이가 사람과 사물을 구별한다는 것을 증명한다.

4-4-24] 우리는 파얀스의 실험에서 어린이와 대상의 관계가 그 대상이 놓인 상황의 사회적 내용에 의해 전적으로 결정된다는 것을 보았다. 이 실험에서의 어린이의 행동에 대해, 어린이가 사람과 사물을 구별하지 못한다고 말할 수 있을까? 피아제의 생각 중 옳은 것은 단지 유아에게는 상황의 사회적 내용과 대상 내용이 아직 분화되지 않았다는 것뿐이다. 말을 숙달한 두 살 어린이와 달리 유아는 어른을 향한 도움 요청과 대상에 대한 직접 행동을 구별하지 못한다. 떨어져 있는 대상 실험에서 보았듯이, 얻을 수 없는 목표물을 잡는 것을 이미 포기한 어린이도 일단 그 목표물 근처에 사람이 나타나면 생생한 열정으로 또다시 시도할 것이다. 어린이가 실험자에게 도움을 구하지 않는 것은 사실이다. 그러나 그는 대상에 직접 닿으려는 노력을 계속하며, 이는 마법적 행동이라는 인상을 준다. 그러나 이 마법적 행동의 출현이 어린이에게서 생겨나는 것은 도달할 수 없는 목표가, 어린이에게 일반적인 다른 사람을 통한 방식으로 갑자기 도달할 수 있는 목표가 된 상황의 영향을 받을 때뿐임을 이 실험은 틀림없이 보여 준다. 어린이는 이 경로를 아직 의식하지 못하고 의도적으로 사용하는 법을 알지 못하지만, 오직 이 경로가 나타날 때에만 그의 의사-마법적 행위가 실현된다. 피아제의 실험을 주의 깊게 분석하면 대상이 사라지는 상황이 아니라, 타인과의 관계를 통해 대상에 이르는 경로가 그 중심인 상황에서 어린이가 마법

적 행동으로 반응함을 볼 수 있을 것이다. 이처럼 유아의 유아론적 행동은 사실 '큰 우리'라는 유아 의식의 특징을 지닌 사회적 행동임이 드러난다.

피아제의 '대상 영속성'에 대한 실험은 유아가 대상이 보이지 않을 때 그 대상이 여전히 존재함을 믿지 못한다는 것을 보여 주려고 하였다. 예를 들면 3개월 된 아기에게 바나나를 보여 주면 아기는 그것을 먹으려 하지만, 바나나를 없애거나 심지어 이불로 덮기만 해도 아기는 고개를 돌린다. 피아제는 이를 보이지 않는 대상의 존재를 믿지 못하는, 유아의 비사회성에 대한 증거로 삼는다.

하지만 파얀스는 유아가 다른 사람들은 다가갈 수 있지만 자신은 닿지 못하는 대상에 흥미를 보인다는 것을 보여 주었다. 유아는 대상을 계속 쳐다보며 심지어 때로는 말을 걸기도 한다. 피아제는 이를 '마법적' 행동이라 주장한다. 즉 어린이는 바나나가 그에게 오게 만들려고 한다. 하지만 비고츠키는 어린이가 대상을 요구하기 위해 원시적 말을 사용한다고 결론짓는다. 어린이는 자신이 원하는 것을 성인이 알고 있다고 여기기 때문에, 성인을 보지 않고 계속해서 대상을 바라본다.

최근의 연구는 3개월 된 유아(심지어는 고양이, 개, 까치)가 대상 영속성을 이해한다는 것을 보여 준다. 피아제의 자기중심적 말에 대한 관찰과 관련하여 우리는 피아제의 설명으로 피아제의 결과를 설명할 수는 없지만, 비고츠키의 설명으로는 이를 설명할 수 있다. 비고츠키는 보이지 않는 대상에서 눈길을 떼고, 멀리 떨어진 대상에 말을 거는 어린이의 성향을 공통성을 통해 설명한다. 이는 자기중심성의 '마법'이 아니며 오히려 사회성에 대한 어린이의 지식이자 과잉 일반화이다.

• 유아기

　신생아기와 같은 안정적 연령기는 출생과 같은 위기적 연령기와 비슷하기도 하고 다르기도 하다. 두 연령기에는 발달의 상황(환경과 어린이 사이에 존재하는 생산적 모순, 주관성의 반경으로서 어린이가 경험하는 것)에 의해 주어지는 객관적 근접발달영역이 존재한다. 예를 들어 이전 장에서 발달의 상황이란 어린이의 완벽한 생리적 분리와 생물적 의존성 사이의 모순이었던 반면, 이번 장에서는 어린이의 완전한 사회적 의존성과 사회적 접촉에 필요한 어린이의 말 결핍 사이의 모순이다.

　두 연령기 모두에서 발달 노선들이 존재하며, 어떤 것은 주변적이며 어떤 것은 중심적이다. 예를 들어, 지난 장에서 주의와 흥미는 영양 섭취, 각성과 수면의 구분의 확립, 의지적 움직임을 가능하게 하는 본능적 중심 노선에 주변적이었다. 이 장에서는 영양 섭취, 수면과 각성, 의지적 움직임의 구분이 완전히 숙달되어 어린이 발달에 있어서 주변적인 것이 된다. 대신에 수동적인 수용적 관심, 적극적인 상호적 관심, 지적 모방이 이제 전면에 나아가 중심이 된다.

　두 연령기에서 이러한 발달의 중심 노선은 본래 전적으로 새로운 것이 아니지만 발달의 새로운 사회적 상황이라는 도전에 응해서 진정 새로운 의식 형태, 즉 신형성을 야기한다. 예를 들어 앞 장에서 신형성은 독립적이지만 여전히 뇌의 피질 하부(아직 발달되지 않은 대뇌피질이 아닌 소위 '구뇌'라 불리는 수질과 중뇌)에 근거한 본능적인 정신생활이었던 반면, 이 장에서의 신형성은 조건적 반응과 연관된 피질 발달이며, 특히 비고츠키가 '원시적 우리'라 부른 일종의 공동 '분산 인지(콜과 엥스트롬, 1993)'를 발생하게 하는 사회적 상호작용과 연관되어 있다.

　신형성의 지속 여부는 그것이 위기적 연령기에서 비롯된 것인지 안정적 연령기에서 비롯된 것인지에 달려 있다. 위기적 신형성이었던 독립적 본능적인 정신생활은 이제 더 이상 완전히 독립적이지 않으며, 정상적 발달하에서는 절대 다시 나타나지 않는다. 즉 주의가 '구뇌'의 통제하에 다시 한 번 나타나는 것처럼 병적인 상태하에서만 다시 한 번 기능할 것이다. 그러나 대뇌피질에 위치하는 신생아의 새로운 사회적 의식 형태는 안정적 신형성이다. 윌리엄 포크너가 인간에 고유한 문화적 행동 형태에 대해 일반적으로 말한 바와 같이, 이러한 신형성은 지속될 뿐 아니라 우세해질 것이다.

　비고츠키는 환경에 대한 흥미의 출현과 출생에서 발달의 사회적 상황을 야기하는 생리학적 분리와 생물학적 의존이라는 수동적 상태의 종말로 앞 장을 마무리했다. 그는 발달의 새로운 사회적 상황에 대해 이야기하며 이 장을 시작한다. 즉 그는 신형성을 나타나게 하는, 출생 시 배경으로 있다가 유아기에 전면에 부각되는, 사회적 요인들과 신경학적 요인들에 대해 계속 이야기한다. 그런 다음 그는 발달의 사회적 상황을 (최소한 어린이의 관점에서) 해결하기도 해소하기도 하는 신형성을 규정하고 경계를 정한다. 그는 마지막으로 대립되는 이론들에 대한 비판적 고찰로 이 장을 마무리한다.

I. 유아기 발달의 사회적 상황

A. 유아의 명백한 비사회성. 피상적이고 경험적인 눈으로 관찰한다 하더라도 유아는 사회적 행위자가 아니라 말이 결핍되고 수동적이며, 영양 섭취, 수면, 자세 잡기와 같은 단순한 욕구에 사로잡힌 사회적 대상처럼 보인다(4-1-1). 사회적 관계에 관한 이 오도된 수동성은 유아에 관한 모든 잘못된 이론들을 불러일으켰으며 이에 대한 비판적 고찰은 이 장의 말미에 있다(4장 4절 참조).

B. 유아의 진정한 범사회성. 사실 유아는 가장 사회적인 존재이다. 왜냐하면 영양 섭취와 잠자리와 편안함을 추구하는 이 단순한 삶의 욕구는 오로지 돌보아 주는 성인의 보호와 '엮여서' 충족될 수 있기 때문이다(4-1-2~4-1-5).

C. 유아 사회성의 한계. 그러나 유아는 아직 문화와 '짜이지' 못한다. 왜냐하면 유아는 전적으로 말을 할 수 없기 때문이다. 그 결과 어린이 사회성의 범위는 전적으로 비언어적이며 대인 관계적이다(4-1-6).

D. 발달의 사회적 상황: 최대 사회성과 최소의 말. 사회성은 최대인 데 반해 사회-문화적 의사소통은 최소인 이 모순이 유아기의 어린이 발달의 사회적 상황이다(4-1-7).

II. 유아기 기본적 신형성의 발생

A. 유아기의 역동. 비고츠키는 생후 처음의 두 연령기 사이의 변화, 그리고 두 번째 연령기 내의 변화에 대한 논의로 시작한다(4-1-1).
   i. 출생과 유아기 사이에, 출생 시 중심 노선이었던 수동적 발달 노선(수면, 영양 섭취, 의존적 공간 이동)의 중요성이 감소하고 자발적 활동, 감각 지각, 서로 다른 기관들의 협응, 표현적 운동이 증가한다(4-1-2~4-2-4).
   ii. 비고츠키는 왈롱, 프레이어, 스턴의 연구에 기초하여 유아기를 다음과 같은 명확한 두 단계로 구분한다(4-1-2~4-2-4).
      a. 2, 3개월에 나타나는 자신의 소리에 대한 주의, 타인의 소리에 대한 주의, 사회적 주의에 대한 상호적 흥미, 지각 활동을 통한 '외부 세계의 발견'. 이 모든 활동은 출생 시 중심 노선이었던 단순 본능 너머로 유아를 인도한다(4-1-6).
      b. 5, 6개월에 나타나는 물건 밀어내기, 물건 꽉 쥐기, 만족, 불만족의 명백한 자발적 표현(사라진 물건 찾기, 즉 대상 항상성 포함), 전-모방과 같은 의도적 행동

들. 이 모든 활동은 유아를 첫 번째 연령기의 단순하고 일차적인 간주관성 너머로 인도한다(4-1-7~4-1-9). 10개월에 도구 사용, 첫 번째 낱말, 유아기의 경계가 나타난다(4-1-10).

B. 고등한 뇌 영역의 발생. 비고츠키는 이러한 연령기 내 변화와 연령기 간 변화가 뇌에서 일어나는 중요한 양적(4-2-11~4-2-12), 질적(4-2-13~4-2-14) 변화와 일치함을 지적한다.

   i. 비고츠키는 『성장과 분화』 7장에 언급된 크레치머의 신경계 발달의 법칙의 예로서 이러한 변화들을 이해할 때 가장 잘 이해할 수 있다고 말한다.

   a. 하위 단계 보존의 법칙(피질과 정신적 생활이 지니는 본능적 형태의 보존, 대뇌피질의 감독을 받는 의존적 형태로 보존됨)(4-2-15)

   b. 기능의 상향 전이의 법칙(대뇌피질이 본능적 형태를 지배함)(4-2-16)

   c. 하위 영역 해방의 법칙(손상이나 질병의 경우에 나타남)(4-2-17)

   d. 에딩거의 법칙에 따르면 신경세포는 몸 전체에 걸쳐 어느 정도 비슷한 구조를 가지고 있다. 이 공통 구조가 대뇌피질로의 기능 전이라는 생각을 타당하게 해 주며, 출생 시 대뇌피질이 상대적으로 덜 형성된 이유를 설명해 준다 (4-2-18~4-2-23).

   ii. 이제 비고츠키는 유아기에 일어나는 뇌의 고등 영역 발달의 세 시기와 그 상한선을 제시한다(4-2-24).

   a. 구선조체 시기. 이 시기 어린이의 물고기와 같은 움직임은 구선조체에 의해 조절된다. 이는 꿈틀거리거나 버둥거리게 할 수는 있지만 앉고 서거나 걷게 할 수는 없다(4-2-25~4-2-26).

   b. 선조체 시기. 이 시기에 구선조체의 기능은 선조체로 전이되지만 구선조체는 여전히 신경 신호를 주변부로 전달한다. 이는 모방, 몸동작, 표현적 운동을 가능하게 한다(4-2-27).

   c. 대뇌피질 시기. 이 시기에 대뇌는 점차 수초화되고 선조체 기능 특히 감각 반응(조건 반사)을 조절하게 된다. 그러나 이 조건 반사는 처음(생후 2개월)에는 출생 시 주어진 무조건 반사에 의해 생기는 반응(수유나 자세와 관련한 반사)에 국한되어 있다가, 나중(7개월 초)에야 지배성과 연결되지 않은 지각에 민감해지게 된다. 이와 더불어 움직임이 지성화된다. 즉 유연해지고 목적 지향적이 되며 조절 가능해진다. 비고츠키는 이 모든 것들을 채택하여 앞서 제시한 크레치머와 에딩거의 법칙을 확증한다(4-2-28~4-2-31).

C. 본능, 습관, 지성의 발생. 이제 비고츠키는 유아기가 지각과 행동 사이에 질적으로 다른 최소한 세 개의 관계를 포함하고 있음을 보여 준다. 먼저 그는 중요한 두 측면, 즉 지각과 행동의 원시적 통합체와 지각과 행동이 고등 구조를 지닌 복잡한 재조합체가 될 잠재성을 지적한다. 그런 다음 비고츠키는 유아기에 나타나는, 지각과 행동의 통합체가 지니는 질적으로 다른 세 가지 구조를 제시한다. 즉 뷜러가 제시한 행동의 고등

구조인 본능, 습관, 지성(『역사와 발달 I』 4-36~4-51과 5-28~5-32 참조)이 그것이다.

    i. 먼저 비고츠키는 감각 지각과 행동 간의 연결이 지니는 두 가지 측면, 즉 감각 지각과 행동의 원시적 통합체와 복잡한 재구조화의 잠재성을 고찰한다. 비고츠키는 연수와 중뇌에 집중된 기능들이 출생 시 지배적이라고 간주한다. 그런 다음 그는 감각 기능이 먼저 발달하고 그다음 운동 반응으로 연결되는 것이 아니라, 감각과 운동 반응을 모두 포함하는 미분화된 '반사궁'(척수나 중뇌에 집중된 반사)이 감각운동 기능의 원래 구조라고 주장한다(4-2-32~4-2-35). 운동 반응은 단순히 감각 지각의 역동적 연속이라는 생각은 분명 감각 기능과 행동의 통합체를 설명할 수 있지만, 거기에는 두 가지 치명적 결점이 있다.

      a. 지각과 운동의 분리와 재결합을 설명할 수 없다.

      b. 모로 반사와 바빈스키 반사에서 보았듯이 순수한 반사는 사소한 행동 형태만을 설명할 뿐, 우리의 관심사인 고등 행동 형태에 대해서는 아무것도 설명하지 못한다(4-2-36).

      대신 비고츠키는 다음과 같이 제안한다.

      a. 반사(빨기, 잡기)가 아니라 총체적 본능(젖 먹기, 자세 잡기)이 먼저 온다. 예를 들어 젖 먹기는 단일한 유목적적 본능에서 시작된다. 여기서 부분적인 세부 동작들(젖꼭지 찾기, 빨기, 삼키기)은 하나의 목적을 향하고 있으며 지연되거나 심지어 생략될 수 있는 것이지, 하나의 고리가 빠지면 전체가 무너지는, 자극에 대한 자동적 반응 연쇄가 아니다(4-2-37~4-2-42). 마찬가지로 신생아의 지각은 무작위적인 혼돈이 아니라 총체적 상태로서 나중에 유아기에 분화되는 것이다(4-2-43). 이 두 경우 모두에서, 운동 행위로서의 미분화된 감각 지각은 분리 과정과 재결합 과정에 의해 구조로 분화된다(예를 들어 포만감은 엄마의 가슴과 분리되어 젖병, 심지어 숟가락과 재결합될 수 있으며, 쥐기 반응은 엄마와 분리되어 의자와 재결합될 수 있다)(4-2-37).

      b. 유아기의 감각과 행동의 분리와 재결합은 유아의 모든 지각과 행동을 잇는 (심지어 저차적 기능과 고등 기능을 잇는) 공통 구조, 즉 감정에 의해 매개된다(4-2-44~4-2-45). 예를 들어 폴켈트의 실험에서 유아는 여러 개의 젖병 중 하나에서만 젖이 나오는 상황에 노출됨으로써 젖병의 색깔과 모양을 구분하는 것을 배운다(4-2-47~4-2-49). 이와 유사하게, 구조는 순서 없이 세워지는 것이 아니라 먼저 젖 먹기와 자세 잡기의 '지배적' 본능을 중심으로 세워지고 그런 다음 쾌, 불쾌 지각이나 감각을 중심으로 세워진다는 사실은 조건 반사 형성이 욕구의 충족과 그것에 수반된 감정에 의해 추동된다는 것을 시사한다(4-2-50~4-2-52).

    ii. 이제 비고츠키는 저차적 감정과 고등 감정을 구분한다. 비고츠키는 감정이 뇌의 피질하 영역과 관련된다는 사실로 인해 많은 연구자들이 고등한 뇌 구조의 출현과 더불어 감정은 배경으로 물러나야 한다는 결론을 내린다고 지적한다. 비고츠키는 동의하지 않는다. 감정은 유아의 행동과 총체적으로 관련될 뿐 아니라 어린이의 발달과 뗄 수 없는 동반자로 남는다. 배경으로 물러나는 것은 단지 본능과 연결된 감정과(대뇌피질에 위치한 감각 기능, 운동 기능, 지적 기능의 저발달과 관련된) 저차적 영역의 지배성뿐이다. 감정 역시 발달을 겪는다(4-2-53~4-2-55). 이 발달을 설명하기 위해 비고츠키는 뷜러의 본능(무조건 반사), 습관(조건 반사), 지적 해결(새로운 문제에 대한 효과적이고 새로운 반응)이라는 3중 구분을 차용한다. 비고츠키는 이 구분이 모든 인간 행동을 설명하지는 못할 것이라고 말한다. 이들은 생후 첫해에 이미 발견되기 때문이다(4-2-56~4-2-58).

a. 본능. 첫 단계는 행동이 거의 없는 수동적 흥미의 단계이다(4-2-56). 비고츠키는 어떤 동물(예컨대 곤충)은 본능에 따른 행동이 매우 강하지만 유아는 전혀 그렇지 않음을 지적한다(4-2-59). 망아지는 태어나자마자 걸을 수 있지만 인간의 아기는 걷기를 배워야만 한다. 그러나 이 늦은 발달의 보답으로 인간의 걷기는 쉽게 뇌의 고등 영역으로 전이되고 그 결과 다른 동물이 갖지 못한 다재다능함(예컨대 춤)을 가지게 된다(4-2-60).

b. 습관과 기술. 따라서 손 뻗기, 앉기, 기기와 같은 동작들은 본능이 아니라 감각지각에 반응하여 (무조건 반사가 아니라 조건 반사로, 본능이 아니라 습관으로) 발달하는 두 번째 단계를 기다려야만 한다. 이들 대부분은 탐구와 실험, 어른의 눈에는 놀이처럼 보이는 자학-자습 과정을 거쳐서 일어난다(4-2-61).

c. 지성과 실행 지성. 마지막 단계에서 유아는 몸의 일부를 사용하는 것을 넘어 물체에 직접 작용하는 것을 배우고, 심지어 다른 물체에 작용하기 위해 물체를 사용한다(음식을 먹기 위해 숟가락 같은 도구를 사용하는 것이나 장난감을 가지려고 그것에 달린 실을 당기는 것). 비고츠키는 이것이 실행 지성이라고 말한다. 실행 지성은 어린이가 이제까지 시도해 보지 않았던 행동으로 이제까지 본 적이 없는 문제를 해결하는 것이다(4-2-62~4-2-64).

D. 사회적 행동의 발생. 고등한 뇌 영역과 같은 발달의 외적 노선과, 앞서 살펴본 감각 지각과 행동 사이의 연결과 같은 발달의 내적 노선은 모두 발달의 현장, 즉 어린이 자신과 상관이 있다. 이제 비고츠키는 발달의 원천과 밀접한 행동 형태, 즉 사회적 행동에 대한 고찰로 이 절을 마무리한다.

i. 첫 번째 의사소통적 행위(울음으로 답하기, 사회적 미소 짓기)는 신생아기와 유아기의 경계를 나타낸다(4-2-65~4-2-66).

ii. C. 뷜러는 두 가지 전제 조건을 지적한다.

　a. 어른에 의해 시작된 어떤 활동들(왜냐하면 유아는 처음에는 단지 수동적 흥미와 환경에 대한 주의만 가지고 있기 때문이다)(4-2-67).

　b. 신체 조절 정도(왜냐하면 이것이 가능해야 의미 있는 몸짓, 표현적 운동, 음성화가 가능하기 때문이다)(4-2-68).

iii. 보육원에서 5개월 된 어린이는, 특히 신체적 욕구가 잘 충족된 경우, 친구와 접촉하려 할 것이라고 비고츠키는 말한다(4-2-69). 그럴 때에도 유아의 사회적 접촉의 대부분이 따돌림, 아첨하기, 징징대기, 반목하기 등과 같은 뚜렷한 부정적인 특징을 가진다고 그는 지적한다(4-2-70~4-2-71).

iv. 비고츠키에게 있어 모든 긍정적이거나 부정적인 사회적 표현의 원천은 매우 고유한 사회적 발달 상황이다(4-2-72).

   a. 한편으로는 어느 누구와의 언어적 관계도 존재하지 않는다(4-2-73).

   b. 다른 한편으로 어린이는 어떤 개인 활동을 하든 사람 간 관계에 의존할 수밖에 없다. 비고츠키가 말하듯이 어른의 단순한 접근과 멀어짐이 어린이의 주의, 흥미, 활동을 무장하거나 무장해제하는 것처럼 보인다(4-2-74).

III. 유아기의 기본적 신형성

A. 새로운 것은 무엇인가? 앞 절에서 비고츠키는 기본적 신형성의 출현을 위한 필요 조건을 뇌와 행동의 발달 노선 형태로 언급했다. 이 절에서 그는 기본적 신형성의 개요를 간략히 설명할 것이다(4-3-1). 다음 절에서 비고츠키는 어린이가 실제적, 신체적 욕구의 실질적인 충족에 근본적으로 지향되어 있지 않다는 입장을 보이는 피아제의 견해를 논박할 것이다. 그는 유아의 무력함은 실제적 욕구의 진정한 충족 덕분에 극복될 뿐이라고 주장함으로써 이 절을 시작한다.

  i. 한편으로 실제적 욕구의 진정한 충족은 어린이의 에너지 근원을 증가시켜 좀 더 외적인 활동을 가능하게 한다. 이 모든 활동이 욕구 충족과 연결된 것은 아니며, 결국 피아제의 '자폐적' 기능도 이로부터 가능해진다. 비고츠키는 '이가 없는' 유년기와 에너지가 거의 요구되지 않는 한 어린이가 어른과 일종의 또래 관계를 확립할 수 있는 '젖니' 시기를 통해 에너지 원천의 증가를 간략하게 추적한다(4-3-2~4-3-5).

  ii. 다른 한편으로 실제적 욕구의 진정한 충족은 오직 타인을 통해 일어난다. 타인을 통해 작용하는 이 능력은 물론 에너지 원천의 증가보다 훨씬 더 영향력 있는 요인이다. 어른조차도 혼자서 할 수 있을 때보다 협력적으로 할 때 훨씬 더 많이 성취할 수 있다(4-2-6). 그러나 비고츠키는 어린이 자신의 행위 능력이 증가하지 않는다면, 이 타인을 통해 작용하는 능력은 결국, 심각한 정신 지체나 치명적 신체장애에서 나타나는 타인에 대한 반복적이고 무기력한 의존성에 처하게 된다고 주장한다(4-2-7).

  iii. 활동에 대한 어린이의 증가된 잠재 가능성으로, 무기력한 의존의 악순환은 존재하지 않지만 어린이가 어른을 통해 행위를 하는 능력은 기하급수적으로 증가한다. 이것은 이어서 어린이의 에너지 원천을 새롭게 증가시킨다. 신생아의 신형성이었던 본능적 정신생활이 아직 확실하게 종속되지 않은 것은 사실이다. 어린이는 아직 자신의 욕구를 둘러싼 공동 활동에서 자신과 타인을 구분하지 못하고, 여전히 사물들의 세계보다는 미분화된 상태를 경험한다. 그러나 어린이의 사회적 존재는 그의 의식을 결정하고 이 사회적 존재는 오직 단 하나의 길, 바로 타인을 통한 경로를 열어 둘 뿐이다(4-2-8~4-2-9).

B. 큰 우리. 비고츠키는 이제 타인을 통한 이 경로에 정확히 상응하는 어린이 의식의 기본적 신형성을 규정하고 경계 짓는다. 그는 이것을 '원시적 우리' 또는 '큰 우리'를 의미하는 독일어 용어로 '우르비르Ur wir'라고 부른다. 비고츠키에게 이는 어린이가 자신의 의식과 타인의 의식을 구분하지 못하는 의식의 형태를 의미한다. 우리가 지각된 세계와 계획된 활동의 세계를 공유하듯이, 어린이는 지각과 활동에 참여하는 의식의 세상 또한 공유해야만 한다고 단순히 가정한다. 그것은 심지어 '나'와 '너', 또는 '나'와 '그'가 있기도 전에 존재하는 '우리'라는 의미에서 '원시적 우리'이다. 종국에 발달하게 될, 자발적으로 협력하는 개인으로 이루어진 세상의 조상이라는 의미에서 그것은 '큰 우리'이다(4-3-10). 비고츠키는 이 개념을 명료히 설명하고자 두 명의 연구자를 거론한다.

  i. 왈롱은 어린이들이 심지어 자신의 몸을 인식하기도 전에 외적 사물을 의식한다고 주장한다. 따라서 어린이는 처음에는 우리가 거울을 통해 스스로를 보는 것처럼 자신의 몸을 외적 사물들의 집합으로 바라본다. 왈롱은 자신의 몸이 자신에게 속한다는 것조차도 인식하지 못하는 어린이가 자신에 대한 진정한 의식을 가질 수는 없다고 주장한다(4-3-11).

  ii. 콩페레는 유아 의식이 수동적이라고 기술한다. 이는 어린이의 감정이 전적으로 외부로부터 결정되며 인격에 의해 내적으로 결정될 수 없다는 것이다(4-3-12).

C. 유아의 범사회성의 분화에 대한 증거. 비고츠키는 이제 '큰 우리'에 대한 실험적 증거를 모색하고, K. 레빈의 제자인 파얀스의 연구에서 이를 발견한다. 우리는 K. 레빈이 특정 물체들이 활동의 행동 유도성을 나타내는 '벡터' 또는 '끌림의 장'을 가진다는 것을 발견했음을 기억한다. 예컨대 문은 어린이들이 그것을 열도록 유인하고 바위는 어린이들이 그 위에 앉도록 유인할 것이다(그러나 때로 매우 나이 어린 어린이들의 경우, 그들이 바위 위에 앉으려고 등을 돌리는 순간 그 바위는 유인력을 잃고 만다). 그의 제자인 파얀스는 신생아조차 자신의 손에 놓인 물체를 잡으려 하며, 초기 유년기의 유아는 심지어 물체가 닿을 수 없는 곳에 있을 때조차 잡으려 한다는 관찰로 시작했다. C. 뷜러는 이것이 '타인을 통한 경로' 때문이라고 생각한다. 즉 유아는 자신이 닿을 수 없는 물체를 잡고자 할 때 어른이 그것을 자신에게 가져다줄 것임을 이미 알고 있다는 것이다(4-3-15). 하지만 파얀스는 초기 유년기 어린이에게 있어 시각적으로 멀어짐은 정신적으로 멀어짐을 즉 '눈에서 멀어지면, 마음에서 멀어진다'는 것을 의미함을 발견하였다(4-3-13). 그러나 이것은 유년기 어린이에게는 사실이 아니다. 이 어린이는 실제로 가까이 있는 물체보다 멀리 있는 물체에 대해 훨씬 더 요란하게 반응하는 경향이 있다(4-3-14). 이런 식으로 반응하는 이유는 그가 자신 있게 '타인을 통한 경로'를 사용할 수 있기 때문이다. 자신이 원하는 물체가 멀리 있는 것을 보았을 때, 이 어린이는 실험자를 돌아보며 그것을 가질 수 있을지 물어본다(4-3-15~4-3-19). 이 어린이가 아직 말을 못하기 때문에 실험자의 주의를 끌지 못하는 경우에도, 만일 어른이 물체에 다가가면 더 크게 아우성치기 시작할 것이다(4-3-20). 비고츠키는 이것이 다음에서 기인한다고 한다.

  i. 어린이는 아직 자신의 몸을 의식하지 못하므로 자신의 몸과 물체에 다가가는 어른의 몸을 구분하지 못한다(4-3-21).

ii. 마찬가지로 어린이는 물체에 대해 자신이 경험하는 감정과 물체에 다가가는 어른의 감정을 구분하지 못한다. 어린이는 물체에 대해 감정적인 '큰 우리'를 지닌다(4-3-22).

D. 유아 개인주의의 점진적 사회화에 반하는 증거. 이 절을 결론짓고 서로 대립하는 유아기 이론들에 대한 다음 절의 필요성을 도입하기 위해 비고츠키는 대부분의 유아기 이론들이 유아의 사회적 발달을 뒤집어 놓은 것에 대해 비판한다.

i. 첫째, 유아가 '타인을 통한 경로'로 시작하여 오직 나중에서야 내적 세계를 발달시킨다고 보는 대신, 내적 세계로 시작하여 오직 나중에서야 사회적 관계를 통해 경로를 발견한다고 본다(4-3-23). 비고츠키는 이 관점에 모순되는 일군의 사실들을 지적한다. 즉 어떻게 초기 유아들이 인간의 목소리와 인간 이외의 훨씬 더 큰 소리를 구분하는지, 어떻게 인간 얼굴에 선별적으로 반응하는지, 어떻게 물체들에 직접적으로 관여되지 않고, 물체를 통하여 사람에게 연결되는지를 설명할 수 없다(4-3-24). 피터스를 인용하면서 비고츠키는 더 나이 먹은 어린이들조차 사회적 집단을 통해 스스로 경험하는 경향이 있으며 공을 가지고 노는 좀 더 어린 어린이들은 활동을 '내'가 아닌 '우리'의 활동으로 생각한다고 주장한다(4-3-25~4-3-26). 의사소통의 '공통된 토대'는 모방이며, 동물의 모방이 동물 자신의 현재, 개개의 잠재성에 한정되어 있는 반면 인간의 모방은 타인을 통한 협력적 활동으로의 경로를 따라 확장되며, 따라서 오직 현재의 발달 영역뿐만 아니라 다음의 발달 영역도 나타낸다고 비고츠키는 말한다(4-3-27~4-3-28).
ii. 비고츠키가 게젤을 인용하여 말했듯(2-2-37~2-2-38), 어린이는 측정되어야 할 뿐만 아니라 해석되어야만 하기 때문에 비고츠키는 이 장의 마지막 절에서 유아기의 다양한 이론적 해석에 관한 비판적 검토로 돌아온다(4-3-29).

IV. 유아기의 기본 이론들

A. 반사학 이론. 비고츠키는 환경-아동의 축에서 환경에 극도로 치우친 유아기 이론에 대한 비판적 검토를, 앞서 그가 유아의 행동을 반사로 완전히 환원할 수 있다고 해석했다고 비판한 이론으로부터 시작한다. 이 이론에 따르면 유아기의 출발점은 무조건 반사(예컨대 모로 반사나 바빈스키 반사와 같이 자극에 대한 선천적 근육 반사)이며 유아가 되는 과정은 조건 반사의 형성, 그리고 이후의 '상위 반사', 즉 배고픔이라는 상위 자극에 대한 반응인 영양 섭취(빨기/삼키기)와 같은 반사 연쇄의 형성으로 이루어진다. 앞에서 보았다시피(4-2-37~4-2-42) 비고츠키는 영양 섭취를 중간 지점이 아닌 출발점으로 보았으므로, 그가 정교하게 분화된 반사 즉 조건 반사의 형성을 출발점이 아니라 중간 지점으로 간주한 것은 놀라울 것이 없다. 반사 이론은 본능-습관-지성이라는 세 단계의 연쇄에서 습관을 과잉 일반화하면서 첫 번째와 세 번째 요인을 도외시한 이론이다. 이 때문에 반사학적 본능은 비고츠키가 적절한 유아기 이론의 시금석으로 삼는 핵심 시험

즉, 말을 하지 못하는 아기와 동물을 이론적으로 정확히 구분하는 시험을 통과하지 못한다(4-4-1~4-4-2).

B. 세 단계 이론. 비고츠키는 심지어 본능, 습관, 지성을 나누는 토대를 제공한 뷜러의 이론조차도 이 시험을 통과하지 못한다고 지적한다. 반사학적 이론과 마찬가지로 뷜러 역시 인간 행동 전체를 포괄하기 위해서 중간의 연결고리 즉 습관을 과잉 일반화하면서 말을 못하는 유아와 침팬지를 구분하지 못한다(4-4-3~4-4-4). 비고츠키의 뷜러 이론 사용(IID 참조)은 비고츠키가 그 안에 사회적 행동을 포함하면서 마무리된다(IID 참조). 뷜러의 이론은 본능, 습관, 지성의 세 단계 구분 안에 사회적, 문화적 행동을 포함하지 않기 때문에, 타인이 대상에 접근함에 따라 유아의 감정이 강력하게 영향을 받는다는 파얀스의 관찰을 설명할 수 없었다(3-4-5).

C. 구조적 이론. 비고츠키는 파얀스가 속해 있던 형태주의 심리학의 전통이 유아 발달의 출발점을 바르게 지적함을 발견한다. 영양 섭취나 자세 잡기와 같은 단순 본능 구조는 점차 분화되어 새롭고 더욱 복합적이며 더욱 유연한 구조로 재결합된다. 지각-감정적 반응이 그러한 구조인데 이는 지각과 감정을 포함하므로 복합적이며 폭넓은 범위의 자극과 연결될 수 있으므로 더욱 유연하다. 그러나 여기서도 이론은 하나의 타당한 통찰을 과잉 일반화한다. 만일 발달 전체를 구조로 환원하면 침팬지가 막대로 과일을 얻는 것과 같은 문제를 해결하는 방식이나 인간이 동일한 문제를 해결하는 방식은 구조적으로 동일하다. 따라서 구조적 이론 역시 핵심 시험을 통과하지 못한다. 모든 발달을 반사 형성으로 환원하면서 발달 수단의 발달이 사라져 버렸듯이 모든 발달이 구조 형성으로 환원될 수 있다면 발달은 나타날 수 없을 것이다(4-4-6~4-4-7).

D. 유아기를 주관적 발달 단계로 이해하는 이론. 비고츠키는, 발달은 인정하지만 그것을 주관성의 반경의 능동적 확장을 통한 자아의 점진적 확장으로 설명하는 이론으로 눈길을 돌린다. 이는 어린이가 세계를 관계적 과정(존재)이 아닌 일련의 물질적 과정(행동)으로 경험한다는 것을 의미한다. 다시 말하면 어린이는 대상을 가지고 하는 활동을 하나의 사물이 아닌 사건으로 경험한다. 어린이의 세계는 대상이 아니라 움직임의 과정으로 이루어져 있다. 이와 같이 인식적 관계가 아니라 의무적 관계로 이루어진 유아기는 마지막 이론의 무리에서 피아제에 의해 더욱 극단적인 방식으로 해석된다(4-4-8~4-4-9).

E. 유아기에 고유한 유아론唯我論. 비고츠키는 『생각과 말』의 2장과 7장 대부분을 차지하는 피아제 이론에 대한 비판을 요약하면서 마무리를 짓는다.
  i. 더 나이가 많은 어린이로부터 외삽하면서 (또한 프로이트의 이론에 토대를 두면서) 피아제는 유아가 절대적인 유아론을 가지고 있다고 상정한다. 어린이는 단지 바라기만 하면 소원이 이루어지는 마법의 세계와도 같은 세계에 살고 있다는 것이다. 피아제에게 이는 대상 영속성 실험에서 어린이가 왜 대상들이 나타났다

가 사라졌다고 믿는지, 그리고 왜 대상에게 말하면 그것이 자신에게 올 것이라고 믿는지를 설명해 준다(4-4-10~4-4-12).

ii. 이런 식으로 발달을 제시하는 것은 현실적 사고와 비현실적 사고를 절대적으로 분리하는 토대에서만 가능해진다. 이러한 구분은 어른에게는 불가능하지만, 쾌락과 현실이 거의 일치하는 것으로 보이는 유아의 경우에는 더욱 불가능한 것이다(4-4-13). 조건 반사에서 그러했듯이, 그리고 심지어 뷜러의 세 단계 이론에서 그러했듯이 비고츠키는 출발점으로 취해진 것이 사실은 중간 지점이라고 말한다. 비현실적 생각은 실제 욕구의 실제 충족으로 의미 분화된 지향 이후에야 발달하는 것이다(4-4-14~4-4-17).

iii. 비고츠키는 몇몇 연구자들이 유아가 아닌 오직 신생아에게만 적용함으로써 유아론을 구하려 했음을 지적한다(3-4-18). 물론 비현실적 생각이 발달의 출발점이 아니라 중간점이라면 비현실적 유아론을 삶의 시작으로 옮기는 것은 전혀 해결책이 될 수 없다. 경험론적으로 말해 피아제의 이론은 최소한 두 가지 측면에서 정상 발달이 아니라 비정상 발달에 적용되는 것으로 보인다.

   a. 비정상 어린이에게서만 주변 사건의 사회적 특성이 완전히 무시된다(4-4-18).
   b. 비정상 어린이에게서만 자기중심성의 감소가 발달의 지표로 사용될 수 있다 (4-4-19).

iv. 비고츠키는 주관론적 이론과 유아론을 단순히 유아기에서 신생아기로 옮길 것이 아니라 완전히 뒤집어야 한다고 제안한다(4-4-20). 비고츠키는 자기중심적 말이 자기를 향하고 있는 것이 아니라 다른 어린이들을 포함하는 '원시적 우리'를 향하고 있음이 드러난다고 주장한다(여기서 비고츠키가 『생각과 말』 7장에서 언급된 자신의 실험이 아니라 피터스를 인용하고 있는 것은 다소 의아하다). 피아제가 반현실주의적이며 마법적이라고 해석했던 다른 행동들(예컨대 대상 영속성의 불신, 물활론) 역시 '원시적 우리'를 통해 설명 가능함이 드러난다(4-4-22~4-4-23).

v. 비고츠키는 이 장을 시작하면서 제시한 주장으로 결론을 맺는다. 즉 유아의 비사회성으로 해석되었던 것들이 사실은 유아의 범사회성을 나타낸다는 것이다. 이러한 범사회적인 '원시적 우리'의 의식은 많은 고등 사회적 활동과 뗄 수 없는 부분인 동시에 그 활동에서 독립적인 역할을 수행한다는 점에서 진정한 안정적 신형성이다. 예컨대 합창을 하거나 무리 지어 춤을 출 때, 시위를 하며 발맞추어 나갈 때 혹은 심지어는 단순히 축구 시합을 관람할 때 우리는 '원시적 우리'가 사회적, 심리적 생활 속에 존재하면서 강력한 힘을 행사하고 있음을 느낀다(4-4-24).

| 참고 문헌 |

Cole, M. and Engeström, Y.(1993), A cultural historical approach to distributed cognition. In G. Salomon (Ed.), *Distributed Cognitions,* Cambridge: Cambridge University Press, pp. 1-46.

제5장
1세의 위기

존 브라운의 마지막 순간(부분), 토마스 호벤든(Thomas Hovenden, 1840~1895).
캔자스에서 노예제에 반대하여 투쟁하던 브라운은 무기고를 습격하여 무기를 노예들에게
나누어 줌으로써 노예들의 폭동을 일으키고자 하였다. 이로 인해 그는 교수형을 언도받는다.
호벤든은 교수대로 향하는 브라운이 자신의 목에 걸린 밧줄을 풀려고 하는 유아에게 자유
의 서약을 전하는 모습을 묘사하고 있다. 비고츠키는 유아가 비록 아직 환경의 도전에 동등
한 힘으로 맞서지는 못하지만 신생아와는 달리 수동적 반응과 공유된 활동 그리고 궁극적
으로는 능동적 주도성 획득을 통해 스스로가 사회적 연결 고리의 하나임을 의식하게 된다는
것을 보여 준다. 이 그림을 완성하고 얼마 후 호벤든은 철로 위에서 기차에 치일 뻔한 10세
여자 어린이를 구하다 사망한다.

5

5-1] 생애 첫 일 년의 위기에 대한 경험적 내용은 매우 단순하고 쉽습니다. 이는 다른 위기적 연령기들에 앞서 연구되었지만 그 위기적 본성은 강조되지 않았습니다. 우리는 걷기에 대해 말하고 있지만, 어린이가 걷는다고도 걷지 않는다고도 말할 수 없는 시기, 고도로 변증법적 형식을 빌리자면 존재와 비존재의 통합, 즉 있다고도 없다고도 말할 수 있는 걷기의 형성에 대해 말하는 것입니다. 갑자기 걷기 시작하는 어린이가 있긴 하지만, 우리 모두는 그런 어린이가 드물다는 것을 알고 있습니다. 별안간 걷기 시작하는 어린이에 대한 보다 면밀한 연구는 일반적으로 이 경우에 우리가 그 기원과 형성에 있어서 잠재적 시기와 걷기 자체의 상대적으로 늦은 출현을 다루고 있음을 보여 줄 것입니다. 그러나 종종 걷기 시작한 후에 갑자기 걷지 못하는 경우가 있습니다. 이는 걷기가 아직 완전히 숙달되지 않았음을 가리킵니다.

이 원고는 1933~1934년에 A. I. 헤르첸 레닌그라드 교육대학교에서 행해진 비고츠키의 강의를 속기로 기록한 원고이다. 우리는 비고츠키의 가족 문서고에서 나온 원고에 기반을 둔 러시아어판 비고츠키 선집을 번역 원본으로 사용하고 있다. 구어체로 기록된 강의의 느낌을 살리기 위해 우리는 『성장과 분화』에서처럼 높임말을 사용할 것이다.

5-2] 초기 유년기에 어린이는 이미 걸을 수 있습니다. 잘 걷지 못하고 어려움을 겪지만 그럼에도 모든 어린이들에게 걷기는 공간 내 이동의 기본적 형태입니다.

5-3] 바로 이 걷기의 확립이 위기의 내용상 첫 번째 계기입니다.

> 걷기, 다시 말해 '자율적' 걷기는 이 위기의 내용상 물질적 행위의 계기이다. 5-4와 5-5 문단에서 비고츠키는 위기의 언어적 계기와 정신적 계기를 이루는 자율적 말과 의지 결핍을 도입한다. 이 내용의 계기들은 사실 신형성 자체가 아니다. 왜냐하면 신형성은 언제나 의식의 형태이기 때문이다. 그 계기들은 연령기를 특징짓는 의식 형태가 외적으로 실현된 구체적 예로 생각되어야 한다.

5-4] 두 번째 계기는 말과 관련이 있습니다. 여기서 다시 어린이가 말을 하는지 아닌지, 즉 말이 존재하는지 아직 존재하지 않는지 말할 수 없는 발달 과정이 존재합니다. 갑자기 말을 하기 시작하는 어린이의 사례가 있기는 하지만, 이 과정이 하루아침에 완성되는 것은 아닙니다. 여기서 우리는 또한 말 확립에 있어서 잠재적 시기와 마주하게 되며, 이 시기는 대략 3개월 동안 지속됩니다.

5-5] 세 번째 계기는 감정과 의지의 측면이며, E. 크레치머는 이를 의지 결핍 반응이라고 불렀습니다. 어린이 위기와 관련하여 그가 염두에 두고 있는 것은 저항, 반대, 거역 행위, 즉 전통적인 양육의 언어로 '반항'이 최초로 출현한다는 것입니다. 크레치머는 의지적 반응과 연관된 이러한 현상이 의지적 반응의 발달에서 질적으로 완전히 다른 단계를 보이며, 의지와 감정이 분화되어 있지 않다는 의미에서 의지 결핍이라고 부르자고 제안합니다.

> 유아기 발달의 사회적 상황은 어린이가 세상과 맺는 관계의 사회적 본성과 어린이의 사회적 상호작용의 불가결한 수단인 말의 결여 간의

모순에 있었다. 어린이는 이 모순을 수동적 관심, 공유된 활동 그리고 최종적으로 의식은 활동과 같이 공유된다는 가정으로 일시적으로 해결한다. 1세의 위기로 이 가정은 파괴되고 이 가정의 파괴는 위기를 촉발한다. 비고츠키는 이 위기의 세 가지 '계기'를 제시한다. 그중 하나는 물질적 행위이고 다른 하나는 언어적 행위이며, 마지막은 행위가 아니라 정신적 활동이다. 이 세 계기는 이 시기의 과도기적 속성을 반영한다. 그것은 모두 '존재와 비존재'의 조합이다. 어린이는 걷기도 하고 걸을 수 없기도 하다(사실 걷기는 서기와 명백히 분화되지 않았다). 어린이는 말하기도 하고 말할 수 없기도 하다(사실 말하기는 음성적 제스처와 명백히 분화되지 않았다). 마침내 어린이는 의지를 발휘하지만 이 의지를 통제할 수 없거나 심지어 의지를 단순 감정으로부터 분화시키지 못한다. 크레치머는 이를 '의지 결핍'(자기 통제의 결여, 의지와 느낌의 미분화)이라고 부른다. 그러나 비고츠키는 다음 단락에서 어린이의 자기 통제 결여는 우리가 간질 환자에게서 보는 자기 통제 결여와 전혀 다르다는 것을 지적한다. 이 모든 계기가 '원시적 우리'의 상실을 대체하기 위해 생겨나는 새로운 의식 형태인, 과도기적 신형성의 징후임에 주목하자.

5-6] 위기 연령기 어린이들의 이러한 반응은 특히 양육이 잘못된 경우에 종종 강력하고 뚜렷하게 나타나 의지 결핍적 발작이라는 특징적 형태를 가지며, 이에 대한 묘사는 다루기 어려운 유년기 어린이 지도와 관련이 있습니다. 보통 무언가를 거절당하거나 이해 받지 못한 어린이는 급격한 감정 증가를 드러내며 미친 듯이 소리를 지르기 시작하여 걷기를 거부하거나 걷더라도 발을 구르며 종종 결국 바닥에 드러누워 버립니다. 그러나 어린이는 의식을 잃거나 침을 흘리거나 오줌을 지리는 등의 간질 발작을 특징짓는 다른 징후를 보이지 않습니다. 이는 때때로 어떤 금지나 거절 등에 대항하는 경향성, 일반적으로 묘사되듯 마치 이전의 시기로 되돌아간 것(바닥에 드러누워서 발버둥치고 걷기를 거부하는

등의 모습)처럼 보이는 일종의 퇴행적 행동으로 표현되는 (의지 결핍 반응을 만드는) 경향성일 뿐입니다. 그러나 이는 물론 완전히 다르게 활용됩니다.

5-7] 바로 이것이 1세의 위기의 내용으로 일반적으로 그려지는 세 가지 기본 계기입니다.

5-8] 우선 우리는 이 위기를 말의 측면에서 접근할 것이며, 다른 두 계기는 한쪽으로 미루어 둘 것입니다. 내가 말을 선택한 이유는 말이 분명히 어린이 의식의 출현과 어린이의 사회적 관계에 가장 많이 연결되어 있기 때문입니다.

5-9] 첫 번째 질문은 말의 탄생 과정과 관련이 있습니다. 말의 탄생은 어떻게 일어날까요? 여기 서로 대립되며, 상호 배타적인 두세 가지 관점 혹은 이론이 있습니다.

5-10] 이들 중의 첫 번째는 말이 연합적 토대를 기반으로 점진적으로 출현한다는 이론입니다. 이 이론은 어느 정도 이미 사장되었으며, 이 이론과 싸운다는 것은 역사적 의미만 갖는 망자와 싸운다는 것을 의미합니다. 그럼에도 불구하고 우리가 이를 언급해야 하는 것은 어린이들이 그들의 부모보다 오래 살아남듯이 언제나 이론은 죽지만 유산으로 어떤 결론을 남기기 때문입니다. 이 이론의 몇몇 추종자들은 여전히 어린이 말 발달에 관한 가르침을 방해하고 있으며, 그 오류를 극복하지 않고서는 이 질문에 대한 올바른 접근은 있을 수 없습니다.

5-11] 연합적 이론은 사태를 매우 직접적이고 선명하게 표현합니다. 즉 낱말과 의미 사이의 연결은 둘 사이의 단순한 연합적 연결이라는 것입니다. 어린이가 어떤 대상, 예컨대 시계를 보고 'ㅅ+ㅣ+ㄱ+ㅖ'라는 소리 복합체를 듣습니다. 둘 사이에 특정한 연결이 확립되어 어린이는 '시계'라는 말을 들으면 이 소리와 연결된 대상을 능히 기억합니다. H. 에빙하우스의 학생 중 한 명의 생생한 표현에 따르면, 외투가 그 주인을 연

상시키듯 말도 똑같이 연합적 연결을 통해 그 의미를 연상시킵니다. 우리는 모자를 보면 그것이 누군가의 것임을 알게 됩니다. 이 모자는 우리에게 그 사람을 연상시킵니다.

*H. 에빙하우스(Hermann Ebbinghaus, 1850~1909)는 최초로 근대적 심리학 연구 형식(도입-연구 방법-결과-논의)을 만들어 낸 독일 심리학자이다. 그는 학교에서 학생들의 능력이 하락하는 이유에 대한 연구를 의뢰받았으나, 대신 무작위로 '자음+모음+자음'을 조합한 무의미 음절의 기억과 망각에 대한 실험을 그 자신을 대상으로 실시하였다. 그의 주요 발견은 기억과 망각이 모두 지수함수적이라는 것이다.

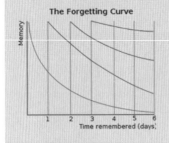

The Forgetting Curve

$$R=e^{-t/s}$$

(R은 기억된 음절수, t는 경과 시간, s는 기억력, e는 자연 상수 e)

즉 기억된 무의미 음절 수는 $e^{-경과시간/기억력}$과 같다는 것이다. 이에 대한 예외는 '과잉 학습'과 에빙하우스가 '저장'이라고 부르는 연습 효과의 경우이다. 비고츠키의 말과 같이 이러한 관점은 순수하게 연합적인 관점이다. 그러나 연습의 지수법칙과 같이 에빙하우스가 도달한 결론들은 오늘날에도 영향력을 미치고 있다.

5-12] 따라서 이 관점으로부터 모든 문제들이 제거됩니다. 첫째, 낱말 가치와 낱말 간의 관계 자체가 고도로 기초적이고 단순한 것으로 묘사됩니다. 둘째, 어린이 말의 후속 발달의 모든 가능성이 배제됩니다. 일단 연합적 의존성이 형성되면, 그 의존성들은 정교화하거나 풍부해질 수 있으며 하나의 의존성을 스무 개로 대체할 수도 있겠지만, 발달

을 후속 단계에서 이전에 존재하지 않았던 새로운 것이 출현하는 과정으로 이해한다면 엄밀한 의미에서의 발달은 연합적 연결 속에 존재할 수 없습니다. 이러한 관점에서 어린이 말 발달은 어휘 발달, 즉 연합적 연결의 양적 증가, 풍부화, **정교화**로 전적으로 환원되며, 엄밀한 의미에서의 발달은 완전히 배제됩니다.

5-13] 에빙하우스의 그 제자가 어린이 낱말의 의미는 단박에 획득된다고 말했을 때, 이 입장은 매우 명확히 공식화됩니다. 이는 전 생애를 통해 변하지 않고 발달하지 않는 자본입니다. 다시 말해 어린이는 지식을 얻고 발달하지만 어린이 발달 내내 낱말은 변화되지 않은 채 남아 있다는 것입니다. 이 관점에서는 어린이 말의 출현에 대한 의문이 제거되는데, 한편으로 모든 것이 조음과 음성적 운동의 점진적 축적으로 환원되며, 다른 한편으로 대상을 지칭하는 낱말과 대상 간의 연결의 보존으로 환원되기 때문입니다.

5-14] 연합적 관점은 오래전에 사장되었고 이제 와서 그것을 비판하는 것은 무의미할 것입니다. 그 용인 불가성은 매우 분명하기에 이를 깊이 생각할 필요는 없습니다. 그러나 이것이 일반적으로 오래전에 사장되었음에도 낱말의 의미는 **단박에** 얻어지며, 어린이의 통합된 자산이라는 관념은 이어진 이론들에 지속적으로 남아 있습니다. 나는 어린이 말 발달에 관한 올바른 이론을 구축하기 위해서는 이에 대한 고찰로부터 시작해야 한다고 생각합니다. 연합적 이론에 따른 연구들은 낱말 의미 발달의 문제를 관심 영역에서 배제했습니다. 그들은 연합적 이론에 신념을 가지고 있었으나, 연합주의 심리학이 언어적 지칭의 출현 기제를 올바르게 설명하지 못함을 이해하고, 낱말의 기원을 설명하는 과업을 스스로 설정하였으나, 이는 **단박에**라는 요구를 충족시키는 방법을 통해서였습니다. 그리고 나서 W. 스턴으로 대표되는 두 번째 무리의 이론들이 역사적으로 출현하였습니다.

5-15] 스턴의 이론에 따르면 첫 낱말은 어린이 발달에서 근본적인 발걸음입니다. 이 걸음 또한 단박에 이루어집니다. 그러나 그것은 소리와 대상 간의 단순한 연합적 연결로 이루어지지 않습니다. 그러한 연합적 연결은 동물들에게도 존재하기 때문입니다(사람이 말하는 대상을 개가 바라보도록 가르치는 것은 매우 쉽습니다). 스턴은 본질적으로 어린이가 처음으로 인생에서 가장 위대한 발견을 한다고 말합니다. 즉 어린이는 모든 것이 각자의 이름을 가진다는 것을 알게 되거나, 혹은 (동일 법칙을 다시 공식화한다면) 기호와 의미 사이의 연결을 발견합니다. 모든 사물이 기호, 상징으로 지칭될 수 있다는 말의 상징 기능을 발견한다는 것입니다.

언어는 기호와 가치를 관계 짓는 기능을 갖는다. 비고츠키는 이 기능을 '상징' 기능이라 부른다. 그는 상징 기능을 지시 기능이나 명명 기능과 구분한다. 지시 기능과 명명 기능은 어린이의 시야, 즉 어린이가 보고 들을 수 있는 세상 내에서만 작동하지만, 상징 기능은 보이지 않는 것은 물론이고 심지어 존재하지 않는 것을 의미하는 데 사용될 수 있다. 다시 말해 상징 기능은 단지 의미를 표현하는 것뿐 아니라, 의미를 창조한다. 언뜻 보면 이 문단은 이와 모순되는 것처럼 보인다. 비고츠키는 한편으로 "모든 것(즉, 각각의 개별 사물)이 자신의 고유한 이름을 갖는다"고 말한다. 다른 한편으로는 "기호와 가치 사이에 연결이 존재한다"고 말한다. 게다가 비고츠키는 이것이 동일한 법칙에 대한 두 개의 공식화일 뿐이라고 말한다. 그렇다면 기호와 가치 사이의 (예컨대 모든 것과 그 이름 간의) 연결에 대한 인지는 명명 기능과 같은 것이 아닌가?

다음의 세 문장을 비교해 보자.

a) 모든 것에는 이름이 있다. 그 이름은 '것'이다.

b) 모든 것에는 고유한 이름이 있다. 그 이름은 "(색깔)이고 (무게)가 나가는 (모양)의 (물질)로 이루어진 것"이다.

c) 모든 것에는 고유한 이름이 있다. 그 이름은 "(초상위개념)의 일종인 (상위개념)의 한 유형인 (개념)의 한 종류인 것"이다.

a)를 이해하려면, '것'이라는 낱말 하나만 이해하면 된다. 그러나 이 낱말을 이해하려면, 일반화가 필요하고 추상화 또한 필요하다. 즉 개별 사물에 대한 실천적 경험으로부터 일반화할 필요가 있으며, 또한 실천적 경험을 잠시 잊고 '사물다움'이 실천적 경험에 무관하다는 것을 이해할 필요가 있다. 그것만으로는 여전히 b)를 이해할 수 없다. b)를 이해하기 위해서는 낱말이 아니라 구문에 대한 이해가 필요하다. 즉 그 사물을 넓디넓은 세상에 있는 온갖 다른 사물들과 구분하기에 충분한 묘사를 제공할 수 있어야 하며, 또한 어떤 면에서는 비슷하고 어떤 면에서는 다른 다양한 사물들로 일반화할 수 있어야 한다. 하지만 이조차도 c)를 이해하는 데는 충분하지 않다. c)를 이해하기 위해서는 구문이 아니라 개념에 대한 이해가 필요하다. 즉 그 사물을, 존재하지 않는 사물들의 위계 구조를 통해 세상의 온갖 다른 사물들 또는 언어를 통해 존재하게 된 사물들과 관련짓는 정의를 제공할 수 있어야 한다. 이 기능들 모두, 특히 마지막 기능은 시야에 있는 대상들을 지시하고 명명하는 문제가 아니다. 그 모든 기능들은 낱말 의미의 발달과 언어의 상징 기능 발달의 단계들이다. 이 상징 기능은 출생과 함께 주어지는 것도, 1세에 주어지는 것도, 학교에서 주어지는 것도 아니다. 언어의 이러한 상징 기능은 유년기 내내 어린이와 함께 발달해야 하며, 청소년기가 되어서야 충분히 기능할 것이다.

5-16] 이 관점은 실제 연구에서 매우 생산적이었습니다. 이는 연합적 이론으로 밝혀질 수 없었던 사실을 밝혀내었습니다. 이 관점은 말 발달에서 느리고 점진적인 연합적 연결의 축적이 일어나는 것이 아니며, 발견 후에 어린이의 어휘가 갑작스럽게 성장한다는 것을 지적했습니다.

5-17] 스턴이 지적하는 두 번째 징후는 수동적 어휘 확장으로부터

능동적 어휘 확장으로의 어린이의 이행입니다. 사람의 말을 이해하려고 하고 명칭을 모르는 대상의 이름을 묻는 동물은 누구도 본 적이 없을 것입니다. 스턴은 주어진 만큼 낱말을 알고 그런 후 대상의 명칭을 묻기 시작하는 것이 어린이의 특징이라고 말합니다. 즉 마치 모든 대상이 어떤 식으로든 지칭된다는 것을 이해하는 것처럼 행동한다는 것입니다. 스턴은 어린이의 이 발견이 어린이의 최초의 일반적 개념으로 간주되어야 한다고 믿습니다.

5-18] 마지막으로, 세 번째 징후는 다음과 같습니다. 어린이에게서 명명하기에 관한 최초의 질문들이 나타납니다. 즉 능동적인 어휘의 확장은 어린이에게 모든 새로운 사물에 관해 "이게 뭐야?"라는 질문을 이끕니다. 사실 이 모든 세 징후들은 초기 유년기에 속하지만, 스턴이 말한 그 발견에서 비롯됩니다.

5-19] 스턴의 이론을 지지하는 것은 무엇일까요?

5-20] 첫째, 앞에서 지적한 매우 중요한 세 가지 징후들입니다. 이들은 언제나 어린이의 말 발달에 근본적인 전환이 일어났는지 아닌지를 알 수 있게 해 줍니다. 둘째로 이 이론은 인간 사고에 고유한 특성의 관점에서 어린이 최초의 유의미한 낱말 형성 작용을 더욱 심오하게 밝혀 줍니다. 즉 그것은 기호와 가치 사이의 연결이 연합적 특징을 갖는다는 것을 거부합니다. 셋째로, 일어나는 말 발달의 변화는 파국적이며, 거의 순간적 특성을 지닙니다.

> 비고츠키는 스턴에 대해 매우 철저히 비판하기에 앞서, 스턴에 대한 세 가지 좋은 점을 말한다. 첫째, 스턴은 경험적 사실에 토대한다. 즉 어린이의 최초의 낱말들이 존재하고, 어린이는 모든 사물에 이름이 있는 것을 알기라도 하듯 행동하며, 무엇보다도 사물의 이름에 관해 질문한다는 것이다. 둘째, 스턴은 연합주의를 거부한다. 명칭은 능동적 탐구를 통해 학습되어야만 하고 수동적인 연합이 아니라는 것이다. 셋

째, 스턴은 말 발달이 비선형적이고, 비연속적이며 비고츠키가 말하는 것처럼 파국적인 듯하다고 말한다. 다음 문단에서 비고츠키는 스턴과의 만남을 간단히 묘사하고, 스턴이 이론을 수정하지만 자신이 조언한 방향을 따르지는 않는다고 말한다. 비고츠키는 수정된 스턴의 이론(추정하건대 스턴의 인격주의와, 환경과 인격의 '융합'에 대한 개념)을 다시 살펴볼 것이라고 약속하지만 실제로 그에 대한 논의는 등장하지 않는다.

5-21] 이와 같이 스턴의 이론이 어린이 삶에서 실제로 일어나는 것을 탐지했다는 것을 보여 주는 여러 증거가 있습니다. 그러나 반대 이론들은 그것이 그 계기들을 완전히 그릇되게 해석한다고 말합니다. 나는 스턴 본인에게 이것이 나의 의견이라고 말했습니다. 이에 대한 대답으로 나는 스턴 자신이 이론을 수립한 순간부터, 즉 『어린이의 말*Die Kindersprache*』을 저술하던 순간부터 이미 여러 생각이 그를 흔들었음을 들었습니다. 이러한 반론 중 일부는 다른 비평가로부터도 날아들었습니다. 따라서 스턴은 자신의 이론을 수정합니다. 그러나 이는 내가 생각했던 방향이 아니라 이후 설명할 다른 방향으로 이루어졌습니다. 우리는 이 수정의 흔적을 스턴의 최근 연구에서 발견합니다.

5-22] 무엇이 이 이론에 반대할까요? 내 생각에는 그 질문에 대한 적절한 해결책에 이르는 길을 다지기 위해 언급되어야 할 몇 가지 아주 중요한 사실들이 있습니다.

5-23] 첫째, 1세나 15개월 된 어린이가 기호와 의미 사이의 연결에 대한 근본적인 발견을 하고 최초의 일반적 개념을 형성할 수 있을 정도로 지적으로 발달되어 있으며, 모든 것이 각각의 명칭을 갖는다는 위대한 일반화를 이루어 낼 수 있는 이론가라는 것은 믿기 어렵습니다. 스턴이 주장한 대로 이러한 것은 말의 본질입니다. 우리 성인에게는 모든 것에 자신의 고유한 이름이 있다는 것이 말의 뜻입니다. 한 살 반의 어

린이가 말의 뜻을 발견한다고 가정하기는 어렵습니다. 이는 성냥갑의 작동 방식조차 발견하지 못하는 어린이의 지적 수준과는 맞지 않습니다. 이는 어린이의 혼합적 사고와도 매우 상반됩니다!

5-24] 스턴은 이 비판이 매우 타당하다는 것을 인식했습니다.

5-25] 둘째로, 실험적 연구는 1세 반의 연령에 있는 어린이들이 말의 논리적 본질을 발견하지 못할 뿐 아니라, 심지어 학령기 어린이조차도 낱말이 무엇인지를 아직 완전히 이해하지 못하고 대상과 낱말 사이의 연결의 의미를 스스로에게 말할 수 없으며, 많은 성인들 특히 문화적 발달이 지체된 경우에는 심지어 그들의 생애가 끝날 때에도 이를 깨닫지 못한다는 것을 보여 줍니다.

5-26] J. 피아제, H. 왈롱 등의 연구에서 나타나듯이, 때때로 어린이는 학령기에도 여전히 말의 조건성을 이해하지 못하고, **사물의 이름을 그 속성의 하나로 간주**하는 경향이 있습니다. 예를 들어 3세 어린이에게 소를 왜 소라고 부르느냐고 물으면, 어린이는 "뿔이 있으니까요", 또는 "우유를 주니까요"라고 대답할 것입니다. 즉 명칭의 이유에 대한 질문에 어린이는 결코 그것이 그냥 이름이며, 사람들이 고안해 낸 조건적인 표시라고 대답하지 않습니다. 그는 항상 이름에 대한 설명을 대상 자체의 속성에서 찾으려 할 것입니다. 즉, 청어는 짜서 혹은 바다에서 헤엄쳐서 청어라 불리고, 소는 우유를 주니까 소지만, 송아지는 아직 작고 우유가 안 나오니까 송아지라고 불린다는 것입니다.

피아제와 왈롱은 어린이가 언어가 관습이라는 것, 즉 어떤 대상을 특정한 이름으로 부르기로 사람들 사이에 합의된 약속이라는 것을 이해하는지 알아보려 하였다. 그래서 피아제는 어떤 사람이 놀이 규칙에 따라 해를 '달'이라고 부르거나 달을 '해'라고 부를 수 있을지 어린이에게 물었다. 어린이는 낮 동안에 빛나는 것은 달이 아니라 해이고, 밤동안에 빛나는 것은 해가 아니라 달이기 때문에, 그것은 안 된다고 하였다. 심지어 하나 이상의 언어를 구사하는 어린이조차, 이론적으로는, 모두가 동의하기만 한다면 한 이름이 다른 어떤 단어도 될 수 있다는 사실을 이해하지 못했다. 대신 어린이는 소리나 의미의 유사성에 상당히 민감한 것으로 드러난다. 예컨대, 어린이가 개를 '멍멍이'라고 부르고 소를 '음매'라고 부르는 것은 이 때문이다. '멍멍'이나 '음매'는 개와 소가 내는 소리와 비슷하다. 어린이의 마음속에는 이 소리가 그 동물의 속성이며 따라서 동물의 이름은 그 동물 자체의 속성인 것이다. 어린이에게 이름은 그저 특정 언어 공동체의 구성원에 의해 합의된 조건적, 관습적인 '임의적' 기호가 아니다. 그러나 기호의 조건성은 언어의 핵심 속성으로서, 우리로 하여금 보이지 않는 것(개념)이나 심지어 존재하지 않는 것(높이, 무게, 성장과 같은 추상적인 '것')을 기호로 나타낼 수 있도록 해 준다. 비고츠키는 이 문단에서 소리의 유사성이 어린이에게 의미의 유사성을 제공하는 몇 가지 예를 제시한다. 한다. 예를 들어 러시아어 셸레드카(청어)는 솔레나야(짜다)와 비슷하게 소리 나고, 코로바(소)는 로가(뿔)와 비슷하게 소리 난다. 어미 코로바(소)는 몰로코(우유)를 주는데, 이 두 단어는 모두 세 음절로 이루어졌다. 송아지(텔렌노크)는 작다(말렌키). 왜냐하면 두 낱말 모두 가운데 '렌'이 들어가기 때문이다. 이 모든 경우에서 어린이는 의미 유사성의 단서가 되는 소리 유사성을 찾아내려고 하고 있으며, 따라서 어린이는 의미가 사실은 관습적인 것이고 자신이 찾고 있는 단서가 언어의 역사상 예전에 존재했을는지 모르지만 지금은 사라진 것임을 이해하지 못하는 것이다.

5-27] 전 학령기 어린이들을 대상으로 실험이 진행되었습니다. 다수의 대상들이 명명되고, 어린이들은 이 대상들이 왜 그렇게 불리는지, 즉 소리 징후 때문인지, 조건성 때문인지 등으로 질문을 받았습니다. 대상의 이름이 대상의 속성에 들어맞기 때문에 그렇게 불린다는 것이 대답의 의미였습니다. 초기 유년기에 어린이는 언제나 사물의 특성에 의존합니다. 바로 이것이 왈롱으로 하여금 어린이가 훨씬 나중에도 이

조건성을 이해하지 못하고 낱말의 개념을 계속 사물의 속성 중의 하나로, 혹은 사물들의 특성 중 하나로 여긴다고 최초로 말한 계기가 되었습니다.

5-28] 왈롱 이후에, 피아제와 다른 저자들은 동일한 것을 보여 주었습니다.

5-29] H. 왈롱은 훔볼트의 잘 알려진 언어학적 일화(그런데 여러 나라의 언어학자들이 유사한 사실들을 마지막 제국주의 전쟁 중에 출간하였습니다)를 떠올립니다. 훔볼트의 일화에서 한 러시아 군인은 왜 물이 독일어로는 Wasser(바세르)이고 프랑스와 영어로는 또 제각각인지를 설명합니다. "하지만 결국 바다вода(물-K)는 바다이고 그게 바로 바다이죠. Wasser가 아니고요." 이 군인에 따르면 우리 언어가 옳고 다른 모두는 물을 잘못 부르고 있는 것입니다. 이는 훔볼트가 볼 때(그리고 내가 볼 때에도) 사물의 명칭은 그 사물과 너무나 밀접히 엮여 있어서 명칭이 다를 수 있다는 것을 상상하기가 어렵다는 것을 보여 주는 징후이자 근본적 특징입니다.

5-30] 결과적으로, 실험적 연구 또한 이 연령기의 어린이가 그런 '발견'을 하지 못한다는 것을 보여 줍니다.

5-31] 여기서 스턴의 이론에 대한 모든 반론을 제시하려는 것은 아닙니다. 나는 다만 어린이의 첫 질문에 대한 실험적 분석이 다음을 보여 준다는 것을 지적하고자 합니다. 어린이는 결코 명칭을 묻는 것이 아닙니다. 어린이는 사물의 의의와 뜻이 무엇인지 묻고 있는 것입니다.

『생각과 말』 7장에서 비고츠키는 '뜻'과 '의미'의 중요한 차이를 분명히 하였다. '뜻'은 일종의 '사용가치'로서 낱말의 뜻은 상황 맥락에서 특정 사물을 부르는 방식과 관련되어 있다. '의미'는 일종의 '교환가치'로서 낱말의 의미는 문화적 맥락을 통해 낱말이 일반적으로 정의되는 방식과 관련되어 있다. 여기서 비고츠키가 말하는 것은 어린이가 첫 번째 질문을 할 때 어린이는 결코 낱말의 의미에 관해 묻고 있는 것이 아니라, 상황 맥락에서 대상을 어떻게 다룰 수 있는지, 어떻게 다른 사람으로 하여금 그 대상을 나에게 가져다줄 수 있게 만드는지, 그리고 그것으로 무엇을 할 수 있는지에 관해서만 관심이 있을 뿐이라는 것이다. 어린이들이 '명칭(문화적 맥락에서의 교환가치)'보다 대상의 '속성(상황 맥락에 적용되는 사용가치)'에 집중하는 것은 이 때문이다.

물론 상황 맥락은 문화적 맥락의 구체적 실현이자 하나의 사례이며, 뜻은 사실 활성화된 의미이다. 그러나 첫 번째 질문을 하는 어린이는 문화적 맥락이 아닌 상황 맥락만을 알고 있을 뿐이다.

5-32] 내가 보기에 스턴 이론의 가장 심각한 결점은 논리학에서 '선결문제 요구의 허위petitio principii'로 불리는, 잘 알려진 논리적 오류를 갖는다는 것입니다. 이를 거칠게 해석한다면 '엉덩이부터 들이밀기' 혹은 '말 앞에 마차 매기' 정도로 표현할 수 있을 것입니다. 그 본질은 어린이의 일반적 말 개념이 어떻게 형성되는지 말하는 대신 그것이 어린이에게 맨 처음부터 존재한다고 가정하는 것입니다. 이는 말이 상호 간의 동의를 통해 나타났다는, 즉 사람들이 따로 살 때는 합의하지 못하다가 나중에 모여 살게 되면서 "이것은 이렇게 부르고 저것을 저렇게 부르자"라고 동의했다고 보는 것과 같은 오류입니다. 이 이론의 결점은 무엇일까요? 이는 언어의 의미가 언어 이전에 존재하고, 언어의 개념과 그것이 주는 혜택이 언어가 나타나기도 전에 존재한다고 가정하는 것입니다.

5-33] 스턴도 동일하게 가정합니다. 그는 기호와 그 가치의 연결에 대한 어린이의 이해가 어떻게 나타나는지, 이 이해가 어떻게 삶의 단계에 따라 달라지는지 설명하는 대신에, 처음부터 언어가 발견된다고, 즉 말을 전혀 할 수 없는 어린이가 이미 말이 무엇인지에 대한 개념을 가

지고 있다고 가정합니다. 이 이론에 의하면 말은 그에 대한 개념으로부터 따라 나오는 것입니다. 그러나 실제 발달 과정에서 어린이는 말하기 과정을 통해 말에 관한 어떤 생각을 발달시킵니다.

5-34] 끝으로, 스턴의 관점은 어린이 말 발달의 문제, 그 의미적 측면을 완전히 배제합니다. 왜냐하면 만약 내가 1.5세에 생애 최고의 발견을 한다면, 내게 남은 것은 이로부터 필요한 결론을 도출하는 것뿐이기 때문입니다.

5-35] K. 뷜러는, 스턴이 어린이와 그의 말 발달을 자본 획득 후 채권으로 수입을 얻는 정기 수입자의 형태로 묘사했다고 언급한 풍자적 논문에서 이를 매우 잘 표명합니다.

5-36] 이에 근거하여 스턴은 모든 사실적 연구 자료와 극명한 모순을 이루는 명제에 이르게 됩니다. 알려진 바와 같이 스턴의 전공서인 『어린이의 말Die Kindersprache』의 기본 생각은 말 발달이 5세에 이미 완료되며 이후에는 주변적인 변화만이 일어난다는 것입니다. 반면 최근의 연구는 학령기에서야 일군의 새로운 개념들이 가능하다는 것을 보여주었습니다. 나는 스턴의 개념의 기본 결함이 가장 중요한 발달을 처음으로 옮기려는 시도에 있다고 생각합니다. 스턴의 중심 생각은 모든 것이 싹에서 잎으로 발달하듯 발달한다는 것입니다. 이 경로를 통해 스턴은 인격주의에 도달합니다. 이와 같이 그에게는 발달을 최초로 옮기는 경향이, 발달의 첫 단계를 최우선으로 두고 그것의 지배적 의미를 확언하는 경향이 있습니다. 이는 다른 저자들, K. 뷜러, A. 게젤에게도 있습니다. 이들은 전체 아동 발달이 본질적으로 삶의 첫해를 축으로 돈다고 주장합니다.

5-37] 이 모든 것은 우리로 하여금 스턴의 관점을 받아들일 수 없게 만듭니다. 현재 심리학에서 그 관점은 이미 폐기되었음을 분명히 해야 합니다. 대신 우리는 많은 새로운 관점을 보게 됩니다. 그것들에 대해

간단히 고찰해 보겠습니다.

5-38] 뷜러의 관점. 스턴이 순간적 발견이라고 말한 것은 나날이 성장하고 수개월에 걸쳐 확장된 미시적 운동의 결과입니다. 즉 뷜러의 관점은 그 발견이 구조상 분자적이라는 것을 보여 주려는 시도입니다. 뷜러는 자신의 이론이 비엔나 학교에서의 농아 어린이들에 대한 관찰을 기반으로 한다고 주장합니다.

5-39] H. 왈롱의 관점. 어린이는 이 연령에서 실제로 발견을 합니다. 우연적이냐 아니냐는 또 다른 문제입니다. 따라서 왈롱 역시 어린이 의식 속 일종의 '유레카'를 받아들이는 쪽으로 기웁니다. 왈롱은 어린이 발견이 우연적이지 않음을 견지합니다. 하지만 어린이가 발견하는 것은 일반적 개념 즉 모든 것이 이름을 가진다는 규칙이 아니라 대상들을 다루는 방식일 뿐입니다. 어린이가 어떤 사물이 열린다는 것을 발견하게 되면, 그는 모든 사물들, 심지어 뚜껑이 없는 사물조차 열어 보려 할 것입니다. 왈롱은 어린이가 명명 가능성, 즉 사물에 이름이 붙여질 수 있음을 발견하는 것에 말 발달의 전체 역사가 토대한다고 믿습니다. 이는 사물과 관련된 새로운 활동과 같으며, 어린이가 한 사물에 관련하여 이를 발견하면, 그는 후에 그것을 일련의 다른 사물에 적용시킵니다. 이와 같이, 왈롱에게 있어 어린이가 발견하는 것은 논리적 뜻이나 기호와 의미 간의 연결이 아니라, 사물을 가지고 노는 새로운 방식이자 사물을 다루는 새로운 수단입니다.

> 왈롱은 어린이가 모든 것이 명칭을 갖고 있다는 일반적 개념을 발견하는 것이 아니라 어떤 물건이 이름 불릴 수 있다는 것을 발견하는 것이라고 믿는다. 이 둘은 어떤 차이가 있을까? 어린이가 발견하는 것은 무언가를 말하면 무언가를 얻게 된다는 사실이다. 아마도 어린이는 '저것'이나 '저거 주세요'라고 말하려고 했는지 모른다. 아니면 '감', '사과'처럼 구분된 낱말을 통해 다른 대상을 얻을 수 있다는 사실을 실제

로 이해하고 있는지도 모른다. 심지어 어린이는 사과나 감을 다룰 때 낱말을 사용하는 방식과 국 한 그릇이나 물 한 잔을 다룰 때 낱말을 사용하는 방식이 다르며 이는 또한 크리스마스나 생일에 대해 말하는 방식과 다르다는 사실을 이해하고 있는지도 모른다. 그러나 이러한 명명 원칙들은 모든 것, 볼 수 없는 것은 물론이고 심지어 실제로 존재하지 않는 것들까지도 모두 명명될 수 있다는 원칙과는 매우 다르다. 바로 그러한 일반적 원칙만이 어린이에게 상상의 친구와 개념을 형성할 수 있도록 해 준다.

5-40] K. 코프카와 모든 구조주의 심리학자의 견해에 따르면 어린이의 이 첫 번째 발견은 구조적 행위의 형태로 나타납니다. 마치 멀리 놓인 과일을 막대기의 도움을 받지 않고는 가질 수 없는 상황에서 막대기의 기능을 발견한 유인원과 같이 어린이는 일종의 '사물-이름'의 구조를 발견합니다. 이제 코프카의 이론은 왈롱의 이론과 만나게 됩니다.

5-41] 뷜러, 코프카, 왈롱의 이론은 스턴의 이론에 대한 비판으로 일어났기에 이 이론에 비해 사실에 더 잘 부합하지만, 그들의 이론들은 모두 그 속에 연합주의 이론에서 기인한 스턴 이론의 결점, 즉 모든 것이 단박에 일어난다는 가정을 포함하고 있습니다. 어린이는 구조 즉 사물을 다루는 방식을 발견하고, 낱말 의미가 변하거나 발달하지 않는다는 것을 발견합니다.

5-42] 이처럼 이들 이론들이 스턴 이론의 주지주의를 완화시키고 스턴의 가장 심각한 관념주의적 논제─말의 개념으로부터의 말이 자라난다─와 반대 방향으로 가지만, 이들은 말의 기원과 관련하여 스턴의 이론과 같은 결점을 갖습니다. 왜냐하면 이들은 어린이 낱말의 출현과 발달에서 불변성을 인정하기 때문입니다. 말의 탄생 순간에 관한 오늘날의 입장에서 가장 본질적인 점을 간략하게 보여 주고자 합니다. 그럼으

로써 1세의 위기의 핵심을 그려 낼 수 있을 것입니다.

5-43] 사실로부터 시작해 봅시다. 어린이 말의 탄생을 주의 깊게 관찰한 이라면, 지난 10년간 집중적인 관심의 대상이 되었으며 아직 교과서에는 잘 다루어지지 않고 있는, 어린이 말 발달상 매우 중요한 시기를 간과할 수 없을 것입니다. 동시에 그것은 어린이 말 발달을 이해하는 데 대단히 큰 중요성을 가지고 있습니다.

5-44] 지금까지 우리는 어린이 말 발달의 두 시기에 대해 말해 왔습니다. 우리는 어린이가 엄밀한 의미에서 언어를 가지고 있지 않은 유아기에조차, 발달의 사회적 상황 자체가 어린이에게 성인과의 매우 크고 복잡하며 다양한 형태의 의사소통 욕구의 출현을 이끈다는 것을 보여 주고자 했습니다. 어린이는 스스로 왔다 갔다 하거나, 물체를 가까이 또는 멀리 이동시킬 수 없기 때문에, 타인을 통해 행동해야 합니다. 다른 어떤 연령기의 어린이에게도 초보적이나마 유아기 때와 같은 그런 방대한 수의 협동 형태가 필요하지 않습니다. 타인을 통한 행위는 어린이의 기본적 활동 형태입니다. 이 연령기는 어린이가 가장 기본적인 의사소통 수단인 말을 갖지 못하고 있다는 특징이 있습니다. 여기에 유아 발달의 가장 특별한 모순이 놓여 있습니다. 어린이들은 수많은 말의 대용품을 창조합니다. 우리는 어린이에게서 발생하는, 말 발달의 관점에서 중요한 가리키기와 같은 몸짓을 이끄는 몸짓들에 대해 이미 이야기했습니다. 이런 식으로 주위 사람들과의 의사소통이 확립됩니다.

5-45] 우리는 말을 대체하는 일련의 형태들, 즉 말 수단은 아니지만 말 발달에서 어떤 종류의 예비적 단계를 구성하는 의사소통 수단을 지적했습니다. 그리고 나서 우리는 어린이가 성인 언어의 기초를 배우는 초기 유년기의 말 발달에 대해 논의했습니다. 어린이 발달에서 언어가 없는 시기라 불리는 첫 번째 시기와 어린이가 모국어의 핵심 지식을 구축하는 두 번째 시기 사이에, W. 엘리아스버그가 자율적 어린이

말(W. 엘리아스버그, 1928)이라 부르기를 제안한 발달 시기가 존재합니다. 엘리아스버그는 어린이가 우리의 언어를 말하기 전에 우리로 하여금 자신의 언어를 말하게 한다고 합니다. 이 시기는 어린이가 아직 옹알이를 하는 비언어적 시기로부터 엄밀한 의미에서 말을 숙달하는 시기로 어떻게 이행하는지 우리가 이해하도록 도와줍니다. 언어가 없는 시기에서 언어 발달 시기로의 이행은 자율적 어린이 말에 의해 이루어집니다.

> *W. G. 엘리아스버그(Wladimir G. Eliasberg, 1887~1969)는 독일의 유태인 심리학자이며 러시아에서 자라고 베를린과 하이델베르크에서 수학하였다. 『생각과 말』에서 비고츠키는 주로 그가 처음으로 지적한 어린이의 '자율적 말'에 관심을 가졌다. 엘리아스버그는 놀이와 그리기가 글말의 선역사라고 믿었다. 또한 엘리아스버그는 『역사와 발달』 9장에서 인용된, 콩이 든 컵 맞히기 게임을 개발한 사람이기도 하다. 그는 프라하로 이주하였다가 제2차 세계대전 중에 미국으로 이주하였으며 뛰어난 심리치료사로서 생을 마감하였다.

5-46] 이 시기는 무엇일까요? 이 질문에 더 잘 답하기 위해서는 이 문제의 역사와 과학에 이 **개념이 도입**된 역사를 간단히 설명할 필요가 있을 것입니다.

5-47] 처음으로 자율적 어린이 말을 기술하고 그 중요성을 이해했던 사람은, 이상하게 들릴 수 있지만, C. 다윈(1881)이었습니다. 그는 어린이 발달에 대한 질문에 직접 관여하지는 않았지만 천재적 관찰자로서 그의 손자의 발달을 추적하면서, 어린이가 언어적 시기를 거치기 전에 자신만의 독특한 유형의 언어를 말한다는 것을 기록할 수 있었습니다. **첫째**, 그 독특성은 어린이가 사용하는 낱말의 소리 구성이 우리가 사용하는 낱말의 소리 구성과 뚜렷이 다르다는 데 있습니다. 이 말의 운동성, 즉 조음과 음성적 측면은 우리의 말과 일치하지 않습니다. 이들은

보통 '푸-후'나 '보-보'와 같은 날말들이며, 때로는 우리 낱말의 조각들입니다. 이들은 외적, 음성적 형태에서 우리 언어의 낱말들과 다른 낱말들입니다. 이들은 때로는 우리의 낱말들과 닮기도 하고, 때로는 완전히 상충하기도 하며, 때로는 잘 알아들을 수 없지만 우리 낱말을 연상시키기도 합니다.

5-48] 다윈의 주의를 끌었던 더 실질적이며 더 중요한 **두 번째** 차이는 자율적 말의 낱말은 **우리의 낱말과는 그 의미에서 다르다**는 것입니다. 다윈의 잘 알려진 사례가 교과서에도 종종 언급이 됩니다. 연못에서 헤엄치는 오리를 보았던 그의 손자는 소리를 흉내 내었는지 아니면 어른에 의해 주어진 이름인지 모르지만 그것을 '우-아'라고 부르기 시작합니다. 물 위에서 헤엄치는 오리를 볼 때마다 그 어린이는 이 소리를 냅니다. 그러고는 그 소년은 탁자 위에 쏟아진 우유, 와인 잔에 담긴 모든 액체, 병 속에 담긴 우유를 향해 명백하게 그 이름을 전이시켜 물, 액체가 있을 때마다 동일한 소리로 부르기 시작합니다. 한 번은 그 어린이가 새 그림이 있는 낡은 동전을 가지고 놉니다. 그 어린이는 또한 이를 '우-아'라고 부릅니다. 종국에는 동전과 닮은 작고 둥글고 반짝이는 물체(단추, 메달)가 모두 '우-아'로 불립니다.

5-49] 이렇게 어린이의 낱말 '우-아'의 뜻을 추적하면, 모종의 원시적 의미(물 위에 떠 있는 오리)를 발견할 수 있으며 거기서 다른 모든 것이 비롯됩니다. 이 의미는 거의 언제나 매우 복잡합니다. 이것은 개별 낱말들의 의미처럼 개별 특질들로 분리되지 않으며, 그 의미는 전체 그림을 나타냅니다.

5-50] 이 원시적 의미로부터 어린이는 일련의 다른 의미로 나아가는데, 이는 이 그림의 각 부분들로부터 파생됩니다. 그 의미는 물로부터 물웅덩이, 모든 액체, 그 이후에는 병이 되었습니다. 오리로부터 독수리 그림이 그려진 동전을 지칭하는 이름이 되기도 하고, 그로부터 단추, 메

달 등이 되었습니다.

5-51] 자율적 낱말인 '푸-후'의 의미는 다양하게 사용될 수 있습니다. 그것은 아이오딘 병, 아이오딘 자체, 사람들이 숨을 불어넣어 휘파람 소리를 내는 병, 연기 나는 궐련이나 담배, 또한 부는 것이 요구되는 불을 끄는 과정 등등을 의미할 수 있습니다. 낱말, 그 의미는 우리로서는 하나의 낱말로 나타낼 수 없는 온갖 대상의 복합체를 포함합니다. 이 낱말들은 그 의미적 측면에서 우리의 말과 상응하지 않으며 그중 어느 것도 우리의 언어로 완전히 번역될 수 없습니다.

5-52] 자율적 말을 통해 어린이가 **아이오딘, 병, 담배**라고 말할 수 있게 되는 일은 결코 없습니다. 어린이는 대상들(아이오딘, 병 등)의 항구적 속성을 말하거나 구분하지 못할 뿐 아니라, 고집스럽게 '푸-후'를 반복할 뿐입니다. 사실 우리의 낱말과 개념은 어린이에게는 도달할 수 없는 것입니다.

5-53] 우리는 어린이 의미의 분석으로 돌아올 것입니다. 지금은 사실을 확립하는 것에 국한할 것입니다. 이제 우리 모두는 이러한 낱말의 의미가 우리의 의미와는 다르게 구성된 것이라는 데 동의할 것입니다.

5-54] 따라서 우리는 어린이 언어 발달의 일반적 과정으로부터 어린이의 자율적 말을 구별하는 두 가지 단서를 찾아냈습니다. 첫 번째 차이는 말의 **음성적** 구조이며 두 번째 차이는 어린이 말의 **의미적 측면**입니다.

5-55] 이로부터 다윈이 지적한 어린이의 자율적 말의 세 번째 특징이 따라 나옵니다. 자율적 말의 소리와 의미 관계가 우리의 말과 다르다면, 자율적 말의 도움으로 이루어지는 의사소통은 우리의 말의 도움으로 이루어지는 의사소통과 뚜렷하게 다를 것입니다. 의사소통은 어린이와 그 말을 이해하는 사람들 사이에서만 가능할 것입니다. 우리, 즉 여러분이 '우-아'라는 낱말의 역사를 모르고서는 그것이 다윈의 손

자에게 무엇을 의미하는지 이해하지 못한다는 것이 사실 아닙니까?

5-56] 이는 우리의 낱말의 도움을 받는 의사소통과는 달리, 원칙상 모든 사람들과 가능한 의사소통이 아닙니다. 오직 어린이 말의 암호에 능숙한 사람들만이 의사소통이 가능합니다. 이런 이유로 독일의 저자들은 이 말을 아멘스프라흐Ammensprache, 즉 유모와 보모의 언어라고 오랫동안 경멸적으로 언급해 왔습니다. 연구자들은 성인이 어린이를 위해 인위적으로 이 언어를 만들었다고 생각하였으며, 이 언어는 오직 그 어린이를 키우는 사람에 의해서만 이해될 수 있다는 특징을 지닙니다.

5-57] 어린이의 언어를 받아 주려는 어른들은 사실, 어린이들에게 가르치고자 하는 일상적 낱말의 왜곡을 용인합니다. 유모가 어린이에게 '볼나больно(아프다-K)' 대신 '보-보'라고 할 때 우리는 성인이 어린이와 의사소통하기 위해 언어적 왜곡을 용인하는 것을 보게 됩니다. 이후 연령기의 어린이와 관련해서 우리는 또 다른 잘못된 가정을 합니다. 즉, 우리의 관점에서 어린이가 작기 때문에 모든 것이 그에게 작게 느껴지리라고 생각하는 것입니다. 이 때문에 우리는 유아기 어린이에게 고층 건물을 가리키며 '집'이라고 말하며, 큰 말을 가리키며 '작은 말'이라고 말합니다. 고층건물과 큰 말이 작은 어린이에게는 거대하게 느껴질 것이며 '거대한 집', '대형 말'이라고 말하는 것이 더 바를 것이라고는 생각하지 못하는 것입니다. 사실 그러한 왜곡도 나름의 의미를 가지지만, 어린이의 자율적 말이 유모와 보모의 언어라고 말하는 것은 옳지 않습니다. 사실 어린이는 우리의 조음과 음성 체계를 숙달하기 전에 우리의 낱말이나 의미와 상응하지 않는 어떤 초보적인 낱말과 의미를 먼저 숙달합니다.

여기서 비고츠키는 자율적 어린이 말의 의미가 유모나 어른에 의해 만들어지고 가르쳐지는 것이라는 생각을 부정한다. 비고츠키는 어린이의 말이 어린이 자신에 의해 만들어진 것이라는 생각도 부정한다. 자율적 어린이 말은 어른에 의해 만들어질 수 없다. 어린이의 일반화는 어른이 사용하는 일반화와 같을 수 없기 때문이다. 비고츠키가 제시한 어린이 말의 예는 특히 어른이 만들고 때로는 어린이가 적용하기도 하는 그런 종류의 것이다. 예를 들어 러시아의 어머니는 집(дом, дом)을 가리켜 도미크домик라고 말하는데 이는 뭔가 '작은 집'을 의미하는 것이다. 이와 비슷하게 로샤지(лошадь, 말)를 가리켜 로샷까(лошад -ка, 작은말)라고 말한다. 우리도 큰 개를 가리켜 '멍멍이'라고 부른다. 하지만 큰 개가 정말로 귀엽게 '멍멍'이라고 소리 내지는 않으며, 망아지나 조랑말조차도 어린이의 입장에서 볼 때 매우 거대하게 보일 것이다. 다음 문단에서 비고츠키는 고양이를 '야옹이'라고 부르지 않고, 고양이가 화가 났을 때 내는 소리와 비슷하게 '크-흐'라 부르는 소녀를 묘사한다. 이 모든 예에서 우리는 어른의 체험이 어린이의 체험과 매우 다르며, 그렇기 때문에 유모 말의 의미는 어린이 말의 의미와 다르다는 것을 알 수 있다. 러시아어에는 -ик나 -ка와 같은 지소사를 붙여 만드는 지소형指小形이라는 것이 있다. 지소형은 어떤 단어보다 더 작거나, 어리거나, 귀여운 대상을 표현할 때 사용하며, 어린이들의 말, 혹은 어린아이와의 대화에서 주로 사용된다. 러시아어에는 지소사와 반대로 크다는 것을 의미하는 지대사라는 것도 있다. 지대사로는 -ище/-ища와 -ина가 있다. 만일 어린이를 위해 말을 만들고 싶다면 도미셰(домище, 대궐 같은 집) 또는 로샤지샤(лошадища, 거대한 말)부터 시작하는 것이 좋을 것이라고 비고츠키는 말한다. 추상적 낱말에 이르면 어린이의 의미와 어른의 의미 사이의 간극이 더욱 커진다. 어린이는 구체적 상황 맥락만 알 뿐이지만 어른은 그것에 담긴 전체 문화적 맥락을 알기 때문이다. 어린이의 낱말 의미가 반드시 뜻에서부터 의미로 발달하는 것은 바로 이런 이유이다. 이와 동시에, 어린이의 자율적 말은 두 가지 이유에서 순전히 '자율적'인 것은 아니다. 첫째, 비고츠키도 여기서 말하듯이, 원시적 어린이 말은 어른의 말소리를 포함하고 있다. 예컨대 어린이가 '볼나' 대신 '보-보'라고 말할 때, 보-보는 어른 낱말의 음절을 포함하고 있으며, 어린이가 아플 때와 같은 상황 맥락에서 그 의미는 어른의 낱말 의미와 완전히 일치할 것이다. 둘째, 어린이는 어른의 말을 듣고 이해하면서 더 큰 문화 상황적 의미를 재창조하게 된다. 이 과정에서 우리는, 마치 어린이의 말소리에서 어른의 말소리를 찾아낼 수 있는 것처럼, 어린이의 의미 속에 담겨 있는 어른 말의 의미 조각을 찾게 되리라 기대할 수 있다. 비록 오늘 어린이는 자신이 아픈 것을 가리켜 '보-보'라고 말하지만, 내일은 반드시 사회, 국가, 세계의 병폐를 가리켜 '볼나'라고 하는 어른의 말을 이해하게 될 것이다.

5-58] 우리가 어린이 낱말의 의미에 능숙하다 해도, 어떤 구체적 상황 밖에서는 어린이를 이해하는 것이 불가능할 것입니다. 어린이가 '우-아'라고 말할 때, 그것은 단추나 우유일 수도 있고, 연못 위의 오리나 동전일 수도 있습니다. 여러분은 어린이가 생각하고 있는 것이 무엇인지 알 수 없습니다. 만약 정원을 걷고 있는 동안 어린이가 '우-아'라고 소리치고 앞으로 손을 뻗는다면, 그것은 연못에 데려다 달라는 의미입니다. 어린이가 방 안에서 '우-아'라고 말한다면, 그것은 단추를 가지고 놀고 싶다는 뜻입니다.

5-59] 이 시기 어린이들과의 의사소통은 오직 구체적 상황 속에서만 가능합니다. 낱말은 눈앞에 대상이 있을 때에만 의사소통에 사용될 수 있습니다. 대상이 눈앞에 있으면 낱말은 이해 가능해집니다.

5-60] 우리는 이해의 어려움이 매우 크다는 것을 보았습니다. 내 생각에 **가장 필요한 것은 어린이의 모든 의지 결핍 현상이 상호 이해의 어려움으로부터 나타난다는 것을 보여 주는 가설입니다.**

5-61] 이는 우리가 자율적 말의 세 번째 특징을 발견했다는 것을 의미합니다. 즉 자율적 말은 의사소통을 허용하긴 하지만, 나중에서야 어린이에게 가능해지는 의사소통과는 다른 형태와 특징을 지닌다는 것입니다.

5-62] 끝으로 자율적 말의 네 번째이자 마지막 기본 특징은 개별 낱말들 간에 가능한 연결이 또한 완전히 독특하다는 데 있습니다. 이 언어는 대개 탈문법적이며, 개별 낱말과 의미를 통합하여 일관된 말을 형성하는 객관적 수단(우리의 말에서 이는 문법과 어원에 의해 수행)을 갖고 있지 못합니다. 여기서는 낱말들을 연결하고 결합하는 매우 다른 법칙, 즉 감탄사 결합의 법칙이 지배합니다. 이는 서로 뒤섞여 쓰이며, 우리가 때때로 강렬한 감정과 흥분에 사로잡혔을 때 내는 일련의 산발적 감탄사를 연상시키는 탄성들을 통합하는 법칙입니다.

5-63] 이것이 어린이의 자율적 말에 대한 연구에서 우리가 직면했던 네 가지 기본적 특성들입니다. 나는 이 모두가 자기 손자의 말을 처음으로 기록한 다윈에 의해 어느 정도 명확히 인식되었다고 믿습니다. 이것이 다윈에 의해 행해졌음에도 불구하고 지금껏 그의 관찰은 제대로 평가되거나 이해되지 못했습니다. 그의 관찰로부터 많은 예시들이 인용되었으나 누구도 그것을 일반화하고 그것이 어린이 말 발달에 있어 고유한 시기를 다루고 있음을 이해하지 못했습니다. 따라서 비록 여러 연구자들이 어린이 첫 낱말에 대한 정확한 기록을 수행해 왔고 자율적 말을 특징짓는 많은 사실적 자료를 축적해 왔으나, 다윈의 논문이 발표된 이후 어린이의 자율적 말에 대한 이론은 어느 정도 쇠퇴하였습니다. 누구도 이것이 어린이 말 발달에 있어 특별한 시기에 대한 문제라는 것을 이해하지 못했습니다.

5-64] 이 문제에 대한 연구는 잘 알려진 독일 학자 K. 스텀프의 관찰로 재개되었습니다. 그는 발달이 매우 특이했던 자신의 아이를 대상으로 관찰을 수행했습니다. 1세 후반에서 2세까지만 자율적 어린이 말을 이용하여 자신을 이해시키는 일반적인 어린이들과는 달리, 스텀프의 아들은 처음 몇 년 동안(3~4세) 자율적 어린이 말을 이용하여 말을 했습니다. 그 아이는 주위 사람들의 언어를 이해했지만, 언제나 자신의

고유한 언어로 대답했습니다. 그것은 발달된 언어였기 때문에(그 아이는 몇 년 동안 그 언어를 만들었습니다), 그 아이는 개별 낱말들을 결합하고 구성하는 복잡한 규칙을 가지고 있었습니다. 그 어린이는 자신의 고유한 언어를 사용했으며, 독일어로 말하는 것을 거부했습니다. 이는 어느 화창한 날 그의 부모가 저녁에 집으로 돌아와, 그 아이가 갑자기 자율적 말을 버리고 보통의 독일어로 말하기 시작했다는 소식을 보모(또는 여자 가정교사)로부터 알게 될 때까지 계속되었습니다. 이 이야기는 규칙이 아니라 예외입니다. 만약 어린이가 자율적 말 단계에서 몇 년 동안 지체한다면, 이는 비정상적인 어린이 발달입니다. 그러나 수년간의 지체 덕분에 그 자율적 말이 풍성하게 발달했으며, 그 규칙들이 충분히 연구될 수 있었습니다. 만약 그 시기가 대개의 정상적 발달에서처럼, 첫해 말에서 둘째 해의 삼 분기 사이의 몇 달 동안만 지속되었다면 그것들은 그토록 충분히 설명될 수 없었을 것입니다.

*칼 스텀프(Carl Stumpf, 1848~1936)는 초기의 관념론자이며 철학자이자 심리학자이다. 19세기 즈음 '한스'라는 서커스 말이 계산을 할 수 있는 것으로 유명했다. '한스'는 "2+2=?" 하고 주인이 물으면 말발굽을 4번 굴렀다. 그러나 스텀프는 '한스'가 계산을 하는 것이 아니라, 사실은 주인의 반응을 살피며 말발굽을 구르는 것임을 밝혀내었다.

5-65] 하지만 이 스텀프의 사례는 특이한 경우로 여겨졌습니다. 오늘날 자율적 어린이 말에 대한 기본 이론을 형성하는 두 가지 기본 사실들을 관찰하기 위해서는 수십 년의 과학적 연구가 필요했습니다.

5-66] 첫 번째 사실은 다음과 같습니다. 어린이의 자율적 말은 하나의 드문, 예외적 사례가 아니라 모든 어린이의 말 발달에서 관찰되는

규칙, 법칙입니다. 그 법칙은 다음과 같이 공식화될 수 있습니다. 어린이는 비언어적 발달 시기에서 성인 언어의 숙달로 이행하기 이전에 자율적 말 발달을 나타냅니다. 나는 이를 구별 짓는 특징들에 대해 이미 지적한 바 있습니다. 이제 **자율적**이라는 용어가 전혀 타당하지 않으며 어느 정도 과학과 현대 문헌에 깊이 뿌리박혀 있음을 밝혀야 합니다. 자율적 말이라고 불리는 이유는 온전한 말을 구성하는 법칙이 아닌 그 자신만의 법칙에 의해 구성되기 때문입니다. 이 말에는 별개의 소리 체계, 별개의 의미 체계, 별개의 의사소통 형태와 별개의 결합 형태가 존재합니다. 이로 인해 그것은 자율적이라는 명칭을 획득하게 됩니다.

5-67] 이처럼 첫 번째 명제는 다음과 같습니다. 자율적 어린이 말은 모든 정상 어린이의 발달에서 필수적인 시기입니다.

5-68] 두 번째 명제는 다음과 같습니다. 많은 저발달된 말 형태와 말 발달 장애에서 어린이의 자율적 말은 매우 자주 비정상적 말 발달의 형태를 규정짓는 특징으로 나타납니다. 예를 들어, 지체는 무엇보다도 어린이가 자율적 말의 시기에 정체되어 있다는 사실로 알 수 있습니다. 유년기 동안의 다른 언어 장애의 경우에도 마찬가지입니다. 자율적 말은 때때로 어린이에게 몇 년간 지속되면서, 기본적인 발생적 기능, 즉 어린이가 비언어적 시기로부터 언어적 시기로 넘어가는 교량의 역할을 동일하게 수행합니다. 정상적, 비정상적 어린이의 발달에 있어서 자율적 말은 본질적인 역할을 수행합니다.

5-69] 어린이가 이 말을 전적으로 보모나 유모로부터 얻는다고, 즉 이것이 유모의 언어라고 할 수 없습니다. 이 언어는 어린이 자신의 것입니다. 모든 의미는 유모가 아닌 어린이 자신에 의해 확립되기 때문이며 종종 어린이가 정상적으로 발화된 낱말의 일부로부터 자신만의 낱말인 '보-보'를 만들어 내기 때문입니다. 예를 들어 어머니가 완전한 낱말인 '스타칸стакан(컵-K)'을 말하더라도 어린이는 '칸' 등과 같이 다르게 나

타냅니다.

5-70] 모든 정상적인 어린이 발달 과정에서 우리는 세 가지 계기로 특징지을 수 있는 자율적 말을 관찰할 수 있습니다. **첫 번째 계기**는 그 말이 운동성에서, 즉 조음적, 음성적 측면에서 우리의 말과 일치하지 않는다는 것입니다. 그것은 대개 '푸-후'나 '보-보'와 같은 우리의 낱말들의 파편들입니다. 때때로 그것은 오늘날 연구자들이 말하는 어근적 언어, 즉 낱말이 형성되지 않고 어근만 존재하는 언어를 연상시킵니다. 그 의미는 우리 낱말들 중의 어떤 것과도 일치하지 않으며, '푸-후'나 '보-보'의 의미들 중의 어느 하나도 완벽하게 우리 언어로 번역될 수 없습니다. 일반적으로 잘 알려진 손자에 대한 다윈의 관찰을 살펴보아도 우리는 똑같은 것을 볼 수 있습니다. 그 손자에게 있어 '우-아'는 처음에 물 위에 떠 있는 오리를 지칭했으며, 그다음에는 액체를, 그다음에는 독수리 그림이 있는 동전을, 그다음에는 단추를, 그다음에는 둥근 것은 무엇이든 지칭했습니다. 어린이의 낱말과 그 의미론적 가치가 우리에게는 하나의 낱말로 지칭될 수 없는 사물 복합체를 어떻게 포괄하는지 보여 주는 많은 사례들이 존재합니다.

5-71] **두 번째** 특징은 자율적 말의 가치가 우리의 낱말 가치와 일치하지 않는다는 것입니다.

5-72] **세 번째** 특징은 다음과 같습니다. 어린이에게는 자신의 낱말과 더불어 우리의 낱말에 대한 이해도 존재합니다. 즉, 말을 하기 이전의 어린이라도 일련의 낱말들을 이해합니다. 어린이는 '일어서', '앉아', '빵', '우유', '뜨거워' 등의 어구를 이해하며 이것이 제2언어의 존재를 방해하지는 못합니다. 따라서 H. 아이델버거와 다른 이들은 어린이의 자율적 말이 우리의 언어와 가깝거나 어느 정도 관련되어 존재한다는 것을 믿는 경향이 있습니다.

물론, 어린이 말 발달을 발생적 관점으로 보면 원시적 말이 최초의 언어이고 모국어는 실제로 두 번째가 된다. 그러나 비고츠키는 원시적 말을 사회 환경적 관점으로 보면서 이를 '또 다른 언어' 혹은 '제2 언어'라고 말한다. 언어 환경적으로 볼 때 어린이가 처음으로 접하는 언어는 성인의 완전히 발달된 언어이기 때문이다. 비고츠키는 하인리히 A. 아이델버거가 1903~1904년에 스위스 취리히 대학에서 완성한, 「사례 관찰로 본 아동 언어 발달의 주요 문제Hauptprobleme der kindlichen Sprachentwicklung nach eigener Beobachtung behandelt」라는 제목의 박사 논문을 언급하고 있다. 비고츠키는 이 자료를 『생각과 말』 5장에서도 언급한 바 있다.

5-73] 드디어 **마지막입니다**.

5-74] 어린이의 자율적 말과 그 의미는 어린이의 능동적 참여로 만들어집니다.

5-75] 모든 어린이의 발달에 자율적 어린이 말의 시기가 존재하는 것은 사실입니다. 그것의 시작과 끝은 1세 위기의 시작과 끝을 나타냅니다. 자율적 말을 하는 어린이에게 말이 있는지 없는지를 단언하기는 사실 불가능합니다. 왜냐하면 그에게 우리가 뜻하는 의미에서의 말은 없지만, 그럼에도 말을 하기에 침묵의 시기는 아니기 때문입니다. 즉 우리는 위기의 경계를 나타내는 필수적 이행적 형태를 대면하고 있습니다.

5-76] 적지 않은 저자들이 이 이론에 대한 극단적 비판에 사로잡혀, 이 언어가 오로지 어린이 자신에 의해서만 창조된 것이라고 주장했습니다. 예를 들어 W. 엘리아스버그는 어린이가 다른 사람들이 자신에게 이 언어로 말할 것을 강요한다고 믿습니다. 그러나 이것이 어린이 자신의 언어라고 말하는 것은 옳지 않을 것입니다. 이것은 드문 경우, 예컨대 C. 스텀프의 5세 아이처럼 다른 사람들이 말하는 것을 완벽히 이

해하면서도 그 사람들의 언어로 말하고 싶어 하지 않을 때에 사실입니다. 그러나 이 말은 아멘스프라흐로도, 엄밀한 의미에서의 자율적 언어로도 간주될 수 없습니다. 그것은 언제나 주위 사람들과 어린이의 상호작용의 결과입니다.

5-77] 자율적 어린이 말의 몇 가지 기본 특징들에 친숙해졌으므로, 우리는 정상과 비정상 어린이들의 관찰로부터 알게 된 몇 가지 사실들로 나아갑니다. 이는 우리가 이 시기의 몇몇 특징을 좀 더 명확하게 그릴 수 있도록 도와주고, 어린이 말 발달에 대한 결론들을 가능하게 해줄 것입니다. 자율적 어린이 말의 단계에 있는 2세 어린이들의 (어린이집과 가정으로부터의) 낱말을 예로 들어 봅시다.

5-78] 노나는 1년 3개월입니다. 이 소녀는 어린이집에 다닙니다. 노나는 모두 17개의 자율적 말을 합니다. 그것들 중 '크-흐'는 고양이, 동물의 털, 털이 난 모든 물건들, 머리카락, 그중 특히 긴 머리카락을 의미합니다. 이 낱말은 음성적 관계에서 다르게 구성되고, 그 낱말 가치가 다윈의 사례인 '우-아'처럼 풍부하지 않은 것은 사실이지만, 우리의 낱말 가치와는 다른 방식으로 구성되어 있습니다. 처음에 '크-흐'는 그 소리의 유사성으로 고양이를 뜻하지만, 나중에는 고양이 털에 대한 촉감적 유사성이 모든 털로, 그다음에는 머리카락으로 전이됩니다.

5-79] 자율적 말이 다소 지연될 때나, 오랜 기간 동안 기록해 온 일지를 볼 때, 우리는 더욱 흥미롭고 복잡한 어린이 낱말의 형성을 발견합니다.

5-80] 안젤리나는 1년 3개월입니다. 그녀의 낱말 '카'는 발달 내내 11개의 의미를 가졌습니다. 처음(11개월)에 그것은 그녀가 가지고 놀던 노란색 돌(러시아어로 카멘 камень-к)이었습니다. 다음에는 달걀 비누를 뜻했고, 그다음에는 온갖 색깔과 형태의 모든 돌들을 의미했습니다. 그녀가 1년 3개월이 되었을 때 그것은 카샤를 의미했고, 다음에는 큰 설

탕 조각을, 그다음에는 달콤한 모든 사탕류, 키셀, 커틀릿, 실패, 연필, 그리고 비누통을 의미했습니다. 먼저, 의미는 노란 돌에서부터 노란 비누까지 확장되었습니다. 이 정도는 이해할 수 있습니다. 그런 다음 그것은 온갖 돌을 의미합니다. 이것 또한 이해할 만합니다. 나아가, 일단 설탕이 그렇게 불린 후에는 키셀처럼 달콤한 것들은 모두 그 의미를 가질 수 있습니다. 그러나 연필이나 실패는 이러한 물건들과 어떤 관계나 공통된 특성을 갖고 있지 않습니다. 이 경우에 '카'는 우리의 언어에서 '카란다쉬карандаш(연필-K)', '카투쉬카катушка(실패-K)'라는 낱말의 시작을 나타냅니다. 여기에 소리의 유사성이 있습니다. 그러나 어린이는 오직 맨 앞의 '카'만을 취합니다.

카샤: 으깬 밀　　키셀: 과일 젤리　　카투쉬카: 재봉용 실패

비고츠키는 어린이의 원시적 말이 성인의 말로 발달하는 것을 짧은 기간 동안에 관찰하는 것이 매우 어렵다는 것을 지적한 바 있다. 이것은 온전한 말 발달이 지연되는 경우나, 부모가 매우 자세히 기록을 하는 경우에만 관찰 가능하다. 안젤리나는 전자의 경우이다. 안젤리나는 연쇄적으로 각 요소들이 바로 이전 요소들과 어떤 의미상 공통점을 가질 때마다 사슬 복합체를 형성한다. 그러므로 그 연쇄의 시작과 끝은 전혀 상관이 없다. 안젤리나에게 노란 돌은 색깔 때문에 노란색 비누처럼 보이고, 으깬 밀로 만든 '카샤'는 갈색 때문에 돌을 연상시킨다. 설탕은 알갱이 형태라서 '카샤'처럼 보이게 되고, 키셀은, 단맛 때문에 설탕과 연결된다. 또한 이 말은 러시아어 발음의 영향을 받아 '커(카)틀릿', '카샤', '카란다쉬', '카투쉬카'와 연결된다. 이들은 모두 '카'로 시작된다는 공통점을 가진다.

5-81] 어떤 대상은 이런 특성으로, 다른 대상은 저런 특성으로 이 낱말의 의미 구조 속에 포함됩니다. 예컨대 노란 비누는 색깔이라는 특성으로, 키셀은 달콤하다는 특성으로, 돌은 단단하다는 특성으로, 카투쉬카와 카란다쉬는 소리의 유사성으로 포함됩니다. 이 모든 의미는 하나의 낱말 '카'로 지칭되는 대상들의 가족을 형성합니다.

5-82] 우리는 이 '카'를 이해할 수 있을까요? 일지를 기록했던 생리학자인 이 소녀의 아버지는 그 낱말이 수수께끼를 던진다고 말했습니다. 왜냐하면 '카'라고 말할 때 소녀가 생각하고 있는 것을 추측하기는 매우 어려웠으며, 그 이해는 언제나 **시각적** 상황의 도움으로 해결되었기 때문입니다. 여기서 우리는 상황적 이해와, 낱말이 구체적 상황에서 분리되었을 때 그 의미에 대한 이해 불가능을 드러내는 명확한 실례를 봅니다.

5-83] 우리의 낱말은 상황을 대체할 수 있습니다. 하지만 자율적 말의 낱말에는 이러한 기능들이 없고, 오직 어떤 상황 속에서 이것 혹은 저것을 가리키는 용도만이 있습니다. 지시 기능, 명명 기능은 있지만 존재하지 않는 대상과 의미를 표현할 수 있는 상징 기능은 없습니다.

5-84] 이 입장은 어린이의 자율적 말의 기본적 특성들과 관련됩니다. 자율적 말의 낱말들은 지시 기능과 명명 기능이 있지만, 상징 기능은 없습니다. 이 낱말들은 아직 존재하지 않는 사물을 대체할 수 없으며, 시각적 상황에서 측면들과 부분들을 각각 지목하여 이 부분들로 명칭을 부여합니다. 따라서 우리가 발달된 말을 사용하여 눈에 보이지 않는 사물에 대해 말할 수 있는 반면, 어린이는 자율적 말의 도움으로 그가 보는 것만을 말할 수 있습니다.

5-85] 자율적 어린이 말과 우리의 말의 또 다른 차이는 각각의 낱말 의미들 사이에 존재하는 관계입니다. 어린이의 개념 발달을 위해서 가장 본질적인 것은 각각의 낱말 의미들 간 일반화 관계 체계의 발달입

니다. 예전에 손상학 실험 연구소эди의 언어 치료소에 **탁자, 의자, 옷장**이라는 낱말은 알지만 **가구**라는 말은 모르는 어린이가 있었습니다. 이때 어린이의 말 발달을 위해서 가장 중요한 계기는 의미들 사이의 관계의 출현에 있습니다. **가구**라는 낱말은 단지 **탁자**나 **옷장**과 같은 일련의 낱말들에 해당하는 단어가 아닙니다. **가구**라는 낱말은 앞의 낱말들을 모두 포함하는 상위 개념입니다. 특히 이는 자율적 어린이 말의 속성에 해당하지 않는 본질적 계기입니다. 어린이의 자율적 말을 상위 수준으로 이미 전이된 말과 항상 구별해 주는 특징은 각각의 낱말 의미들간 일반화 관계의 결핍입니다.

5-86] 이러한 일반화의 관계는 무엇일까요? 우리는 예컨대 **가구**와 **의자**와 같은 낱말들의 의미 관계를 일반화의 관계라고 부를 것입니다. 하나는 상위 개념이지만 다른 것은 하위 개념입니다. **탁자**와 **의자**의 관계는 종속 관계를 이루지 않습니다.

5-87] 어린이의 자율적 말에는 일반화의 관계가 존재하지 않습니다. 어린이의 어휘에서 우리는 그의 말이, 말하자면, 서로 동등한 수준의 낱말들로 이루어져 있으며 모종의 위계로서 연결된 것이 아니라는 것을 볼 수 있습니다. 그와는 반대로 더욱 개별적인 의미들이 하나의 낱말로 지칭됩니다. 예컨대 '카'는 노란 돌, 모든 색의 돌, 일반 비누, 특히 노란 비누가 든 비누통을 의미합니다. 하나의 동일한 낱말 의미 안에 다른 일반화의 정도가 존재하며 이 낱말들은 서로 어떤 일반화의 관계도 전혀 맺고 있지 않습니다.

5-88] 어떤 자율적 말 사전을 보더라도 여러분은 **가구**와 **탁자, 의자** 또는 **꽃**과 **장미**와 같은, 즉 낱말의 의미가 일반성에서 다르고 서로가 서로를 규정하는 관계에 있는 그런 관계를 갖는 낱말을 발견하지 못할 것입니다. 자율적 어린이 말에서 낱말의 의미는 여전히 이런저런 대상, 이런저런 상황을 즉각 반영하지만, 시각적 모습으로 주어지고 자율

적 말에서 낱말의 시초적 의미의 내용을 확립하는 상황들 사이의 연결이 아닌 대상들 사이의 연결은 반영하지 않는다는 인상을 줍니다. 이로부터 자율적 말의 낱말 의미는 일정하지 않고 상황적이라는 결론이 나옵니다. 지금은 어떤 의미를 갖는 동일한 낱말이 다른 상황에서는 다른 의미를 갖게 됩니다. 이미 본 것처럼 이 사전에서 낱말 '카'는 11가지의 다른 의미를 가지며, 각각의 새로운 상황마다 그 낱말은 무언가 새로운 것을 의미할 수 있습니다. 낱말의 의미는 일정하지 않고 구체적 상황에 따라 변합니다. 이 가치는, 다시 말하지만, 대상 지향적이지 않고 상황적입니다. 우리에게 있어 모든 대상은 그것이 처한 상황과 무관하게 하나의 이름을 갖지만, 자율적 어린이 말에서 한 대상은 상황에 따라 다양한 이름을 가질 수 있습니다.

5-89] 예외적 발달의 예를 들어 봅시다. 치료소의 어린이들 중 한 명이 연구되었습니다. 어린이는 밝은 색에는 **질료니나**зеленнна('녹색'의 변형어-K), 어두운 색에는 **시니나**cннннa('청색'의 변형어-K)라는 낱말을 사용합니다. 밝은 노랑과 어두운 노랑의 두 나뭇잎을 주면, 어린이는 전자를 **질료니나**, 후자를 **시니나**라 부를 것입니다. 어린이에게 그 어두운 노랑의 잎과 갈색의 잎을 주면, 그 노랑 잎이 **질료니나**, 갈색의 잎이 **시니나**라는 이름을 얻게 될 것입니다. 하나의 똑같은 색이 그 옆에 무엇이 있느냐에 따라 다르게 불립니다. 어린이는 무엇이 밝고 어두운지는 알지만 절대 색감은 존재하지 않습니다. 더 밝은 것과 더 어두운 것이라는 상대적 정도가 존재합니다. 낱말의 의미는 아직 대상 지향적인 일관성이 없습니다.

5-90] 하나의 색을 다르게 불렀던 스텀프의 아들의 관찰에서 유사한 사례를 볼 수 있습니다. 흰색 바탕의 녹색과 검은 바탕의 녹색은 그 색이 지각된 구조에 따라 다른 명칭을 가졌습니다.

5-91] 5년 6개월 된 소년인 제냐는 듣기는 하지만 말이 늦어 독립성

을 발달시키는 데 어려움을 겪는 어린이군에 속합니다. 그 부모는 아이가 말을 잘 발달시키지 못했으며 다른 사람의 말을 겨우 알아들을 뿐이라고 치료소에 호소했습니다. 자율적 말을 사용하는 어린이의 경우 이러한 빈약한 이해에 대한 호소는 일상적인 것입니다. 병리적·자율적 말은 음성적·의미적 본성에서 보통 말과 다르며, 따라서 이런 어린이와 다른 어린이들, 혹은 어른들과의 의사소통에서 큰 어려움을 초래합니다. 종종 왜곡된 낱말의 의미를 알고 그것을 우리의 말로 번역해 줄 통역자가 필요합니다. 예를 들어 제냐의 어휘 목록은 그림을 보고 명칭을 묻는 대화를 통해 그 뜻이 분명해질 수 있었습니다. **좁은 안경**은 눈, **기사**는 말을 의미하는 식이었습니다. 이 낱말들에서 우리는 최초의 어구를 봅니다.

비고츠키는 개체발생에는 언제나 환경 속에 있는 성인의 '최종 형태'와 어린이가 혼자 힘으로 끊임없이 창조하고 있는 원초적 형태 간의 상호작용이 존재한다고 믿는다. 이 상호작용을 연구함으로써 우리는 어린이가 좀 더 쉽게 접근할 수 있는 최종 형태를 설계할 수 있을 것이다. 물론 어린이 형태 없이 최종 형태를 연구하기는 쉽지만, 최종 형태 없이 어린이의 형태를 연구하기는 그렇게 쉽지 않다. 이 때문에 비고츠키는 언제나 어린이가 최종 형태 없이 만들어 내는 것에 흥미가 있다. 예를 들어 『생각과 말』 5장에서 비고츠키는 어린이가 성인의 개념 없이 만들어 내는 개념을 볼 수 있도록 해 주는 실험(블록 실험)을 고안하며, 『역사와 발달』 8장에서는 어린이가 블록과 '수 형태'를 이용하여 10진수 계산 체계를 획득할 수 있을지 궁금해한다. 마찬가지로 비고츠키는 언제나 병리학적인 '자율적' 발달 사례에 흥미가 있다. 이 문단에서 비고츠키는 성인의 말을 받아들이지 않은 비정상적 어린이가 문법을 고안해 낼 수 있을지 궁금해한다. 제냐는 두 낱말의 의미를 결합시킨다. '좁은 안경'에서는 한 낱말이 다른 낱말을 수식하며, 어린이의 '콘кон(기사)'이라는 말에는 기사와 그의 말이라는 두 낱말 의미가 모두 들어 있다(콘кoнь은 원래 체스에서의 나이트를 가리키는 낱말이다). 그것이 바로 비고츠키가 이 낱말들을 어린이 최초의 어구라고 말하는 이유이다. 그러나 이것이 문법인가? 문법은 추상적 규칙 체계이다. 제냐의 구문은 오히려 가상 상황이나 이야기에 대한 기억들에 가깝다. 운동장에서 "네 눈은 안경 같아. 병 주둥이 같아!"라며, 작은 눈을 가진 친구를 놀리고 있는 어린이들을 상상해 보자. "옛날 옛적에 왕과 왕비와 말을 탄 고귀한 기사가 있었어요."라며, 체스 말과 같은 물건들을 가지고 이야기 놀이를 하고 있는 어린이들을 상상해 보자. 『생각과 말』의 복합체가 개념이면서도 개념이 아니고 『역사와 발달』의 수 형태가 수이면서도 수가 아닌 것과 같이 우리는 제냐의 말에서 문법이면서도 문법이 아닌 어떤 것을 보고 있는 것이다.

5-92] 어른의 말을 충분히 잘 이해하는 어린이에게서 자율적 말이 계속될 때, 연결된 대화를 하고자 하는 욕구가 생겨나고 이 어린이는 자율적 말을 하면서도 문장 형성의 경로를 취합니다. 그러나 이 문장들은 구문론적 연결의 결여로 인해 우리의 말과 거의 닮지 않습니다. 그 문장들은 예컨대 "너 나 잡다" 등과 같이 낱말들을 단순히 한데 엮은 것이거나 우리 언어가 왜곡된 문장에 더 가깝습니다.

5-93] 구체적인 예증이 되는 두 개의 사례가 더 있습니다.

5-94] 그 어린이는 **걷거나 산책하러 간다**는 의미로 **트루아**тpya 라는 낱말을 사용합니다. 그다음에는 이 낱말을 사용하여 신발, 덧신, 모자와 같은 걷기에 필요한 온갖 부속물을 지칭합니다. 그리고 나서 **트루아**는 우유가 마셔졌다, 즉 우유가 산책하러 가 버렸다는 것을 의미합니다.

5-95] F. A. 라우는 자율적 말이 매우 발달하였고 여러 언어들에 존재하는 특별한 낱말 형성 유형을 보여 주는 한 소녀에 대해 논의하였습니다. 예를 들면 '프-프'는 불, '딘'은 **움직이는 물체**를 의미하는데, 이런 이유로 '파딘'은 기차지만 고양이는 '트프루-딘'입니다. 이는 제때에 일

반적 말로 변하지 않은 자율적 말의 서로 다른 낱말의 어근들에서 나온 복잡한 낱말 형성입니다. 여기서 우리는 극단적인 형태를 다루고 있습니다.

> 비고츠키는 상상과 창조에 대한 연구에서 어린이가 성인 스타일의 예술 활동과는 상당히 다른 목적으로 그들이 지닌 상상과 창조를 사용한다는 점을 지적한다. 여기서 우리는 어린이들이 인간이 둘 이상의 형태소로 된 낱말들을 창조했을 때 이루어 낸 도약을 상상을 통해 재창조하는 것을 본다. 어린이는 어떻게 재창조하는 것일까? 러시아의 '트프루тпру'는 의성어이며 '워-워'와 같이 말을 멈출 때 쓰는 말이다. 우리는 도망가려는 고양이를 보고 '트프루'라고 말하는 어린이를 상상할 수 있다. 이제 고양이는 '트프루'와 연결된 '움직이는 물체'인 '트프루-딘'이 된다.
>
> *F. A. 라우(F. A. Rau, 1868~1957)는 독일 교사로 소  비에트 농아 교육 설립자 중 한 명이다. 그는 1925년부터 제2모스크바 주립 대학에서 교수로 재직하였다. 손상학 연구소에서 비고츠키와 함께 일하였으며, 여기서 언급된 어린이는 아마 청각장애인이었을 것이다.

5-96] 한 소년이 **곤충, 새**와 같은 일반적 범주를 발견했습니다. '페투크Петук'(수탉을 의미하는 페투흐петух의 변형어-K)는 그에게 일반적 낱말인 **새**를 의미합니다. 이러한 더욱 고정된 지칭은 풍부하게 발달된 자율적 말의 기호를 구성하며 자율적 말에서 진정한 말로 이행하는 훌륭한 기회를 제공합니다.

5-97] 여전히 나는 자율적 어린이 말이 어린이가 도달하는 여러 발달 단계에서 갖는 의미를 보여 주기를 바랍니다. 그리고 어린이 말 발달이 어린이 생각의 특징에서 어떻게 실현되는지, 어린이 생각의 어떤 특

징이 자율적 말의 특징으로부터 나오는지 보여 주고자 합니다. 우리가 자율적 어린이 말의 본성을 명확히 밝힌 후에는 그러한 특징 중 몇몇은 확립하기가 매우 쉬울 것이라고 나는 생각합니다.

5-98] 첫째, 말한 것처럼 자율적 어린이 말의 낱말 가치는 언제나 상황적입니다. 즉 낱말에 의해 의미화된 사물이 우리 눈앞에 있을 때 낱말의 가치가 실현됩니다. 따라서 자율적 말 단계에서 말로 하는 생각의 가능성은 아직 시각적 상황으로부터 분리되어 존재하지 않습니다. 낱말이 시각적 상황으로부터 분리되는 즉시 낱말은 그 가치를 실현시킬 수 없습니다. 시각적 상황 밖에서 낱말의 도움으로 하는 생각을 어린이는 할 수 없습니다. 따라서 자율적 어린이 말 단계에서 어린이의 생각은 말로 하는 생각의 몇몇 최초의 특성을 획득하지만, 여전히 시각적 생각으로부터 분리될 수 없습니다. 말로 하는 생각과 시각적 생각 간의 관계는 다음에서 가장 분명히 나타납니다. 자율적 말의 낱말들의 가치가 서로 어떤 일반성의 관계를 맺지 못할 때, 즉 예컨대 **가구**가 **의자**라는 낱말과 일반성의 관계를 갖는 것처럼 하나의 가치가 또 다른 가치와 관련될 수 없을 때, 낱말들은 단지 사물들 간의 직접적 관계만을 반영할 수 있습니다.

5-99] 둘째, 어떻게 이 덕분에 낱말이 서로 통합될 수 있을까요? 어린이 눈앞에서 대상들이 통합되는 것과 똑같은 방식으로 통합됩니다. 예컨대 **기차 가**(연기 가) 같은 식입니다. 낱말들은 직접적 인상의 연결을 반영하는 방식으로만 통합될 수 있습니다. 생각을 통해 형성되는 사물의 연결은, 이 자율적 말 발달 단계에서의 생각으로서는 불가능한 것입니다. 이 때문에 생각은 아직 극도로 의존적인 특성을 갖습니다. 생각은 어린이의 지각, 환경에 대한 지향성, 어린이의 일련의 감정적-의지적 생각과 발화에서 소위 종속적 부분을 이루며, 어린이의 생각과 발화에서 지적 내용은 이차적 측면에 머물러 있습니다.

이 장을 통틀어 비고츠키는 원시적 말의 낱말들이 소리, 의미, 구문에서 어떻게 다른지 고찰했다. 의미에 대해 다룬 앞 문단에서 그는 어린이들이 기차를 '파-딘', 고양이를 '트프루-딘'이라고 말하듯, 일종의 형태론적 구조를 형성한다는 점을 지적했다. 낱말 배열, 즉 통사를 다룬 이 문단에서 그는 어린이들이 '기차 가', '연기 가'와 같이 일종의 통사론적 구조를 형성한다는 점을 지적한다. 그렇다면 비고츠키는 이 원시적 말을 왜 진정한 말이라고 인정하지 않는가? 무엇보다도 소리에서 매우 다르다. 그러나 가장 중요한 것은 기호의 구성 원칙이 다르다는 사실이다. 즉 의미와 어구 모두가 여전히 시각적 상황에 묶여 있다. 어린이는 오직 바로 자신의 눈앞에 있는 것만을 말할 수 있다. 형태론의 경우 불나는 것, 워워 하는 것 그리고 통사론의 경우 눈앞에서 움직이는 기차와 연기(증기)와 같은 시각적 상황이 어린이의 원시적 말을 지배한다. 어린이는 진정 무언가를 발견한다. 그러나 그 발견은 오직 상황으로부터 낱말들을 만들어 내는 능력일 뿐 낱말로부터 상황을 만들어 내는 능력은 아니다. 이 때문에 그것은 아직 진정한 기호의 구성 원칙이 아니다. 이것은 유인원이 바나나를 얻으려고 상자를 디딤판으로 사용하지만 상자가 다른 목적으로 이용되자마자 그 도구적 효용을 잊어버리는 경우, 그것이 아직 진정한 도구의 구성 원칙이 아닌 것과 마찬가지이다.

5-100] 어린이 낱말의 이러한 감정적-의지적 내용은 무엇을 의미할까요? 그것은 어린이가 말로 표현한 것이 우리의 의견보다는 우리의 감탄과 더 일치한다는 것을 의미합니다. 감탄의 도움으로 우리는 감정적 판단, 감정적 태도, 정서적 반응과 의지적 경향을 전달합니다.

5-101] 우리가 자율적 어린이 말과 그것에 상응하는 생각의 정도를 분석한다면, 자율적 어린이 말이 아직까지는 지각에서 분리되지 않은 감정적 내용을 전달한다는 것을 발견하게 될 것입니다. 그것은 받은 인상을 전달하고, 표현하지만, 어떤 것도 추론하거나 짐작하지 않습니다.

그것은 의지로 가득 차 있을 뿐 진정한 의미에서의 생각에 연결된 지적 계기가 아닙니다.

5-102] 이와 같이 우리는 자율적 어린이의 말이 그 자체로 어린이 말 발달의 매우 고유한 단계를 드러낼 뿐 아니라, 이 단계가 생각 발달의 고유한 단계와 상응한다고 믿습니다. 말 발달 단계의 진행 정도에 따라 생각은 특정한 특징을 드러냅니다. 어린이의 말이 특정 발달 수준에 도달하지 못한다면 그 어린이의 생각 역시 특정 한계를 넘어설 수 없습니다. 우리가 직면하는 단계는 어린이 말 발달의 특정 시기, 혹은 어린이 생각 발달의 특정 시기로 동등하게 특징지어질 수 있을 것입니다.

5-103] 정상 어린이는 언제 자율적 어린이 말 시기를 체험하게 되는 것일까요? 우리는 그것이 1세의 위기, 즉 어린이가 유아기로부터 초기 유년기로의 길을 닦는 이행적 시기에 일어난다고 말했습니다. 이 시기는 보통 1세 말에 시작하여 2세에 끝납니다. 정상 어린이는 1세의 위기와 더불어 자율적 어린이 말을 사용하게 됩니다. 그 시작과 끝은 1세의 위기의 시작과 끝을 나타냅니다.

5-104] 이것이 우리가 자율적 어린이 말을 위기적 시기의 중심적 신형성으로 간주할 수 있다는 것을 의미할까요? 네, 내가 보기에 그렇습니다. 그러나 이 관점은 충분히 탐구되지 못했으므로 모든 위기적 연령기의 신형성의 본질에 관해 결론짓는 것은 매우 신중할 필요가 있습니다. 어쨌든 비언어적 시기로부터 언어적 시기로의 전환 형태로서 자율적 어린이 말의 출현은 우리에게 가장 중요한 사실들 중의 하나를 알려줍니다.

5-105] 우리는 위기의 다른 계기들 즉 어린이 걷기의 확립, 의지 결핍적인 감정 폭발 등을 구분해 내었습니다. 그러나 언제나 문제는 몇 가지 신형성들을 늘어놓는 것이 아니라 그 중심이 되는 것을 찾는 것입

니다. 결국 중요한 것은 신형성을, 연령기에 걸쳐 나타나며 새로운 발달 단계와 모든 새로운 변화의 구조를 나타내는 모든 것을 포괄하는 전체의 관점에서 이해하는 것입니다.

5-106] 자율적 어린이 말이 원칙적으로 말과 다르지 않은 말 발달의 첫 국면일 뿐이며, 따라서 자율적 어린이 말의 연구와 스턴의 발견 이론 간에 차이가 없다고 여길 수 있을까요? 우리는 다음과 같은 질문을 할 수 있습니다. 자율적 말이 본질적으로 우리의 말일까요? 또는 그둘의 낱말 구성이나 가치가 일치하지 않는다면 그 '속'은 동일할까요?

5-107] 나의 대답은 이것입니다. 자율적 어린이 말의 본질인 '속'은 우리의 것이지만 우리의 것이 아니며, 여기에 비언어적 의사소통과 언어적 의사소통 사이의 이행적 형태라는 모든 고유성이 있습니다. 그중 어떤 것이 우리의 것이고 그것으로부터 무엇이 생겨날까요? 어떤 점에서 그것이 우리의 말인가 하는 것은 너무 명백하므로 이에 지체할 필요가 없습니다. 어떤 점에서 우리의 것이 아니냐를 말하는 것이 더욱 중요합니다. 낱말이 소리나 의미에서 다를 뿐 아니라, 다음과 같은 더욱 심오한 의미에서 우리의 것과 다르다고 생각합니다. 즉, 그것은 일반적으로 안정적인 의미를 가지고 있지 않기 때문에 그 구성 원칙은 우리의 말과 완전히 다릅니다. 평행한, 유사한 차이를 그려 봅시다. 쾰러 실험 속 유인원의 행동을 생각해 봅시다. 우리가 알고 있듯이 동물은 때로 도구로서 상자나 막대를 활용합니다. 겉으로 보기에는 이러한 조작의 본질이 인간의 도구 사용과 동일합니다. 이것이 쾰러에게 침팬지의 막대 활용이 사실상 그리고 유형상 인간 행위와 비슷한 행동이라고 주장하는 근거를 마련해 줍니다.

5-108] 반대자들은 다음과 같이 말합니다. 한 유인원이 받침대로 사용하던 상자에 다른 유인원이 앉아 있다면 이는 더 이상 도구로서 작용하지 않고 눕고 앉는 물건으로 전환되며, 이 경우 이 유인원이 철장

안을 뛰어다니고 과일을 향해 뛰어오르다 지쳐 다른 유인원들이 앉아 있는 상자에 앉아 땀을 식힌다면 이는 대체 어떤 종류의 도구 사용일까요? 결국 유인원은 상자를 보지만 이 상황에서 그것을 도구로 사용하지는 못합니다. 활성화된 상황 밖에 놓일 때 도구의 특성을 잃어버리는 도구는 무슨 도구일까요? 쾰러 자신도 원시적 인간은 땅을 파기 위해 막대기가 필요한 경우 그것을 미리 준비한다고 말했습니다. 이 상황에서 유인원에게도 새로운 무언가가 존재하지만 이는 원시적 인간에게 있는 것과는 전혀 다릅니다. 유인원은 도구의 사용을 탄생시킬 수 있는 어떤 것에 가까이 있지만 도구의 사용 자체는 아직 여기에 존재하지 않습니다.

5-109] 유사한 것이 자율적 어린이 말과 더불어 관찰됩니다. 낱말이 확립된 가치를 가지지 않고, 새로운 상황마다 이전 의미가 아닌 다른 것을 의미하는 그런 말을 상상해 봅시다. 내가 앞에 제시한 예에서 '푸-후'는 아이오딘 병을 의미했고, 또 다른 예에서는 아이오딘 자체를 의미하는 식이었습니다. 따라서 이런 낱말은 낱말이 안정적 가치를 지니는 단계의 낱말과는 당연히 다릅니다. 여기서 상징화는 아직 전혀 존재하지 않습니다. 자율적 어린이 말의 낱말은 의식이 어느 정도 안정적이고 영속적인 일반적 가치를 생산해 내는 단계의 낱말과는 다릅니다. 여기서 낱말은 모든 것을 의미하고 따라서 아무것도 의미하지 않습니다.

5-110] 각 상징의 근원에 무엇이 자리하고 있습니까? 온통 비현실적이고 논란의 대상인 Н.Я. 마르의 수많은 주장 중에서도 한 주장만은 내게 부정할 수 없는 것으로 보입니다. 그가 말하듯 인간 언어의 최초 낱말들은 모든 것 혹은 매우 많은 것을 의미했습니다. 어린이의 최초 낱말들도 거의 모든 것을 의미합니다. 하지만 이는 어떤 낱말일까요? '여기다' 또는 '이거'와 같은 유형의 낱말들은 어떤 대상에든 적용될 수 있습니다. 이것이 진정한 낱말이라고 말할 수 있을까요? 아닙니다. 이것은

단지 낱말 자체의 지시 기능일 뿐입니다. 이것으로부터 나중에서야 상징하는 어떤 것이 생겨납니다. 하지만 그 낱말은 음성으로 표현된 가리키는 몸짓일 뿐이며, 이는 모든 낱말 속에 남아 있는데, 그것은 인간의 모든 낱말이 특정한 대상을 가리키기 때문입니다.

* Н. Я. 마르(Николай Яковлевич Марр, ლაზართაჯ ათჯოეკ ჯლ ჯეჯა, 1864~1934)는 반은 스코틀랜드인이자, 반은 그루지야인으로 다양한 언어를 말하면서 성장했다(공통의 언어가 없었던 마르의 아버지와 어머니는 프랑스어로 의사소통하였다). 러시아 혁명(1917) 이전에, 그는 그루지야어와 같은 코카서스 언어들이 아랍어와 히브리어 같은 셈어나 심지어 바스크어와도 공통된 근원을 갖는다는 이론을 발전시켰다. 혁명 후에 그는 이 이론을 매우 기발한 생각으로 발전시키는데, 그것은 모든 언어가 단 네 개의 낱말을 가진 하나의 언어를 공통된 근원으로 가졌다는 것이다. 네 낱말은 살, 버, 욘, 로쉬인데 이들 모두는 '와우!', '아하!', '앗!', '야호!'와 같은 감탄사였다. 그는 또한 '국가별 언어'라는 생각은 환상이며, 전 세계의 노동자들의 방언들이 그들의 지배자가 쓰는 방언들보다 서로 더 많은 공통점을 가지고 있다고 믿었다. 비고츠키는 그 누구에게도 완전히 찬성하지 않으며, 비록 마르의 학설이 언어학에서 공식화된 신조일지라도 비고츠키는 그것이 비현실적이라고 일축하는 데 주저함이 없다. 그러나 그는 또한 결코 그 누구에게도 완전히 반대하지 않는다. 그와 볼로시노프는 마르의 이론에서 중요한 진실을 발견할 수 있었다. 볼로시노프는 사회발생적으로 (문화적 역사에서) 최초의 언어 기능은 표상적인 것이 아니라 표현적이라는 생각을 마르로부터 취한다. 비고츠키는 개체발생적으로 (어린이 발달에서) 최초의 언어 기능은 지시적인 것이 사실이지만, 지시된 물체와 지시자의 정서가 아직 분화되지 않았다는 생각으로 이를 발전시킨다.

5-111] 끝으로 마지막 차이점입니다.

5-112] 우리가 만약 스턴처럼(낱말 의미, 낱말과 낱말 의미의 연결은 초보적으로 조직된 매우 단순한 것이다) 그 문제를 제시한다면, 물론 '속'은 이것과 저것 둘 중 하나일 것입니다. 그러나 사실 자율적 어린이 말의 연구는 낱말의 '속' 예컨대 지시 기능과 같은 일련의 기능들을 드러나게 해 준다는 점에서 더 큰 가치가 있습니다. 게다가 우리는 유년기에 낱말의 명명 기능도 나타난다는 것을 압니다. 이것은 중요한 전환입니다('푸-후'에는 아직 상징 기능이 존재하지 않습니다).

5-113] 자율적 어린이 말에 대해 이야기할 때, 우리는 단일 층이 아닌 여러 개의 층으로 된 '속'의 구성을 염두에 둡니다. 자율적 어린이 말은 발달의 이행 단계에서만 그 자체로 나타날 수 있으며, 이는 진정한 말에 비추어 볼 때 우리의 말인 동시에 우리의 말이 아니기도 합니다. 즉 그것이 우리의 말의 어떤 것을 포함하기도 하지만 그 속의 많은 것은 우리의 말이 아니기도 합니다. 우리는 자율적 말을 넘어서지 못하는 백치나 실어증의 어린이가, 우리의 관점에서 자율적 어린이 말이 상징적으로 보임에도 불구하고, 사실상 말이 없는 상태로 남는다는 것을 알고 있습니다. 예를 들어 실어증의 어린이는 **병** 대신에 '푸-후'라고 말합니다. 그는 이 '푸-후'라는 낱말로 다양한 이해를 나타낼 수 있습니다.

5-114] 어린이에게는 말이 아직 의식적인 상징화의 원리로서 의식 속에 존재하지 않기 때문에, 스턴의 '발견'과의 차이는 엄청납니다. 이행적 형성을 통해 어떻게 어린이 말 발달의 첫 단계와 같은 현상이 일어나는지 보여 주는 것은 또 다른 문제입니다. 이런 의미에서 우리는 자율적-비자율적 말의 경계뿐 아니라 그 후속 발달에서도 어린이 말 발달의 일련의 비약을 발견합니다.

5-115] 어린이 말의 출현과 확립 시기에 대한 이해는 어린이 말 발달 과정에 깊이 있게 접근할 수 있도록 해 주며, 이는 우리로 하여금 올

바른 말 발달 이론에 도달하여 이 문제에 관한 부르주아 과학 이론들의 부족함을 밝힐 수 있도록 해 줍니다.

5-116] 우리는 다른 신형성, 즉 걷기, 의지 결핍적 발작 등을 간과해서는 안 됩니다.

5-117] 나 스스로 조심하려고 하고 있기 때문에 지금은 이론적 논의를 시작하지 않기로 하고, 위기 연령기에 대한 서술에서 다루게 될 일반적 변화의 어디를 어떤 방향으로 탐색할지를 나의 관점에서 보이는 것으로 부득이 제한하도록 하겠습니다. 내 생각에 연령기의 중심적 신형성은 말과 관련이 있습니다.

5-118] 나는 인격 발달 단계, 환경과 어린이의 관계, 각 단계에서의 기본적 활동의 관점에서 본 어린이 발달이 어린이 의식 발달 역사와 단단히 연결되어 있다고 생각합니다. 만약 이 문제에 공식적 답변을 하고자 한다면, 나는 '의식은 환경과의 관계이다'라는 잘 알려진 K. 마르크스의 말을 지적할 수 있을 것입니다. 그리고 본질적으로 환경과 인격의 관계가 의식 구조를 가장 근접한 형태로 특징짓는 것은 사실이며, 따라서 의식의 관점에서 연령기의 단계와 그 신형성에 대한 연구를 하는 것은 이 문제를 바르게 해결하기 위한 적법한 접근법입니다. 그리고 여기서 얻어지는 이익은 작지 않습니다. 왜냐하면 오늘날의 과학은 아직 의식을 특징짓는 사실들에 대한 연구 방법을 갖고 있지 않기 때문입니다. 말이 의식과 단단히 연결되어 있다는 사실은 의심의 여지가 없습니다. 나는 환경과 의식과 말의 관계를 지적하면서 모든 것을 말로 환원하는 오류를 범하고 싶지는 않습니다. 나는 치아 교체, 걷기, 어린이 말 같은 증상들로부터 즉 위와 아래로부터 살펴보아야 합니다. 나는 이 드라마의 주연과 조연 모두에 관심을 두어야 합니다. 어린이 의식 변화와 말 변화에 대한 연구는 우리가 여기서 다루고 있는 다른 모든 변화를 이론적으로 이해하는 데 중심적인 것으로 보입니다.

5-119] 연령기를 이론적으로 이해한다는 것은 전체로서의 어린이 인격에서 변화를 찾는 것을 의미하며, 그 전체 속에서 이 모든 계기들은 어떤 것은 전제 조건으로서, 다른 것은 주어진 계기 등으로 우리에게 분명해졌습니다.

비고츠키는 중심적 신형성을 나타내는 어떤 계기들은 중심적이고 필연적인 전제 조건인 반면 어떤 것들은 '주어진', '알려진' 또는 그저 '어떤' 계기라고 말한다. 예를 들어 그는 자율적 말 시기가 온전한 말을 획득하는 데 중심적이고 필연적인 전제 조건임을 지적한다. 그러나 동일한 연령기에 있어 기기는 물론 '걷기'조차 주어진, 알려진, '어떤' 신형성일 뿐이다. 이는 엉덩이부터 들이밀기나 말 앞에 마차 매기처럼 보일 것이다. 어찌 되었건 자율적 말은 지속되지 않고 걷기는 지속된다. 옹알이를 하지 않는 어린이가 반드시 비정상인 것은 아니지만, 걷지 않는 어린이는 비정상이다. 그러나 잠시 생각해 보면, 특히 비고츠키가 생각하고 있는 바로 그 발달의 계기에 관해 생각한다면, 우리는 비고츠키가 의미하는 것을 알 수 있다. 첫째, 비고츠키가 지적했듯이, 어린이들은 어른의 말을 획득하려면 자율적 말 단계를 거쳐야 한다. 그런 의미에서 자율적 말은 후속하는 모든 중심적 신형성에 필수적인 전제 조건이다. 왜냐하면 이후의 모든 중심적 신형성은 어떤 식으로든 말과 연관되기 때문이다. 그러나 이는 기기는 물론이고 보조된 걷기에 있어서는 사실이 아니다. 기기는 걷기의 필수 전제 조건이 아니며 모든 후속 발달에서 중심적이지 않다. 심지어 걷기조차 자율적 말에 비하면 외부 환경에 훨씬 더 많이 의존한다. 둘째, 비고츠키가 지적했듯이, 어린이의 자율적 말은 통계적으로 어린이 발달의 매우 한정된 시기, 대략 10~14개월에 해당한다. 다른 한편으로 어떤 어린이들은 다소 긴 기기와 보조된 걷기의 시기를 통과하는 반면, 어떤 어린이들은 그렇지 않다. 정상인데도 17개월이 될 때까지 걷지 않는 어린이들이 있는 반면, 어떤 어린이들은 9개월에 걷기 시작한다. 비고츠키가 아래에서 말하듯이, 걷기와 유아기 중심적 신형성(원시적 우리), 걷기와 1세의 위기(자율적 말), 걷기와 초기 유년기 간의 명확한 관계를 실제로 확립한 사람은 없었다. 셋째, 비고츠키가 지적했듯이, 우리가 논의하고 있는 위기적 시기는 신형성에 의해 특징지어지는데, 이는 '흔적도 없이 사라져' 다른 안정된 신형성의 종속적 계기들로 변형된다. 자율적 말은 억양과 강세의 형태로 어른의 말의 종속적 부분이 되며, 아기의 옹알이조차도 의성어의 형태로 어른 말에 들어간다. 그러나 기기는 걷기와 병합되지 않으며, 걷기는 위기적 신형성이 아니다.

5-120] 그러나 말의 성취가 의식 구조의 변화와 어떻게 연결되어 있는지 직접적으로 파악하기는 어렵습니다. 습관적으로 사람들은 그들의 친족 관계에 대한 지적 즉 인간 고유의 현상으로 인간과 동물을 구분해 주는 이러저런 사실들에 국한되어 왔거나 혹은 (내가 전에 그랬듯이) 비유를 통해 어린이의 사회적 차원에서 말이 수행하는 역할은 신체적 차원에서 걷기가 수행하는 역할과 동일하다고 주장했습니다. 이 비유는 큰 가치는 없습니다. 그중 내가 알고 있는 어떤 것도 이 신형성들이 서로 어떤 관계를 맺고 있는지에 대한 간단한 질문에 답변을 하지 못합니다.

5-121] 우리는 발생적 관점에서 위기적 연령기에 어린이의 기본 성취를 구별해 주는 것이 무엇인지 말했습니다. 위기적 연령기에 어린이는 새로운 성취를 달성할까요, 아니면 발달은 단지 파괴적 과업을 수행할 뿐일까요? 우리는 이 질문에 대하여 긍정적으로 대답할 것입니다. 우리는 어린이가 다른 모든 발달 시기와 마찬가지로 위기적 연령기에도 새로운 성취를 달성함을 거듭 보았습니다. 그렇지 않다면 발달은 발달이 아닐 것입니다.

5-122] 그러나 위기적 시기의 어린이의 성취들을 무엇으로 구별할 수 있을까요? 그 성취들은 일시적인 특징을 갖습니다. 위기적 연령기에서의 성취는 결코 그 이후의 삶에서 지속되지 않는 반면, 안정적 연령

기에서 어린이가 성취한 것은 지속될 것입니다. 안정적 연령기에서 어린이는 걷기, 말하기, 쓰기 등을 배웁니다. 이행적 연령기에서 어린이는 자율적 말을 성취합니다. 만일 이것이 일생 동안 지속된다면 이것은 비정상입니다.

5-123] 우리는 자율적 어린이 말에서 전형적인 1세 위기의 여러 형태들을 발견합니다. 이 형태의 시작과 어린이 말의 끝은 위기적 연령기의 시작과 끝을 나타내는 징후로 간주될 수 있습니다.

5-124] 위기적 연령기가 끝나면서 진정한 말이 출현하고 자율적 말은 사라집니다. 이러한 위기적 연령기의 성취의 특징이 그 일시적 성격에 있을지라도, 그것은 여전히 매우 큰 발생적 의미를 지닙니다. 즉 그것은 이행적 다리를 놓아 줍니다. 자율적 말이 형성되지 않으면 어린이는 결코 비언어적 발달 시기로부터 언어적 발달 시기로 나아가지 못할 것입니다. 사실 위기적 연령기의 성취는 지워지는 것이 아니라 더 복잡한 형성으로 변형될 뿐입니다. 하나의 발달 단계에서 다른 발달 단계로 이행할 때 그것은 특별한 발생적 기능을 수행합니다.

5-125] 위기적 연령기 동안 일어나는 이행, 특히 자율적 어린이 말은 영원히 흥미롭습니다. 왜냐하면 그러한 이행은 적나라한 변증법적 발달 법칙이 관찰되는 어린이 발달의 일부분이기 때문입니다.

• 1세의 위기

불행히도 이 장은 비고츠키가 직접 쓴 글이 아니다. 하지만 다행히도 우리는 그가 글로 쓰고자 했던 장들을 염두에 두고 했던 강의의 필사본을 가지고 있으며, 이 장은 그중 하나이다. 처음 읽으면 그 강의는 유아기에 대해 쓴 장에서 사용된 체계적인 접근과는 다른 경로를 따르는 듯하다. 유아기에 관한 장에서 비고츠키는 먼저 발달의 사회적 상황을 제시하고, 신형성의 기원을 (한 번은 어린이-환경 관계의 환경 측면 즉 행동 발달로, 한 번은 어린이 측면, 즉 정신 발달로 그리고 그 둘 사이에 위치하는 말을 통해) 발달의 노선을 통해 기술한 후, 서로 경쟁하는 이론들에 대한 비판적 검토로 마무리 짓는다. 그러나 다시 주의 깊게 읽어 보면 우리는 강의록이라는 형태적 차이와 소제목의 부재라는 차이점 이면에 놓인 동일한 방법론적 특성을 볼 수 있다. 주변적 발달 노선과 중심적 발달 노선을 따르는 발달의 사회적 상황 그리고 그 시기 끝에 출현하는 주변적 신형성과 중심적 신형성이 그것이다. 우리는 이를 이용하여 강의를 네 부분으로 나누지만, 독자들은 이것이 순전히 임의적인 것임을 유념하기 바란다.

비고츠키는 위기의 세 가지 현상을 거론하고 그중 한 현상에만 집중할 것임을 알리며 시작한다. 이는 말의 기원에 관한 이론들에 대한 비판적 검토로 시작하여 자율적 말 단계를 인정하는 이론의 출현으로 끝난다. 그리고 나서 비고츠키는 소위 자율적 말의 경험적 연구, 즉 다윈, 스텀프, 최종적으로 비고츠키 자신의 관찰에 대한 역사적 설명을 제공한다. 비고츠키에게 있어 '자율적' 말이라는 이름 자체가 이론적 문제를 제기한다. 한편으로 비고츠키는 그것이 실제로는 자율적이지 않으며 사실 타인이나 자신과의 의사소통 형태라는 것을 증명해야 한다(비고츠키가 피아제의 '자기중심적 말'에 대해 했던 것처럼). 그렇지 않으면 이 위기는 유아기와 명확히 구분될 수 없다. 다른 한편으로 비고츠키는 그것이, 어떤 경우에 그렇듯이 수년 동안 지속될지라도, 어른의 말과 다르다는 것을 보여 주어야 한다. 그렇지 않으면 이 시기는 초기 유년기와 명확히 구분될 수 없다. 비고츠키는 이 문제를, 한편으로는 '자율적 말'을 일종의 '원시적 말'로 간주함으로써, 다른 한편으로는 이 '원시적 말'이 어른의 말과 다르다는 것을 네 가지 측면, 즉 음성적, 의미론적, 의사소통적(화용론적), 언어의 학습 도구적 측면에서 설명함으로써 해결한다.

비고츠키는 몇 가지 유념할 점을 지적하며 강의를 마무리한다. 비고츠키는 이 선도적 신형성에 대한 자신의 관점이 '불충분하게 발달했음을' 우려하면서, 심지어 이 강의가 하나의 발달 노선(말)에만 지나치게 중점을 두었다고 말한다(5-104, 5-118). 그러나 그는 드라마의 조연들(치아 교체, 걷기 등과 같은 비언어적 발달 노선)을 무시했음을 경고하면서도, 이론적으로 볼 때 모든 후속 연령에서 말은 그 연령기의 중심적 신형성과 밀접한 관계를 가질 것임을 충분히 확신한다(5-117~5-118). 말은 의식이 환경과 맺는 관계, 심지어는 의식이 스스로와 맺는 관계가 후속 발달에서 취하게 될 구체적 형태이다.

I. 1세 발달의 사회적 상황과 몇몇 신형성들

비고츠키는 관찰 가능한 위기의 내용이 세 가지로 나타난다고 말하는데, 이를 '원시적 걷기', '원시적 말', '원시적 의지'라 부를 수 있을 것이다. 비고츠키는 각각의 경우, 모든 '되어 가는' 과정에 나타나는, 존재와 비존재의 통합과 관련된 변증법적 모순을 지적한다.

A. 어린이는 걷지만 걷지 않는다(5-2~5-3).

B. 어린이는 말하지만 말하지 않는다(5-4).

C. 어린이는 자신을 조절하지만 조절하지 않는다(5-5). 비고츠키는 '원시적 의지'의 분노 폭발을 간질 발작이나 신생아의 버둥거림과 파닥거림으로의 퇴행에 비유하지만 그것이 두 가지 이유로 서로 다르다는 것에 주목한다. 첫 번째로 침 흘리기, 기절, 무의식적 배뇨가 없다는 것이고, 두 번째로 타인의 의지의 발현에 반응하여 생겨난다는 것이다(이는 '원시적 우리'의 붕괴를 시사한다)(5-6).

그런 다음 비고츠키는 발달의 첫 노선과 마지막 노선을 '한쪽으로 제쳐 두고' 두 번째 노선인 말 발달에 온전히 집중하겠다고 말한다. 비고츠키가 다른 노선은 제쳐 둔 채 말 발달에 대해 천착하려 하면서도 정작 말을 마지막 노선이라고 하지 않은 이유는 무엇일까? 어린이 발달의 사회적 상황을 어린이(발달의 장소)와 환경(발달의 근원) 사이의 총체적 관계라고 볼 때, 우리는 발달의 사회적 상황, 발달 노선, 신형성에 대한 논의에서 비고츠키가 거의 언제나 발달의 근원으로부터 발달의 장소로 나아가는 것을 발견한다. 비고츠키가 설명한 대로 말 발달은 한편으로는 어린이가 타인과 맺는 사회적 관계에, 다른 한편으로는 어린이 의식(어린이가 자신과 맺는 사회적 관계)에 가장 명백히 연결되어 있다(5-8).

II. 말의 기원에 관한 이론들에 대한 비판적 고찰

비고츠키는 연합주의 이론을 일축하면서 말의 기원에 관한 현존하는 이론들에 대한 비판을 시작한다. 연합주의는 어린이가 단순히 하나의 소리와 하나의 사물을 함께 반복적으로 경험하는 계기들을 통해 '연합'시킨다고 주장한다(5-10). 이 이론은 발달의 문제를 단순히 문제를 제거함으로써, 즉 말 발달을 어휘의 축적(5-12)으로 환원함으로써 발달의 문제를 해결해 나가기 때문에, (말 발달이 어떻게 일어나는지 설명하고자 시도한) 후속 이론들이 의미 획득을 설명하기 위해 불행히도 단순히 '단박에' 획득된다는 연합주의적 모형을 취하지 않았더라면, 연합주의 이론을 논박하는 것은 필요 없는 일이 되었을 것이다(5-14).

A. 최초의 탈연합주의 이론은 스턴의 연구이다(5-15). 스턴은 어린이가 사물들의 이름을 배우면서 어휘를 축적할 뿐 아니라 또한 이론상 모든 것(보이지 않는 물체를 포함하여, 상상의 물체, 행동이나 사물의 추상적 집합 등)에 이름을 붙일 수 있음을 이해한다고 믿었다.

   i. 비고츠키는 이 이론을 지지하는 세 가지 논점이 존재한다고 말한다(5-15~12).

      a. 이 이론은 세 가지 중요한 경험적 사실에 부합된다. 1세의 어린이는 실제로 낱말을 최초로 사용하고, 곧 어휘의 수동적 수용으로부터 벗어나며, 능동적으로 이름과 의미를 묻기 시작한다(5-15~5-19).

      b. 이 이론은 언어와 말로 하는 생각이라는 인간 고유의 특성에 부합되며, 동물과 공유하는 단순한 연합적 기제를 거부한다(5-20).

      c. 이 이론은 어린이의 '언어 폭발'에 대한 관찰에 부합된다. 이 경우 학습 과정은 비선형적이고 거의 순식간에 일어나는 것으로 보인다(5-20).

   ii. 그러나 비고츠키는 또한 이 이론을 반박하는 네 가지 논점을 펼친다(5-21~5-36).

      a. 이 이론은 안면 타당도를 결여하고 있다. 피아제의 연구에서 성냥갑을 여는 방법을 보여 주지 않는 한 어린이는 성냥갑을 열 수 없었으며, 다른 어린이들도 성냥갑을 여는 방법을 지나치게 일반화하여 사물에 뚜껑이 있든 없든 성냥갑과 같은 방식으로 열고자 시도하였다. 어린이가 이름을 붙이는 (예컨대 성냥갑이 '성냥갑'이라 불린다고 배우는) 하나의 행위로부터 보이지 않는 것과 심지어 상상할 수 없는 것을 포함하는 모든 것에 이름을 붙이는 훨씬 더 어려운 문제까지 일반화한다는 것은 한눈에도 믿기 어려운 일이다. 스턴은 명백히 이 반론을 받아들였지만 비고츠키의 관점에서 보면 스턴은 자신의 이론을 좀 더 '인격주의적'으로 따라서 주지주의적으로 만들었을 뿐이다(5-21~5-24).

      b. 이 이론은 실험 타당도를 결여하고 있다. 왈롱의 실험에서 어린이는 이름을 사물의 감각적 특성에 대한 기술로 이해하였다. 예를 들어 어린이는 '소'라는 이름이 우유를 주는 것 또는 뿔을 가진 것을 지칭한다고 간주한다. 어린이는 자신의 언어에 대한 근거를 어원학과 형태론에서 모색할 것이다(예컨대 물고기란 낱말은 본래 물속에 살며 고기를 제공하는 생물의 특성을 가리켰다). 피아제와 다른 연구들 또한 동일한 것을 보여 주었다. 어린이는, 일부 어른들도 그러하듯, 언어가 관습적이라는 것을 항상 이해하지는 못한다. 어린이들은 언어가 단순히 자연적이며 사물이 존재하는 방식에 내재하는 것으로 상상한다(5-25~5-30). 비고츠키는 자신도 때로는 이런 식으로 생각한다고 인정한다(5-29).

      c. 이 이론은 논리적 타당도를 결여하고 있다. 스턴의 논리에서 언어는 처음부터 주어진 것으로, 특정 언어는 묻고 답하면서 동의에 다다르는 방식으로 이로부터 도출된다. 그러나 사실은 그와 정반대이다. 하나의 사물을 하나의 이름으로 부르고 다른 사물은 다른 이름으로 부르기로 '동의'하기 위해서는

그 동의에 다다르는 수단이 되는 어떤 언어가 있어야만 한다(5-32~5-33). 오히려 어린이는 이름을 붙일 때 하나의 활동으로 사물의 이름을 붙이는 일반적 원리가 아니라, 사물의 목적과 중요성에 주로 관심을 가진다고 비고츠키는 제안한다(5-31). 이는 왈롱의 실험이 확증하는 것이다(5-39).

    d. 이 이론은 발달적 타당도를 결여하고 있다. 비고츠키는 만일 언어 개념이 먼저 온다면, 어린이의 언어 발달은 남은 생애 동안 낱말들을 단편적으로 배우는 것으로 환원될 것이라고 지적한다(5-31~5-37). 이는 발달이 근본적으로 (어린이의 성장에서처럼 비율적으로 큰 발달이 먼저 일어나고 점차 완만해지는) '내리막길'이라는 게젤의 견해를 확증하지만, 언어 발달의 주요한 사실과 분명하게 모순된다. 언어 발달은 성인기까지도 '오르막길'이 지속되며 외국어의 경우 이는 성인기 이후까지 지속된다. 어린이에 대한 이러한 견해는 어린이를 외국에 도착한 여행자처럼 이미 하나의 언어를 알고 있고 단지 새로운 언어의 낱말을 알 필요가 있는 존재로 다룬다.

    B. 비고츠키는 언어가 단박에 주어진다는 스턴의 이론을 전면 부정하는 뷜러의 이론을 하나의 문단으로 매우 간단히 논의한다(5-38). 흥미롭게도 비고츠키는 여기서 스턴의 이론을 지지하는 것처럼 보인다. 그는 뷜러의 이론이 비정상적 발달의 사례(빈의 농아 어린이)로부터 수집한 데이터를 기반으로 한다고 말한다.

    C. 그런 다음에 비고츠키는 2장에서 언급했던 왈롱의 연구에 대한 논의한다. 앞서 보았듯이 왈롱은 뷜러와는 달리 어린이가 발견을 한다고 주장하지만, 또한 스턴과는 달리 어린이가 결코 언어의 관습성을 발견하는 것이 아니라 오직 사물을 (달라고 요구하거나 설명함으로써) 획득하거나 가지고 노는 새로운 방법을 발견하는 것이라고 주장한다(5-39).

    D. 마지막으로 비고츠키는 K. 코프카와 형태주의자의 연구를 살펴본다. 코프카는 유인원이 바나나를 따 먹기 위해 필요한 막대기를 발견한 것처럼, 말의 발견을 본질적으로 '구조'의 발견이라고 보았다. 이와 같이 비고츠키는 코프카의 이론이 왈롱의 이론처럼, 언어를 사물을 획득하고 노는 방법으로 다룬다고 말한다(5-40). 이 모든 이론들의 공통점은 어린이에게 의미가 완성된 상태로 단박에 주어진다는 스턴의 생각을 가지고 있다는 것이다(5-41). 그러나 이 모든 이론들은 말이 없는 시기와 말이 있는 시기 사이의 과도적 단계를 설명하거나 묘사하고자 하는 그 어떤 시도도 하지 않으며 비고츠키는 이제 이 과업에 눈을 돌린다(5-42).

III. 원시적 말로부터 어른 말로의 이행: 발달의 노선

    A. 다윈과 스텀프의 원시적 말에 관한 초기 저술. 비고츠키는 유아 발달의 사회적 상

황, 즉 모든 연령기를 특징짓는 존재와 비존재의 변증법적 모순을 상기시킨다. 비고츠키에 의하면 이는 어린이의 최대 사회성과 사회적 의사소통 수단의 결핍 사이의 모순이다(5-44). 이는 단순한 결핍이 아니라 변증법적 모순이다. 즉 어린이의 사회성은, 환경이 실제로 어린이가 요청하는 것 이상으로 제공한다는 의미에서, 비생산적인 것이 아니라 초생산적이다(마치 자본주의하에서 노동자들이 자신이 소비하는 것 이상으로 생산하는 것과 같으며 이는 결과적으로 경제적 위기를 초래한다). 이 변증법적 모순은 다양한 말의 대체물을 초래하며, 그 예로 가리키는 몸짓(『역사와 발달 I』 5-51~5-56 참조)과 자율적 말을 들 수 있다. 비고츠키는 엘리아스버그의 용어인 자율적 말에 온전히 동의하지 않는다. 그 이유들에 대해서는 나중에 논의할 것이며(5-66), 우리는 자율적 말 대신 할러데이(2004)의 '원시적 말proto-speech'이라는 용어를 사용할 것이다(원시적 말은 소리와 일종의 통사적 구조를 가지고 있지만 아직 표준화된 어휘-문법을 가지고 있지 않다).

    i. 다윈의 관찰. C. 다윈은 자신의 손자를 관찰하면서 어린이 말과 어른 말의 네 가지 차이점을 다음과 같이 지적한다.

        a. 소리. 원시적 말은 자기 모방적으로 만들어졌거나 어른의 말의 단편적 모방으로서 어른의 말과 음성적으로 다르다(5-47).

        b. 의미. 원시적 말은 동질적인 개념이 아닌 이질적인 의미의 가족들로 구성되어 어른의 말과 의미적으로 다르다. 어린이는 '푸-후'와 같은 소리를 가져다가 의미의 일부는 반복하면서 다른 부분은 변형시키는 것처럼 보인다. 예를 들어 '푸-후'는 처음에 아이오던 병을 의미하다가 다음에는 아이오던을, 그 다음에는 어른이 병 입구에 입을 대고 불어서 내는 소리를 의미하고, 그다음에는 뿜어내는 담배 연기를, 그다음에는 일반적인 담배를 의미하다가 종국에는 입으로 불어서 불을 끄는 과정을 의미하게 된다(5-48~5-54). 비고츠키는 이 의미적 끝말잇기로부터 『생각과 말』 5장에서 다루었던 복합체적 사고의 가장 전형적 형태인 '사슬복합체'를 이끌어 낸다.

        c. 의사소통. 원시적 말은 화용론적으로 다르다. 원시적 말은 직접적 상황에서만 이해 가능할 뿐, 보이지 않는 경험을 정확하게 표현할 수 없다(5-55~5-59). 어른이 원시적 말을 시도할 때, 어린이의 의미를 완전히 잘못 표현하는 것은 바로 이 때문이다. 예를 들어 어른이 '멍멍이'라고 할 때 어린이가 보기에 그것은 사실 커다란 개인 것이다(5-56~5-57). 심지어 몇몇 독일의 연구자들은 원시적 말을 유모와 보모의 발명품이라 가정한다(5-56). 비고츠키는 원시적 말이 유모와 보모의 발명품이라는 이 생각에 반대하며, 이와 반대된 생각, 즉 원시적 말이 어린이 혼자만의 자율적 창조이며 어린이가 양육자에게 그것을 가르친다는 생각에도 반대한다(5-76). 그는 정신 발달 노선으로서 언급된(5-5) 의지 결핍적인 감정적 폭발은 사실 의사소통 곤란에서 비롯된 것이라고 가정한다. 이 의사소통 곤란은 원시적 말로 하는 모든 말이 의미상 초생산적이고 광범위한 의미 잠재를 가지고 있다는 사실에서 비롯된다(5-60).

        d. 원시적 말의 조직. 원시적 말은 다르게 조직된다. 원시적 말은 소리와 의미를

가지고 있음에도 불구하고 어른의 어휘-문법 규칙을 결여하고 있기 때문에 원시적 말의 대화를 질문과 대답으로 조직할 수 없다. 발화가 연속적으로 연결된 선형적 구조, 수평적 구조로 조직되는 대신, 원시적 말은 대개 어떤 사건에 대한 정서적 발언으로 조직된다(5-62).

ii. 스텀프의 관찰. 비고츠키는 원시적 말과 어른의 말의 네 가지 핵심적 특징이 다윈에 의해 포착되었고 널리 인용되었음에도 불구하고 이 관찰이 여전히 이론화되지 않은 것에 놀람을 표시한다(5-63). 원시적 말 발달이 다른 것과 구별되는 위기적 시기라는 생각은 탐구되지 않은 채 남아 있었다가 C. 스텀프가 자신의 아들을 관찰함으로써 되살아났다(5-64). 보통 아이들보다 더 오랫동안 위기적 원시적 말 시기를 벗어나지 못했던 아들로 인해 스텀프는 원시적 말을 기록하고 이론화할 풍부한 기회를 가질 수 있었지만, 그것은 너무 드문 예인지라 버려지고 말았다(5-65). 하지만 비고츠키는 스텀프의 연구를 두 가지 법칙으로 공식화함으로써 그것에 보편적 중요성을 부여한다.

a. 원시적 말은 모든 정상 어린이 발달의 필수 단계이다(5-67).

b. 원시적 말은 스텀프의 아들의 경우처럼 지속될 수 있지만, 그것은 게젤의 경우 미숙아와 과숙아가 그저 출생 시기의 문제에 불과했던 것과 마찬가지로, 어린이가 원시적 말 시기를 통과하고 있는 일종의 지연기에 불과하다. 그러나 어린이가 어떤 이유로 원시적 말을 넘어서지 못하면 그것은 비정상 발달 과정을 의미할 수 있다(5-68).

B. 문법(환경)과 비문법(어린이)의 변증법적 통합체로서의 원시적 말. 이제 비고츠키는 다시 다윈이 구분한 네 가지 특징으로 돌아간다. 비고츠키는 이들이 마치 위기적 신형성의 발현으로서의 원시적 말과 어린이의 의식을 연결해 주는 발달 노선인 듯, 이들을 통해 원시적 말에 대한 초기 관찰을 자세히 설명한다.

i. 소리. 원시적 말은 음성적으로 어린이나 사회적 상황 그 어느 한쪽의 배타적 산물이 아니며, 어린이가 어른의 말을 단편적으로 모방하여 자기 반복하거나 변형함으로써 생겨난다(5-70).

ii. 의미. 원시적 말은 의미적으로 어린이나 사회적 상황 그 어느 한쪽의 배타적 산물이 아니며, 그 둘의 상호작용, 특히 어린이의 상황 해석과 과잉 일반화를 통해 생겨난다(5-70~5-71).

iii. 의사소통. 원시적 말은 화용론적으로 어린이나 사회적 상황 그 어느 한쪽의 배타적 산물이 아니며, 그 둘의 동등한 상호작용에서 생겨난다. 흔히 어린이는 어떤 사회적 상황에서 어른이 사용하는 말을 이해하고 원시적 언어로 반응하고는 한다(5-72).

iv. 조직. 원시적 언어의 조직은 어린이의 기능적 활동에 의해 능동적으로 만들어진다. 그러나 원시적 말이 사용되는 기간 동안 우리는 그 어린이가 말을 한다고도 하지 않는다고도 말할 수 없다(5-73~5-74).

러시아어판 편집자들에 따르면 비고츠키의 말에는 모순이 있다. 5-69에서 비고츠키는 원시적 말이 보모가 아니라 어린이에 의해 만들어진다고 말하고, 5-76에서는 원시적 말이 어린이에 의해 만들어지고 어린이가 양육자에게 가르쳐 준다는 엘리아스버그의 주장이 잘못되었다고 말하기 때문이다. 하지만 잘 읽어 보면 모순이 아님을 알 수 있다. 비고츠키의 주장은 철저히 변증법적이다. 원시적 말의 소리, 의미, 화용, 조직은 어린이와 사회적 상황의 상호작용에서 생겨난다. 따라서 원시적 말은 어린이나 사회적 상황한 가지만의 독립적 산물이 아니며 이 둘의 협력적 산물이다.

C. 몇몇 사례 연구. 이제 비고츠키는 구체적인 예를 사용해서 설명한다. 그는 여기서도 다윈이 확립한 순서, 즉 음성학(소리), 의미론(의미), 화용론(의사소통 기능), 어휘-문법(조직)의 순서를 따른다.

    i. 소리. 노나(15개월)는 '크흐'라는 소리를 사용하여 고양이를 가리키고, 그다음에는 동물의 털, 그다음에는 일반적으로 털이 있는 물건들, 그다음에는 긴 머리카락을 가리킨다(5-78).

    ii. 의미. 안젤리나(11~15개월)는 '카'를 사용하여 11개의 서로 다른 물건들, 즉 노란돌, 달걀 비누, 온갖 돌, 카샤, 설탕, 달콤한 것들, 키셀, 커틀릿, 실패, 연필, 비누통을 가리킨다. 비고츠키는 이 의미들 중 일부는 특히 끝으로 갈수록 어른의 말에서 소리를 빌려 온 말이라는 것을 지적한다. 예를 들어 카란다쉬(연필)와 카투쉬카(실패)는 모두 '카'로 시작한다(5-79~5-81).

    iii. 의사소통. 안젤리나의 아버지는 안젤리나의 말이 의미 잠재의 다변성 때문에 반드시 구체적인 상황을 통해 명료화되어야 한다고 말한다(5-82). 이는 화용론적으로 볼 때 원시적 말이 상황을 대체할 수 없다는 것을 의미한다고 비고츠키는 말한다(5-84). 이 때문에 어린이는 말과 원시적 말 간의 일반성의 관계를 형성하지 못한다. 예를 들어 어린이는 탁자, 의자, 선반 등 보거나 만질 수 있는 대상을 가리키는 낱말을 말하지만, '가구'처럼 보이지 않고 만지거나 그릴 수 없는 단어들은 말하지 못한다(5-85~5-88). 마찬가지로 어린이는 '더 연하다', '더 진하다'는 것은 말할 수 있지만 '녹색', '빨강', '노랑'과 같이 즉각적인 상황을 넘어 보편화될 수 있는 객관적 의미를 지닌 색을 나타내는 낱말은 말하지 못한다(5-89~5-90).

    iv. 조직. 제냐(5세)는 어른의 말을 줄여 쓰거나 낱말을 구절로 조합하기 시작한다(5-91~5-94). 비고츠키는 또한 낱말은 표준적이지만 그 배열은 비표준적인 어른의 말('너 나 잡다')과 음성적 복합체를 말하는 소녀('프-프'는 불을 의미하고 '딘'은 움직이는 것을 의미하며 따라서 '파-딘'은 기차를 뜻함)에 관한 라우의 연구를 인용한다(5-95). 또 다른 어린이는 수탉을 의미하는 단어를 사용하여 모든 새를 가리키며(5-96), 비고츠키는 이러한 일반화가 어른의 말의 특징이며, 이것이 원시적 말에서 어른의 말로의 이행을 시사한다고 말한다(5-96).

D. 상황적 의미와 의지적 낱말 배열. 어른의 직접적 영향으로부터 상대적으로 자유로울 때 어린이들이 어떻게 생각하는지를 보여 주는 실험에 관심을 가져온 비고츠키는

이제 원시적 말을 바로 그러한 실험으로 간주한다. 그는 두 가지 특징을 발견하는데, 이것이 어린이 생각의 특징을 보여 준다고 믿는다(5-97).

의미는 상황적이다. 다시 말해 의미는 '지시'이지 '상징'이 아니다. 다시 말해 의미는 보조적 역할(우리가 직접 축구를 할 때의 말이 하는 작용)을 할 수 있을 뿐 구성적 역할(지난밤에 본 축구 경기를 이야기할 때의 말의 작용)을 할 수 없다. 할러데이(2004: 220)가 말하듯이 의미는 어린이로 하여금 타인을 통해 환경에 작용할 수 있도록 도와줄 수 있지만 대화를 질문과 대답으로 조직할 수는 없으며, 정보를 전달할 수 있도록 도울 수 있지만 정보를 창조할 수 없다.

낱말 배열은 감정-의지적이다. 다시 말해 어린이가 뜻하는 바는 흔히 정서적 지각(유아기의 지배적 기능, 『성장과 분화』참조)과 연결되어 있으며, 감정-의지적 감탄('와', '아하!')으로 기능한다. 즉 즉각적인 느낌이나 바람을 표현하는 것이다(5-99~5-101).

IV. 1세 위기의 신형성

A. '원시적 말'인가 아니면 '말 이전의 말'인가? 비고츠키는 원시적 말의 출현과 발달, 소멸이 1세의 위기의 경계를 결정하며, 이것이 유아기와 초기 유년기를 구분하고 위기적 특징을 부여하는 발달의 고유한 시기로 만든다고 말한다(5-102~5-103). 그는 심지어 원시적 말이 단지 진정한 신형성의 징후가 아니라 그 자체가 신형성이라고 주장한다(5-104). 그러나 이 놀라운 제안을 하자마자 그는 몇몇 유보 조항을 단다(5-105, 5-118). 강의 시작에 제시했던 위기의 다른 두 표현, 즉 걷기 배우기와 분노 폭발을 상기시키면서 그는 원시적 말과 말의 관계가 진정 걷기를 배우는 것과 걷기의 관계와 똑같은 것인지 묻는다. 즉 원시적 말은 실제로 사라지는가, 아니면 본질적으로 진정한 말과 똑같은 것인가?(5-106)

B. 그렇기도 하고 아니기도 하다. 비고츠키는 다음과 같이 답한다.

원시적 말은 본질적으로 어떤 측면에서 진정한 말과 비슷하다. 이 유사점들은 비고츠키에게 너무도 분명해서 실제로 그것들을 일일이 열거하지는 않지만, 아마도 그가 말하는 것은 억양, 강세, 상황적 뜻, 지시적 기능, 명명적 기능 등으로 이들은 모두 진정한 말에서 지속된다(5-107).

원시적 말은 비고츠키가 다윈과 스텀프의 연구를 논의할 때 언급했던 것처럼 네 가지 점에서 볼 때 매우 다르다.

    a. 소리(발음, 음성)(5-107).

    b. 의미(5-107).

    c. 의사소통(5-107). 비고츠키는 쾰러의 유인원의 '도구 사용'이 인간의 도구 사용과 진정 비교될 수 있는지 고찰한다(5-108). 유인원은 자기가 쓰려던 상자에 다른 유인원이 앉아 버리면 그 상자를 이용하여 바나나를 얻으려던 것을 잊어버린다. 그 유인원은 목적 없이 배회하며 바나나를 따기 위해 위아래로 뛰다 지

쳐 다른 유인원 옆에 앉아 땀을 닦아 낼 것이라고 비고츠키는 말한다. 반대로 인간은 심지어 원시적 인간일지라도 땅을 파기 위한 도구를 미리 준비한다(5-109). 마찬가지로 어린이는 한 상황에서 소리를 기호로 사용할 수 있게 된 다음에 상황이 조금이라도 변하면 기존의 의미를 반쯤 잊어버리고 또 다른 의미를 만들어 낸다. 유인원이 실제로 도구는 아니지만 도구가 생겨나게 할 수 있는 것을 표상하는 새로운 어떤 것을 발명하듯이, 어린이는 실제로 상징은 아니지만 상징이 생겨나게 할 수 있는 무언가를 발명한다(5-109). 비고츠키는 모든 언어가 의미상 매우 광범위한 4개의 최초 낱말로부터 파생되었다는 가설을 세운 마르의 다소 비과학적 연구를 인용하며, '이것', '저것' 또는 '저것들'과 같은 지시어들이 이와 같은 것이라고 제안한다(5-110).

  d. 조직(5-111~5-112). 비고츠키는 강의 시작에서 비판된 모든 이론들에서처럼 낱말 의미가 '단박에' 획득된다면, 우리가 원시적 말에 관해 말할 수 있는 것은 그것이 아직 진정한 낱말이 아니라는 것뿐임을 지적한다. 반면에 만일 우리가 낱말 의미가 발달한다는 것을 인정한다면, 원시적 말에 관한 연구는 문법을 갖지 못한 체계가 문법에 의지한 의미들의 체계로 어떻게 변화하는지 보여 줄 수 있게 된다.

  C. 낱말 의미의 발달. 우리는 이 발달에 관한 부정적 측면, 즉 원시적 말을 넘어설 수 없는 어린이들이 본질적으로 말 없는 상태로 남아 있게 된다는 것을 이미 알고 있다(5-113). 그러나 우리는 또한 어린이들이 오랜 지연기 후에 갑자기 원시적 말을 뛰어넘는다는 것을 알고 있으며, 심지어 실어증 환자에게서조차 원시적 말이 광범위한 의미를 제공한다는 것을 볼 수 있다. 스턴이 믿는 것과는 반대로 낱말의 의미는 결코 단순하지 않다. 낱말의 뜻은 '단박에' 발달할 수 없고, 발달상 적어도 세 가지의 변증법적 도약(지시적 의미, 명명적 의미, 상징적 의미)이 존재하는데, 이것은 거의 대부분 어린이가 의식하지 못하는 가운데 이루어진다(5-114).

  D. 원시적 말의 위기성. 비고츠키는 1세 위기를 진정으로 이해함으로써 말 발달에 총체적으로 접근할 수 있게 된다고 지적한다. 즉 여러 층으로 겹쳐지는 낱말 의미의 속성에 토대한 접근이 가능해지는 것이다. 이 접근은 낱말 의미에 관한 '부르주아적' 관점(즉 의미를 저작권을 취할 수 있는 개개의 산출로 다루거나 돈과 같이 일반적 통화의 유형으로 다루는 관점)에 대한 대안을 제공할 것이다. 하지만 비고츠키는 몇몇 유보 사항으로 조심스레 결론을 내린다(5-115~5-117).

  i. 우리는 주변적 발달 노선과 중심적 발달 노선 간의 차이, 주변적 신형성과 중심적 신형성 간의 차이를 염두에 두어야 한다. 비고츠키는 처음에 언급된 위기의 발현을 상기한다.
  a. 걷기(5-116, 5-118).
  b. 분노 폭발(5-117~5-118).
    걷기와 분노 폭발은 모든 연령기의 전체적인 설명 안에 포함되어야 하고(5-

119), 이것의 특정한 비중은 올바르게 이해되어야 한다. 즉 이것들이 얼마나 중심적이며 왜 그런지에 대해 규정되어야 한다. 비고츠키는, 비록 자신도 원시적 말을 유인원의 도구 사용에 비유했지만, 걷기를 말하기에 비유하는 것을 비판한다. 예컨대 걷기 발달과 원시적 말의 유사점은 명확하지 않다. 한편으로 걷기는 진정한 말처럼 영구적인 성취이다. 다른 한편으로 기기는 좀 더 복잡한 활동의 한 부분인 걷기에 통합되지 않는다. 비고츠키는 이러한 발달 노선들과 신형성들 간의 관계가 진정 무엇인지 아직 그 누구도 밝혀내지 못했다고 말한다(5-120).

ii. 우리는 위기적 시기와 비위기적 시기 간의 차이를 명심해야만 한다. 일부 연구자들은 위기적 시기들이 신형성을 전혀 제공하지 못하고 단지 파괴적일 뿐이라고 주장한다. 반면 비고츠키는 위기적 시기들이 신형성을 만들어 낸다고 주장한다(5-121).

iii. 우리는 과도기적 성취와 영구적 성취 간의 차이점을 명심해야만 한다. 비고츠키는 원시적 말이 위기적 시기의 시작과 끝을 표시하며 경계인 동시에 교량이라고 주장한다. 원시적 말 없이는 진정한 말의 기초가 놓일 수 없다. 그는 원시적 말의 어떤 성취가 진정한 말로 통합된다는 것에 주목한다(5-122~124). 예컨대 억양과 강세 패턴은 지속되고, 심지어 우리가 운문에서 보는 낱말 유희 유형조차도 '푸-후'와 같은 원시적 말로부터 파생된 것으로 볼 수 있다.

비고츠키는, '존재와 비존재의 통합'이나 어린이나 환경 어느 하나가 아닌 상호작용을 통한 원시적 말의 출현에서처럼, 원시적 말의 '지양'에서 발달의 변증법적인 특징을 본다. 즉 '옆으로 밀려난' 것들이 더욱 영구적인 성취 속에서 의존적 형태로 지속되는 것이다.

|참고 문헌|

Halliday, M. A. K.(2004), *The Language of Early Childhood*, London: Continuum.

교육의 본질을 고민하고 진정한 교육적 혁신을 위해 비고츠키를 공부하는 교사들의 모임. 비고츠키 원전을 번역하고, 사회문화이론의 전통을 계승한 발생적 비교연구법과 기능적 언어분석법을 이용한 현장 연구를 지속적으로 수행하고 있다. 비고츠키 이론에 관심이 있거나 혼자 공부하는 데 어려움을 느끼는 독자라면 누구나 함께할 수 있다. 『연령과 위기』의 번역에 참여한 회원은 다음과 같다.

권민숙 서울오류남초등학교 교사로 청주교육대학교 졸업 후 서울교육대학교 교육대학원에서 데이비드 켈로그 교수님의 첫 제자로 교육학 석사학위를 받았으며, 켈로그 교수님과 함께 국제 학술지(The Canadian Modern Language Review, 2005)에 논문을 게재하였습니다. 비고츠키의 아이디어를 접목한 다년간의 현장 연구로 서울시교육청 주최의 여러 연구대회 및 공모전에서 수차례 입상한 바 있습니다. 2014년 3월 뒤늦게 비고츠키 연구회에 합류하여 학문적 열정과 헌신, 지적 탐구의 명철함으로 무장한 연구회의 교수님과 동료 선생님들과의 교류를 통해 오늘도 부지런히 비고츠키 탐구에 관한 앎의 지평을 넓혀 가고 있습니다.

김여선 서울인수초등학교 교사로 부산교육대학교를 졸업하고 한국외국어대학교에서 TESOL 석사학위를 받았습니다. 영어 수업에서 소외된 아이들 지도에 관한 논문 완성 중 D. 켈로그 교수님을 만나 모든 아이들이 행복하고 즐거울 수 있는 영어 수업을 꿈꾸며 비고츠키 공부를 함께하게 되었습니다. 가르치기가 두려워질 때 비고츠키를 만나 이제 가르칠 수 있는 용기, 나 자신에게로의 용기를 얻어 희망을 이야기할 수 있게 되었습니다.

김용호 서울교육대학교와 교육대학원을 졸업하고 한국교원대학교에서 교육학 박사학위를 받았습니다. 현재 서울녹번초등학교에서 어린이들을 가르치고 있습니다. 켈로그 교수님과 함께 외국어 학습과 어린이 발달 일반의 관계를 공부해 왔습니다.

데이비드 켈로그David Kellogg 부산교육대학교, 서울교육대학교 영어교육과, 한국외국어대학교 영어교육과 교수를 역임했습니다. 현재 호주 맥쿼리 대학에서 연구 중입니다.『생각과 말』,『도구와 기호』,『상상과 창조』,『어린이 자기행동숙달의 역사와 발달』,『성장과 분화』공동 번역 작업에 참여하였습니다. Applied Linguistics, Modern Language Journal, Language Teaching Research, Mind Culture & Activity 등의 해외 유수 학술지에 지속적으로 논문을 게재해 오고 있으며 동시에 다수의 국제 학술지 리뷰어로 활동하고 있습니다. 비고츠키 연구의 권위자로 인정받고 있습니다.

이두표 서울에 있는 천왕중학교 과학 교사로 서울대학교 물리교육과와 대학원 과학교육과를 졸업하였습니다. 2010년 여름 비고츠키를 처음 만난 후 그 매력에 푹 빠져 꾸준히 비고츠키를 공부하고 있습니다.

이미영 서울교육대학교를 졸업하고 서울광남초등학교 교사로 근무하고 있으며 서울교육대학교 대학원에서 초등영어교육에 대해 공부하고 있습니다. 교실 수업에서도 기술과 흐름에 편승해 가는 모습에 염증을 느끼던 중 켈로그 교수님을 통해 어린이들에게 생각과 말이 가지는 무한한 힘과 가능성을 보여 준 비고츠키를 접하게 되었습니다. 함께 작업한 선생님들과 함께 더디지만 한 걸음 한 걸음 즐겁게 비고츠키를 향해 나아가고 있습니다.

최영미 춘천교육대학교를 졸업하고 현재 위례고운초등학교에서 근무하고 있습니다. 서울교육대학교 대학원 영어교육과 재학 중 D. 켈로그 교수님을 만나 제가 속한 작지만 커다란 세상을 바라보는 새로운 눈을 갖게 되기를 소망하게 되었습니다. 그 바람을 이루기 위해 든든한 길동무와도 같은 선생님들과『도구와 기호』를 함께 번역하였으며, 지금도 부족한 공부를 계속하고 있습니다.

*비고츠키 연구회와 함께 번역, 연구 작업에 동참하고 싶으신 분들은 iron_lung@hanmail.net으로 문의해 주시기 바랍니다.

삶의 행복을 꿈꾸는 교육은 어디에서 오는가?

미래 100년을 향한 새로운 교육

혁신교육을
실천하는
교사들의 **필독서**

▶ **교육혁명을 앞당기는 배움책 이야기**
혁신교육의 철학과 잉걸진 미래를 만나다!

핀란드 교육혁명
한국교육연구네트워크 총서 01 | 320쪽 | 값 15,000원

일제고사를 넘어서
한국교육연구네트워크 총서 02 | 284쪽 | 값 13,000원

새로운 사회를 여는 교육혁명
한국교육연구네트워크 총서 03 | 380쪽 | 값 17,000원

교장제도 혁명
한국교육연구네트워크 총서 04 | 268쪽 | 값 14,000원

새로운 사회를 여는 교육자치 혁명
한국교육연구네트워크 총서 05 | 312쪽 | 값 15,000원

혁신학교에 대한 교육학적 성찰
한국교육연구네트워크 총서 06 | 308쪽 | 값 15,000원

혁신학교
성열관·이순철 지음 | 224쪽 | 값 12,000원

행복한 혁신학교 만들기
초등교육과정연구모임 지음 | 264쪽 | 값 13,000원

서울형 혁신학교 이야기
이부영 지음 | 320쪽 | 값 15,000원

혁신교육, 철학을 만나다
브렌트 데이비스·데니스 수마라 지음
현인철·서용선 옮김 | 304쪽 | 값 15,000원

혁신교육 존 듀이에게 묻다
서용선 지음 | 292쪽 | 값 14,000원

다시 읽는 조선 교육사
이만규 지음 | 750쪽 | 값 33,000원

프레이리와 교육
한국교육연구네트워크 번역 총서 01
존 엘리아스 지음 | 한국교육연구네트워크 옮김
276쪽 | 값 14,000원

교육은 사회를 바꿀 수 있을까?
한국교육연구네트워크 번역 총서 02
마이클 애플 지음 | 강희룡·김선우·박원순·이형빈 옮김
352쪽 | 값 16,000원

**비판적 페다고지는
세상을 변화시킬 수 있는가?**
한국교육연구네트워크 번역 총서 03
Seewha Cho 지음 | 심성보·조시화 옮김 | 280쪽 | 값 14,000원

마이클 애플의 민주학교
한국교육연구네트워크 번역 총서 04
마이클 애플·제임스 빈 엮음 | 강희룡 옮김 | 276쪽 | 값 14,000원

미래교육의 열쇠, 창의적 문화교육
심광현·노명우·강정석 지음 | 368쪽 | 값 16,000원

대한민국 교사, 어떻게 가르칠 것인가?
윤성관 지음 | 320쪽 | 값 15,000원

아이들을 어떻게 가르칠 것인가
사토 마나부 지음 | 박찬영 옮김 | 232쪽 | 값 13,000원

아이들의 배움은 어떻게 깊어지는가
이시이 준지 지음 | 방지현·이창희 옮김 | 200쪽 | 값 11,000원

모두를 위한 국제이해교육
한국국제이해교육학회 지음 | 364쪽 | 값 16,000원
2015 세종도서 학술부문

경쟁을 넘어 발달 교육으로
현광일 지음 | 288쪽 | 값 14,000원

독일 교육, 왜 강한가?
박성희 지음 | 324쪽 | 값 15,000원

대한민국 교육혁명
교육혁명공동행동 연구위원회 지음 | 152쪽 | 값 5,000원

▶ 비고츠키 선집 시리즈
발달과 협력의 교육학 어떻게 읽을 것인가?

생각과 말
레프 세묘노비치 비고츠키 지음
배희철·김용호·D. 켈로그 옮김 | 690쪽 | 값 33,000원

성장과 분화
L.S. 비고츠키 지음 | 비고츠키 연구회 옮김
308쪽 | 값 15,000원

도구와 기호
비고츠키·루리야 지음 | 비고츠키 연구회 옮김
336쪽 | 값 16,000원

관계의 교육학, 비고츠키
진보교육연구소 비고츠키교육학실천연구모임 지음
300쪽 | 값 15,000원

어린이 자기행동숙달의 역사와 발달 I
L.S. 비고츠키 지음 | 비고츠키 연구회 옮김
564쪽 | 값 28,000원

비고츠키 생각과 말 쉽게 읽기
진보교육연구소 비고츠키교육학실천연구모임 지음
316쪽 | 값 15,000원

어린이 자기행동숙달의 역사와 발달 II
L.S. 비고츠키 지음 | 비고츠키 연구회 옮김
552쪽 | 값 28,000원

비고츠키와 인지 발달의 비밀
A.R. 루리야 지음 | 배희철 옮김 | 280쪽 | 값 15,000원

어린이의 상상과 창조
L.S. 비고츠키 지음 | 비고츠키 연구회 옮김
280쪽 | 값 15,000원

수업과 수업 사이
비고츠키 연구회 지음 | 196쪽 | 값 12,000원

연령과 위기
L.S. 비고츠키 지음 | 비고츠키연구회 옮김
336쪽 | 값 17,000원

▶ 평화샘 프로젝트 매뉴얼 시리즈
학교 폭력에 대한 근본적인 예방과 대책을 찾는다

학교 폭력 어떻게 만들어지는가
문재현 외 지음 | 300쪽 | 값 14,000원

아이들을 살리는 동네
문재현·신동명·김수동 지음 | 204쪽 | 값 10,000원

학교 폭력, 멈춰!
문재현 외 지음 | 348쪽 | 값 15,000원

평화! 행복한 학교의 시작
문재현 외 지음 | 252쪽 | 값 12,000원

왕따, 이렇게 해결할 수 있다
문재현 외 지음 | 236쪽 | 값 12,000원

마을에 배움의 길이 있다
문재현 지음 | 208쪽 | 값 10,000원

젊은 부모를 위한 백만 년의 육아 슬기
문재현 지음 | 248쪽 | 값 13,000원

▶ 교과서 밖에서 만나는 역사 교실
상식이 통하는 살아 있는 역사를 만나다

 전봉준과 동학농민혁명
조광환 지음 | 336쪽 | 값 15,000원

 남도의 기억을 걷다
노성태 지음 | 344쪽 | 값 14,000원

 응답하라 한국사 1·2
김은석 지음 | 356쪽·368쪽 | 각권 값 15,000원

 즐거운 국사수업 32강
김남선 지음 | 280쪽 | 값 11,000원

 즐거운 세계사 수업
김은석 지음 | 328쪽 | 값 13,000원

 강화도의 기억을 걷다
최보길 지음 | 276쪽 | 값 14,000원

 광주의 기억을 걷다
노성태 지음 | 348쪽 | 값 15,000원

 교과서 밖에서 배우는 역사 공부
정은교 지음 | 292쪽 | 값 14,000원

 팔만대장경도 모르면 빨래판이다
전병철 지음 | 360쪽 | 값 16,000원

 빨래판도 잘 보면 팔만대장경이다
전병철 지음 | 360쪽 | 값 16,000원

 영화는 역사다
강성률 지음 | 288쪽 | 값 13,000원

 친일 영화의 해부학
강성률 지음 | 264쪽 | 값 15,000원

 한국 고대사의 비밀
김은석 지음 | 304쪽 | 값 13,000원

 조선족 근현대 교육사
정미랑 지음 | 320쪽 | 값 15,000원

▶ 창의적인 협력수업을 지향하는 삶이 있는 국어 교실
우리말 글을 배우며 세상을 배운다

 중학교 국어 수업 어떻게 할 것인가?
김미경 지음 | 332쪽 | 값 15,000원

 토론의 숲에서 나를 만나다
명혜정 엮음 | 312쪽 | 값 15,000원

 토닥토닥 토론해요
명혜정·이명선·조선미 엮음 | 288쪽 | 값 15,000원

 이야기 꽃 1
박용성 엮어 지음 | 276쪽 | 값 9,800원

 이야기 꽃 2
박용성 엮어 지음 | 294쪽 | 값 13,000원

 인문학의 숲을 거니는 토론 수업
순천국어교사모임 엮음 | 308쪽 | 값 15,000원

▶ **4·16, 질문이 있는 교실 마주이야기**
통합수업으로 혁신교육과정을 재구성하다!

 통하는 공부
김태호·김청우·이경석·심우근·허진만 지음
324쪽 | 값 15,000원

 내일 수업 어떻게 하지?
아이함께 지음 | 300쪽 | 값 15,000원

 인간 회복의 교육
성래운 지음 | 260쪽 | 값 13,000원

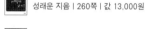 **교과서 너머 교육과정 마주하기**
이윤미 외 지음 | 368쪽 | 값 17,000원

 수업 고수들 수업·교육과정·평가를 말하다
박현숙 외 지음 | 368쪽 | 값 17,000원

 도덕 수업, 책으로 묻고 윤리로 답하다
울산도덕교사모임 지음 | 320쪽 | 값 15,000원

 체육 교사, 수업을 말하다
전용진 지음 | 304쪽 | 값 15,000원

 교실을 위한 프레이리
아이러 쇼어 엮음 | 사람대사람 옮김 | 412쪽 | 값 18,000원

 걸림돌
키르스텐 세룹-빌펠트 지음 | 문봉애 옮김
248쪽 | 값 13,000원

 마음의 힘을 기르는 감성수업
조선미 외 지음 | 300쪽 | 값 15,000원

 주제통합수업, 아이들을 수업의 주인공으로!
이윤미 외 지음 | 392쪽 | 값 17,000원

 수업과 교육의 지평을 확장하는 수업 비평
윤양수 지음 | 316쪽 | 값 15,000원
2014 문화체육관광부 우수교양도서

 교사, 선생이 되다
김태은 외 지음 | 260쪽 | 값 13,000원

 교사의 전문성, 어떻게 만들어지나
국제교원노조연맹 보고서 | 김석규 옮김
392쪽 | 값 17,000원

 수업의 정치
윤양수·원종희·장군 지음 | 280쪽 | 값 14,000원

 **학교협동조합,
현장체험학습과 마을교육공동체를 잇다**
주수원 외 지음 | 296쪽 | 값 15,000원

 **거꾸로교실,
잠자는 아이들을 깨우는 수업의 비밀**
이민경 지음 | 280쪽 | 값 14,000원

 교사는 무엇으로 사는가
정은균 지음 | 292쪽 | 값 15,000원

 마을교육공동체란 무엇인가?
서용선 외 지음 | 360쪽 | 값 17,000원

 21세기 교육과 민주주의
한국교육연구네트워크 번역 총서 05
넬 나딩스 지음 | 심성보 옮김 | 392쪽 | 값 18,000원

▶ 더불어 사는 정의로운 세상을 여는 인문사회과학
사람의 존엄과 평등의 가치를 배운다

밥상혁명
강양구 · 강이현 지음 | 298쪽 | 값 13,800원

좌우지간 인권이다
안경환 지음 | 288쪽 | 값 13,000원

도덕 교과서 무엇이 문제인가?
김대용 지음 | 272쪽 | 값 14,000원

민주 시민교육
심성보 지음 | 544쪽 | 값 25,000원

자율주의와 진보교육
조엘 스프링 지음 | 심성보 옮김 | 320쪽 | 값 15,000원

민주 시민을 위한 도덕교육
심성보 지음 | 500쪽 | 값 25,000원
2015 세종도서 학술부문

민주화 이후의 공동체 교육
심성보 지음 | 392쪽 | 값 15,000원
2009 문화체육관광부 우수학술도서

교과서 밖에서 배우는 인문학 공부
정은교 지음 | 280쪽 | 값 13,000원

갈등을 넘어 협력 사회로
이창언 · 오수길 · 유문종 · 신윤관 지음 | 280쪽 | 값 15,000원

오래된 미래교육
정재걸 지음 | 392쪽 | 값 18,000원

동양사상과 마음교육
정재걸 외 지음 | 356쪽 | 값 16,000원
2015 세종도서 학술부문

대한민국 의료혁명
전국보건의료산업노동조합 엮음 | 548쪽 | 값 25,000원

교과서 밖에서 배우는 철학 공부
정은교 지음 | 280쪽 | 값 14,000원

교과서 밖에서 배우는 고전 공부
정은교 지음 | 288쪽 | 값 14,000원

교과서 밖에서 배우는 사회 공부
정은교 지음 | 304쪽 | 값 15,000원

전체 안의 전체 사고 속의 사고
김우창의 인문학을 읽다
현광일 지음 | 320쪽 | 값 15,000원

▶ 살림터 참교육 문예 시리즈
영혼이 있는 삶을 가르치는 온 선생님을 만나다!

꽃보다 귀한 우리 아이는
조재도 지음 | 244쪽 | 값 12,000원

선생님이 먼저 때렸는데요
강병철 지음 | 248쪽 | 값 12,000원

성깔 있는 나무들
최은숙 지음 | 244쪽 | 값 12,000원

서울 여자, 시골 선생님 되다
조경선 지음 | 252쪽 | 값 12,000원

아이들에게 세상을 배웠네
명혜정 지음 | 240쪽 | 값 12,000원

행복한 창의 교육
최창의 지음 | 328쪽 | 값 15,000원

밥상에서 세상으로
김흥숙 지음 | 280쪽 | 값 13,000원

북유럽 교육 기행
정애경 외 14인 지음 | 288쪽 | 값 14,000원

▶ 남북이 하나 되는 두물머리 평화교육
분단 극복을 위한 치열한 배움과 실천을 만나다

 10년 후 통일
정동영·지승호 지음 | 328쪽 | 값 15,000원

 선생님, 통일이 뭐예요?
정경호 지음 | 252쪽 | 값 13,000원

분단시대의 통일교육
성래운 지음 | 428쪽 | 값 18,000원

 김창환 교수의 DMZ 지리 이야기
김창환 지음 | 264쪽 | 값 15,000원

▶ 출간 예정

근간 **선생님이 궁금해하는
한국사의 비밀 20가지**
김은석 지음

근간 **조선근대교육의 사상과 운동**
윤건차 지음 | 이명실·심성보 옮김

근간 **핀란드 교육의 기적은 어떻게 만들어지나**
Hannele Niemi 외 지음 | 장수명 외 옮김

근간 **작은 학교 이야기**
지경준 지음

근간 **미국의 진보주의 교육 운동사**
윌리엄 헤이스 지음 | 심성보 외 옮김

근간 **교사, 학교를 바꾸다**
정진화 지음

근간 **존 듀이와 교육**
한국교육연구네트워크번역총서 06 | 짐 개리슨 외 지음

근간 **민주주의와 교육**
Pilar Ocadiz, Pia Wong, Carlos Torres 지음 | 유성상 옮김

근간 **교사를 세우는 교육과정**
박승렬 지음

근간 **경기의 기억을 걷다**
경기남부역사교사모임 지음

근간 **민주시민을 위한 역사교육**
황현정 지음

근간 **함께 만들어가는 강명초 이야기**
이부영 외 지음

근간 **고쳐 쓴 갈래별 글쓰기 1**
(시·소설·수필·희곡 쓰기 문예 편)
박안수 지음(개정 증보판)

근간 **고쳐 쓴 갈래별 글쓰기 2**
(논술·논설문·자기소개서·자서전·독서비평·
설명문·보고서 쓰기 등 실용 고교용)
박안수 지음(개정 증보판)

근간 **역사 교사로 산다는 것은**
신용균 지음

근간 **어린이와 시 읽기**
오인태 지음

참된 삶과 교육에 관한
생각 줍기